改訂増補版

幕末日本の情報活動

「開国」の情報史

岩下哲典［著］

雄山閣

幕末日本の情報活動［改訂増補版］—「開国」の情報史— もくじ

凡例

一、本書は、天保改革期（アヘン戦争情報伝達期）から嘉永の「開国」期（ペリー来航予告情報伝達とペリー来航期）という、近代日本の成立初期における政治的動向の実態を「情報活動」、すなわち情報の収集、分析、活用という一連の「情報活動」というキィワードを用いて解明することを目的としている。その場合、特にいわゆる「鎖国」と呼ばれる、キリスト教の禁令、幕府主導の管理貿易、対外関係の制限と調整、海岸防備体制の確立、漂流民の送還ならびに受領、国際都市長崎の支配などといった、近世日本の対外関係に規定されて、幕府でさえも十分な入手が困難であったと考えられる海外情報に関して幕府や諸大名、諸藩の役人、在野の知識人、一般庶民がどのような「情報活動」を展開したのか、またそれが幕末日本の政治的展開にどのような役割を果たしたのかを主に未刊史料を利用して研究する方法をとっている。

一、本来、前項の目的と方法に関する序論をこれまでの近世対外関係や近代日本成立期および展開期に関する多くの先学の諸研究にもとづき詳細に論述すべきであるが、対象とする研究蓄積が膨大で時間的にその準備が困難である。これに関しては他日を期すことにして、さしあたり、ペリー来航直後の吉田松陰の書簡から解析し得る当時の情報環境の諸問題を指摘し、それをアヘン戦争伝達期に遡って叙述するという方法をとることとした。

一、本書第一部では、主に幕府の海外情報管理あるいは海外情報の収集、分析、活用（情報活動）、そのもとでの諸藩、庶民の情報活動を扱い、第二部では、個別の領主、特に御三家筆頭尾張藩主徳川慶勝、九州筑前の外様大名黒田長溥、四国宇和島の外様大名伊達宗城、老中内用役で、古河藩士の鷹見泉石をとりあげた。

一、なお、本書で多く用いている「知識人」や「庶民」という用語のイメージを述べておく。前者は、主としてオランダ語など外国語を翻訳、また外国人からの聞き取りなどの文献を入手して解読し得る手段を持った人々及びその周辺を想定している。すなわち、オランダ人などから面談によって情報や知識を得ていた蘭学者や阿蘭陀通詞、また、中国船（唐船）からもたらされる漢籍等によって情報や知識を得ていた漢学者および唐通事、その他朝鮮語の通詞など、また、対外問題に関心をもっていて、蘭学者や漢学者などから情報や知識を吸収していた幕府諸役人、大名、大名家臣、学者、各種技術者、町役人、村役人なども含めて考えている。後者は、前者以外の人々の中で、特に市井、在野の一般庶民を考えている。ただし「知識人」と「庶民」の線引きは必ずしも明瞭なものではないし、線引きするのも困難であると思われる。

一、本書の叙述で用いた歴史的用語の中には、現代の民主的社会においては不適切なものがいくつか見られるが、著者は、もとよりこれらの用語を用いることで差別を容認するものでは全くない。史料の中にあらわれた歴史的用語として使用したに過ぎないことを了解されたい。

一、年号は原則として和暦を用い、必要に応じて西洋暦の年号を括弧内に記した。ただし、オランダやアメリカなど西洋暦を用いている国の動きを叙述する場合は西洋暦を優先し、必要に応じて和暦を付した場合もある。

一、引用史料は原則として原文のまま表記することを目指したが、異体字や旧字体などは一部、常用漢字になおしたものもある。

一、本書では、人名は、なるべく通用の人名を用いたが、叙述の都合により姓のみ、あるいは名のみの略称を用いたり、幼名や本名、号、官職名などを適宜用いた場合もある。なお、文中、敬称つけるべき場合にも省略したところがある。御寛恕願えば幸いである。

一、改訂増補版では、初版のほぼすべての頁にわたって手を入れた。なお研究史上の初出は、初版収録以前の初出論文にあたられたい。初版にはなく、今回新たに収録したのは、第二部第三章と、英文タイトル・サマリーである。又、初版は函入りであったが、今回は新たにカヴァー装となった。

序　問題の所在―吉田松陰の書簡を手がかりに―

嘉永六年（一八五三）六月六日、浦賀にあった長州浪人吉田松陰は、江戸の長州藩邸にあった道家竜助にあてて一通の書簡をしたためた。当時、浦賀には、いまだかつて見たこともない異国の巨大な軍船が四艘停泊していた。それを目の当たりにして、松陰は軍船の動向を江戸藩邸に伝えようと筆を走らせたのである(1)。

僕四日の夜、船を発候処、甚遅し。且風潮共に不順。五日朝四ッ時漸く品川に至り上陸仕、夜四ッ時浦賀に着仕候。今朝高処に登り賊船の様子相窺候処、四艘〈二艘は蒸気船、砲二十門余、船長四十間許。二艘はコルベットト、砲二十六門、長二十四五間許〉陸を離るゝこと十町以内の処に繋船し、船の間相距ること五町程なり。然るに此方の台場、筒数も甚寡く、徒に切歯耳。且聞く、賊船の方申分には、明後日昼九ッ時迄に願筋の事御免無之候得ば船砲打出し申由、申出たる段相違無之候〈船は北アメリカ国に相違無之、願筋は昨年より風聞の通なるべし。然れどもかの国書は御奉行御船へ乗られ候へば出し可申、無左候へば江戸へ直に持参るべく申すよし。願筋の外のことにては日本より舟をやりても一向に舟に乗せ不申候。朝夕賊船中にて打砲いたし、禁ずれども不聴。〉佐久間幷塾生等其外好事の輩多く相会し、議論紛々に御座候。浜田生近沢も参り居候事。此度の事中々容易に相済申間敷、孰れ交兵に可及か。併船も砲も不敵、勝算甚少く候。御奉行其外下曾根氏なども夷人の手に首を渡し候よりは切腹可仕とて、頻に寺の掃除被申付候。

佐久間は慷慨し、事斯に及ぶは知れたること故、先年より船と砲との事やかましく申したるに不聞、今は陸戦にて手詰の勝負外手段無之との事なり。何分太平を頼み余り腹つゞみをうちをると、事こゝに至り、大狼狽の

体可憐、々々。且外夷へ対し失面目の事不過之。併し此にて日本武士一へこ（褌―引用者註）しめる機会来り申候。可賀亦大矣

佐久間より江戸へ飛脚を立候故、此一書相認申候。御国へ別に手紙不差出候間、玉木文之進迄此手紙直様御送可被下候

六月六日　　　　　　　　　　吉田寅次郎矩方

道家竜助様　人々御中

私事も今少し当地に相止り、事の様子落着見届帰る積なり。

御やしき内瀬野吉次郎・工藤半右衛門へ此事一寸御聞せ可被下候。

この書簡には、通常あるような冒頭の時候のあいさつなど一切ない。いきなり「僕四日の夜、船を発候処、甚遅し。且風潮共に不順」と、前代未聞の異国船来航情報に接して矢も盾もたまらず、浦賀に直行しようとしたが、天候不順でなかなか果たせなかった状況をはじめから述べている。時候のあいさつが必要ないほど事態は切迫していたのである。

そして、浦賀に着くや否や、「高処に登り賊船の様子相窺」ったところ、「四艘」の「賊船」を認めた。ここで松陰は割註で四艘の詳細を書き留める。「二艘は蒸気船、砲二十門余、船長四十間許。二艘はコルベット、砲二十六門、長二十四五間許」。そして四艘が「陸を離るゝこと十町以内の処に繋船し、船の間相距ること五町程」と観察する。さすがに軍学者らしく、おそらく目測によってであろうが、「賊船」までの距離と「賊船」の兵力を把握しているのである。

ところで、松陰の目測では、蒸気船が約七二メートル七二センチ、帆船が、同四三メートル六三センチ。現在知

られているデータでは、蒸気船は旗艦サスケハナ号とミシシッピ号で、それぞれ、砲九門と一〇門、長さ二五七フィート（約七八メートル三三センチ）と二二九フィート（約六八メートル五八センチ）[2]。帆船は、プリマス号とサラトガ号で、ともに砲二二門、長さ一四七フィートと一四六フィート、すなわち約四四メートル八一センチと四五メートル七二センチである。砲門の数に関して若干の数え誤りがあるものの、長さに関してはかなり近い。ただし、帆船の型は、松陰のいう「コルベット」ではなく「スループ」で間違ってはいる[3]。また、ペリー艦隊は一・五マイル観音崎沖合に投錨したといわれているので[4]、約二四一四メートル沖合となり、松陰の目測距離は半分以下である。がしかし、松陰書簡にいう五日は、アメリカ側の測量が行われており、ミシシッピ号が測量班を護衛していたので[5]、かなり沿岸部まで近寄ったものとも考えられ、松陰の目測はあながち見当外れではないのかもしれない。

いずれにしてもこのように敵情を把握した後、松陰は、「然るに此方の台場、筒数も甚寡く、徒に切歯耳。且聞く、賊船の方申分には、明後日昼九ッ時迄に願筋の事御免無之候得ば船砲打出し申由、申出たる段相違無之」と、わが国の海防態勢が不備なことを残念に思い、また、明日九つ時までに回答がなければ大砲を撃ちかけるに相違ないと推測している。このあと松陰はふたたび割註を施す。すなわち、

> 船は北アメリカ国に相違無之、願筋は昨年より風聞の通りなるべし。然れどもかの国書は御奉行御船へ乗られ候えば出し可申、無左候へば江戸へ直に持参るべく申すもよし。願筋の外のことにては日本より舟やりても一向に舟に乗せ不申候。朝夕賊船中にて打砲いたし、禁ずれども不聴。

松陰は、今回の船は「北アメリカ国」、つまり現在の用語でいえばアメリカ合衆国の船にちがいないと断定している。そして驚くべきことに、願い筋は昨年よりうわさになっていた通りであるとも述べている。要するに松陰ら長州藩士層の間では、「北アメリカ国」船が通商を願うために来航するということが、嘉永五年の段階でうわさになっていたというのである。彼らにとって「北アメリカ国」船は来るべくして来たのであって、けっして「泰平の眠りを覚ま」

したものでも青天の震塵でもなかったのである。この重大な事実を従来の幕末維新史の研究ではほとんど見落しているる。思うに「泰平の眠りを覚ます上喜せんたった四杯で夜もねられず」という狂歌が近年、世に喧伝され過ぎたのであろう(6)。つまり、この狂歌は後世に幕府の無能ぶりを強調する人々によって利用された可能性がある。いずれにしても事は重大である。「ペリーの来航」は事前に予告されていた……。松陰やその師象山、さらに塾生らも予告情報をつかんでいた。

さらに、松陰の書簡を読み進めよう。

松陰は、「北アメリカ国」船の状況を述べたのち、「佐久間抃塾生等其外好事の輩多く相会し、議論紛々に御座候。浜田生近沢も参り居候事」と松代藩士佐久間象山やその塾生らが浦賀に集まり、彼らの議論が沸騰していた様子を報告している。そして、彼らと意見の交換をしたことや対応策の吐露などをもとに「何れ戦争になる」と予想する。しかし我が方は、船も砲も満足なものはなく、勝算はほとんどない。幕府役人、とくに浦賀奉行戸田氏栄や幕府鉄砲方下曾根金三郎らは夷人の手にかかって死ぬよりは切腹したほうがましだと寺の掃除を申し付ける始末、とある。続いて象山の悲憤慷慨が伝えられる。象山は、「事がここに及ぶことはすでにわかっていたことだ。先年から海軍建設や台場構築の意見書をもってやかましく言っていたのに、幕府の連中が聞かないからだ。もはや今は水際の陸上戦闘しか手段がない」としている。象山がまさに悲憤慷慨する口ぶりそのものが聞こえてくるような迫真の文章である。

佐久間象山は、すでに天保一三年(一八四二)一一月、松代藩主で老中でもあった真田幸貫に海防意見書(海防八策)を提出していた(7)。すなわち、台場の構築、西洋式大砲の鋳造、西洋式軍船の製造、海運の取締り強化、海軍演習、学校の制度化、賞罰厳明、人材登用の八つを主張し、将来的には西洋軍事技術を国産化することまで謳《うた》っていた。また、嘉永三年(一八五〇)四月、いわゆる「ペリー来航」の二年前には江戸湾防備の弱点を指摘し鉄鋼艦による海軍創設を主張した意見書を幸貫に提出していたが、幸貫は、幕府にたいしてそれを示すことを見合せていた。象山は、同じ意見書を勘定奉行川路聖謨に示したが、やはり川路も幕閣に取り次ぐことを躊躇したという。師、象山のこの悔しい思いを松陰はよくわかっていたと思われる。

象山の言をうけて、松陰は幕府にたいして「何分太平を頼み余り腹つゞみをうちをると、事こゝに至り、大狼狽の体可憐、々々。且外夷へ対し失面目の事不過之。併し此にて日本武士一へこしめる機会来り申候。可賀亦大矣」。つまり好機到来と認識している。ここでは、「十八史略」にある「鼓腹撃壌」が下敷きになっていよう。「腹一杯食べて、腹鼓を打ち、地面を踏んで拍子をとっているとこうなるのだ。外夷にたいし面目を失うことはこれ以上のものはない。だがいい機会だ、日本中の武士がひとつ褌を締め直すときだ。むしろ喜ぶべきときではないか」。松陰の口ぶりはまだ明るい。ここには情報を分析して今後の行動に活用する姿勢がかいま見られるのである。

さて、興味深いことに、この書簡は、「佐久間より江戸へ飛脚を立候故、此一書相認申候」とあって、佐久間象山が江戸に飛脚を立てたのでそれに松陰が便乗して、道家に送った書簡であるということである。さらに、自分では別に国元に手紙を出さないので、この手紙そのものを、すぐさま伯父の玉木文之進に送ってほしいと道家に依頼している。そこで松陰自身はもう少し浦賀に滞在して事の落着を見届けること、長州藩邸内の知人である瀬野吉次郎、工藤半右衛門にもこの手紙の内容を聞かせてやってほしいと道家に依頼している。

ようするにこの書簡からは、「ペリー来航」（この書簡執筆の時点で松陰は「北アメリカ国」船を率いてきた司令官がペリーであることをはっきりと認識していたかどうか不明である。むしろ今日のようにこの事件は「ペリー来航」とは呼ばれていなかった。すなわち、松陰も当初は「北アメリカ国」船一件と認識していたと考えられる。その後の政治状況のなかで、この事件を再認識するにあたってのちに「癸丑以来」という共通認識ができあがるものと思われる）という事件に際しての松陰の思想的立場とさらに彼を取り巻く情報環境の実態を余すところなく読み取ることができる。すなわち書簡は、松陰が江戸の長州藩邸とそれを経由して国元に発信した開国直前における政治情報の媒介物であり、来航した「北アメリカ国」船の実態と同船来航の目的、それにたいする幕府の対応のまずさ、またそれにたいする象山や松陰のコメント、今後の武士階級の心構えなどを満載した、まさに重大事件に関するニューズレターなのである。この書簡が藩邸内で書き取られ、さらに別の関係者にもたらされ、国元でも書き取られて伝達され、書き取った人に連なる人々が形成するパーソナルなネットワークを通じてかなり多くの人々が、松陰の発した「北アメリカ国」船情報を共有していった。そしてそれらの情報は、これまで集積した情報や知識をもとに分析され、つぎにどのような行動を起こしたらよいのかという判断材料となり、情報の活用が書簡を手にした人々によってなされたと考えられるものである。

かくして吉田松陰らは「北アメリカ国」船浦賀来航情報を、収集し、分析し、活用していた。

しかも吉田松陰らはこの「北アメリカ国」船来航を、事前に、すなわち来航前年に知っていた。

本書の中心的課題の一つは、書簡の中で松陰が述べている「昨年より風聞の通なるべし」という「風聞」すなわち本書では「ペリー来航予告情報」と呼んでいる、一連の事前予告情報は、具体的にはどのような内容だったのか、それはだれから、どこからもたらされ、どのような経路をへて、どのような人々の間に何をもたらし、またどのように、だれから松陰に到達したのか。また、実際ペリーが来航したことで、この情報にはどんな意味があったのかを考察することである（主として第一部第二章、第二部第一章第一節、第二章、第三章）。この問題は、従来の研究ではほとんど取り上げられることのなかった問題[8]であり、本書によって初めてその歴史的意義が明らかになったと考えている。

さらに本書では、幕末期とくに「ペリー来航」直後に、いわゆる憂国の志士や知識人、あるいは富裕な農民、商人らにおいて顕著になる国内政治情報およびそれに影響を及ぼす海外情報の収集、分析、そして、活用という一連の活動を「情報活動」と一括して把握し、その活動が「ペリー来航」直前に一部の大名や知識人に見られることに注目し、その歴史的実態を解明することを目的としている。ただし、全国的な大事件へと発展していった、「ペリー来航」直後の「情報活動」に関しては今回は第一部の補論という形で見通しだけを示しているに過ぎない。本書では、あくまでも、来航以前の「情報活動」を考察の対象としていることをお断りしておかねばならない。それは、来航後には実に多くの人々がここで言うところの「情報活動」に従事したために、その痕跡を示す史料が膨大で著者の能力を超えることが最大の要因である。しかし、来航以前の「情報活動」は、来航後のそれを解明するうえで、つまり、歴史的な時系列上、最も重要であり、それにもましてこれまでの研究でもほとんど蓄積もないことからも日本史上重要な課題と考えられるのである。

周知のように、「ペリー来航」は庶民をも巻き込んで、というより巻き込まざるを得ないほど大きな情報となり、幕府の屋台骨を揺さぶる事件へと展開する。しかしながら、なぜこの「北アメリカ国」船情報は、庶民をも巻き込んだのか。庶民は巻き込まれざるを得なかったのか。「情報活動」の周囲、すなわち情報環境に関する問題も想起される。これも、十分に歴史的な考察がなされなければならない課題である。(9)

思うに、もともと庶民は政治に無関心ではあり得なかったからではないかと思われる。庶民は、表向きは無関心を装いながらも、実は政治にたいして大いに関心があったといえるのではないだろうか。つまり為政者のゴシップは江戸の人々の娯楽の一部であったと考えられる。しかし、海外情報はまだ関心の外であった。それはなぜなのか。本書第一部第三章では、「ペリー来航」以前にさかのぼって庶民と国内政治情報の関連性を解明してみたものである。

ところで、基本的には、本書が対象とする江戸時代、とくに「ペリー来航以前」には海外情報にたいしては、幕府や諸藩―とくに海外に対して関心をもっていた「西南雄藩」など―またそれらにつながる知識人などしか、この種の情報にアクセスできなかったと考えられる。また、為政者としては庶民がそれに近づこうとした場合、弾圧や厳罰をもって臨むことが当然と考えられていた。なぜならば、海外情報なるものは外交を司る幕府および幕府による外交を補完する特定諸藩以外は入手することを必要とせず、また彼ら以外のものが入手すること自体が越権行為と人々に考えられていたと想起されるからである。庶民がアクセスするには機がまったく熟していなかったといえよう。このことは、第一部の第四章で記述するところである。

ならば、為政者達のなかでも、幕府有司以外の、現実の幕府政治から遠ざけられていた、つまり情報を入手することもままならなかった御三家筆頭徳川慶勝や「西南雄藩」の黒田長溥・伊達宗城など藩主はどのようにこれらの情報にアクセスして、つまり海外情報を収集、分析し活用していたのだろうか。このような問題関心から彼らの「情報活動」の実態を解明したのが、第二部である。これらの人物は、従来の歴史学では十分に取り上げられていない人物でもあり、のちに一橋徳川慶喜を将軍継嗣に擁立せんとして、徳川斉昭や阿部正弘、島津斉彬などと政治的に提携していくなかなか興味深い人物でもある。そうした意味でも注目すべき人物たちであろう。とくに慶勝と長溥は調査研究した海外情報をもとに幕府政治に容喙《ようかい》しようとしたり、慶勝は尾張藩の藩政改革に熱心に取り組んだことが判明した。本書では彼らの活動の前提となった海外情報研究の実態を主として解明することに努めた。そして、それはやや唐突ながら「心の近代化」「意識の近代化」の始まりであるとの見通しを有するに至った。最後に第二部の補論では、やはりこれも一般にはあまり知られてはいない古河藩家老にして老中内用役もつとめた鷹見泉石の資料を用いて、アヘン戦争からペリー来航までを情報をキィ・ワードに歴史的に叙述してみた。補論ながら本書全体の結論部分の一角をなすといってもよいであろう。

かくして、本書は、先に紹介した吉田松陰のいわゆる「ペリー来航」直後の書簡にかいま見られる、その背景にあるところの、近世後期から幕末にかけての情報環境の一端を解明することを目指し、とくに「ペリー来航」という日本史上の画期となった事件の直前における歴史的環境を「情報」というキィ・ワードを用いて解明することをひとつの大きな目的とするものである。著者としては本書を歴史学の新たな研究領域であるところの、幕末情報史研究の序説と位置づけたいと考えている。このような目的を掲げて成し遂げられた研究は寡聞にして知らない。本書が情報史研究の胎動にかかわっているかもしれないと読者が手にとっていただけたなら、著者としては望外の幸せというべきであろう。

さて、では、この幕末情報史研究序説の叙述をはじめるにあたって、やはり日本史上の、「近代化」を物語るうえで重大事件として中学校社会科の歴史的分野や高等学校の地歴科「日本史」にも大いに登場し、特筆されるアヘン戦争の情報に関する幕府の対応から解明していくことが、「ペリー来航予告情報」に先立つ歴史的な順序として妥当と思われるので、第一部第一章ではこの問題から取り上げていくこととする。

註

（1）吉田常吉・藤田省三・西田太一郎校註『吉田松陰』日本思想大系五四、岩波書店、一九七八年、九〇頁。以下、引用は同書による。

（2）金井圓訳『ペリー日本遠征記』新異国叢書Ⅱ輯一、雄松堂出版、一九八五年、四五五〜四五七頁。ほかに曽村保信『ペリーはなぜ日本に来たか』新潮社、一九八七年、一五二頁。また、加藤祐三『黒船前後の世界』岩波書店、一九八五年、三四三頁なども参照。

（3）ただし、これは松陰の責任ではない。松陰は自らが入手した情報によって、そのように書いただけである。その情報は、嘉永五年の別段風説書であると考えられる。そこには「北亜墨利加蒸気仕懸之軍船」としてサスケハナ、「コウルエット船」としてサラトガ、プリモウト、シントマイレス、ヴァンタリアが中国海域に配置されていたことを記しているのである。本書第一部第二章、第二部第一章、後掲史料編三七二頁参照。

（4）土屋喬雄・玉城肇訳『ペルリ提督日本遠征記』（二）岩波書店、一九四八年、一八六頁。
（5）前掲『ペリー日本遠征記』一八〇頁。
（6）この狂歌に関して現在最も詳しい論考は、田中葉子「ペリー来航をめぐる狂歌」『開国史研究』第六号、横須賀開国史研究会、二〇〇六年である。また、岩下・田中共同で、この狂歌に関して長崎歴史文化博物館所蔵の青方文書「浦賀実録」を調査し、二〇〇八年六月一五日、青山学院大学を会場に行われる明治維新史学会第三十八回大会で口頭発表する予定である。
（7）大平喜間多『佐久間象山』吉川弘文館、一九五九年、六五〜六七頁、九四〜九八頁参照。
（8）たとえば該当期の対外問題を扱った近年の成果では、三谷博『明治維新とナショナリズム』山川出版社、一九九七年がある。第一部「維新の前提」、第二部「開国の決定過程」が課題的には該当するが、本書で扱う問題はほとんど取り上げられていない。第二部第三章「開国前夜」の「おわりに」でわずかに触れられているにすぎない。また、三谷博『ペリー来航』吉川弘文館、二〇〇三年では「米使渡米の通報」、「オランダ再勧告の黙殺」、「一見無策」、「大大名の不満」の項目でペリー来航予告情報をめぐる一連の動きが叙述されている。また本書初版を参考文献に記載している。
（9）該当期の庶民の「情報活動」を扱ったものに岩田みゆき・太田冨康・高部淑子などの仕事がある（本書第一部第四章註（29）（30））。しかし、来航後の情報伝達が中心で、来航前の情報環境の扱いは十分とは言えない。

第一部　開国前夜における幕府・諸藩・庶民の「情報活動」

第一章　アヘン戦争情報の伝達と幕府・諸藩の「情報活動」

―伝達初期における衝撃度の検討を中心に―

はじめに

本章では、幕末期におけるわが国の対外問題の起点として重大とされるアヘン戦争の情報が、その初期において、日本にどのようにもたらされ、また幕府老中や諸藩の識者など為政者層にどのように受け取られたかを叙述する。

ところで、多くの事典や一般書、高等学校の日本史の教科書では、一八四〇年に中国で勃発したアヘン戦争は、わが国の外交政策の企画・実行担当者である徳川幕府に大きな影響、あるいは脅威を与えたと単純化して説明されている。たとえば、山川出版社の『日本史広辞典』(1)の「アヘン戦争」では

（前略）清朝のアヘン厳禁論の高まりにより登用された林則徐は、三九年広州で外国商人から在庫アヘンを没収、焼却。これに対しイギリスは武力に訴え、四〇～四二年に沿岸の要地を攻撃して清軍を破った。四二年八月南京条約締結で終結。この経緯は当時の日本でも注目され、幕府の海防政策や幕末期の有識者に大きな影響を与えた。(2)

と記されている。アヘン戦争の「経緯は当時の日本でも注目され、幕府の海防政策や幕末期の有識者に大きな影響を与えた」と記述されているが、その根拠としての史料が、情報が伝えられた初期段階においてどのくらいあるかというと、実のところあまりないと言わざるを得ない。

たとえば、一九六四年の段階で、佐藤昌介は、これまでのアヘン戦争情報研究に関して次のように指摘している。

アヘン戦争が直接当時のわが政局に及ぼした影響について説くところはきわめてすくない。とくに最も基本的な研究というべきアヘン戦争関係情報の蒐集・調査にいたっては、まったく未開拓といってよく、さらにこれに対する幕府の政策に対しても、極言すれば『陸軍歴史』の関係記事がほとんど唯一の拠り所とされている、という現状である。(3)

この状況は阿蘭陀風説書、唐風説書を紹介しながら詳細に検討した佐藤の著書『洋学史研究序説』が上梓されて、利用できる史料の数が割合に増加したが、情報が伝えられた天保一〇年（一八三九）当時の幕府の反応を探るという点では、直接それを物語る史料は現在も「きわめてすくない」といってよい。そのことは同一一から一三年に関しても同様で、非常に限られた史料しか利用できないのである。たとえば、一九八九年においても藤田覚が、天保の「薪水給与令をめぐる幕府内部の評議については、関連する史料がなくまったくと言ってよいほど不明である」(4)と記しているように、幕府が、打払令撤回の政策立案を行う過程（天保一三年）を示す一次史料さえも見つかっていないのである。いわゆる天保の薪水給与令という外交政策の重要な転換の契機とされるアヘン戦争情報の詳細な研究は、給与令そのものの研究とともに、現在でも大いに追究されなければならない日本史上の重要な問題なのである。

それにもかかわらず、高等学校「日本史」の教科書などが、「アヘン戦争の衝撃のなかで、忠邦（老中水野忠邦―岩下註）は国防の充実をはかり、兵学者の高島秋帆を招いて洋式の軍事演習を行い、**軍制の改革**にとり組んだ（傍線部岩下、以下同じ）(5)」とか、あるいは「**アヘン戦争**で清国が敗れたことに驚いた幕府は一八四二年（天保一三）に異国船打払令を廃して薪水給与令を発し、海防策を改めたものの、「祖法」すなわち鎖国体制は堅持した(6)」などと記述するのは、年表的な情況証拠によって記述しているだけで、やはり問題があろう。アヘン戦争が衝撃的であったということを述べてしまったのは別に理由があるようにも思われる。

一　研究史概観

次にこの問題に関する研究史を振り返ってみよう。

アヘン戦争が、日本に及ぼした影響の研究に最初に鋭いメスを入れたのは、小西四郎である。(7) 小西は、天保期になって尊王攘夷思想が飛躍的に発展し、これと関連する海防論が盛んになるのはアヘン戦争の影響であるとの見通しをもち、「阿片戦争の影響を考察する事は維新史研究の上に大きな意義をもつもの」との認識を示した。またすでに、「幕末に於いて、外交問題の起る毎に阿片戦争は人々の胸中に蘇り、其の事件に対処する意見に強い影響を及ぼすのである」とも述べている。卓見ではある。しかし小西論文が発表された一九五三年は、まだまだ利用できる近世・近代史料が限られており、小西自身も利用している主要な史料は天保一二年（一八四一）の渋川六蔵の幕政改革意見書が最も古く、中心たる史料は天保以降の弘化・嘉永期のもので、戦争関連の情報が伝えられた初期、すなわち天保一〇年から一二年（一八三九年から一八四一年）当時の状況を十分に述べているわけではない。

その後、注目すべきものとして、佐藤昌介（一九六四年、一九八四年、以下「年」省略）、森睦彦（一九六七）、安岡昭男（一九七〇）、渡辺守邦（一九七三）、片桐一男（一九七四、一九七七）、加藤祐三（一九八五）、藤田覚（一九七八、一九七九、一九八〇、一九八五、のち一九八七、また一九八九）、藤田彰一（一九八七）、三谷博（一九八八）、王暁秋（一九九一）、春名徹（一九九二、一九九三、一九九六）、岡田袈裟男（一九九三）、前田勉（一九九三）、岩下哲典（一九九五）、小野正雄（一九九五）などの研究発表がつづいた。(8)

佐藤の仕事は、その後のこの分野の論文に必ず引用される画期的な研究である。概略は前述したが、佐藤は、オランダ船と中国船のもたらした情報では、オランダ側の情報により信頼をおくことができるとし、また、天保一三年にイギリス艦隊が渡来するという予告情報をオランダが提出したことを新たに紹介した。森の仕事もその後のアヘン戦争情報の研究には必ず引かれる。森は天保一一年から弘化元年までの唐風説書（長崎渡来の中国貿易船が提出した海外情報）の概略を手堅くまとめた。安岡は、阿蘭陀別段風説書の書誌的紹介と弘化元年（一八四四）より安政五年（一八五八）までの各年度の内容分析を行った。渡辺は、筆禍事件として名高い嘉永二年（一八四九）の嶺田楓江『海外新話』始末一件を国会図書館の旧幕引継書を用いて詳述した。ここでは、昌平坂学問所が事件を闇から闇に葬ろうとする態度が明らかになるとともに、アヘン戦争情報が嘉永期には、より多くの人々に求められていたことが指摘されている。片桐は、阿蘭陀風説書の詳細な解説のなかで、アヘン戦争情報を扱い、とくに老中土井利位の家老鷹見泉石の日記を用いて情報に対する反応を考察した。およそ七〇年代は、情報が収録されている基礎史料の発掘に重点が置かれていた。

八〇年代になると、加藤が、イギリスを中心とする西洋諸国と東アジアの関係史のなかで日本の開国を捉え、アヘン戦争後の南京条約と日米和親条約を対比して考察した。そのなかで、オランダと中国のもたらしたアヘン戦争情報を比較し、中国情報のほうがより幕府に衝撃を与えたと指摘した。また、藤田覚は、佐藤の仕事を受け継ぎつつ、七〇年代の自らの仕事を総括して、海外情報と国内政治とくに海防政策との関連を考察し、幕藩制社会の諸矛盾を指摘した。藤田彰一は、斎藤拙堂の『鴉片始末』（天保一四年）がオランダと中国の風説書の両方からの情報より成立したことを明らかにした。三谷は、八〇年代末までの研究状況を踏まえて天保期から嘉永期までの対外問題を概観するなかで、天保一三年（一八四二）のオランダ情報によって打払令が撤廃されたことを主張した。

九〇年代になると、アヘン戦争情報では、中国情報が注目されはじめる。まず、王は、アヘン戦争から太平天国、明治維新、戊戌の新法、義和団事件、辛亥革命の六つの事件と日本の関係を論じる中で、アヘン戦争情報が日本に与えた影響を、阿蘭陀・唐両風説書、『海外新話』『清英近世談』『清英戦記』などによって叙述した。さらに『海国図志』を評価し、これらの書物は、「（中国からもたらされた）当時すでに日本の朝野上下の重要な啓蒙的読み物となり、日本の開国と維新思想の形成と発展に対して一定の作用を及ぼした」とした。また、春名は、京都学派の本草学者山本容室の読書室蔵書のなかに対外関心を示す漂流記、中国人によるアヘン戦争記録などが存在したことを報告し、また、中国人によるアヘン戦争の悲惨さを詠じた詩が多く収録された『乍浦集詠』の日本への伝来・影響を実証し、さらに日本人の乍浦に対する同時代史的位置づけと唐風説書との関係を考察した。

最近の研究動向では、アヘン戦争情報が個々の思想家にどのような影響を与えたかという関心が中心になっている。例えば、岡田は、佐久間象山の「省督録《せいけんろく》」にアヘン戦争情報を受容した象山の思想をみた。前田は、天保一二年に成立した、古賀侗庵の「鴉片醸変記」を分析して、侗庵がイギリスの侵略行為を非難するとともに、西洋技術を受容しようとしない清の中華意識・独善的行為を批判し、それが斎藤拙堂や佐久間象山・吉田松陰に影響を与えていたとした。また、岩下は、長崎在勤の長崎奉行が、江戸の長崎奉行に送った書状の中に記されていた唐風説書のアヘン戦争情報とそれに対する幕府側の対応を紹介し、そこには危機感がみられないことを報告した。小野は、「遏蛮彙議」の中のペリー来航直後における諸大名の対外政策意見書を通商拒絶論、戦争回避論、通商許容論に分類し、大多数が戦争回避であり、その前提をアヘン戦争での清の敗北に求めた。

以上のように個別に研究の深化はみられるものの、小西が指摘したように戦争勃発と同時期の、つまり天保一〇年(一八二九)より、戦争終結の同一三年までのアヘン戦争情報伝達初期に関しては、前項(「はじめに」)で紹介したように史料的制約からいまだ十分な考察がなされていない。そこで本稿では、これまでのこの時期の研究を総括するとともに、さらに従来のアヘン戦争情報の研究では利用されたことのない横浜開港資料館の小笠原文書、名古屋市蓬左文庫の水野正信関係文書を用いて、現段階で考え得る限りのアヘン戦争情報に対する幕府老中や幕府下級吏僚、藩士などの為政者層の反応を詳述したい。

二　アヘン戦争関連の情報の伝達初期における影響

はじめて、アヘン戦争関連の情報を幕府に伝えたのは、天保一〇年（一八三九）六月二四日付の通常の阿蘭陀風説書であった。情報を伝えたのは同日長崎入港のコルネリア・エン・ヘンリエッタ号。(9)航海途上の海上異状なしやドイツ皇帝のベネチア併合などヨーロッパ情勢、また、アメリカ大陸情勢など伝えた後に、

一於広東エゲレス国人等之阿片密売するを禁せん為に官府ゟ令尹を差越れて其地に貯ふ所之阿片を隠不置悉皆可差出旨之厳命あり、依之是を貯ふ欧羅巴州之人等大に窮苦せり、其末於支那国都ニ而も阿片を用る者ありと聞は何れも刑に行ふべき旨之命令あり、其中に者此命令犯せしものは厳科に所せられ候趣御座候(10)

と述べる。ここには、清朝政府が、広東のイギリス人にたいしてアヘン密売を禁止するために「令尹」すなわち欽差大臣（林則徐）を派遣したこと、貯蔵アヘンをことごとく没収することを厳命したこと、これによってヨーロッパ人が大変窮地に陥ったこと、北京においても、アヘンを吸飲したものは、厳科に処せられることになったことなどが記されている。(11)この情報は、おそくとも七月には、江戸の幕閣に伝えられたはずであるが、彼らがなんらかの反応を示した様子はみられない。(12)それは、本情報が、戦争そのものを伝えたものではなかったこと（実際にまだ戦争は起こっていない）、当時幕閣は、五月から始まった渡辺崋山らの逮捕・取調べ（いわゆる「蛮社の獄」）などの指揮や通常の政務に忙殺され、この情報の重要性に気づかなかったと考えられる。(13)

翌年六月のオランダ船コルネリア・エン・ニューローデ号も、通常の風説書のなかで、

一唐国ニ而エゲレス人に無理非道之事共有之候所ゟエゲレス国ゟ唐国に師を出し、エゲレス国は勿論カーフデホーフアメリカ州之内及ひ印度エゲレス国之領地ニ而も、専兵を揃へ唐国に仇を報んが為め之仕組に御座候(14)

と伝えている。すなわち清がイギリスにたいして「無理非道之事共有之候所」から、イギリスは、「仇を報んが為」

清に軍隊を派遣することを伝達しているのである。つまり、イギリスの宣戦布告を伝えたものであるが、オランダは、イギリスを擁護する立場をとっていることがわかる。そして、この船からもたらされた情報をもとにオランダ商館長は、翌七月、「和蘭暦数千八百三十八年天保九戌年ニ当るより四十年迠唐国に於てエゲレス人等の阿片商法を停止せん為ニ起こりたる著しき事を爰に記す」という標題の、九一項目にわたるたいへん詳しい内容をもった別段風説書を提出した。[15]ただし、この中国におけるイギリス関係情報は、オランダ人が、バタビアで入手した一八四〇年四月まで、つまり天保一一年三月までの情報であって、おそらくイギリス側が発信した情報（英字新聞）をもとにしたものであって、掲載した通常の風説書の趣旨をより詳しく述べたものである。[16]

しかし、当時幕府は、ひとつには、かつて文化五年（一八〇八）に勃発したフェートン号事件以来、近くは天保八年（一八三七）のモリソン号事件もあって、イギリスに対するある程度の警戒心をもっていた。すなわち崋山や長英の取り調べが進むなかで彼らの幕政批判の出発点にモリソン号砲撃があったことを認識し、幕府による砲撃が、イギリスの日本侵攻の口実となる可能性を意識したものと思われる。またもうひとつ重大なことには、この天保一一年は、唐船が、イギリス軍の乍浦攻撃によって出港できず欠航し、長崎に入津しなかったこともあって、このオランダ情報に注目したと考えられる。そして老中はオランダ情報との突き合わせのために別ルートの情報を求めて、同年七月に長崎唐人屋敷の在留清国商人にたいして、情報の提供を命じたのであった。[17]ただし、この時点で、幕府は欠航の本当の理由（イギリスの乍浦攻撃）を把握してはいなかった。唐船が長崎に来航しないという事実そのものを重く見たのである。おそらく長崎奉行から老中に対して唐船欠航報告があったものと考えられる。

先の在留清人の提出した情報（唐風説書）は、一八三九年（天保一〇）一〇月の、彼らが本国出港前の情報なので、幕府は戦争の趨勢を知るべくもなかった。それにもかかわらず、早くも天保一一年九月には、長崎町年寄高島秋帆は、阿蘭陀別段風説書と唐風説書を下敷きにしながら、西洋砲術の採用を説く上書を提出した。[18]この上書は『陸軍歴史』

に載せられている有名なものなので、ここではすべて引用はしないが、そのなかで高島は、すでに「唐国大いに敗亡に及び、イギリス方には一人の死亡もこれ無き」として、戦争における清の敗北をあたかも事実であるがごとく語っている。これは、このすぐ後に「かねて蘭人共より承り及び候」とあるので、阿蘭陀別段風説書をもたらしたオランダ人による戦争の結果予想を高島なりに拡大解釈したものと考えられる（こうした点などをもって高島を山師と評したものもいた）。つまり、オランダ人の戦争予測を聞いた高島が、かく判断して書いたものと考えられる。

高島の上書は、長崎在勤の長崎奉行田口加賀守喜行が老中水野越前守忠邦に取り次ぎ、水野から目付一同に下げ渡され、審議された。目付のひとり鳥居耀蔵は、唐国の滅亡は、砲術の利鈍によるものではないとして西洋砲術の採用はやめた方がよいが、専門家に検分させてみるのもよいとした答申を行った（これも『陸軍歴史』に収録）。かくして天保一二年五月の、高島秋帆による徳丸ケ原演練が政治日程に登ることになった。[19] しかしこれをもって、アヘン戦争情報がわが国政に大きな影響をおよぼしたとか、この天保一一年時点で水野が大きな危機感をもったとにわかに判断することはできない。詳細は次項で述べることとする。

ところで、高島が注目した阿蘭陀別段風説書は、当時老中だった古河藩主土井利位の家老鷹見泉石[20]（老中内用役）も注意するところとなり、泉石日記の天保一一年九月一日条によると、田口より直筆の通常の風説書を入手し、翌日利位に上呈している。[21] また同年一一月一七日には、相役の戸川播磨守安清と交代して江戸に帰ってきた田口に対して、アヘン戦争情報を提供してくれるように頼み、阿蘭陀別段風説書を入手、同二一日にはやはり土井に提出した。さらに同二一日には田口にたいして唐風説書の提供も依頼している。同じ老中でも土井の場合、水野のように長崎奉行から情報を入手するのではなく、側近泉石を通じて幕府の役人から情報を収集している点に注目したい。つまり、幕閣内部であってもアヘン戦争情報がやり取りされていない可能性があったことを指摘しておきたい。

さらに、泉石の史料群のなかには、長崎在勤の長崎奉行戸川安清が、江戸在勤の長崎奉行田口喜行と勘定奉行明楽茂村（長崎掛と考えられる）に宛てた、一八四〇年秋までの戦争の状況、すなわち、イギリス軍の定海県占領を伝える唐船風説書の翻訳を記した書状の写し（天保一一年一二月七日付）が残っていた。この戸川書簡の詳細な分析は、本書第二部補論(22)において述べることになるが、行論の都合上、そこで得られた結果のみ記しておく。

①長崎と江戸に在勤していた両長崎奉行間の書簡はこれまで報告例がない。

②書簡の存在から水野が長崎奉行や勘定奉行など幕府有司に張り巡らした情報網がうかがえる。

③水野が清国の敗戦を知ったのは、通常言われているような漢文によるものではなく、漢文の和訳だった。

④長崎奉行の情報分析では、来航唐船の減少による長崎貿易の衰退が心配というものだった。

この書簡を用いて、老中水野忠邦の情報管理を次項で論じる。

三　水野忠邦のアヘン戦争情報の管理・統制と小笠原貢蔵の上書

鷹見家資料に残る長崎奉行戸川の書簡の文面から考えると、この段階で長崎奉行や長崎関係者たちは、居ても立ってもいられないほど衝撃を受けたと考えることには、かなり無理があると考えられる。戸川書簡の唐風説書に対するコメント部分を引用しよう。

右者、当年入津之阿蘭陀船ゟ風説之趣、かひたん封書を以、内密申立候次第も有之候ニ付、唐方商売船之差障等も難計ニ付、唐方在留船主江当七月中、加賀守（田口喜行―岩下註、以下同）殿御在勤中御尋之上、差出候真ノ物和解去九月四日、水越前守（水野忠邦）殿江飛騨守（明楽茂村）殿ゟ御上ケ被置候儀ニ付、猶右始末之儀者、船々入津相揃候上得与為相尋、真ノ物等為差出候上、差上可申与存候得共、先ツ此段右様心得迄ニ申進候間、越前守殿江、一ト通り御耳打ニ而も被成置候方可然思召候ハヽ、宜被仰上置可被下候、以上(23)

この文面の中で、奉行戸川が一番心配しているのは、戦争が中国貿易船の長崎来航に支障となることであった。

そしてそれは、実をいえば、当時の長崎町年寄・長崎会所調役頭取の高島秋帆以下長崎町人全体の心配ごとでもあったと思われる。

すなわち、江戸後期以降、薩摩藩による琉球経由の唐物が市場に出回り、長崎会所貿易を圧迫していたという経済的背景があった[24]。また、長崎会所は粉飾決済を重ね、幕府にたいして運上金も上納できず、長崎奉行所や大坂銅座に滞納金があり、かつまた、会所役人が商品購入資金を会所から借金をしてもその返済ができず、かなりの額の滞納金があったとされている[25]。つまり長崎貿易は構造的な悪循環に陥っていたのであった。ただでさえ収益が下がっているところに、中国船が戦争によって来航しなければ、貿易量が減少し、会所は機能不全に陥り、町全体が疲弊することは明らかである。ここに、秋帆は「天保上書」を作成して、高額な輸入大砲類を使用するところの西洋砲術の採用を提案（天保一一年九月）。老中水野忠邦に提出したのである。

これらを踏まえて、高島による上書提出の意図を立ち入って述べてみよう。高島にとって大砲の輸入と販売は、幕府の許可が必要という条件つきながら、実現すればハード面では貿易量の増大につながり、長崎の存続にかかわる重要な問題であり、ソフト面では自分のこれまでの砲術研究の成果が拡大することであって、高島個人としても社会にたいして存在をアピールすることであった。また、大砲は一大消費財、つまり、演習を重ねれば一定の期間で償却してしまう商品であり、また、たえざる技術革新によって常に新製品の出てくる商品でもあり、さらに、砲弾や付属物資は消耗品であって、顧客がつけば安定した収入の見込める、商人にとっては優良商品である。これは貿易収入に伸び悩む長崎にとってもカンフル剤として大変都合のよい物であったと考えられる。したがって高島は上書で、ことさらに旧式の大砲をもちいた清の敗北を強調するのである。また、こうした観点からすると高島による徳丸ケ原演練も、幕府はもとより、多くの大名、旗本にたいする、顧客開拓のための商品展示および実演というか、商品の一大デモンストレイションだったとすることも可能であろう。ここまで考えてくると、徳丸ケ原の演練を高島や水野の対外危機感のみに帰すことは再考の余地があろう。おそらくかつて長崎に近い唐津の藩主であった水野は、幕府からの加役である長崎警衛を行うなかで、幕府による長崎からの富の吸い上げのシステムを知るに至ったと思われる。したがって水野は、長崎から何らかの見返りを期待したのではないだろうか。戸川書簡を深読みすれば、長崎奉行（戸川・田口）、「長崎掛」勘定奉行（明楽）、「長崎掛」老中（水野）といった長崎担当吏僚群による長崎の富を吸収するシステムのうえにこの書簡があったように思われる。(26)

かくして、高島の上書は、長崎からの富を求める水野の利害にも一致し、その容れるところとなって、徳丸ケ原の演練となって実現したと考える。このように考えると同じ老中である土井利位などに情報を漏らしていないという水野の情報の管理統制にも納得がいく。つまり、水野が、徳丸ケ原の演練を企画していた矢先の天保一一年一二月に、先の長崎奉行から発信されたアヘン戦争情報の内容が、水野にだけ「御耳打」されたのである。清軍がイギリス軍に敗れたという情報は、長崎からの輸入大砲による海防整備を推進しようとする水野にとって有利な情報である。逆に、西洋流砲術を取り入れようとする水野の海防整備に反対の勢力にとっては不利な情報といえる。それゆえにか、水野がこの時の情報を同僚の土井には漏らした形跡がないのである。(27)利位は、家老で内用役の泉石からこの情報を入手している。その泉石は、例の長崎奉行田口から密かに入手して、それを土井に提出した。それが、先の長崎奉行戸川から勘定奉行明楽への書簡である。結果的に土井は水野と同じ情報を入手しているが、土井の方は水野よりも九日遅れだった。ここには経済的利害にもとづく水野によるアヘン戦争情報の管理・統制を見ることができる。

さらに、水野が書簡の、つまり「御耳打」された情報を漏らした先は、当時佐渡奉行だった川路聖謨であったことが知られる。水野は天保一二年正月七日付書簡のなかで、

清国、阿片通商厳禁之不取計より、イギリス人抱不平、軍艦四拾艘計、寧波府に仕寄戦争、寧波県一部被奪

取候由、此度来船人より申出候。違国之義に候得共、則自国之戒に可相成事と存候。浦賀防禦之建議未定、不束之事ともに候。

右者心得にも可相成と、内々申入候（後略）(28)

と述べている。すなわち、水野は、「外国のことではあるが、自国の戒めとしなければならない。浦賀防衛計画は、いまだ決まらず、残念だ」と川路への書状の中で嘆息している。実は、水野がアヘン戦争情報にたいして直接言及しているのは、あとにも先にもこれだけである。ここから考えてもやはり、まだ天保一二年初頭段階では水野には危機感はないといわざるを得ない。

ところで、幕府内部の海外情報分析担当部局ともいうべき天文方の渋川六蔵は、同年八月、水野に幕政改革意見書を提出したが、そのなかで、「近来清国へイギリスと申候外夷より交易之儀に付、及戦争申候追々風聞之趣に而、清国敗亡も難計、万一敗亡仕候はば勢に乗じ本邦江之取掛り可申候哉」として、アヘン戦争で、清がイギリスに敗北し、その後イギリスが日本に取り掛かってくる可能性に言及している(29)。これが、幕府関係者として深く危機認識した最も早い例としてよいと考える。こうしたことから、水野忠邦は、一部の者だけの情報分析だけでは十分ではないと考え、幕府役人の他の一部にもアヘン戦争情報を漏らし、それにたいする考えを提出させたと考えられる。

例えば、蛮社の獄で目付鳥居耀蔵の配下（御小人目付）として働いた御小人頭（天保一二年八月昇進）小笠原貢蔵(30)は、同一二年一一月に鳥居を介して幕閣に上書を提出している(31)。この上書は、現在写ししか存在しないが、そのタイトルは、「天保十二丑年十一月上ル　上書写　鳥居ぬしを以て上ル」とあって、小笠原から鳥居を介して、老中に上呈されたものである。すなわち老中は、鳥居と密接な関係がある水野忠邦と考えるのが、この際妥当であろう。この上書は全文が紹介されたことはまだないので後掲史料編に翻刻した。ここでは行論上必要な箇所のみ引用する。

まず、小笠原は、軍備は廃止すべきものではないが、天下の浪費の第一である、とする。第二は火災であるとし、火災に対する消防の実態を述べる。すなわち、消防は江戸では熟練しているとは言い難いとする。例えば前年の佐久間町の大火は、士卒民ともに死力を尽くして消防したとはいえない。消火の際の問題は、皆が奔走して、疲労し、かつ狼狽し、飲食もなく、結局消火すべき地が定まらず、その指揮がまずかったことである。外国軍が来航した場合、今日では気概のある人も少なく、砲声を聞いて恐怖する者もいるかもしれない。わが国は四方を海に囲まれて険があるようだが、不慮の事柄に対する備えがなければ、険がないのと同じである。

そして、小笠原は、唐風説書をつぎのように要約している。

近年唐土の広東港に英吉利斯人来て乱妨し、定海県の知県その外の官軍敗走して定海一県蛮賊に奪れ、徐姚《(ママ)》県とか中海辺にて、僥倖に賊将の女を擒にし、また、賊の姦計にかゝり、女を返し、賊また来て諸県を侵す、唐土の君臣相議して数万の軍兵を卒へ賊を征伐せんとして、又敗走せしなどの説も聞へぬ

これは、明らかに鷹見家資料の戸川の書簡にも収録された、天保一一年一二月提出の唐風説書を踏まえての記述である。したがって老中水野は鳥居耀蔵や小笠原貢蔵といった、佐藤昌介によって蛮社の獄で「守旧派」と評されたグループ[32]に唐風説書の内容を漏らし、それに対する分析と対応策の建白を期待していたと考えることができる。水野がアヘン戦争情報分析と国防に関する上書を求めていたことは、従来あまり知られていないことである。おそらく水野は、天保一二年夏にオランダ船の長崎入港がなかったこと[33]に不安をもったのであろう。それで情報を漏らし、情報と状況に対する分析を行わせたと考えられる。つまり水野は、同年夏にオランダ船が入港しないという事実をもって、初めて大きな不安を抱くに至ったと考えられるのである。しかし、たとえ夏に不安を抱いたとしても、小笠原の上書提出は一一月であって、やはり時問的な悠長さは否めない。

小笠原の上書を続けよう。かくして戸川の書簡にも引用された唐風説書を引用し、さらに文化四年のロシア船による蝦夷地襲撃で一隻の船に日本側が敗走したことなどをあげて、もし、浦賀辺りに蛮賊が渡来した場合、十分な

準備もなされないまま先陣争いをする不安があるとする。したがって、異船が来航したら、あらかじめ諸侯の守備する場所を決めておいて、兵糧などの軍事物資の輸送も考慮し、一部は幕府の金蔵から支出するなどして、有事の際のガイドラインを作成する。また臨機応変の用兵を心掛け、諸侯には平静より持ち場の巡視を行わせるべきである。これらの政策に関しては、目付・使番の「相当之方」を選任して命じ、徒目付以下のものも目付が選任して企画させれば心構えがあり、狼狽も浪費も少ないとする。目付・使番の「相当之方」というのは、当時、目付でもあった鳥居を念頭においたものであろう。続けて小笠原は、平静からの十分な備えがあれば、士民の浪費も少なく、国家の財政も圧迫しないとし、もし心構えもなく異変が生ずれば、江戸が混乱するばかりでなく、費用が重なり、異賊にたいし、万国に優れたわが国の国体を失うこともあるかもしれないと深く考えるあまりに申し上げる、と結んでいる。これもまた、アヘン戦争情報を分析して現状の日本に当てはめているものの、天文方の渋川六蔵ほどの危機感は認められない。

以上のことから、アヘン戦争情報は天保一二年段階までは水野によってその扱いが管理・統制されていたことがうかがえ、その背景には長崎から富を吸収しようとする水野らの、軍事的危機認識とは別の経済的意図が見え隠れしていたように思われるのである。

四　天保一三年以降のアヘン戦争情報をめぐる状況

天保一二年には、オランダ船の長崎来航がみられなかったので、天保一三年六月一八日および翌一九日入津の二艘のオランダ船がもたらした「唐国とエケレスとの戦争、今以不穏候。去〻子年已来の義は追而別段可申上候」[34]とされた特別な風説書の情報は、幕府当局者にとっては待ちに待ったものだったと考えられる。この情報は、二年度分として「和蘭暦数一千八百四十年天保十一子年より八百四十一年同十二丑年迄唐国ニ而エゲレス人の阿片商法停止ニ付記録いたし候事」というタイトルをもった九九項目に及ぶもの、「和蘭暦数一千八百四十一年天保十二丑年より八百四十三年同十三寅年迄唐国ニ而エケレス人阿片商法停止方に付記録いたし候事」、五六項目の、両者併せて一五五項目のたいへん大部なものであった。(35) したがって翻訳に手間取ったが、かなり大急ぎで作業を行った結果、翻訳完成は七月であった。前者には、一八四一年締結の川鼻仮条約が収録され、そこには、第一条として「エゲレス人、ホンコン島を領候」とはっきり記され、「兵を備へ、奉行を居置申候（ママ）」、つまり、イギリスが軍隊を駐留させ、総督を派遣したことも伝えていたのである。(36) また、新任の商館長は、マカオでイギリス人から聞いた情報として、イギリス艦隊が日本に渡来するという秘密情報も伝達した。(37) さらに前任商館長に宛てた旧長崎商館員の書簡のなかにも、「此節唐国とエゲレスと其騒動は究て日本ニもおよぼし候様成行候哉も難計候」とあって、阿蘭陀通詞らが注目して翻訳した。(38) 佐藤昌介は、これをもって、いわゆる天保薪水給与令が施行され、また水野忠邦が懸案としていた江戸湾防備体制の改革が進んだと考えた。佐藤はこれを「アヘン戦争のもたらした国防の危機に対処するため、幕府が崋山の提唱する「外防」優先の論理に従わざるを得なかったこと、いいかえれば、蛮社的思想がようやく幕府権力内部に浸透しつつあった事実を窺うことができる」(39) と総括している。すなわち、天保一三年のオランダ船のもたらしたいくつかのアヘン戦争情報は、それまでにもたらされた情報と重なり合って多くの者の目を海外に向けさせたことは事実であろう。つまり、このころには、幕府要路以外にもかなり多くの者がアヘン戦争を知るに至り、その情報を求めるようになっていた。

例えば、尾張藩家老大道寺氏の家臣水野正信が収集した情報を書き留めた「青窓紀聞」にも、アヘン戦争情報である「天保十一入津唐船風説書」(40)「寅年長崎表舶来蘭人唐国イギリス人争動風説言上書」(41) が書き留められている。前者は、先に紹介した長崎奉行戸川の書簡に収録されていたもの、および小笠原貢蔵の上書が踏まえていた情報と同一のものである。タイトルは「天保十一入津唐船」とあるが、前述したように天保一一年には唐船は来航していないので、筆者水野正信の書き間違いであろう。しかし記事そのものは、天保一一年一一月二九日より一二月二四日の記事の間に挟まれているので、もし、情報の収集と収録が同時に進行していたとすれば、老中水野忠邦が入手したよりも早い可能性が出てくる。私見では、あり得ないことと思うが、現段階では判断する材料に欠ける。正信があとで整理して収録したとも思われるが、後考に待ちたいと思う。

また、後者は、天保一三年一〇月一九日の記事のすぐ後にあって、「蘭書を翻訳せしものなり」と割注があるものの、先の天保一三年の両阿蘭陀風説書だけではなく、唐風説書などの情報も参考にして作成した、ごく簡単なダイジェストである。後者の全文を引用してみよう。

> 昨年広東辺にて相戦居候処、当春ハ、福建或寧波府其外蘇州辺にて合戦いたし、大船六十艘程来り、当時流行之ソンベン（ママ）筒沢山ニ用意、船は皮にて張詰有之、唐国ゟ打懸候石火矢ハ、陸より船を見当ニ打候事故、十二八ハはつれ、当り候ても皮にて請留、船を打抜候事出来兼、敵船ゟ打懸候筒ハ、大勢群集之所江打懸候故、たとへハ敵方十五人死人有之候へハ、唐国は千五百人も打殺され候由、唐国より小船に焼草焔硝等積込敵船へ乗付候て、火を付け、又ハ、水練を以逃去候謀計などいたし候へ共、敵より見すかし乗付申たる内ニ右之筒を打懸候故、謀計空敷相成、且大船ハ、沖ニ懸り、小船を数十艘乗廻し、逆風も不構、竪横自在に矢の如く駈引いたし候故、唐国も大勢とハ申ながら手をあまし候由、其上船にて勝手に乗廻し候故、いつれか戦場と見請けがたし、混雑にまぎれ、盗賊おひたたしく、昨天府より上使数人参り、伽（ママ）を上使相尋候、いつれか本上使と相分り不申由、及内乱出来大勢ニ而取締出来兼、蘇州寧波府辺大分責取られイギリスの手ニ入候との風聞に御座候

ここに述べられている内容は、イギリスの軍艦が、清軍のそれに百倍する殺傷能力のある強力な大砲を装備していること、また皮張りの軍艦は清軍の大砲では打ち抜くことができないこと、『三国志』の赤壁の戦いさながらの奇計では太刀打ちできないこと、清側の指揮の乱れから清側が敗北し、「蘇州寧波府辺」が占領されたという風聞もあるというものであった。これらの情報は、実に容易ならざる情報であるが、これらがどの程度の関心、あるいは衝

撃をもたらしたのか、にわかに判断することはできない。むしろ「青窓紀聞」の筆者水野正信の態度は冷静でさえある。すなわち、この記事の直前に、次のようなアヘン戦争の断片的な記事と正信のコメントが見られる。すなわち「此節清邦へインギリス入乱ノ根源ハ去ル子年六月頃阿片煙草ヲ持来り交易せしに清邦よりハ毒草として」禁止したとして、アヘン戦争の原因を端的に述べ、「インギリスハ天竺などより西北ニ在りし小国なり、物ニ工ミにして、細工などハ此国ヲ以テ長トス、尤世界中交易ヲ業トセル風俗ナレバ至らぬ国ハなし、清朝ノ南呂宋辺何れもインギリスノ出店なレバ」とイギリスの世界進出を十分に認識している。そして「俗説曰、イキリスハ遙国ヲ隔たる小国ナレバ恐ルニ不足候旨、是ハ地理ヲモ不知井蛙ノ論ニシテ文盲至極笑止ノ事」と分析しているのである。さらに興味深いことには、イギリスに関して次のメモ書きが前のコメントの後に記されている。

　イギリス　　軍鑑モリソン
二十余年前より広東江態々遊学
五車韻府翻訳
国の大なる事日本国ほとのよし
人数惣括
　一千七百七拾万六千人と申候
外国領分之人数
　七千四百二十四万と申候
其国々之名
　一ハ北亜墨利加ニ御座候
二ハ西印度ニ御座候、南亜墨利加之間島ニ而候

三ハ亜（ママ）墨利加之内ニ而天竺之南西ニ当り候処ニ而候
四ハ新和蘭陀と申日本之極南ニ当り候
五ハ南アメリカニ而フラシリイコイ子ア並カルホルニア也、日本之東ニ当ル所ニ而候
六ハ東天竺と申候而日本近海南洋諸国中の無人島近来より南之島ニ而候

船一艘之石火矢四五十筒ツ、
船数二万五千八百六十艘
上役人都合十七万八千六百二十人
下役人四十万六千人
水主、崑崙奴取集、惣而百万人ほとハあるへし

ここには、当時参照することのできたイギリスに関する情報が凝縮されている。すなわち、その出典は高野長英の「戊戌夢物語」である。[42] 天保九年一〇月以降に成立し、蛮社の獄のきっかけとなった幕政批判書である。長英は、それを幕府の一部役人や同志に示したが、「夢物語評」や「夢々物語」などの反響が見られ、老中水野忠邦の知るところとなり、幕吏が長英らにたいする探索を開始したのである。いずれにしても天保一三年当時のイギリス情報を分析する際の参照資料が、「夢物語」なのであった。佐藤の説はここでも当を得たことになる。それはさておき、以上の諸史料からするとわずかな情報からも今現在、清国で何が起こっているのかを知ろうとした当時の人々の営為を読み取ることができる。

しかし、天保一三年も海外情報は、表向きは管理統制されていた。例えば、同じ水野正信の雑記「青牖叢書」には、アヘン戦争情報が幕府によって管理統制されていたことを窺わせるに足る十分な書簡が収録されている。すなわち、大坂からの情報（おそらく情報の出所は大坂銅座辺りと考えられる）として同一三年八月ころの長崎の様子を記した書簡を

次に紹介する。

長崎より寅八月二十日出申来候エケレス一件荒方申上候

一、追々申上候通、唐国戦争実事ニ而蘇州、寧波辺も責取られ候趣、此所ハ左甫《ママ》より里数日本之拾五里計も無之、定而左甫も及騒動日本通商処に而ハ有之ニ候、其外唐方在留之船頭共只今ニ相成昨冬舟渡来之節船中ニ而イギリス船に被取巻蘇州京筋等相尋候段申出候、尤紅毛人より別々風説ニ而申上候通、少も相違無之、割符を合候様有之旨、右之趣江府江も御駈合ニ相成居申候由之処、其御下知相廻り九州筋其外近国拾四ヶ国軍役衆不残此間御召出ニ而自然エゲレス船地方ニ参候ハヽ、備方厳重ニ致候儀ハ勿論急ニ打果候様申達置候得共、一応来迠相尋薪水を乞候儀ニ候得ハ相与へ無事ニ出帆為致可申候、自然手向ひ致候義ニ候ハヽ、無用捨打果可申候、此外備方厳重ニ被仰渡候間、即日国々江早飛脚を以、右之趣御懸合ニ相成候由御座候

又、

右之趣市中町々江も御触流御座候[43]（後略）

この書簡では、アヘン戦争で蘇州、寧波辺りも攻めとられたようであると伝えている。以下要約すると、その辺りは乍浦から一五里程もないところなので、かなり混乱したと思われる。日本に来る唐船もイギリス軍艦に拿捕されていたという。これらはオランダ人の別段風説書に言うとおりである。九州筋そのほか近国の一四か国の大名の聞役が呼び出され、イギリス船が来るかも知れないので注意を怠らないようにすること、薪水を要求したら与えるように、手向かいしたら容赦なく打ち払うようにという沙汰があり、早飛脚で国許に伝達するようとのことであった。これは市中まで御触があった。

すなわちこれは、いわゆる天保の薪水給与令、正確に呼ぶならば同一三年七月付の異国船にたいする薪水給与方針の命令書を指している。[44] 周知のごとく同命令書は、命令の企画・策定理由などは一切述べない。仁政により文化

三年の異国船取り扱い方針（穏便に帰らせる。必要とするものを給与する。諭しても帰らないときは打ち払う）に戻したのだとしており、かつ取り扱いの具体的方法のみを指示しているだけである。この引用した書簡では、あきらかにアヘン戦争情報と薪水給与命令を結び付けて考えている。そして書簡の文面から長崎奉行が、もしイギリス軍艦が来航したらどうするのか、その取り扱い方を老中に掛け合ったところ文化度の取り扱い、つまり、無用の軍事衝突を避け穏便に退去させるという方針を与えたことが理解できる。

このことは、小西四郎が紹介した「奥右筆宮重又右衛門信愛手録」という史料によっても窺うことができる。[45] すなわち「天保十三年長崎奉行柳生伊勢守久包より、急便を以申越せる趣は」として、天保八年来日したモリソン号事件の顚末の詳細をオランダ船がもたらしたが、老中水野忠邦・同土井利位・同堀田正篤・同真田幸貫が評議した結果、真田のみ漂流民を送ってきた船を打ち払うのは不仁であると他の老中とは意見を異にしたという。しかし、これは文脈から天保九年にオランダ商館長ニーマンが提出した機密文書にたいする老中評議を指しているとも考えられる。[46]「奥右筆宮重又右衛門信愛手録」の原文を見ていないのでなんともいえないが、いずれにしても、いわゆる天保薪水給与令は、法令というよりは、老中の指示書あるいは命令書というべきもので、『通航一覧続輯』に収録されている命令書の様式から推定すると、おそらく幕府は、最初この方針を長崎奉行と関係諸藩にしか伝えなかったのではないかと考えられる。[47] そして八月には、若年寄遠藤但馬守胤緒が主体となって海岸防御の諸家に海防人員・武器・海岸絵図などの報告を命じた書付けを手渡している。九月になって、大目付にたいし、諸大名に平常時にも大砲の用意をすること、海岸線を領分に持たない大名も援軍等で命令があるかもしれないので分限に応じて火器を準備することを伝達せよと命じた。また、同時に、老中水野は、伊豆韮山の代官江川英龍に高島流砲術を諸家へ指南することを許した。[48] これらは、水野忠邦の対外政策が段階を追って施行されていることをうかがわせる。しかし注意したいことは、公式な文書の上では全くアヘン戦争に触れるところはない。実は、この一〇月には、水野忠邦は、かの高島秋帆を逮捕することを命じていた。高島逮捕事件に危機感を抱いた高島門下の旗本下曽根金三郎は、幕府内部の保守勢力を批判しながら、西洋流砲術の採用を建議したが、ここでも下曽根が直接にアヘン戦争に触れるところはない(49)。

そして一一月一一日に長崎から水野正信のもとに発せられた書簡には次の情報が収載されていた。

寅十一月十一日出長崎より書状写

イギリスと清朝と合戦之儀ハ大秘事之由ニ而知せ不申、併台湾ハとくに被取、広東一縁イギリス之物ニ成候由、清朝之石火矢百梃計の八十梃イギリス大集取余り候分ハ、打砕候哉間ニ合不申候由、船も二百艘計も参り居候由、中々火船と申もの二十艘計参居候由、是ハ風雨之差別なく一万四五千里を八日ニ参候由、尤仕懸ケハ知不申候得共、火を焼其火気ニ而走り候由承り申候、此塩梅ニ而ハ清朝ハ六ケ敷奉存候、併是ハ内〻之事ニ而当地ニ而ハとんと申人無之候(50)

つまり、イギリスと清国との戦争は、大いに秘密にされていることなので、これまで情報を伝達することができなかった。しかし、台湾、広東一円はイギリスのものになってしまったらしいといっている。そしてイギリスが、清の大砲を没収したことを述べ、さらにイギリスには蒸気船（仕懸けの詳細は不明としている）が二〇隻あるらしく雨風の別なく一万五千里を八日で走ってしまうとのこと。この様子では、清は国として立っていくことが難しくなるだろう。これらのことはごく内々のことで、ここ長崎でも全く言う人がいない、としている。

この書簡の文面からすると、天保一三年末の長崎においても、水野忠邦の情報管理によって、アヘン戦争の情報が伝わりにくくなっていたものと考えられる。実際にはこのような書簡が存在するところをみると、次第に情報が漏れ、尾張藩のような大藩の陪臣クラスにも情報が漏洩し、その情報が分析されつつあったことが理解できよう。

こうした営為の積み重ねのなかに次第次第に断片的な情報が集積され、分析されるにしたがって、戦争の全貌が見えてきたと考えられるのである。すなわち、ちょうどこのころ（天保一三年）松代藩士佐久間象山は、藩主真田幸貫にオランダからの情報によれば、イギリスは唐との戦争が片づけば長崎・薩摩・江戸に軍艦を差し向けると言っているると上書のなかで述べている。[51] これなどは、その情報分析を活用した一例である。

おわりに―アヘン戦争情報の拡散と深化

天保一三年六月のこと、幕府は、高島秋帆の西洋砲術を採用した。それまでは江川太郎左衛門英龍・下曽根金三郎信敦の両名にのみ学ばせて、情報や知識を独占していたが、このとき、旗本はもちろん諸大名の家臣も高島流を学ぶことが許されたのである。そこから高島流砲術が、全国的に展開していくわけで、[52] これにともなって、高島流の必要性を高める環境として、アヘン戦争情報が次第に拡散していったと考えられる。もっと言えば、高島流砲術が、勢力を拡大するためにアヘン戦争情報をプロパガンダしたのではないかと思われるのである。

また、水野忠邦自身が、上知令による政治的混乱のなかで失脚したことも、情報の管理・統制を行う主体がいなくなったことになり、情報の拡散に拍車をかけたであろう。水野の後は、阿部正弘が幕政を主導することとなる。この阿部政権下に、阿蘭陀別段風説書として香港が割譲された南京条約情報がもたらされた。すなわち、一八四三年の状況まで伝えた天保一四年（一八四三）の別段風説書には、南京条約が収録され、第四条には、「ホンコン島ハ永々英吉利領地に極置度事」と記されている。[53] これは同年の六月に日本にもたらされ、七月末には老中は目を通したと考えられる。また、これとはべつに日本近海の測量のためイギリス軍艦サマラング号が来航するという予告情報ももたらされた。[54] 翌弘化元年には、オランダ軍艦パレンバン号が長崎に入津し、国王ウイレム二世の開国勧告をもたらした。これもアヘン戦争の余波と位置づけられる。この年、阿部正弘は、「潮音」という揮毫をも行っている。[55] この書の文字は、遠く海外からもたらされたさざめき立つアヘン戦争情報のことを意味しているように思われる。かくして、次第次第に戦争の詳細な様相が明らかとなってきたため、嘉永二年（一八四九）には軍記物の体裁をとった『海外新話』という、庶民をターゲットにする刊本まであらわれた。情報と知識は確実に在野にまで蓄積・深化されつつあったのである。さらに、林則徐の事績を記した『聖武記』は、弘化元年（一八四四）以降に輸入され、当時の老中が全員入手していたし、[56] イギリスの攻撃を受けた乍浦の漢詩集『乍浦集詠』は、道光二六年（弘化三・一八四六）に成立して、嘉永二年には名古屋で蘭学者伊藤圭介が抄訳本『乍川記事詩』を、翌年には江戸で小野湖山が同じく『乍浦集詠抄』を刊行している。[57] また、たまたま中国沿岸を通過した日本人漂流民の体験的情報が、長崎から入ってもきた。[58] すなわちアヘン戦争情報は、英字新聞記事の抄訳である阿蘭陀風説書、清国商人らの提供した唐風説書からさらに軍記物、伝記、詩集、漂流記等といったいわゆる文学的作品によっても情報の拡大と深化が図られたのである。

こうした文学的作品などによって培われた想像力が、ペリー率いる蒸気船艦隊の浦賀来航によってどのような幕末の社会状況をもたらしたのか。まずは、吉田松陰の書簡を例にみてみよう。

ペリーが江戸湾を退去して間もない嘉永六年六月二〇日、江戸に戻った松陰は、萩にいる兄の杉梅太郎に宛てて、五月二四日に江戸に到着してからの様子を綴った。その大部分はペリー来航一件である。[59] 松陰は天候不順で浦賀行きが遅れたことを述べ、「浦賀の事は委敷達御聴可申候間、幕吏腰脱、賊徒胆驕、国体を失候事千百不可数」と、すでに浦賀のことを聞いていらっしゃるだろうが、実に幕府の役人が腰抜けで、「賊徒」、すなわち外夷が傲慢に振る舞い、わが国体を失ったことは多く数えることもできないと嘆いている。そして佐久間象山やその塾生が浦賀に集まり悲憤慷慨していること、外夷の様子や幕府および彦根、会津、川越、忍の四藩の海防の実態を見るにつけ、外夷を憎みわが国防を情けなく思ったこと、江戸藩邸より情報が国元に届いているだろうからわたしの所見は申し上げないがと前置きをしながら、昨年宮部鼎蔵が言った通り、浦賀の警備は「虚備」であることを天下の人々は初めて開眼したであろうと所見を述べる。さらに「夷書」つまりアメリカ合衆国大統領親書（国書）の受領に関しては「国体を失するの甚しき、海外新話中に図有之琦善与逆将義律対面と同日の話にて、口に上すも尚心を痛む」と嘆いているのである。

松陰は嘉永三年八月より一二月、長崎に遊学したときアヘン戦争に関するさまざまな資料を渉猟し筆写している。[60]そのなかには「聖武記」「阿芙蓉彙聞」「英夷侵犯始末」「隠憂録」などがあった。嘉永二年刊行の「海外新話」も見ていた松陰は、ペリーがもたらしたアメリカ合衆国大統領親書の幕府役人の受領の様子から、清の高官琦善がイギリス軍人エリオットと締結した屈辱的な川鼻仮条約の調印場面を即座に連想したのである。

さらに、阿部正弘による対外政策諮問（嘉永六年七月）に対する、各大名による答申書のなかにも、アヘン戦争情報の拡散・深化の様相とそれによる未来の想定（シミュレーション）をかなり見ることができる。[61]

一例を挙げよう。伊勢桑名藩主の松平定猷は、将軍の職掌上も、建国以来の国法上も通商通信は許可すべきではないとし、ペリーの来航の根源について次のように言及する。

> 今度之夷船渡来之根源、諳厄利亜等素より同気之国ニ而、倶ニ申合、其指揮を得罷越候事も難量、左候ハヽ、此已後諸蕃各難題ケ間敷儀を申懸候半も不可知、是を拒ミ候ハヽ、兵端を生し、其意ニ随ひ候ハヽ、種々凌辱を受、国力も尽果可申、且又交易場を御聞届ニ候ハヽ、彼も商館を取立可申、左候得は諸蕃入込来、号令不行届、清国之大邦ニ而も、其害不少[62]

すなわち、アメリカがイギリスと「同気類之国ニ而、倶ニ申合、其（イギリス―岩下注）指揮を得」ていると認識し、外国勢力が難題を吹っかけてくる可能性があり、拒むと戦争となり、要求に従えば凌辱を受け、結局交易をすることを余儀なくさせられる。隣国清をみよ、と言わんばかりである。ほかにも、「近日清国と英吉利国との事情御察可有之候」（幕臣向山源太夫篤[63]）とか「殊ニ清国鴉片烟之如く、甚敷にも至りぬ」（幕臣山本元七郎[64]）、「何れも欧羅巴に滅され、近くハ清国も又此災禍に罹り申候」（浪人儒者鈴木徳之助[65]）、あるいは「近世清国郡県之大敗」（仙台藩士大槻平次[66]）、「（異人は―岩下註）唐土之如く挙国奪取候内存」（佐土原城主島津忠寛[67]）、「清国英人争戦之先従鑑戒に可仕義ニ奉存候」（新発田藩主父溝口直諒[68]）、「既に間近く於清国も通商ゟ事起り、戦争ニ及び、人民塗炭ニ苦候様相聞、猶宋明末年之先蹤も有之事ニ候得は」（萩藩主毛利慶親[69]）「支那英吉利との戦争今日之殷鑑」（土佐藩主山内豊信[70]）「近来清朝煙毒ゟ差起候闘争之始メ、洋異之賊情、都て交易ニ事寄其国々之形勢を伺ひ、邪法、私理を以人民を惑し、動も致候へハ、表ニ戦闘を顕候[71]」（高須藩主松平義比）など枚挙に遑がない。ペリーの率いる蒸気軍艦の来航とその行動によって、あらためてアヘン戦争とその結末が再認識されたのである。[72]

目の前にそびえる黒山のような巨大な蒸気軍艦。自在に、風によらずに走行し、強力な大砲を備えている海の要塞。上陸したらしたで、威儀をただし、恐ろしく統制のとれた軍隊。そしてその彼らが、通商と石炭貯蔵の島を要求しているという事実。

これらをまのあたりにした人々は、一三年前に清国が圧倒的なイギリスの軍事力の前に屈服して、開国・開港し、なおかつ大切な領土香港を掠めとられてしまった事態を思い起こした。その清と現在の日本をオーバーラップさせたのである。まさに一三年前の清と同じ道を歩まざるをえない日本がそこにあった。ここに情報の拡大・深化と文学的な作品による想像力が作用していることは言うまでもない。

識者の認識はいやが上にも高まった。こうした状況下に、幕末の政局は、中央政府たる幕府にたいして政治的権限をもたない外様・家門大名やその家臣、そして知識人や庶民からもおおいに注目されることとなり、幕府政治は、衆人監視のもとにおかれるようになった。[73] 海外情報は、国内政治情勢と直結し、むしろ、これ以後は、この未曾有の国難に為政者幕府や、それに近い大名たちがどう対処しようとしているのかということが、情報を求める者の最大関心事になっていく。全国各地で情報の収集と分析が始まるのである。それを活用して政治的に優位に立とうという動きが幕末の政治を動かしていくこととなる。

最後に、当初の課題にもどろう。アヘン戦争の情報は、情報が伝えられた当初の天保一〇年にはそれほど衝撃を与えたのではなく、少なくとも天保一二年末までは水野忠邦の情報管理が徹底していたこともあって、情報があまり拡散しなかったと考えられる。そして、天保一四年の水野の失脚や、その間に情報を求める人々の努力、また高島流砲術の拡大とともに情報が拡散した。おそらく天保一三年が一つの画期となろう。さらに、アヘン戦争情報はペリー来航という状況になって改めて大きくクローズアップされ、その後の幕末日本の政治的動きに相当なインパクトを与えたということを指摘しておきたい。つまり一般書や辞書や教科書は、情報が伝えられた天保一〇年より一三年の実態とその後、情報が拡散して多くの識者に衝撃が走る状況とのタイムラグを一切無視してというより、混同して記述していると考えられる。もっといえば、高島流のプロパガンダをそのまま記述しているのではないかと考えられるのであるが、これに関してはさらに詳細な研究を進める必要があろう(74)。

註

(1) 日本史広辞典編集委員会編『日本史広辞典』山川出版社、一九九七年、六九頁。

(2) なお、辞書の記述には、「アヘンを没収、焼却」とあるが、林則徐が行ったのは塩と焼石灰による化学的処理による消却処分なので、正確には「アヘンを没収、化学的に処分した」とすべきである。陳舜臣『実録アヘン戦争』中央公論社、一九七一年、一三九~一四一頁参照。

(3) 佐藤昌介『洋学史研究序説』岩波書店、一九六四年、三〇一~三〇二頁。

(4) 藤田覚『天保改革』吉川弘文館、一九八九年、二〇七~二〇八頁。

(5) 上横手雅敬ほか『新考日本史B』最新版、帝国書院、一九九八年、一九八頁。

(6) 黛弘道ほか『詳解日本史B』清水書院、一九九八年、二二四頁。

（7）小西四郎「阿片戦争の我が国に及ぼせる影響」『駒沢史学』創刊号、一九五三年。

（8）前掲佐藤『洋学史研究序説』、同「国際的環境と洋学の軍事科学化」中山茂編『幕末の洋学』ミネルヴァ書房、森睦彦「阿片戦争情報としての唐風説書―書誌的考察を主として―」『法政史学』第二〇号、安岡昭男「和蘭別段風説書とその内容」『法政大学文学部紀要』第一六号、渡辺守邦「海外新話一件始末―近代へのもう一つの可能性―」『国文学言語と文芸』七六号、片桐一男「鷹見泉石の蘭学攻究」『大倉山論集』第一一号、大倉精神文化研究所、同「和蘭風説書解題」日蘭学会・法政蘭学研究会編『和蘭風説書集成』上巻、吉川弘文館、加藤祐三『黒船前後の世界』岩波書店、藤田覚「天保改革と対外危機」『日本史研究』一九三号、同「天保改革期の海防政策について」『歴史学研究』四六九号、同「天保十四年英艦渡来情報について」『論集きんせい』四号、同「海防論と東アジア」『講座日本近世史』七・開国、有斐閣、同『幕藩制国家の政治史的研究』校倉書房、同『天保改革』（前掲）、藤田彰一「阿蘭陀別段風説書の漏洩」『洋学史研究』第四号、三谷博「天保〜嘉永期の対外問題」『日本歴史大系』三・近世、山川出版社、王暁秋『アヘン戦争から辛亥革命』東方書店、春名徹「本草家と対外関心―岩瀬文庫の山本読書室本について―」『知多半島の歴史と現在』第四号、同「『乍浦集詠』とその影響―ある詩集の運命―」『調布日本文化』第三号、同「港市・乍浦覚え書」『調布日本文化』第六号、岡田袈裟男「佐久間象山とアヘン戦後の東アジアを生きる気分―「省諐録」と蘭学文学史―」『日本文学』第四二巻一号、前田勉「幕末日本のアヘン戦争観―古賀侗庵を起点にして―」『日本思想史学』第二五号、岩下哲典「阿片戦争情報の新・考察―幕府における情報の収集・分析、鷹見家資料から」古河歴史博物館紀要『泉石』第三号（本書第二部補論）、小野正雄「大名のアヘン戦争認識」『日本通史』第一五巻、岩波書店。

（9）前掲『和蘭風説書集成』下巻、一九六頁。

（10）同右、一九五頁。なお三井高陽著『越後屋覚帳』同文館、一九四〇年には、引用文とほぼ同文の阿蘭陀風説書の抄出が家蔵の史料として収録されている。商人が、このような海外情報を入手していた事例として興味深い。ただし、タイトルを「天保八年の分」としているのは「天保十年の分」とすべきであろう。

（11）情報は概括的であるが、正確である。前掲陳舜臣『実録アヘン戦争』および矢野仁一『アヘン戦争と香港』中央公論社、一九九〇年、参照。

（12）前掲片桐「和蘭風説書解題」三六頁。

（13）この件に関してはいまだ十分な根拠があるとは言い難いが、現時点ではこのように考えておくよりほかにない。総じて幕府が海外情報をどのように分析していたのかに関して、その実態を究明するための史料はほとんど見つかっていない。

（14）前掲『和蘭風説書集成』下巻、一九七頁。

(15) 静嘉堂文庫「阿片事件記事」。

(16) 前掲安岡「和蘭別段風説書とその内容」一〇三、一〇八頁参照。

(17) 前掲岩下「阿片戦争情報の新・考察」三五頁。

(18) 勝部真長・松本三之介・大口勇次郎編『勝海舟全集』一五、勁草書房、六〜九頁、「陸軍歴史」のうち「天保一一年、高島秋帆の上書」。以下とくに断らない限り同書による。

(19) 針谷武志「鷹見泉石と海防問題―天保期を中心に―」前掲『泉石』第一号、一九九〇年、梶輝行「史料紹介　天保十二年高島秋帆の出府に関する一史料『高島秋帆徳丸原入費覚書』」『洋学史研究』第一〇号、一九九三年、参照。

(20) 茨城県の内陸部、最も西よりに古河市がある。市の施設である古河歴史博物館の第一展示室では、鷹見泉石の業績を見ることができる。鷹見泉石に関しては、国宝の渡辺崋山筆「鷹見泉石像」(東京国立博物館所蔵)がよく知られていたが、歴史博物館ができるまでは、そのひととなりや業績を知ることが少なかった。しかし、かの大塩平八郎の乱の際、大坂城代だった土井利位の家老で、乱の鎮圧に功績があり、また、主君利位が入れ込んだ、雪の結晶の研究成果『雪華図説』『続雪華図説』の影の功労者であり、かつまた、江戸時代に唯一のオランダ一国の詳細な地図である『新訳和蘭国全図』を著わして刊行した近世史上特筆すべき人物なのである。画像に比べて伝記・事績が知られていなかったのは、泉石が収集して残した膨大な職務史料群に比べて、その著作があまりにも少ないこと、個人所蔵の史料で、本格的な史料群の目録編成と保存事業には、莫大な経費と人員が必要だったために史料調査が進まなかったことがその原因であった。歴史博物館のオープンの前後にかけての史料調査にもとづき、泉石の貴重な史料群の目録(古河歴史博物館編『鷹見家歴史資料目録』古河市教育委員会)が、一九九三年三月に刊行された。なお、鷹見泉石に関する最近の文献は、前掲『泉石』第一号より第七号、および永用俊彦「近世後期の海外情報とその収集―鷹見泉石の場合―」(岩下哲典・真栄平房昭編『近世日本の海外情報』岩田書院、一九九七年)参照。

(21) 古河歴史博物館保管「鷹見泉石日記」。以下同書による。また、前掲片桐「鷹見泉石の蘭学攻究」参照。

(22) 註(8)参照。

(23) 古河歴史博物館保管。後掲史料編参照。なお、註(10)で紹介した『越後屋覚帳』にもこの唐風説書が収録されているが、本文に異同がある。三井所蔵のものの方がより詳しい内容となっている。

(24) 中村質『近世長崎貿易史の研究』吉川弘文館、一九八八年、五〇一〜五〇二頁。

(25) 山脇悌二郎「天保改革と長崎会所」『日本歴史』二四八号、一九六九年、四二頁。なお、前掲中村『近世長崎貿易史の研究』では、山脇氏の会所会計不正説を否定しているが、多数の地役人による父祖の代からの「預銀の内借や、願請物代の滞納等、会所の構造的な汚職」は存在したとしている（五六六頁）。
(26) 北島正元『水野忠邦』吉川弘文館、一九八七年、五四、一〇六頁。
(27) 前掲岩下「阿片戦争情報の新・考察」三九～四〇頁。
(28) 川路寛堂編述『川路聖謨之生涯』世界文庫、一九七〇年、六〇頁。
(29) 前掲小西「阿片戦争の我が国に及ぼせる影響」一二～一三頁。
(30) 石崎康子「幕臣小笠原甫三郎の生涯―小笠原文書『小伝』から―」『19世紀の世界と横浜』山川出版社、一九九三年、小池慶子「小笠原貢蔵の一考察―対外問題に揺れる幕末日本―」（青山学院大学卒業論文・指導教員片桐一男教授）を参照した。
(31) 横浜開港資料館保管小笠原文書「上書写」。本書史料編三五六頁以下。なお、以下とくに断りなく引用の場合も本史料である。
(32) 前掲佐藤『洋学史研究序説』二一九～二二六頁。ただし、小笠原貢蔵が守旧派であるかどうかは検討を要する。佐藤氏も貢蔵に関しては「守旧派」とはっきり言ってはいない。
(33) 前掲『和蘭風説書集成』下巻、一九九～二〇五頁参照。
(34) 同右、二〇七頁。
(35) 前掲「阿片事件記事」。
(36) 同右。
(37) 前掲佐藤『洋学史研究序説』三〇八頁以下参照。
(38) 同右、三一〇頁。
(39) 同右、三一三頁。
(40) 名古屋市蓬左文庫所蔵「青窓紀聞」二一巻。
(41) 同右「青窓紀聞」二六巻。以下、断りなく引用する場合は同史料。
(42) 佐藤昌介・植手通有・山口宗之校注『渡辺崋山　高野長英　佐久間象山　横井小楠　橋本左内』日本思想大系五五、岩波書店、一九七一年、参照。以下の記述は、同書に収録されている佐藤昌介「渡辺崋山と高野長英」および高野長英「戊戌夢物語」による。なお、こうした参考資料の一つとして、鷹見家資料の「香港記」も指摘しておきたい。すなわち、弘化三年（一八四六）を降らないころ、鷹見泉石は、オランダ・アムステルダムで刊行されていた大衆向け啓蒙月刊誌『ネーデルランツセ・マガセイン』（石山洋「ネーデルランツセマガセイン」、同「玉石志林」、ともに日蘭学会編『洋学史事典』雄松堂出版参照）の抄訳本である「香港記」を入手した。この「香港記」は、「此島ハ方今英吉利所轄中ニ於テ」とはじまり、この地の住民は、怜悧にして、三億の中国人と交易をなしていること、また良港で交易がしやすいこと、多数の商船が行き交っていること、水が良いこと、気候が温暖で景色がとても良いことなどが述べられている。ただ政治的な記述はない。しかし、わたしは、冒頭の「此島ハ方今英吉利所轄中ニ於テ」という部分を、泉石をはじめとする当時の知識人たちが、おそらくはかなり注目していたにちがいないと考えている。それゆえに、戦争情報の収集だけでなく、その情報を分析する際に裏づけとなる資料として「香港記」は、アヘン戦争が終結したという情報がもたらされても、その価値を失わずに求められたのであろう。以上は、前掲永用俊彦「近世後期の海外情報とその収集―鷹見泉石の場合―」二九八頁を参照。

(43) 名古屋市蓬左文庫所蔵「青牖叢書」七七巻の「阿片始末」。

(44) 箭内健次編『通航一覧続輯』第五、清文堂出版、一九七三年、二二四～二二八頁参照。以下の記述も同書による。なお同法令に関する概説は、前掲藤田覚『天保改革』二〇七頁以下を参照。

(45) 前掲小西「阿片戦争の我が国に及ぼせる影響」一四～一五頁。

(46) 佐藤昌介『渡辺崋山』吉川弘文館、一九八六年、一四七頁以下参照。

(47) 前掲『通航一覧続輯』第五、二二四頁参照。以下の記述も同書。

(48) 前掲『勝海舟全集』一五、「陸軍歴史」五四頁。

(49) 前掲岩下「阿片戦争情報の新・考察」四一頁以下（本書第二部補論参照）。また本書史料編三五八頁以下に下曽根の上書を全文翻刻した。

(50) 前掲「青牖編叢書」七七巻「阿片始末」。

(51) 前掲小西「阿片戦争の我が国に及ぼせる影響」一六～一七頁。信濃教育会編『増訂象山全集』第二、信濃毎日新聞社、一九三四年、二七頁。史料名は二五頁よりの「乍恐謹而申上候」。

(52) 梶輝行「高島流砲術の形成とその展開」前掲『近世日本の海外情報』。

(53) 前掲静嘉堂文庫「阿片事件記事」。

(54) 前掲藤田覚「天保十四年英艦渡来情報について」、同『幕藩制国家の政治史的研究』一九八頁以下。

(55) NHK取材班『堂々日本史』第三巻、KTC中央出版、一九九七年、三七頁、写真版参照。

(56) 前掲王『アヘン戦争から辛亥革命』三七頁。

(57) 前掲春名「『乍浦集詠』とその影響―ある詩集の運命―」参照。

(58) 池田晧編『日本庶民生活史料集成』第五巻、三一書房、一九六八年、のうちの「東航紀聞」。

(59) 吉田常吉・藤田省三・西田太一郎校注『吉田松陰』日本思想大系五四、岩波書店、一九七八年、九五頁。以下の引用も同書による。

(60) 同右三九四頁可~四四三頁に収録されている松陰の日記「西遊日記」より判明する。同書によれば、長崎で松陰が読んだアヘン戦争関係の書物は「聖武記附録」「阿芙蓉彙聞」「英夷侵犯始末」「諳厄利亜人性情志」「鴉片始末」「聖武記」「海回見聞録」「隠憂録」などである。

(61) 前掲小野「大名のアヘン戦争認識」参照。

(62) 東京帝国大学編集発行『大日本古文書』幕末外国関係文書之一、一九一〇年、四二九~五三三頁参照。引用箇所は五三一頁。

(63) 同右、七〇七頁。

(64) 同右、七七四頁。

(65) 同右、八三〇頁。

(66) 前掲『大日本古文書』幕末外国関係文書之二、一〇〇頁。

(67) 同右、一一五頁。

(68) 同右、二二一頁。

(69) 同右、二六一頁。

(70) 同右、三一一頁。

(71) 名古屋市蓬左文庫編『松濤棹筆(抄)』下(名古屋叢書第三篇第九巻)名古屋市教育委員会、一九八六年、二六四頁。

(72) 註(7)参照。

(73) 宮地正人「風説留から見た幕末社会の特質」『思想』第八三一号、一九九三年、のち『幕末維新期の社会的政治史研究』岩波書店、一九九九年に収録。また、岩下哲典「近世後期の海外情報とその環境」前掲『近世日本の海外情報』(本書第一部第四章)参照。

(74) アヘン戦争情報に関する最近の考察として、拙著『江戸の海外情報ネットワーク』吉川弘文館、二〇〇六年および松方冬子『オランダ風説書と近世日本』東京大学出版会、二〇〇七年もあわせて参照されたい。

第二章「ペリー来航予告情報」と幕府の「情報活動」

第一節「ペリー来航予告情報」の伝達と幕府の対応

―長崎オランダ商館長ドンケル・クルチウスと老中阿部正弘―

はじめに

天保一一年（一八四〇）隣国清国で勃発したアヘン戦争（一八四〇～四二）を機に阿蘭陀別段風説書が幕府に呈上されるに至って、幕閣はより詳細な海外情報に接する機会を得ることとなった。だが、それは同時に海外情報を従来入手する資格のない層に伝達、あるいは漏洩(1)、さらには、それに起因する新しい事態の展開に拍車をかける結果となったのである。もっとも阿蘭陀風説書およびそれに付随する情報の漏洩と事態の新展開は、すでにモリソン号事件をきっかけに天保九年一〇月、渡辺崋山、高野長英らが、尚歯会席上において、その情報を入手し(2)、その衝撃から崋山が「慎機論」を、長英が「戊戌夢物語」をそれぞれ起草し、これが因となって蛮社の獄が勃発したことが知られている。こうした事実から、アヘン戦争以前に海外情報漏洩の始点を求めることができよう。しかし、より多くの朝野有識者層に、大きなインパクトを与え、その間で極秘裏に海外情報が回達され、漏洩し、それによって幕府の対外政策までを規定したのは、アヘン戦争以降である[3]。ただし、アヘン戦争情報がわが国に伝えられた初期においては、老中水野忠邦の情報管制によって情報の漏洩が少なかったことは前章でみた通りである。そして、弘化元年（一八四四）のオランダ国王の開国勧告が「喎蘭告密」として世上に多く流布し[4]、いやが上にも対外関係、海外情報、さらには幕府の対外政策への関心が高まっていった。実際にマンハッタン号やビッドルの東インド艦隊が来日し、また琉球へも英・仏艦が渡来して通商を求めるといった異国船来航情報が刻々と到来し、いまや幕府は対外問題処理の当局者としてその基本方針の確定を迫られつつあった。

弘化三年（一八四六）、嘉永元年（一八四八）、同二年の阿部正弘による異国船打払令復古の評議は、これに対応したものと考えられる。評議の結果、打払令復古には至らなかったが、幕府は、対外危機認識がひきおこすであろう国内矛盾に対し、人心の統一を図る旨を布告し[5]、実際に異国船が来航した場合の基本方針は「打払令の復活を無限の彼方に望みつつ、当面は海防の強化に全力を投入し、近々渡来するに違いない西洋使節への譲歩を最少限に喰い止めることでしかなかった[6]」。このような情勢下においてもたらされた「ペリー来航予告情報」が、いかに伝達され、幕府はそれにどのように対処したのか。本章では、この嘉永五年にオランダ商館長よりもたらされた「ペリー来航予告情報」とそれにたいする幕府の対応を「情報活動」の視点から究明する。

ところで、勝海舟の手になる『開国起源』のなかには、この問題に関する幕府の対応を明確にする史料が収録されている[7]。したがって幕府の対応に関しては『開国起源』を見れば、一応その概略を知ることができる。しかし、今回私は、『開国起源』収録の史料を新史料「和蘭襍録[8]」と校合しながら、詳細に検討するうちに、そこにみられる阿部正弘の対応の仕方が、従来の幕府の対外情報への接し方と異なる点があることをみ、再考を要することを認識した。そこで本節では、「ペリー来航予告情報」が、どのようにオランダ商館長から長崎奉行へ、長崎奉行から阿部正弘をはじめとする幕閣へ、幕閣から海防掛へ伝達されていったのかを、時間の経過に従い跡づけ、「ペリー来航予告情報」そのものへの幕府の対応をさぐってゆくことにしたい。

一　オランダ商館長による「ペリー来航予告情報」の提出

「ペリー来航予告情報」には、嘉永五年（一八五二）六月提出の阿蘭陀別段風説書と、同年八月提出のバタビア総督公文書、および同年九月提出の日蘭通商条約草案がある。このほかには、オランダ商館員からの伝聞による情報も考えられるが、これは当然、先の三つの情報を源とすると考えられる。ここでは、前説の三情報が、どのような経緯でオランダ商館長から幕府に提出されたのかを「和蘭襍録」によって跡づけてゆく。

これらの三情報が作成された事情に関しては、田保橋潔の『増訂近代日本外国関係史』[9]に詳しい。田保橋によれば、次のようにまとめることができる。

①アメリカ合衆国政府は、正式の外交ルートによって通商要求使節団の遣日をオランダ政府に伝達し、長崎オランダ商館長の当該使節への協力を要請した。

②オランダ政府は、東インド総督へ①の旨を伝達した。東インド総督は、かつて東インド高等法院評定官や東インド最高軍法会議裁判官を歴任し、政治的手腕に秀でたドンケル・クルチウスを新商館長に任命し、同人に日本への開国勧告と幕府の外交顧問的役割を与え、総督自らも、幕府はアメリカ艦隊との直接衝突を避けるために対外政策を変更すべきであり、アメリカ艦隊の到着以前に日蘭条約が締結されるのが望ましいとする公文書を認むるに至った。

すなわち、アメリカ合衆国の正式通告に対してオランダ側は、かなり深刻に事態を受けとめ、協力する以上に、アメリカ合衆国と日本の条約が確定する以前に、自国の権益確保の動きに出たことが理解できる。[10]このことを念頭において、オランダ商館長がペリー来航予告情報をどのように幕府（窓口は長崎奉行）に提出し、それに対して幕府はいかに対応したのかをまとめてみよう。

新商館長ドンケル・クルチウスは、嘉永五年（一八五二）六月五日に長崎に到着すると、別段風説書を例年通り提出したが[11]、その提出書類の中にはバタビア総督公文書が含まれていた[12]。このことは、同人が自らに課せられた任務を果たそうとしたことを意味している。ところが、総督公文書は、別段風説書のように幕府の許可が得られる文書ではなく、あくまでもオランダ側からの自発的な文書であり、弘化元年（一八四四）のウイレム二世の開国勧告親書の前例に照らせば、明らかに幕府によって受け取りを拒否されるべき性質を有する文書であった[13]。

一方、別段風説書の方は、早々江戸の老中に宛てて、刻限付の特別至急便で送られた[14]。江戸では、ただちに原文を天文方蕃書和解御用掛によって、司天台訳の別段風説書が作成されたと考えられる。その別段風説書に所載された記事は次の通りであった。

第1項　オランダ国王妃の王子出生
2・3　オランダ国情
4〜6　東インド政庁の人事
7〜11　インドネシア情勢
12　中国情勢
13　イスパニア女王の遭難
14　アメリカ合衆国のキューバ占領計画
15　ロシアカフカス山民の反乱
16　ロシア建国千年祭
17　ロンドン万国博覧会の件

18 英仏海峡間の電信
19 トランスバール共和国建国の件
20 オーストラリアの金坑発見
21 フランス第二共和制の情勢
22 フランス軍の兵制改革
23 フランスのモロッコ攻略
24 共産主義
25 ドイツ・デンマーク間の戦争終結
26・27 イタリア統一の件（サルディニアとオーストリア）
28 スエズ運河開削計画とエジプト大守・トルコスルタン間の確執
29 サンドイッチ諸島の情勢
30 メキシコ国情
31 カリフォルニアゴールドラッシュとサンフランシスコの大火災
32 アメリカ合衆国の貿易拡大の件
33 オランダ商館長の交代
34 新商館長の前職
35 イギリス海軍の極東配備兵力・オランダ海軍兵力
36 スペイン海軍兵力不詳の件
37 アメリカ合衆国遣日使節の件

38　在東シナ海アメリカ海軍兵力等[15]

この情報のなかで最も重大な情報は、当然37項と38項である。つまりそれは、アメリカ合衆国の遣日使節ペリーの来航予告とその艦隊構成の予想である。さらにまた、そのアメリカ艦隊来航予告情報との関連で注目すべき記事として、14項のアメリカ合衆国によるキューバ占領計画事件の記事を見出し得る。その全文は次の通りである。

一北亜墨利加合衆国より奪略の免許を受けて差出セし二隊の軍船、以西把尼亜の属島富饒の古巴《キュバ》南北亜墨利加の間「ウェストインヂー」島の名を襲ひ申候、其企ハ此島を自立の地と為さんとし、且ツ島人も自立の望ありと詐り唱へ、実は、以西把尼亜の官廳并に古巴島名の土人より利益を得んと欲する事と相見へ申候

然れとも以西把尼亜の道理正しく、且ツ土人も国政の変革を望まざるに由りて、右の兵を容易に打退け申候

最初軍隊に與ミせし者は免さる、と雖、又再ひ騒動を起セし者は厳しく取押へられ、敵對して下らさる者ハ、捕へて死罪に行ハれ申候

右の事件に就て以西把尼亜と北亜墨利加の官廳、互に争論を生ぜざりしは、亜墨利加官廳に於て公ケに其企を斥け候故ニ御座候[16]

一五一一年、スペインのディエゴ・コロンがキューバを征服してより一八九八年のパリ条約まで、キューバは四世紀にわたってスペインの支配を受ける植民地であった[17]。一七世紀を通じて、スペインの植民地社会が堅固に確立され、組織化された。一八世紀には富がスペイン人らの一部に集中するなかで、原住民たる黒人は没落、失業し都市に流入して最下層を形成し、社会不安が増大した。アメリカ合衆国は、スペイン総督の圧政に対して勃発したナルシソ・ロペス将軍の陰謀（一八五一年）、ヴェルタアバホの陰謀、R・ピント、G・ベタンクルトらによって誘発されたハバナ党の活動を通じて、キューバの吸収を目論んでいた。この一連の動きの一端を伝えたのが、先に引用した別段風説書のアメリカのキューバ占領計画事件である。この事件が、アメリカとスペインの戦争に及ばなかった理由として風説

書は、アメリカ合衆国政府が「公ケに其企を斥け[18]」たためと分析している。それにしても、この事件記事は、37・38項と合わせて読んだ場合、非常にショッキングなニュースであろうと思われる。合衆国政府は略奪の「免許[18]」を授けて、軍船を派遣して、豊饒の地を「襲[18]」った。それもキューバをスペインから独立させるという口実はとっているものの、その実は、キューバにおける利益を得るため―現代的用語を用いるならば、帝国主義的膨張策の一環として―行われたものであるとするこの記事は、幕閣によってキューバを日本に置き換えて考えられても何の不思議もない。おそらくこの記事は、オランダ側の、アメリカ合衆国にたいする幕閣の脅威の観念を植えつけるべき意図のもとに挿入された記事であろうと考えられる。[19] そして幕閣は相当なインパクトを与えられ、この記事があるゆえに、阿部正弘を首班とする幕閣は、別段風説書以外の別情報の「ペリー来航予告情報」を、オランダ商館から入手することに許可を与え、かつ入手後も阿部は心労のボルテージを相当程度まで高められ[20]、ついに、島津斉彬や黒田長溥（斉溥）、鍋島直正（斉正）への別段風説書の回達[21]と意見徴集に至る事態[22]への有効な動機づけとなったと考えられるのである。

二　総督公文書の受け取りをめぐる幕府の対応

幕閣、とくに阿部正弘が最初の「ペリー来航予告情報」によって来航への関心が高まっているなかに、阿部のもとに次の通りの、長崎奉行牧志摩守義制の伺書が到来したのである。

和蘭陀カヒタン別封横文字、通詞ヲ以指出候ニ付、表書和解為致候処、奉行ヘカヒタンヨリ指出候書面ニ付、
開封翻訳為仕候上、通詞ヲ以内意も相尋候次第ニ而者
日本之御為大切之儀共申候得共
御国法難受取義故、其旨相答申候、乍去遠路持渡候義故、江府迄相伺度存意も候ハヽ、勘弁之上、伺可遣旨為
申聞候処、何卒江戸表ヘ伺呉候様、猶又横文字差出候間、和解為仕別紙三包相添御内慮奉伺候、以上

子六月　　　　　　　　　　　　　　　　　　牧志摩守[23]

すなわち、商館長ドンケル・クルチウスが提出した文書類を阿蘭陀通詞にそれぞれの表書（封筒の上書）を翻訳させたところ、商館長から長崎奉行宛の書状があった。開封して翻訳させ、またこの件に関してドンケル・クルチウスに内意を糺したところ、日本のために非常に大切な件であるので是非とも受け取ってもらいたいとの弁であった。わが国法では受領できない旨を回答したが、遠路はるばる持参したものであるから、江戸へ伺いたいのならば伺ってやってもよいと申し出た。ドンケル・クルチウスは是非伺っていただきたいとして、さらに横文字を提出したので、和解させて、別紙三包を相添えてこの件を伺いたいというものであった。

その別紙三包から、伺書が出された経緯が知られる。

六月五日、阿蘭陀別段風説書を提出する際、オランダ商館長ドンケル・クルチウスは、バタビア総督公文書を幕府に提出するという自らに課せられた重要任務を遂行しようとした。そのとき採られた方法は、長崎奉行牧義制の伺書によれば、他の通常の提出書類の中に混入させるというものであった。表書の翻訳から異常を認めた牧義制は、本文の翻訳をさせ[24]、さらに年番の阿蘭陀大通詞西吉兵衛、同小通詞森山栄之助の二名に命じて、六月一〇日商館長へその意図を口頭で尋ねさせたのである。

〔A〕先年和蘭陀本国使節指越候砌、委細申達置候趣有之候処、此度咬𠺕吧頭役職筆記持越候旨如何之申含ニ有之、持参致し候哉心得之程承り度候事

これに対してオランダ側は、新旧両商館長名で次の口上書で答弁した。

〔B〕先年委細之御達も御座候得者、兼ゝ其心得ニ罷在候得共、此度之儀ニ至而者、御当国之御為至極大切なる事柄故、何分難黙止阿蘭陀国王之命令ニ而長崎御奉行へ咬𠺕吧都督職筆記之書面、今般渡来之新カヒタン持参仕候義御座候

このオランダ側の意向を受けて、牧はオランダに感謝しながらも、総督公文書は「カヒタン書付共違ひ、殊ニ国王命令ヲ筆記之趣ニ候得共、弘化二巳六月委細申達置旨も」あり、受領することはわが国法上の禁制を破ることになるので、受領できないとしてあくまでも拒絶した（〔C〕）。しかし、但書の中で「遠方持越候カビタン定て本意なく且つ当惑可致かとも被察候間、江戸迄伺度存意」もあるようであるから、江戸へ伺ってもよいとして、オランダ側に書面でその可否を言ってくるように述べている。新商館長クルチウスの熱意と、奉行側のアメリカ艦隊来航予告情報への関心が、奉行側に譲歩させた形となったのであろう。[25] この奉行側の申し出は、オランダ側にとって渡りに船であった。翌日の六月一一日、オランダ側により、新旧両商館長名で、長崎奉行に対し、次の通りの江戸伺書提出願いが出された。

〔D〕 彼是御手数ヲも御座候ハヽ、江府表へ御伺ニも相成候ハヽ、成丈ケ急速御手当之程、奉願候義御座候、依之近頃恐多御座候事ニハ御座候得共、右書面御受取ニ相成候様、江府表へ御伺被為成下度、謹而奉願候

以上の〔A〕～〔D〕は、一連の交渉の証左として、前掲の牧義制の伺書に「別紙三包」と記され添えられたのであった。そしてさらに、オランダ側が参考資料として添付したのは、〔E〕「別段風説書之内」と題する、長崎入津直後に提出した阿蘭陀別段風説書の新旧両商館長交代記事（司天台訳本では33、34項）と「ペリー来航予告情報」（同じく37、38項）のみを抄出した文書だったのである。したがって別紙三包とは、〔A〕から〔E〕までが三包に分割されていたことを示している。〔A〕から〔E〕のどれとどれが組になっていたのかは現時点では不明である。

さてここで問題となるのは、なぜ「別段風説書之内」と題して、「ペリー来航予告情報」だけでなく、新旧両商館長の交代記事をも載せたのかということであろう。「別段風説書之内」がオランダ側によって作成されたことは、「別段風説書之内」の後に〔D〕記事がくることから明らかである。それからすればオランダ側は、長崎奉行や幕閣に対してローセからクルチウスに商館長が交代したことを強調することによって、「ペリー来航予告情報」が最新の情

報であること、また新カピタンの地位の高さによってこの情報が信頼に足ることを印象づけようとしたためだと考えられる[26]。またそうすることでオランダ側の意欲を示すためだとすれば、とくにクルチウスが作成したとするのがより妥当性を持つように思う。

以上の伺書が提出された経緯を十分に察した阿部正弘は、幕府海防掛に本件を諮問した。その諮問に対する答申が阿部の同僚海防掛老中の牧野備前守忠雅に提示されたのが七月二十日であることから[27]、阿部の手元に長崎奉行から伺書が届けられたのが六月中~下旬、諮問時期はこの直後かと察せられる。

さて阿部の諮問を受けた海防掛深谷遠江守盛房、戸川中務少輔安鎮、井戸鐵太郎弘道は連名で次の通りの答申を行った（答申は、かなりの長文ではあるが、当時の海防掛の対外感情が露呈した文章であるので煩をいとわず、原文を交えながら説明したい）。

すなわち、牧の伺書に付された「別段風説書之内」を「北亜墨利加共和政治府ヨリ近〻之内使節ヲ送り通商并石炭貯所等之義願出可申、殊ニ在《(ママ)》使節船上陸囲軍之用意等も仕、罷在候哉之由」と要約して「蕃夷之情」は「種〻之手段ヲ以追〻仕寄ヲ付、遂ニ者国地へも渡来致通商交易等相遂渡申度所存ニ可有之」と欧米列強の東洋世界への進出を明確に認識している。さらにイギリス脅威論を持ち出して、ペリー来航も「専ら英夷属国等之仕業」であるとして「最不容易来《(事)》柄」と捉えており、この段階で若干の誤認はあるものの、ペリー来航の重大性を認識している。しかしながら今回の「ペリー来航予告情報」そのものにはあまり信用をおいていない。というのも「此度持渡候咬𠺕吧都督筆記仕候書面御覧も被為在候ハヽ、自然御見合相成候筋も可有御座候哉」として別段風説書とバタビア総督公文書の照合をすべきことを述べているからである。その意味で海防掛は、バタビア総督公文書を「風説書同様之品」と見なして受領すれば、弘化期の返翰の趣旨に反することもないと考えている。

一方、オランダは交易許可の国であり、カピタンの江戸参府も行われている交誼の国であるから「御国恩之程ハ忘却仕間敷」としながらも、弘化期の開国勧告は「萬一外国へ交易御免ニ相成候得者、自分通商向之為にも宜」しくないので勧告したのだとオランダへの疑念も消してはいない。ましてオランダは「寛政年中より其国之政令多くハ英夷之下知ヲ受罷在候抔世上流伝之説も」ある。それゆえに総督公文書に記されたこと自体は採用することはないという見解を示している。結局海防掛は、

咬𠺕吧都督職差越候封物之義、書翰ニ候ハヽ、御国法之趣、懇ゝ申諭シ、差返可申、筆記書面ニ候ハヽ、奉行ニ候共、風説同様之取扱ニ而受取置返書不被遣差遣候

と、総督公文書が書翰であるか、返事を必要としない、幕府が聞きおく「筆記」であるのかを見定め、書翰であれば返却し、「筆記」であれば、風説書同様の取扱いで受け取るのがよいとする答申を行ったのであった。

この答申を受けて阿部正弘は、七月二八日付で長崎奉行に宛てて、オランダ側に対して総督公文書は一旦、国法により受領できないとしたうえで、江戸に伺を立て、さらに受領したとなると幕府としては面目を失して不都合であるが、総督の「筆記」であれば、返翰をなすべき「書翰」ではないから、風説書と同様の方法で受領することは支障がない、とした指令書を送った。この指令書は原則論からすれば、かなり苦しいもので「假令長崎奉行ニ候共、書翰と者違ヒ可申哉ニ付、弘化度申諭之趣ニ相障候義も有之間敷候間」とわざわざ断り、さらに「右之心得ヲ以、此上書翰ニ而者無之、全ク筆記ニ而答書於（本ノママ）望之筋ニも無之哉之旨篤と相尋」ねるようにと指示しているところをみると、阿部はことさら総督公文書を「筆記」として扱うことを期待していたのではないかとさえ考えられる。そのうえ、もし受領したならば、奉行所へ阿蘭陀通詞を招集して「隠密ニ」翻訳してよこすこと、本来答書を与えるべき書類ではないが、帰帆時には礼を尽すことを述べるに至っては、この指令書の重点がどこにあったかを考えることは容易であろう。すなわち、より多くの情報の入手を望んだ阿部は、総督公文書を直接的に「筆記」として扱うことを指示しなかったが、風説書同様の扱いとすることには許可を与えて門戸を開いておいたのである。だが万一、書翰

であった場合は「弘化度相達置候趣も」あるので受領できない趣旨を申し諭すこと、という指示も付けたすことを忘れなかった。

阿部のこの指示を受けた長崎奉行牧義制は、阿蘭陀通詞に対して、書翰か「筆記」かを糺すことを命じないで、単に「別段風説書差出候手続ニ取計可申」と八月七日に指示したのである。[28] このことから長崎奉行レベルでは、総督公文書は、別段風説書同様の取扱いで提出させることがすでに決まっていたのではないかと察せられる。

さらに長崎奉行は「通詞へ申含　口達案」を作成させたのである。それによれば、総督公文書の受取りを商館長の意向を重視して、江戸の幕閣まで指示を仰いだところ、書翰ではなく「筆記」で返書を望まないのであれば、強いて国法に違反することではないので「此度之処之(者)我等限り受取可申、右之趣、今一応能ゝ承り糺し可申聞候事」と本件の措置が長崎奉行所内の一部局で完結すること、関係者の意志統一を図っていることがうかがえる。
阿蘭陀通詞の西吉兵衛と森山栄之助は、その意を体して、オランダ側に次の通りの願書を出させたのである。

　長崎御奉行上候阿蘭陀国王之命ニ而咬𠺕吧都督筆記之書面、御返翰相望候義ニ候ハ、御国法ニ而御受取難相成旨、奉承知候、右者筆記ニ而脚(聊)御返翰奉願候訳無御座候、右書面御披見被成候上者、乍恐極ゝ事柄相分可申哉奉存候、随而近頃恐多く候事ニ候得共、右書面如何之手続ヲ以差出可申哉、御沙汰被為成下度奉願候

この後、別段風説書同様の手続きをもって「御内密」と記された「咬𠺕吧都督職之者筆記和解」が阿部正弘の手元に届けられたのである。[29]

以上の総督公文書の提出をめぐる阿部の対応をみると、阿部は、阿蘭陀別段風説書中のアメリカ合衆国のキューバ占領計画事件と、アメリカ艦隊の来航記事を相当深刻に受けとめており、このことが阿部をして、さらに多くの情報の入手に駆り立てた要因と考えることができる。そして、自ら決定した弘化二年の返翰に添えた商館長への諭

書に記した方針―今後同様の書翰をよこしたときは開封せずにただちに返還する―を一部修正してまでも総督公文書を受領するに至ったのであった。これには、商館長の熱意と長崎奉行、阿蘭陀通詞とオランダ側の連繫があずかって力があった。

三　総督公文書の内容と日蘭通商条約草案

ここでは、前項で明らかとなった総督公文書提出の経緯を踏まえて、阿部のもとにもたらされた総督公文書の情報はいかなる情報なのか、分析を加えてみたい[30]。

まず前文では、アメリカ合衆国大統領が軍艦を日本に派遣して通商要求を行うこと、アメリカ合衆国はヨーロッパ最強の国々と比肩すべき勢力を持っていること、合衆国保有の軍艦には蒸気船、帆船があるが、今回は実戦を想定してくるのか、交渉を主眼として用意してくるのか不明であるとしている。

これらの点を踏まえ、日本が「往〻之御煩御用心第一」であることがよいとし、弘化元年（一八四四）の前国王の開国勧告親書は「日本御患ヲ御除の為」に提出したものであり、今回の勧告も、前例を十分省察したうえでやむを得ず行う勧告であると明言している。そして、新商館長の任命に触れ、ペリー来航に際して日本のために「一之方便」を考察したが、それが日本の法度に抵触せず、安全な良策であると唱える。さらに「至極実貞政事向事馴罷在」るドンケル・クルチウスを商館長に任命したのは、「方便」を日本政府（幕府）に具申するために行ったもので、ドンケル・クルチウスが任務を遂行するために便宜を与えてほしいと述べる。その上で、前述の「方便」のための協議委員会の設置と、ドンケル・クルチウスをその一員に加えるべき件、今回の件は、「自己之利ヲ貪り候様之義ニ無之、全ク実意ヲ尽し申上」げているのだとしている。また貿易の必然性を強調し、世界の大勢から日本が孤立することの無意味なことを述べ、列強を敵にまわした場合「永く血戦之患ヲ不免しては相鎮リ申間敷」、「実以歎敷次第」と結ぶのである。

オランダとしては、アメリカ艦隊の来航と条約の締結に先立ってより優位な地位を対日関係上において確立することを目指しており、具体的に、「方便」のための協議委員会を設置することを提案し、日本の開国と互市の準備を推進することを意図していたのである。

さて、ここでこの総督公文書に接した幕閣間で問題となるのは、「方便」とは具体的に何かということである。[31] この点に答えたのが、九月二十一日提出の日蘭通商条約草案であった。[32] この条約草案は、商館長の公式見解では「日本御国法ニ不相背様御趣意」を十分心得たもので、「外国人と確執出来不申様」にするためのもので、全一〇条から成っていた。

第一条は、交易を長崎一港に限定すること、第二条は、長崎に外交団を常駐すること、第三条には、通商許可国の居留地造成は、日本側の負担とすることが載せられており、その理由として、日本国内外へ外国人が出入りする際生ずる問題を事前に防止することができるとしている。これらは従来の日蘭貿易を他国へも適用することである。

第四条では、交易を江戸・京・大坂・堺・長崎の五ヵ所商人に限ることとしている。この根拠は、日本が私貿易を禁止しており、原則として長崎では会所貿易が行われていたことに求められた。第五条は、四条で掲げた五ヵ所商人とオランダ商人との交易法を定め、その遵守を監視する番所の設置を行うことを提案している。第六条は交易の決裁は日本の金銀流出を防止するため、長崎会所か大坂会所の手形で行うこと。第七条は物品税の規程を立案すること。第八条は、交易に関しての訴訟が生じた場合は、長崎奉行所と「外国重役」が取り扱うこと。第九条は、領事裁判権の承認。第一〇条は、日本国内の適当な場所に石炭貯蔵所を建設することであった。

結局、この条約草案を「北亜墨利加州共和政司ゟ之願、前条之振合ニ御答被成候ハヽ、御安全之御策と奉存候」として、ペリー来航時のペリーとの交渉にこの条約草案を参照し、この線に沿って行えばよいとした。

この条約草案が阿部のもとに到着後、阿部は海防掛に総督公文書、条約草案を下付して評議させたが、海防掛は長崎奉行の帰府をまって、同奉行へ諮問すべしと答申したにすぎなかった。諮問をうけた長崎奉行牧義制は、とくに考慮する必要なしとしてオランダを中傷し、自らの暗愚を露呈したとも評すべき答申を行った(33)。これによって幕府のペリー来航に対する方針は決定し、総督公文書と日蘭通商条約草案も、さらに阿蘭陀別段風説書の内容さえも、幕閣に秘匿され、黙殺されつつあった。ただ、阿部正弘だけは、どうしてもこの件をこのままにしておくことはできなかったのである(34)。

おわりに

以上、「ペリー来航予告情報」がオランダ側から幕府にどのように伝達され、それにたいして幕府はいかに対応したのか述べてきた。それによると「ペリー来航予告情報」は、阿蘭陀別段風説書、バタビア総督公文書、日蘭通商条約草案の三種があり、オランダ商館側は一つ一つを非常に効果的に提出した。すなわち、最初に阿蘭陀別段風説書を提出するが、そのなかにアメリカのキューバ占領計画を挿入して「ペリー来航予告情報」との関連性をもたせた。また、総督公文書の提出では、受領を拒否される文書であることを考慮して、風説書等の通常提出の文書の中に混入させたり、別段風説書のなかの「ペリー来航予告情報」を抄出して問題点の把握を容易にさせ、さらに総督公文書の中でも、次の日蘭通商条約草案に関心を持たせるような配慮をみせているのである。オランダとしても、ペリー来航を切実に考慮し、貿易続行に意を注いだものと考えられ、これらは新商館長ドンケル・クルチウスのプランによるものであろうと思われる。これにたいして幕府は、長崎奉行の積極的な、というべきかドンケル・クルチウスのプランに乗せられたとでもいうべきか、上申もあって、阿部正弘は、従来の慣例を破って情報の入手につとめている。このように考えてくると、長崎奉行は、のちに「ペリー来航予告情報」は考慮するに足らずと答申しているが、この「ペリー来航予告情報」を入手する初期段階では、幕府要路、とくに阿部正弘は、「ペリー来航予告情報」に関して一応の注意を払っていたと考えるのはさほど不当なことではあるまい。

註

(1) 阿蘭陀風説書の漏洩に関しては、『和蘭風説書集成』上巻、吉川弘文館、一九七七年所収の片桐一男「和蘭風説書解題」五六〜六八頁、藤田彰一「阿蘭陀別段風説書の漏洩」『洋学史研究』第四号、一九八七年、拙稿「『阿蘭陀機密風説書』の研究」（『金鯱叢書』第一四輯、一九八七年（本書第二部第一章第一節）、拙稿「ペリー来航直前における黒田斉博の対外建白書『阿風説』の基礎的研究」（『洋学史研究』第五号、一九八八年（本書第二部第二章第一、第二節）、青木美知男「ペリー来航予告をめぐる幕府の対応について」『日本福祉大学経済論集』二、一九九一年、沼倉延幸「関白鷹司政通とペリー来航予告情報」『青山史学』第一三号、青山学院大学史学研究室、一九九二年、松方冬子「風説書確立以前のオランダ人による情報提供について」『東京大学史料編纂所研究紀要』第九号、一九九九年、同『オランダ風説書と近世日本』二〇〇七年、などを参照されたい。なお片桐「和蘭風説書解題」によると漏洩、伝達の媒介は次の通りである。①阿蘭陀通詞・唐通事、②長崎奉行及び奉行所役人、③長崎町年寄、④長崎警衛担当藩士、⑤西南諸藩の聞役、⑥評定所役人、⑦天文方訳員、蕃書調所役人、⑧その他（蘭学者、志士等の有識者）。ほかに幕府海防掛や辺境防備の大名、彼らと人的交流のあった有識大名も加えることができる。

(2) 高野長英「和寿礼加多美」佐藤昌介校註『崋山・長英論集』岩波書店、一九七八年、二一二〜二一三頁。

(3) 佐藤昌介『洋学史研究序説』岩波書店、一九六四年、第三章、および、藤田覚『幕藩制国家の政治史研究』校倉書房、一九八七年、本書第一部第一章および第二部補論参照。

(4) 『国書総目録』第一巻、岩波書店、一九六三年、六八九頁の「喎蘭告密」の項には、内閣文庫、静嘉堂文庫、東洋文庫、宮内庁、史料館、東北大学狩野文庫、大坂府立図書館、長崎市立博物館、蓬左文庫、天理図書館、羽間文庫、礫川文庫に写本として存在することが記されている。

(5) 前掲藤田『幕藩制国家の政治史研究』、三六五頁参照。

(6) 三谷博「開国前夜—弘化、嘉永年間の対外政策」『年報・近代日本研究』7、日本外交の危機認識、山川出版社、一九八五年、二九頁。

のち同『明治維新とナショナリズム』山川出版社、一九九七年に収録。

（7）勝海舟『開国起源』上巻、宮内省蔵版、四四～六六頁。

（8）青山学院大学文学部史学研究室所蔵、写本一冊、未刊。「和蘭襍録」の目録によれば、次の通りの文書が収録されている。

一　弘化二年乙巳六月和蘭国江之御書翰井甲比丹江御口諭書
二　和蘭国王ゟ之献上物目録
三　天保十五年甲辰長崎入津和蘭使節船喎蘭告密（渋川六蔵訳、森山源左衛門・森山栄之助訳）
四　嘉永二年乙酉和蘭風説
五　嘉永三年庚戌和蘭風説
六　嘉永五年壬子和蘭船甲比丹申上ニ付被仰渡候書付類九通
七　嘉永六年癸丑蘭船風説
八　嘉永六年癸丑九月蘭船江被仰付書付

すなわち弘化元年のオランダ国王ウィレム二世の開国勧告の親書からはじまって、「ペリー来航予告情報」の幕府への伝達に関する文書、嘉永期の阿蘭陀別段風説書等が収録された史料である。おそらく幕閣、海防掛の有司あるいは彼らに連なる人間の留書の写しであると思われる。というのも、『開国起源』上巻や『通航一覧続輯』第四巻等の刊本には見られない次の部分がみられるからである。

①子七月廿日於新部屋、備前守殿（牧野忠雅）へ御直ニ上候、中務（戸川安鎮）・鉄太郎（井戸弘造）、但伊勢守殿（阿部正弘）御引（註記は岩下、以下同じ）

②子五（九カ）月三日伊勢守殿（阿部正弘）、海防懸り一同へ御直渡、翌四日同所ニ而御直ニ返上、同五日御勘定奉行へ御下ケ、篤と評議致可申旨、御勘定方、御目付方、筒井肥前守（筒井政憲）より銘〻可申上候様

③子十一月十三日於新部屋伊勢守殿（阿部正弘）、海防懸一同へ御渡一冊一通、翌十四日清太郎（竹内保徳）ゟ受取、十五日筒井肥前守（筒井政憲）へ相返す

（9）田保橋潔『増訂近代日本外国関係史』刀江書院、一九四三年、四五〇～四五三頁。なお近年、この時期のオランダの対外政策を扱った研究として小暮実徳「ファン・デル・シェイスの『オランダ日本開国論』―その書誌的説明と本書の一八五二年までの問題点への検討」『日本蘭学会会誌』四二号、一九九七年、同「幕末オランダ対日外交政策に関する諸前提」『洋学』六号、一九九七年、同「幕末期のオランダ対日外交の可能性―オランダの対外政策の基本姿勢を理解して」『日蘭学会会誌』四七号、二〇〇〇年、同「ファ

ン・デル・シェイスの『オランダ日本開国論』の成立事情」『洋学』八号、二〇〇〇年、同「国家的名声と実益―幕末期のオランダ対日外交政策への一視点」『駿台史学』一二四号、二〇〇二年がある。

(10) 山口宗之「ペリー来航予告をめぐる若干の考察」『九州文化史研究所紀要』第三〇号、一九八五年、一五〇頁参照。のち、同『ペリー来航前後』ぺりかん社、一九八八年に収録。

(11) オランダ船は、文化五年のフェートン号事件以降かなり複雑化した手続を経て長崎入港を許された。入港後ただちに長崎奉行所による人別改が行われ、積荷目録、人員名簿とともに阿蘭陀風説書・書翰・文書を提出した。阿蘭陀風説書は出島で阿蘭陀通詞によって翻訳され、奉行の内見後、再び出島で二通浄書され、二通とも奉行に提出された。奉行は一通を特別至急便で老中に送付し、他の一通は奉行所に留め置いた。以上は前掲片桐「和蘭風説書解題」六〇頁による。別段風説書は、その量質とも豊富なため、なお数日の翻訳時間を要したと考えられる。

(12) 新商館長ドンケル・クルチウスは、入津後の諸文書提出の際、バタビア総督公文書を故意に混入させておいたと考えられる。というのも長崎奉行牧義制は老中宛の伺の中で「後で包紙の表書きを翻訳したところ『奉行ヘカヒタンヨリ指出候書面』であったので開封して翻訳した。中身は日本のために重大な事項であったので商館長に通詞をして尋ねた」と言っているが、牧が商館長に尋ねた「口達之覚」では「咬𠺕吧頭役職筆記持越候旨」と記しているので、長崎奉行の段階では、最初からバタビア総督公文書であるとわかっていたのである。さすれば、ドンケル・クルチウスが故意に混入させなければ翻訳される可能性はまずないと考えられる。以上は「和蘭襍録」による。

(13) 幕府は、弘化二年六月にオランダ政府へ老中奉書を送るが、それに商館長への諭告文を付した。その諭告文には「後来必書翰者差越する事なかれ、若其事有共、封を開すして返し遣すべし」(「和蘭襍録」)として、書翰を提出した場合は開封せず返送するとしていたのである。ドンケル・クルチウスの作戦が当ったといわねばならない。

(14) 註(11)参照。なお天保一一年五月に、以後の風説書にはオランダ語原文を添付することが義務づけられた(安岡昭男「和蘭別段風説書とその内容」『法政大学文学部紀要』第一六号、一九九〇年、一〇七頁)ので、当然ながらこの時も原文が添付されたと考えられる。この原文を天文方蕃書和解御用で翻訳した別段風説書の一写本が神奈川県立博物館所蔵の阿部家資料「司天台訳別段風説書」である。本書は、老中主座阿部正弘の旧蔵本と考えられる。次註参照。

(15) 神奈川県立博物館所蔵「司天台訳　別段風説書」によった。なお本史料は、近年嶋村元宏氏によって全文が翻刻された。同氏による「阿部家旧蔵『別段風説書』について」『神奈川県立博物館研究報告(人文科学)』第二一号、一九九五年。

(16) 同右。

(17) ジャン・ラモール著、萬代敬三訳『キューバ』(白水社、一九七三年)第二章参照。以下キューバに関する所見は本書による。

(18) 前掲「司天台訳　別段風説書」

(19) 嘉永元、二、三、四年の阿蘭陀別段風説書を見ても、この四年間に、キューバ関連の記事は全く採り上げられておらず、明らかにオランダ側の意図的挿入と考えられる。日本史籍協会編『鈴木大雑集』四、東京大学出版会、一九一八年、二七五〜三四七頁に嘉永元〜四年の別段風説書が収録されている。

(20) 嘉永五年一一月二日付の島津久光宛島津斉彬書翰には阿部の苦悩を次のように伝えている。

来年アメリカ参候事は、何となく評判御座候へ共、世間ニ而者格別は不申、閣老中は余程心配之様子ニ而、辰の口(阿部正弘・老中)ニ逢之節も心配之趣被申聞候(『島津斉彬文書』下巻一、吉川弘文館、一九六九年、三八二〜三八三頁)

(21) 前掲岩下「尾張藩主徳川慶勝自筆写本『阿蘭陀機密風説書』の研究」二六七頁(本書第二部第一章第一節)。

(22) 従来、阿部正弘がペリー来航直前に意見の徴集をしたことは間接的史料があるのみであまり知られていなかったが、拙稿「ペリー来航直前における黒田長溥の対外建白書『阿風説』の基礎的研究」(本書第二部第二章第一節)によって、はじめてその事実および内容が直接確認された。ただし阿部が老中として徴集したのか、個人的に徴集したのかはなお疑問である。

(23) 前掲「和蘭襍録」。以下とくに断りなく引用する史料はすべて同書によるものとする。

(24) 註(12)参照。

(25) すでに本来受領すべきではないバタビア総督公文書を受け取り、翻訳してしまったせいでもあろう。

(26) 「別段風説書之内」には、前述のキューバ占領計画事件は採られていない。あまりにも生々しい記事であるので、あえて採らなかったと考えれば不自然ではない。

(27) 註(8)①。

(28) 「和蘭襍録」は「八月十七日」としているが、前後関係から「八月七日」の誤写と考える。すなわち『開国起源』上巻の「八月七日」を採用した。同書五三三頁。

(29) 長崎奉行が八月にすでにバタビア総督公文書を江戸へ送付した後、老中にたいして旧商館長の帰帆に際して、今回の件で何か申し諭すことがあれば送られたいとした伺の中で、公文書は、「別段風説書同様手続ニ而受取御役所ニ而隠密ニ和解為横文字共九日(八月九日)町便ニ而指立」たせたとしている。さらに九月三日に海防掛に下付され、五日には勘定奉行に下された。これにたいし、海防掛、勘定奉行、筒井政憲からそれぞれ上申があった模様である。

(30) ここでも主に用いるのは「和蘭襍録」による。

(31)この点については長崎奉行は大通詞西吉兵衛、小通詞森山栄之助をしてオランダ商館側に口上で問い合わせている(「和蘭襍録」)。これにたいしてオランダ側は、日蘭通商条約草案を提出したのである。
(32)条約草案は九月になって提出されたが、これが海防掛へ渡されたのは一一月一三日で、筒井政憲には一五日に伝達された。註(8)③による。
(33)前掲田保橋『増訂近代日本外国関係史』四六九頁。
(34)この件に関しては本章第二節以下参照。また、三谷博は『日本歴史大系3』近世、山川出版社、一九八八年の「天保~嘉永期の対外問題」の中で、阿部がペリー来航前に徳川斉昭、島津斉彬、鍋島直正らの有志大名中の有力者と提携関係を深め、従来の政治体制を補強したと指摘している。

第二節「ペリー来航予告情報」と中央政局の動向
—阿部正弘と雄藩大名らの連携—

はじめに

前節で明らかにしたように、開国前夜の最重要情報たる、嘉永五年(一八五二)の「ペリー来航予告情報」には、阿蘭陀別段風説書、バタビア総督公文書、日蘭通商条約草案の三種があった。時の老中首座阿部正弘は、オランダ商館長ドンケル・クルチウスの意を受け入れ、本来ならば受領することのない総督公文書および条約草案を非公式に入手し、海防掛の評議に付して彼らの答申を待った。[1] 阿部のこの行動は、直接的には阿蘭陀別段風説書に記された、アメリカ合衆国のキューバ占領計画一件に起因したものと思われる。さらにその背景として例年の風説書が伝える情報に対する分析から得られた判断に求めることができる。すなわち、嘉永三年(一八五〇)に伝えられた別段風説書には

「北亜墨利加合衆国ハ諸国と通商致来リ其人民の噂ニてハ日本エも交易ニ参所存之趣に候[2]」とアメリカの日本に対する通商要求が記され、翌四年は「此以前風説（嘉永三年の別段風説書を指す—岩下註）ニは北アメリカ人日本通商之義有之候処、其後右之義ハ何たる沙汰も無之候[3]」と伝えられたのにたいして、伊達宗城や徳川慶勝らの有識大名の間では「却而油断すべからず、来らん時ハ沙汰なし[4]」と一層警戒感が高まっていたのである。そして現実にも、こうした情報を裏づけるかのように嘉永四年だけでも、七件の異国船渡来の報告書が、諸藩などから幕府に上申されている[5]。

前段のごとき情況下にあって、嘉永五年六月以降、順次「ペリー来航予告情報」を入手していた阿部正弘は、何故ペリー来航に対する有効な対外政策を立案・遂行することができなかったのか。本節では、すでに多くの先学が論じているこの問題を、嘉永五年〜六年のペリー来航直前の阿部正弘と黒田長溥および島津斉彬の交渉の実態を通して再検討していく。所与の目的を達するため、次に先学による説明をまとめておきたい。

一　従来の説明

先に掲げた、本節が課題とする問題に関して、近年行われている説としては、加藤祐三の、阿部は現実的な内外の力関係を認識していたが、国論がいまだ一定の方向に向いていないことから有効な政策を施行するには至らなかったとする説[6]と、三谷博の、嘉永期の打払令復活の評議の分析からすると阿部はもはや打払を放棄していたと考えられ、当時西丸焼失が海防への支出を不可能としていたため、阿部は必然的に避戦策をとらざるを得なかったとする説[7]がある。

昭和のはじめ徳富蘇峰は、この点に関して、幕閣は幕府有司以外に情報を報知せず秘匿し、知り得た幕閣有司も半信半疑で、見当もつかず、どうにかなるという空しい期待や愚かな意見が幅をきかせたからだと指摘した[8]。蘇峰のこの指摘は、旧幕臣の福地源一郎や勝海舟らの言によるところが大きいと思われる。

福地は『幕府衰亡論』[9]の中で、①当時の長崎奉行川村対馬守（牧義制の誤り、岩下註）は、外国事情に暗く、また保身上オランダ商館側の情報に意見を加えて、「信疑相半」する意を表明した。②これに対し阿部正弘は、外国人に直接応接する長崎奉行の意見を重視し、またオランダ国王の忠告やボーリング渡来情報などが、その伝えた情報のように事実が起こらなかったことから、今回の情報も「例の虚喝」か「風聞」に過ぎないと考えた。③それゆえに幕府評議に掛けて表沙汰にし、実際に来航がなかった場合は「閣老軽忽の譏り」を免れずということになってしまうので、この情報を「幕閣の匣中に秘し置きて諸役人に示さざるを得策」とした、と主張した。

一方勝も、福地の①・②を裏づけるように『海舟座談』[10]の中で「その前に（ペリー来航前に、岩下註）オランダからも〔幕府へ〕手紙が来ているけれども、〔幕閣は〕信じやしない。これはこう言うて、はめるのだと思っているのだもの」と語り、幕閣が、「ペリー来航予告情報」に全く信を置いていなかったことを示唆している。

しかしながら私は、福地や勝のいうところは、事実の一面、つまり情報を入手してからペリー来航直前までの一時期の状況しか伝えていないと考える。そのことは次項以下で述べるとして、ここでは次の点を指摘しておきたい。

確かに福地も勝も幕末史研究上欠くべからざる重要な人物であるが、嘉永五年当時、福地はまだ一二歳の若さで長崎に居住、[11]勝も幕臣とはいえ無役の小普請組[12]で、江戸城内御用部屋つまり幕閣執務室の内情に通じていたとは思われない。したがって福地や勝の後日談のごとき論評は、のちに彼らが、幕府内部において、その地位が上昇するなどして諸書の閲覧が可能になったこと、あるいは上司、同僚などから伝え聞くといった情報源からできあがっていったものと考えられる。

こうしてみると、天保から弘化・嘉永期の幕府の対外政策の分析のうえに導き出された加藤・三谷の説明に大いに魅力を感じるが、両説は、「ペリー来航予告情報」と阿部らの対応といったミクロ的視点、つまり嘉永五年から同六年六月上旬までの幕閣・雄藩の動向には、あまり注意されていない。この点に早くから注目したのは山口宗之である。[13] 山口は、ペリー来航予告を知り得た徳川斉昭、松平慶永、島津斉彬、阿部正弘の反応を刻明に追い、とくに阿部に関しては次のように述べた。弘化から嘉永期の打払令復古諮問をみると、阿部も「きたるべき鎖国から開国への転換の積極的展望はほとんど開かれていなかった」。そして阿部の「対外認識の不徹底、外交感覚の欠如が、折角のペリー来航予告の重大性を把握し得ず、一年も空費した」一因といえる。さらに仮説としながら、山口は情報によって朝野にそれほど危機感をもたらさなかったのは、ビッドルの浦賀来航がきわめて平穏に始終したことの体験があったためと結論づけている。

私はかつて、尾張徳川家の一四代慶勝が嘉永四年と同五年の阿蘭陀別段風説書を筆写して作成した「阿蘭陀機密風説書」を紹介するなかで、阿部正弘が嘉永五年一一月二六日、長崎警衛の任を負う黒田長溥・鍋島直正、琉球を事実上支配下におく島津斉彬に対して廻達した別段風説書の抄出本に添付した、阿部による附言の内容を検討した。[14] そこでは、阿部が、情報の一部公開と意見諮問を行ったと推論したにとどまったが、別稿で、阿部の意見諮問に応えたのが黒田の「阿風説」なるペリー来航直前の対外建白書であったことを示した。[15]

山口はかかる事実にさほど力点をおいていないので、阿部などの対外危機認識は希薄だったと結論したのであろう。こうしたことから、本節では、嘉永五年から六年の阿部正弘の「ペリー来航予告情報」の一部公開とそれに伴う意見諮問といった事実を踏まえて、開国前夜の阿部幕閣と雄藩大名の動向の分析から、古くて新しい問題「阿部正弘は「ペリー来航予告情報」を知りながら、なぜ有効な対外政策を立案・遂行することができなかったのか」を論じてみることとする。

二 「ペリー来航予告情報」の廻達

嘉永五年（一八五二）九月の段階で、当時として知り得ることのできる、「ペリー来航予告情報」のすべてを入手していた阿部正弘は、今回の来航予告情報は、かなりの現実性をおびた情報であると認め、[16]実際に来航した場合を想定して、相当苦慮したものと推察される。すなわち島津斉彬の書簡中には、阿部のこの苦悩を伝えるものがいくつか残されている。なかでも最初の書簡は、嘉永五年一一月二日付、島津久光宛の書簡である。

来年アメリカ参候事は、何となく評判御座候へ共、世間ニ而は格別は不申、閣老中は余程心配之様子ニ而、辰之口ニ逢之節も心配之趣被申聞候、未タ御評議治定無之由ニ御座候、委細追而可申入候[17]、

阿部が九月に前節で明らかにした三種の「ペリー来航予告情報」を入手してから、この書簡に記されている斉彬との会談までに、阿部が斉彬に対して情報を漏らしたことは『島津斉彬文書』下巻一[18]からは知られないので、おそらく阿部は、この時点つまり一〇月二二日になってはじめて斉彬にペリー来航に関して口頭で語ったのだと考えられる。なぜ阿部はこの時期に斉彬に情報を漏らしたのであろうか。この点を直接明らかにしうる史料はいまだ見出せないが、前掲の一一月二日付書簡から察するに、来春と伝えられるペリーの来航を目前にすること数ヵ月のこの段階に至っても、幕府評議が一向に定論・定策を得るに及ばず、阿部としては、新たな打開策を講ずる必要にかられたためではないかと考えられる。ここにいう新たな打開策とは、以下に述べる阿蘭陀別段風説書の抄出本の雄藩大名への廻達と、雄藩大名への、対外政策に関する意見諮問―雄藩大名の幕政への参画―であると考えることができる。

ところで、このように阿部から詳しく「ペリー来航予告情報」を漏らされた斉彬は、家老の島津久宝にも次のごとき書状を送っている。

アメリカ之事、如何御評議相成も難計候得共、万々一来年渡来ニ而品川沖江参候節は、高輪・田町は勿論、芝も海辺ニ而大混雑差見候、女子之処如何ニも掛念、旁山の手江よき屋敷候ハヽ取入置候ハヽ、其節之はづし場ニ可然存付候間、幸ひ品川屋敷類焼ゆへ、夫を払ひ、代りと申処ニ而取入度、万一の節不覚無之様ニとの趣意ニ御座

候、筑後・近江（川上久封 末川久平 並ニ家老）江も申聞同意故、御都合次第、高輪（島津斉興）江申上、取入之処取計候筈ニ御座候間、内々申入置候事[19]

これによれば、薩摩藩の江戸屋敷は海岸沿いにあって、万一アメリカ艦隊が品川沖まで侵入した場合、大混乱となるので避難場所として、山の手方面で都合のよい屋敷があればそれを買い入れるように江戸家老に指示し、隠居斉興も承知しているというのである。斉彬が一〇月二二日に初めて阿部から情報を得たとすれば、一一月二日に新たに江戸屋敷入手策を講ずるのは、やや早すぎる感がある。これは、斉彬自身、前掲の同月同日付久光宛書簡の中で語っているように、ペリー来航は「何となく評判」[21]になっていたからであり、さらに斉彬は、すでに早い時期に「彼方より申聞」[22]いていたので、阿部から直接、来航情報を聞く以前に避難場所の必要性を感じていたのであろう。斉彬のいう「彼方」とはおそらく、長崎であり、そのもたらされた情報の内容は、『島津斉彬文書』下巻一の一三八号文書の〔参考二〕「嘉永五年和蘭風説秘書」[23]に記されたものと考えられる。それは、同文書の包紙の上書きに斉彬が自筆で「子和蘭風説秘書　長さき〻来ル」[24]と記していることから明らかである。この「秘書」は、阿蘭陀別段風説書の抄出本のさらに要約したものという限定された内容ではあるが、すでに七月の段階で斉彬にもたらされており、来春アメリカ艦隊八艘が陸戦隊を用意して、江戸近海に来航し、蘭人とは異なる通商方法と石炭貯蔵所の設置を要求するであろうということを伝えている。このように、斉彬はきわめて早い時期に「ペリー来航予告情報」に接しており[25]、それゆえに、阿部との一〇月二二日の会談以前から、避難場所として新たに屋敷の入手を考慮していたのではあるまいかと考える。長崎で情報蒐集の任にあたったのは、当然薩摩藩の長崎聞役[26]であり、ここに聞役による対外情報の入手の迅速かつ正確性と、入手した情報を重要な施策資料として、情報に対する自藩としての対応策を立案・検討・実行するという同藩の情報収集・分析・利用体制を指摘することは許されてもよいであろう。ただし注意すべきは、この場合、避難場所入手の件は、あくまでも薩摩藩内部の極秘問題であり、全国的な、幕府としての対応策を公然と提唱したりすることはもとより、避難場所入手策が、実は長崎聞役からもたらされた、阿蘭陀別段風説書をベースにした極秘情報から策定されたのだという事情などは、幕府に知られてはならない性質を有する微妙な問題であったという点である。[27]その意味で一〇月二二日に阿部から、斉彬が「ペリー来航予告情報」を聞いたことは、薩摩藩にとってすでに得ていた情報の裏づけとなるとともに、阿部と斉彬との間では、「ペリー来航予告情報」が、公然の秘密—二人の間では秘密ではないが、他にとってはいまだ秘密—となる性格を有するに至ったと考えることができる。

そうした理解のうえに立った時、この約一カ月後の一一月二六日、阿部から阿蘭陀別段風説書の抄出本の廻達を、黒田長溥や鍋島直正とともに斉彬がうけたことは、[28]阿部・黒田・鍋島・島津の四者の間において同様に公然の秘密化が生じ、四者間において、該当情報に対して分析・検討、およびその結果として対応策の立案とそれへの検討が可能となり、それぞれが意見を交換し、その実現のために何らかの行動をおこすことに正当性を与えることであった。つまりそれは、阿部によって、外様大名が、ある程度幕政—それも日本の将来を決定する対外問題—に関与することに了解が与えられたことなのである。こうして阿部は、従来の幕政の枠組から一歩踏み出した。すなわち一部外様大名への「ペリー来航予告情報」の一部公開とそれに対する意見諮問策を断行したのである。[29]

ところで阿部が、ペリー来航後に至って、諸大名・幕府有司から無役の幕臣に至るまで、アメリカ合衆国大統領親書の廻達（情報開示）を行い、それに対する幕府としての対応策如何を諮問（参政）する画期的な政策を断行したことはすでによく知られている。この政策は、従来幕政から遠ざけられていた家門や外様大名、小身の幕臣などにたいし、幕政への発言権を与え、その後の日本はまさしく百家争鳴・処士横議の状況を呈するに至り、そのなかで幕府そのものは開国と攘夷の狭間で有効な対応をとり得ず、中央政府としての機能を失っていくという幕末政治史上重要な画期となった政策であるとされる。しかし、前述したように、来航前に阿蘭陀別段風説書を廻達して意見諮問を、限定されたメンバーではあったが、あえて断行したことは、来航後のかかる政策のモデルであったと意義づけることができる。[30] したがって次項では、廻達内容にショックを受け、激烈な建白書を提出した黒田長溥と、阿部正弘に焦点をあてて、来航後の意見諮問策の政策的意図を考えてみることとする。

三　黒田長溥の対外建白書

黒田の建白書の内容に関しては、本書第二部第二章[31]以下で詳しく論ずるので、その要点のみを次に掲げる。

①アメリカ艦隊が来日すれば、現在のような幕府の対外政策（弘化二年（一八四五）にオランダへの返翰に示した開国拒絶の対外方針）では、交易の要求に対してもこれを拒絶する以外になく、しかしながら、わが国の脆弱な海防では、とてもアメリカ艦隊を撃退することは不可能である。

②アメリカ艦隊ともし万一交戦することになれば、おそらく伊豆諸島はアメリカ軍に占領され、江戸・大坂間の通船路は封鎖され、江戸の都市経済は麻痺状態となる。悪くすれば全土焼失もまぬかれない。

③、①②を考慮すると、すみやかにペリー来航に対する幕府の対応策を確定し、準備にあたるべきである。

④具体的には、中浜万次郎に対して諮問すること、中浜に海軍の創設の任にあたらせること、阿蘭陀風説書を御三家ならびにしかるべき大名に廻達すること、御三家にたいし幕政上の諸問題を相談することを提案する。

以上のごとく、黒田の建白書は、「ペリー来航予告情報」に全幅の信頼を置いて、速やかに幕府の対応策の決定を促すものであった。

この黒田建白書と、弘化三年（一八四六）のビッドルの浦賀来航直後に、徳川斉昭が、阿部正弘にたいしてビッドル来航の顚末を尋ねた際、阿部が答えた書簡[32]の主旨と比較してみると、よく似ていることが理解できる。すなわち阿部は、ビッドルの浦賀来航を「大患」と認識し、将軍の裁可を得て、斉昭にビッドルの通商願書と幕府の諭書および幕府評議の内容の一部を伝えたのであるが、そこには次に掲げるごとく、阿部の弘化三年当時の対外政策に関する展望が述べられている。

①幕府が、文政八年（一八二五）の打払令に対外政策を回復しないのは、「日本永世」のためには宜しくない。なぜならば、異国は、さまざまな口実を設けてわが国に近づき、わが国を消費させ、ついにはわが国を併合するか、たびたび渡来してわが国の越度を伺い、それを口実に戦争を起こそうと企てているからである。

②しかし、いったん提示した薪水給与令を理由もなく、打払に回復してしまうことは、自ら戦争を招くもので上策ではない。

③現実問題として、海防は「全厳重とも難申」く、もし浦賀において異国船による乱暴があったとしても、それにたいしてわが国から反撃を加えることはむずかしい。

④そこで浦賀をはじめとする日本の諸海岸の防備を厳重にして、異国船との交戦に十分耐えうるような防備を整えてから、打払令を施行するのが望ましい。

⑤軍艦建造の件に関しては、もとより日本の荷船では、異国船と交戦するのもむずかしく、高波の時には使いものにならないので、軍艦の建造を行うべきである。

⑥現今の情勢では、万一浦賀沖へ異国船が滞留すれば「廻船運送之通路」は遮断され、江戸は「忽兵粮糧ニ差支」る。

⑦「堅牢之船無之候而ハ打退」けることはできないし、さらに異国船が「嶋々へ手を出し候而も」防備することは不可能だ。

⑧以上の点よりして、浦賀・長崎・松前・薩摩へは、「堅牢之船製造御免ニ相成、公儀御船も製造被仰付、夫ゟ様子ニ寄、外々へも製造被仰出可然と」考え、評議に付しており現在調査中の段階である。

先の黒田建白書の①と阿部の③、黒田の②と阿部の⑤⑥⑦⑧は、多くの点で共通性が認められるように思う。このことは、ペリー来航以前の段階で、阿部正弘と、雄藩大名の対外認識と対外方針には共通性があったことを示唆している。すなわち現今の幕府の対外方針では、異国船の応接に支障をきたすこと、現在の海防体制ではとうてい異国船に対処できないこと、それゆえに軍艦がどうしても必要であることといった認識が共通していたといえるであろう。しかしながら、阿部や雄藩大名のこの認識は、幕府内部では一般的であるとはいえなかった。とくに海防担当部局である海防掛からして、清国がアヘン戦争に際して建造した大船が簡単に英国軍艦に撃破されたという皮相的観察と、日本の水主が大船の操縦法に習熟していないという理由から、軍艦建造に疑義をさしはさみ、海防費の支出による財政圧迫を盾に、海防整備への積極的対応に反対していたのである。(33) それでも阿部は軍艦建造の実現を目指して、嘉永二年（一八四九）には浦賀奉行の建議をうけて、西洋型帆船蒼隼丸を造らせたり、(34) 同六年四月には島津斉彬に対して琉球防衛のための砲艦建造を許可したが、(35) 弘化の段階で阿部が考案していた浦賀・松前・長崎・薩摩における軍艦建造計画―海軍による日本の防衛計画―は全く実現できずにいた。

こうした情況下において、嘉永五年一二月のペリー来航直前の段階で、黒田が、阿部の主張する海防整備計画と共通性のある建白書を提出したことは実に意味深いものがある。つまり黒田建白書は、いわば阿部の幕政運営と連動した、出るべくして出た建白書であったと考えられる。阿部としては、黒田のごとき建白書が出されたことは、自説の補強であり、海防掛とのギャップに悩みいわば孤立を深めつつあった時にあって強力な援軍である。また、黒田・鍋島・島津らとは連絡を密にしている関係から、彼らが提出するであろう建白書の内容も予測・修正が可能である。一方黒田にとってみれば、阿部を通じて幕政参画へと意をつなぐ絶好のチャンスである。こうした両者の利害が一致したところに、情報の一部開示と意見諮問、それに対する建白書提出といった行動がなされたのである。

実際、阿部の対外政策は、海防掛、とくにその中核となっていた勘定方出身者にとって不信の的であり、阿部としては、こうした不信を打破する必要があった。それゆえにおそらく、阿部は、黒田の上書を内心では嘉納したと思われる。しかし低迷した対外認識しか持っていない勘定方吏僚の反応は、全く阿部や黒田・島津の期待するところではなかった。このことを伝える史料は、やはり島津斉彬の徳川斉昭宛書簡（嘉永六年正月二四日）である。

一昨日も勘定方江家来余事ニ而差出候処、例之異船之義、色々風聞も候得共、過半はおどし之こころと被存候段申候よし、右通ゆへ誠可歎義と奉存候、先此美濃守（黒田長溥・福岡藩主）ゟ上書・仕り、軍船之義、且、御三家方江御相談之義、中上候よしなから、頓と詮立不申候(36)

要するに、正月二二日斉彬が幕府勘定方へ別件で家臣を派遣した際、勘定方における「ペリー来航予告情報」に対する分析をさぐらせたところでは、オランダ側（情報提供者）の「おどし之こころ」という低迷さで、このことは斉彬にとっては「誠可歎義」であった。こうした幕府財政当局の空気を反映して、黒田建白書における軍艦建造や御三家への対外問題諮問の建議に対しては、幕吏はかなりの嫌疑と不信を持ち、いぜんとして幕府評議にはいささかの進展もなかったことがうかがえよう。黒田の建白書を精読すると、幕政や幕吏にたいするかなり厳しい批判(37)がみられ、従来一外様大名が建議することさえ憚られた事項にも論及しており(38)、こうした点も幕吏の嫌疑や不信・不評・不興を買うことになったであろうことは十分に考えられる。斉彬のこの書簡によって、黒田の建白書は、阿部が目論んだ自説の補強・強力な援軍・海防能力向上のための牽引車としての役割を果たすことにはほとんど結び付かなかったことが理解できる。しかし少なくとも御三家にたいして「ペリー来航予告情報」の一部である阿蘭陀別段風説書の廻達が、阿部の手によって実行され(39)、また来航後ではあるが、徳川斉昭が幕政参与に任命されるので(40)、黒田の建白書が果たした役割は少なくなかったといえる。したがって阿部正弘が来航後、諸大名らに諮問を行ったのは、あくまでも幕政運営上の有効な手段として用いたものであり、それは、来航直前の黒田の建白書、およびその背景としての雄藩大名を幕政に参加させることにその政策的意図があったと考えるのが至当である。

さて黒田の建白書が提出されてのち、幕吏は、黒田ばかりでなく、斉彬にも嫌疑の目を向けた。前掲の正月二四日付斉昭宛斉彬書簡はつづけて、只々嫌疑計多く、恐入候事ニ御座候、既ニ於中山（琉球）、内々交易も始候など、世上申ふらし候よし、心外至極之事ニ御座候(41)

と苦しい心情を吐露し、「右様之嫌疑も御座候間、色々工夫仕り、無掛念情忠〔精〕を尽し度存(42)」ずると結んでいる。斉彬のいう「色々工夫」の一つは、松平慶永に書簡を送り、その出府を促すことであった。すなわち

追々海船渡来之時節と甚タ掛念罷在候、一体之御様子は自若といたし候事ニ御座候、しかし浦賀台場は大普請と承り申候、少も早く御参府専一奉存候(43)

として、ペリー来航の時節が近いので、早く参府されるのが専一と慶永に依頼した。

この書簡では、浦賀台場の大規模工事が伝えられているが、斉彬はこの件に大いに関心をもち、薩摩藩徒目付で、鋳製方掛の竹下清右衛門を浦賀へ派遣して、これを見分させ、さらに、西丸留守居筒井政憲へ、内々アメリカ艦隊渡来の件を尋ねた(44)。

筒井によれば、「いずれ商法御免は不相成訳之よし、アメリカ江御免ニ相成候得は、先年相願ヲロシア江も御免無之候而は不相成、彼方ゟ参候ニ相違無之、其外英人・仏人共か先年願立候事故、是非と可申立候間、とても御免は不相成との事には御座候」として、アメリカとの通商はロシアへの手前と、英・仏への配慮からできかねるという。通商拒絶ともなれば、戦争のほかに方策はないのであるが、幕府有司の多くは「とかく御威光ニ而、夷人位は其時如何様ニも可相成」と考えており、海防への支出をしぶり、阿部正弘も心配をつのらせているが、さしたる方策もなく、「自然と延ひ勝ニ相成候而、万一の節は如何と」考えあぐねている様子であると伝えた。さらに筒井は、浦賀台場の大普請も現実的には、その有効性に疑問があるとし、「第一之良策は、軍船取建ニ候得共」と軍艦建造を切望するも、「勘定辺」が「異国之事実不存候もの多、御入用を厭い候て、御大禁を申立」てているので、黒田の建白書などにいう海軍創設なども「中々行れ不申」「残念至極」であるとした。

ここにも阿部・筒井・島津・黒田と、海防問題に識見を有する幕閣・有司・雄藩大名が共通の対外危機認識を有し、協力関係を深めていること、それに対抗するかたちで勘定方の吏僚群が存在したこと、彼らの保守的傾向を読み取ることができる。結局、二月の段階でも対外危機認識が欠如し、幕威のみを過信し、幕府財政から海防費の支出を認めず、「幕禁」たる祖法に固執する勘定方の吏僚群らによって、黒田の建白書に示された有識者の危機感や、建白そのものは、幕府評議においてなんら顧みられることなく黙殺され、阿部正弘は焦慮を深めつつあった。(45)

四　雄藩大名在府延期の策

前項でみたように嘉永六年（一八五三）二月の段階は、いよいよ「ペリー来航予告情報」が伝えた期日(46)の二、三カ月前にあたっていたにもかかわらず、阿部の放った新規の政策であった情報の一部開示と意見諮問策も、幕府財政当局の嫌疑をうけ、対外政策の確定という事柄に関して何の効果もなかった。そこで阿部は、第二の策を講じた。それは、阿部と雄藩大名の結束を固めること、具体的には、彼らをできるだけ江戸に留め置くこと、すなわち在府延期策とでも名づけるべき策であった。

前項の終りで筒井の動向を記した際用いた、島津久宝宛二月二日付の斉彬書簡の後半部には、

有馬（慶頼・中務大輔・久留米藩主）事当春御暇早メ願候得共不相済、段々手を入候処、少々御訳合も有之、当年之義者むつかしきよし、昨日承り候うへ、伊達（宗城・遠江守・宇和島藩主）之申ニ者、当年は異船之沙汰も有之候間、伊達等御差留メも難計、何ニいたせ、江戸人数減し不申様之意味も有之との事承り出（下略）(47)

とあって、久留米藩主有馬慶頼が、早目に帰国を願い出たが許されず、その理由を内偵したところ、「少々訳合」があり、伊達宗城が言うには、ペリーの来航に備えて伊達なども帰国を差し止められるやも知れず、いずれにしても江戸の人数を減らさないための方策なのだという。

有馬慶頼は、弘化三年（一八四六）に死去した頼永の跡を襲封して藩主となったが、父頼永（実は慶頼の兄）は島津斉彬の義理の叔父にあたり、徳川斉昭や鍋島直正、伊達宗城、松平慶永などと同様、斉彬の親交大名の一人であった[48]。子の慶頼（実は頼永の弟）も斉彬を頼みとしたらしく、かくして斉彬の書簡にも登場したのであろう。

つまり、有効な打開策を見出し得ない阿部は、せめて、ペリー来航に備えて、有識の雄藩大名を江戸に留め置こうと考え、早目に帰国を願い出た有馬に対しては、それを却下し、伊達に対して事情を漏らして協力を求めたものと考えられる[49]。

建白書を提出した黒田も、本来ならば、長崎警固番役のため「当春御暇[50]」を許されるべきところを、自ら持病[51]と称し願い出て帰国を延期しようとし、許された。ペリー来航を確信していた黒田[52]は、ペリー来航を自らの目で確かめ、来航後混乱をきわめるであろう政局にあって阿部を支援するために、江戸滞府を望んだもので、持病はあくまでも口実であった[53]。というのも、嘉永六年七月一八日に、プチャーチンが長崎に来航し、同二八日に黒田はそれを知るや、すでに同一七日にはペリー来航後の阿部の大名諮問に対する答申も提出し終っていたので、急ぎ帰国の準備を始め、八月一九日には出府、九月二一日福岡入、同二四日には長崎に至り、長崎奉行と面談するという精力ぶり[54]をのちに発揮している。

こうした黒田の在府延長が許されたのも、阿部の、有識の雄藩大名を江戸に留め置く策の一環としてなされたものと理解すべきであり、阿部と雄藩大名との協力・協調体制が形成されつつあったことを物語っている。さらに言えば、阿部は、来るべきペリーの来航によって生ずる政局の混乱を逆に利用しようとしたとも考えられる。積極的に打払うなどの政策と比較すると、まず消極的な対応策と言わざるを得ないが、しかし、雄藩大名の帰国を延期し、滞府させることで自己の支援グループを形成、来航後の政局の主導権を握ろうとしたのである。それゆえに、来航後、諸大名.幕臣にたいして諮問を行うが、それは、あくまでも、雄藩大名を幕政に参画させる、あるいはほかの大名たちに旗色を鮮明にさせて自分達の同調者を知るための一手段として本来行われたものであると考えられる。

五　島津の対応策の完成とペリー来航

嘉永六年（一八五三）二月の段階で、斉彬は、前節に述べた二月二日付書簡の後便で久宝にたいし、去る一一月二日に伝えたところの山の手方面への避難場所入手がかない、斉興も気に入って、地割もはじまり、三月末には成就する旨を報知している[55]。降って四月四日の書簡でも「渋谷下屋敷も、最早近々成就之筈、異船参候而も一安心ニ御座候[56]」と安堵したことを久宝に伝えている。

そして同じ書簡の中では、阿部から達せられたアメリカ艦隊への対応策を記している。それによると、領内海岸へ来航した場合は「成丈穏便ニ取計[56]」らうこと、長崎へ廻航するよう諭すこと、威嚇の大砲を発射することはかまわないが、あくまでも威嚇にとどめること、などであった。ここにおいて、黒田や斉彬ら雄藩大名が待ち望んだ、対アメリカ艦隊策は、「ペリー来航予告情報」が伝えられてより約一一ヵ月、黒田が建白書を提出してから四ヵ月を経て決定した。だがそれは、あくまでもアメリカ艦隊との交戦を避ける避戦策で、鎖国の祖法を墨守し、従来通り長崎に廻航させて、長崎で交渉する方針を再確認したにすぎなかった。

ところが、「予告情報」から分析した期日―四月下旬―を過ぎても、ペリーは姿を見せず、その来航を予見させるような異国船渡来の報告もなかったのである。斉彬は、四月二三日付、久宝宛書簡でも「異船之沙汰今ニ無之、先々よろしく御座候[57]」と記し、幕閣やその周囲での緊張緩和の空気を伝えている。そこでこの一〇日後の五月三日に斉彬は帰国の途についたのであった。しかし斉彬は、ペリーの来航を想定して、彼の江戸湾侵入に備え、江戸家老末川久平に次の通り指示を与えた。

一異船内海へ乗込候節見計、新御殿（英姫・斉彬室）初、子供・女中之面々、渋谷（新邸）へ追々可遣候、尤其節之様子次第、辰之口（阿部正弘・老中）へ

可致内達候

一同断之節は田町（江戸、藩邸）第一と心得、兼て用意可心掛候、此程辰之口へ田町屋敷を目当ニ致手当置候間、被仰付候ハヽ、何時ニ而も人数可差出申置候

一異船参候ハヽ、早々以町便申越し、時々委細可申遣候、万事之儀ハ差掛無掛念可取計候事(58)

すなわち、これは、緊急事態発生時の薩摩藩の行動のガイドラインを示したものである。その命ずるところは、ペリーが内海へ入津した場合を見はからい子女を渋谷新邸に避難させること、その際、阿部正弘と連絡をとること、田町屋敷へ藩士を集結させこれを防衛拠点となし、阿部正弘より要請があれば兵力を提供すること、町便で情報の逐次通報を心掛けることであった。ここから、すでに阿部と斉彬との間では、来航時の不測の事態に備えて、兵力配置などの対応策が練られていたことを窺うことができる。

このように一部ではあったが、有識者の準備が整いつつあるなか、ペリー・アメリカ東インド艦隊司令長官は刻一刻と日本に接近しつつあった。そしてついに斉彬は、帰国の道中つまり、五月二九日、備前国上東郡藤井宿において琉球にペリーが来航したことを確認、江戸家老の末川に向けて、届書を幕府に提出するよう指令し、あわせて、ペリーが現れるであろう浦賀の内偵をも指示したのであった(59)。

浦賀へも手を廻はし、様子万々承り候様いたすへく候、下曽根（信敦・幕府西丸留守居・砲術家）事、浦賀へ参居候間、夫れへ向け人を遣し候へは、通路むつかしき事は有るましくと存申候(60)

ここに至ってペリーの浦賀来航は現実のものとなり、「ペリー来航予告情報」(61)は、まさに事実となったのである。六月一日には、斉彬自身もアメリカ艦隊の琉球来航を幕府に報告する届書を認めると同時に、久宝宛に書簡を出すが、その中で斉彬は、

最早浦賀江参居候も難計、江戸之混雑思ひやられ候、とても参間敷と辰之口（阿部正弘）等ニ而も存候口気之処、別而周章と

存申候[62]

と述べている。このことから、阿部本人やその周辺においても、年初の頃の危機感は薄れ、ペリーの来航はなく、予告情報は誤りか虚説とする雰囲気だったことが理解できる。

だが、ついに六月三日の夕刻、浦賀沖に蒸気船二艘、帆船二艘の黒船艦隊が現れた。この四艘の艦隊を眼のあたりにした浦賀奉行支配組与力は、阿蘭陀別段風説書に記された「ペリー来航予告情報」と、眼前に浦賀水道を縦横に航行する艦隊を見比べ、さらに最初の艦隊乗組員との接触から「蘭人兼申通候通り、上官の名船数すべて符号す、只四月と申処、六月ニ相成候儀而已相違せり[63]」と報告せざるを得なかった。ここに「ペリー来航予告情報」は事実の追認資料としてしか活用されないという皮肉な結果となった。しかし浦賀奉行所の対応、下僚たちの接触は、どちらかといえば穏当なもので、周章狼狽した様子は見られない[64]。おそらくは、嘉永五年一二月ごろ、奉行所内では来航のうわさがあったこと、また、情報をあらかじめ入手していた浦賀奉行[65]の態度が下僚に行きわたっていたのであろう。例えば、阿蘭陀通詞堀達之助は「艦隊がアメリカからやって来たのかどうか尋ね[66]」、「アメリカから来た船なることを期待してゐるようであった[67]」と、アメリカ艦隊のオランダ語通訳官ポートマンらに観察されている。つまり情報を入手していたことが、対応の仕方を規定したといえなくもない。ともあれ、幕政は新しい段階を迎えることとなった。もちろんそれによって日本社会全体もある種の変化・変容を余儀なくさせられていくのである。

おわりに

以上、嘉永五年一〇月末から同六年六月三日のペリー来航に至るまでの、阿部正弘の施策と、筒井政憲・幕府勘定方吏僚の動向および阿部からの情報の一部公開をうけた外様雄藩の島津斉彬、黒田長溥の行動の実態をみてきた。ここから考えられることは、阿部は、「ペリー来航予告情報」を入手してからペリーが実際来航するまで、全くなんらの対応策をも施さなかったとはいえず、むしろ対外政策を実行に移すために大きな障害となっている状況を打破することに意を用いていたということである。しかしながら、阿蘭陀別段風説書の廻達も、黒田の建白書も、有識の雄藩大名の在府延期の策も、いってみれば、有効な対外政策を決定し実行するうえでの手続上の問題、すなわち幕政運営上の政策であって、対外政策の論議を踏まえた実効性ある施策とはいい難い。つまり、阿部は、「ペリー来航予告情報」によって危機認識を高めてはいたが、それへの有効な対応策を立案・遂行する以前に、勘定方吏僚の保守的傾向にはばまれ、彼らへの対応を余儀なくさせられていたのである。これを要するに対外問題以前に国内・幕政運営問題でつまずいてしまったのである。そのうえ、三・四月にはペリーの来航がみられなかったことから、阿部自身も、この問題に対する論議の必要性を感じなくなり、あるいは、それができない雰囲気となり、結局、緊張感を欠くことになってしまった。しかしひとり島津斉彬は、万一を想定して、子女の避難場所を確保し、避難方法や防衛行動・情報告知のガイドラインを江戸詰家老に与えてから帰国するといった、具体的対処法を講じていた。もちろん、幕府と薩摩一藩では規模も異なり、一概には論じ得ないが、島津のこうした行動の背景には、長崎から情報をいち早く入手し、分析し、利用するうえで、幕府とは比較にならないノウハウがあったことが考えられる。おそらく、「たった四はひで夜るは寐られ(68)」なかったのは、低迷な認識しかなかった幕府勘定方吏僚なのではなかったかと思われる。

以上の点から、当初掲げた情報を入手しながら、「何故ペリー来航に対する有効な対応策を立てられなかったのか」という問題に関する解答は、阿部や雄藩大名は、なんとしても対応策を立案・遂行したく、企画したが、彼らとは対外情報の認識において全く低迷していた勘定方吏僚に財政的裏付けをはばまれて、幕府としての全国規模の対応策は、日の目を見なかったのであるとすべきである。しかしながら、来るべき日に備えて「来らん時は沙汰なし(69)」と警戒し、心の準備をしていた有識者は、まぎれもなく存在したということを指摘しておきたい。

終りにもう一言付言するならば、現実にペリーが来航したことによって初めて、阿蘭陀別段風説書をはじめとする一連の「ペリー来航予告情報」が正確であったこと、それに基づいた黒田長溥の建白書が正当性・妥当性をもつということを、多くの人々が認めることとなり、そのことが、阿部に諸大名・幕臣への大統領親書の廻達と対応策諮問を断行させる一つの大きなきっかけとなったものと思われ、雄藩大名にとっては、従来考えられなかった幕政への発言権を与えられ、かつ自らの想定と施策、建白に自信を持つことにつながった。[70] こうしてペリー来航前夜より来航後にかけて、「来航予告情報」を通じて、阿部正弘と雄藩大名との結束―いわゆる雄藩連合はより強固なものとなっていった。

註

（1）金井圓「嘉永五年（一八五二）の和蘭別段風説書について」『日蘭学会会誌』第一三巻第二号、一九八九年、岩下哲典「ペリー来航予告情報の伝達と幕府の対応」『史友』第二一号、一九八九年（本書第一部第二章第一節）参照。

（2）『鈴木大雑集』四、日本史籍協会叢書、三二一頁。

（3）同右、三四六頁。

（4）岩下哲典「尾張藩主徳川慶勝自筆写本『阿蘭陀機密風説書』の研究」史料編『金鯱叢書』第一四輯、一九八七年、三〇二、三〇四頁、本書史料編三七三頁参照。

（5）『維新史料綱要』巻一、維新史料編纂事務局本。ただしこの種の情報は同一の異国船に関する重複した情報となる可能性は捨て切れない。しかし情報を報知される幕府当局にあっては、かえって数多くの異国船が来航したと錯覚させる点もあったことも考えてよい。さらにこの年二月、幕府は、帰国する薩摩藩主島津斉彬に対して、琉球に滞在する英国人ベッテルハイムを退去させるよう指令している。

（6）加藤祐三『黒船前後の世界』岩波書店、一九八六年、三〇二～三〇三頁。

（7）三谷博「開国前夜―弘化・嘉永期の対外政策」『年報・近代日本研究』七、山川出版社、一九八五年、三八頁、のち、同『明治

維新とナショナリズム』山川出版社、一九九七年に収録。

（8）徳富蘇峰『近世日本国民史』講談社学術文庫本、一九七九年、三七九頁。

（9）福地源一郎『幕府衰亡論』平凡社東洋文庫本、一五頁。以下の引用も同書。

（10）巌本善治編『新訂海舟座談』岩波書店、九六頁。

（11）柳田泉『福地桜痴』吉川弘文館、人物叢書、一九六五年参照。

（12）石井孝『勝海舟』吉川弘文館、人物叢書、一九七四年参照。

（13）山口宗之「ペリー来航予告をめぐる若干の考察」『九州文化史研究所紀要』第三〇号、一九八五年、のち『ペリー来航前後』ぺりかん社、一九八八年に収録。以下、引用は同論文。

（14）前掲岩下「尾張藩主徳川慶勝自筆写本『阿蘭陀機密風説書』の研究」（本書第二部第一章第一節）参照。

（15）岩下哲典「ペリー来航直前における黒田斉博の対外建白書『阿風説』の基礎的研究」『洋学史研究』第五号、一九八八年（本書第二部第二章第一節）。

（16）前掲岩下「ペリー来航予告情報の伝達と幕府の対応」

（17）『島津斉彬文書』下巻一、吉川弘文館、一九六九年、一三六号文書、三八二〜三八三頁。

（18）本書には、八月二一日の「政化に関する諭達書」（一三四号文書）、九月一〇日付島津久光への書簡（一三五号文書）が収録されているが、ともにペリー来航にかかわる記事は含まれていない。

（19）前掲『島津斉彬文書』下巻一、三八七頁。

（20）『諸向地面取調書（一）』内閣文庫所蔵史籍叢刊本によれば、安政期（一八五四〜一八六〇）の島津家の江戸屋敷は、上屋敷が幸橋御門内、中屋敷が芝新馬場、下屋敷が下高輪、芝新堀端、中渋谷、ほかに抱屋敷、町並屋敷、借地、御差加地などが一五ヵ所あった。

渋谷（中渋谷）新邸の購入に関しては『鹿児島県史料』斉彬公史料第一巻、鹿児島県、一九八一年に「此月（嘉永五年一二月）、国老川上筑後ニ命シテ、青山内藤紀伊守ノ邸宅、渋谷村ニアルヲ買ハシメ別邸トス、坪数壱万八千余坪、之レ近年異国船屢来ルニ依リ、芝藩邸及ヒ高輪別邸ハ海岸ニ接近、変動アルニ方リテハ、斉興公及ヒ世子或ハ御廉中、御女姓[性]等ノ避所トセラレンカ為ナリ（地代四千四百両ナリシト云フ）二十日（嘉永五年十二月）閣老松平和泉守ニ就テ、渋谷村買入地ヲ別邸トセント稟請シ玉フ、幕府允許セラル」と記されている。内藤紀伊守は、越後村上藩主内藤信思と思われる。

（21）前掲『島津斉彬文書』下巻一、三八二頁。

(22) 同右、三八五頁。
(23) 同右、三九二～三九四頁。
(24) 同右、三九二頁。
(25) 阿部正弘も「彼是雑説等も可有之候」(同右、三九一頁)として、「ペリー来航予告情報」の一部が漏洩していることを認めている。
(26) 西国諸藩の長崎聞役に関しては、石田千尋「島原藩の長崎警備・監務と聞役について」『洋学史研究』第二号、一九八四年および藤田彰一「阿蘭陀別段風説書の漏洩」『洋学史研究』第四号、一九八六年、また、沼倉延幸「開国前後長崎における海外情報の収集伝達活動について」『書陵部紀要』第四七号、一九九五年、梶輝行「長崎聞役と情報」岩下哲典・真栄平房昭編『近世日本の海外情報』岩田書院、一九九七年、山本博文『長崎聞役日記』筑摩書房、一九九九年、松本英治「寛政期の長崎警備とロシア船来航問題」『青山学院大学文学部紀要』第四一号、一九九九年、同「レザノフ来航予告情報と長崎」片桐一男編『日蘭交流史その人・物・情報』思文閣出版、二〇〇二年など参照。
(27) 斉彬が入手した情報は、阿蘭陀別段風説書を翻訳した阿蘭陀通詞から聞役が入手したものと思われ、入手経路が知られると以後の情報の入手が困難となるばかりでなく、処罰される者まで出る可能性があった。
(28) 「世続一世記」(徳川林政史研究所蔵)。斉彬への廻達文書は、前掲『島津斉彬文書』下巻一、三八九～三九二頁。
(29) 阿部正弘は、廻達の際、付言を添えて、この情報が外部に漏れないようにと注意を与え、世間に疑惑をまき起さないように海防整備を行うことと指示を与えているが、廻達の本義は、三大名に意見を諮問することにあったと考えられる。というのも、情報を伝えるだけならば、一〇月二二日のように口頭で伝達すれば済むにもかかわらず、あえて文書による廻達を行ったのは、三大名がこの廻達情報を活用し、対応策を建議することを望んだためと考えた方が理解しやすい。ここに「ペリー来航予告情報」は、辺境防備の三大名と阿部の間において、公然と論議することができるものとなり、三大名は、阿部正弘に対して自らの対外認識とそれに裏付けられた、幕府の対応策を建白する機会を持つに至ったといえよう。
(30) 阿部正弘としては、来航後の意見諮問においてももちろん、それが幕府を崩壊に導くものと予測していたのでは決してなく、自らの路線に沿う意見を採用し、その人間を幕政に参加させることを主眼に置いていたのだろうと考えられる。後項参照。
(31) 初出は註(15)に同じ。なお、建白書は全文を史料編三七三頁以下に翻刻した。
(32) 「新伊勢物語」『茨城県史料』幕末編Ⅰ(茨城県)五八～六〇頁。以下の引用も同書による。
(33) 前掲三谷「開国前夜─弘化・嘉永期の対外政策」、一八頁。

(34)『維新史料綱要』巻一、一八九頁。

(35)『島津斉彬文書』下巻一、四一四～四一六頁。

(36)同右、四二六～四二七頁。

(37)例えば建白書の「二印」で、「ペリー来航予告情報」を信用しようとしない幕府有司に対して「近頃申上兼候得共、御役ニより候而者、又例之風説ニ而迚も船者参間敷、無用に騒立候様相唱候向も有之哉ニ承候事も御座候」と論難している。後掲史料編三七五頁参照。

(38)このことは、黒田自身も自覚するところで、御三家、有識の雄藩大名への阿蘭陀風説書廻達を建議する部分で「右等之事ハ御政事筋にも拘、容易ニ可申上次第ニ者無御座候得共」と述べている。後掲史料編三七六頁。

(39)註(28)参照。ただし阿部が御三家に廻達した日時を明確にし得ない。「世続一世紀」は嘉永五年の条に御三家廻達の件を記し、また東京帝国大学編集・発行の『大日本古文書』幕末外国関係文書之一に所収されている一六号文書「六月浦賀奉行支配組与力等よりの聞書　米船浦賀渡来一件」には、「昨暮に至り（嘉永五年末・引用者註）四家へ御達に相成、浦賀奉行へも同時御達有之候」（六五頁）とある。ここにいう四家とは当時の江戸湾防備担当の彦根、忍、川越、会津の各藩であるが、御三家廻達も同じ頃かと思われる。さらに尾張徳川家の慶勝は、一二月四日に阿蘭陀別段風説書の抄出本（阿部正弘が一一月二六日に島津斉彬に廻達した写本の写し）を斉彬より秘かに借り受け、筆写し同月七日に徳川斉昭に廻達しているので、一二月七日以前には御三家への廻達はなされなかったとも考えられる。現在のところ、ひとまず一二月七日以降、その年の内に行われたと考えておく。

(40)『水戸藩史料』上編乾、吉川弘文館、三〇～四四頁参照。

(41)前掲『島津斉彬文書』下巻一、四二七頁。

(42)同右。

(43)同右、四二九頁。

(44)同右、四三〇～四三一頁、一二月二日付島津久宝宛の斉彬書簡。以下の引用も同じ。

(45)吉田昌彦は、幕府財政当局の反対をとらえて、「ここにおいても、阿部正弘の広汎な『支持基盤』が『内憂』重視の財政路線を提起し、本来『内憂』重視論者であり、かつ『人心』に沿った幕政運営を意図する阿部正弘が、雄藩大名や浦賀奉行が叫ぶ『外患』重視路線の貫徹を放棄したことを看取し得る」（「西南雄藩と中央政局」藤野保編『九州と明治維新（Ⅱ）』国書刊行会、一九八五年、二九八頁）と論じている。私も阿部の幕政運営の基調は、吉田のいう通りであると考えているが、この段階で「外患」重視路線を「放棄」したとされるのはどうであろうか。阿部はこの後も一部の雄藩大名の在府を延期する策をとり、ペリー来航時には彼らを協力者とすることを企図していたと思われる。阿部が強いて「外患」重視路線を「忘れかけた」といえるのは嘉永六年四月以降同六月三日までである。

(46) 阿蘭陀別段風説書によれば、三月下旬後に渡来するだろうと予測されていた。

(47) 『島津斉彬文書』下巻一、四三一～四三二頁。

(48) 前掲吉田「西南雄藩と中央政局」、二五四頁。

(49) 引用史料には「伊達等」とあって、宗城一人ではなく、何人かの有識の雄藩大名を指していると考えられる。

(50) 川添昭二、福岡古文書を読む会校訂『新訂黒田家譜』第七巻（上）文献出版、一九八四年、二一三頁。

(51) 黒田には「疝邪」（はらいた）の持病があり、嘉永三年には出府すべきところを「疝邪ニテ参勤発途延引ノ届」を出し、嘉永四年にも「病気ニ付依頼在国仕」ったため、嘉永二年四月より嘉永五年九月まで在国することがあった（同右、一九九頁、二〇一頁）。

(52)「ペリー来航予告情報」のうち、日蘭通商条約草案は、フォン・シーボルトの起草にかかり、黒田は、文政一一年（一八二八）にはじめてシーボルトに会い、シーボルトによって「西洋之時情を探知するの便を得」た（前掲『新訂黒田家譜』第六巻（上）、一八頁）と記されるほどシーボルトに傾倒していた。史料的制約から、黒田がシーボルト起草の事実を知っていたかは不明ながらも、他の情報ルートよりシーボルトが関わっていたことを知り、一連の情報の正確なることを確信していたと思われる。

(53) 島津斉彬は、黒田のこの時の状況に関して、四月四日付の久宝宛書簡の中で、「美濃事も二月以来少々不快、格別之儀ニ者無之候得共、食事進ミ兼而出立は無覚束、此節篤と養生致候方宜敷段、医師楽真院等申聞、先内々なから秋迄滞府、養生之筈ニ御座候」（前掲『島津斉彬文書』下巻一、四五〇頁）と述べている。二月以来といえば、有馬慶頼の出府却下が二月であったことと関連して興味深い。「格別之儀」ではないのに「秋迄滞府」と「内々」に見通しているのは、やはり「ペリー来航予告情報」との関連性を十分うかがわせている。

(54) 前掲『新訂黒田家譜』第七巻（上）、二一四頁。

(55) 『島津斉彬文書』下巻一、四三五頁。

(56) 前掲同上書、四四九頁。

(57) 同右、四六四頁。

(58) 同右、四六五～四六六頁。

(59) 同右、四七九～四八〇頁。

(60) 同右、四八〇頁。

(61)同右、四八二～四八五頁。
(62)同右、五三五頁。
(63)前掲『大日本古文書』幕末外国関係文書之一、六五頁。なお引用部より前の方では、幕閣がペリーの来航を昨年オランダ人から提供された予告情報で知っていたにもかかわらず「ことごとく秘密に」して何の対応策も講じなかったこと、筒井政憲がさかんに建議したが、幕閣は取り合わなかったこと、昨年暮に四家へ情報を廻達したとき、浦賀奉行へも同時に廻達されたが、奉行はそれを秘して、与力にも見せなかったこと、二、三月に「紀伊守殿より御手当伺御申出之処、一切御取用無之」であったこと、海防掛が「黒船何程来るとも日本之鉄砲にて打放さは直に逃るへし位之御腹合」であったことを述べている。この史料辺りが、勝や福地、蘇峰などの主張の根拠になったとも考えられる。
(64)例えば、ペリー艦隊の主席通訳官であったウイリアムズの洞富雄訳『ペリー日本遠征随行記』新異国叢書8、雄松堂出版、一九七〇年には、「会談に臨んだこれらの日本人の態度は、風格もあり、冷静そのものであった」(九五頁)といった記述が多くみられる。
(65)註(39)参照。
(66)土屋喬雄・玉城肇訳『ペルリ提督日本遠征記』(二)岩波書店、一九四八年、一八九～一九〇頁。
(67)同右。
(68)鈴木棠三・小池章太郎編『近世庶民生活史料　藤岡屋日記』第五巻、三一書房、一九八九年、には「泰平の眠りをさます上喜撰　たった四杯で夜も寝られず」というよく知られた狂歌はなく、類似のものとして、「毛唐人杯と茶ニして上喜撰　夜はうかされてねむられもせず」(四六四頁)や「老若のねむりをさます上喜せん　茶うけの役にたらぬあめりか」「毛唐人杯を茶にして上きせん　たった四はひで夜るは寐られず」「アメリカを茶菓子ニ呑だ蒸気船　たった四はいで夜るもねられず」(四六六頁)が載せられている。但、長崎歴史文化博物館所蔵青方文書「浦賀実録」は、嘉永六年六・七月の雑説として「太平のねむりをさますしやふきせん」の上の句だけが収録されている。なお、田中葉子「ペリー来航をめぐる狂歌」『開国史研究』第六号、横須賀開国史研究会、二〇〇六年参照。
(69)註(4)に同じ。
(70)来航後の大名諮問に対する黒田の建白書は、蘇峰をして「当時においては、異常の卓見」(『近世日本国民史』開国日本(二)、講談社、一九七九年、二五一頁)と言わしめるほど、理路整然にして先見性のある建白書であった。

第三節　幕末日本における「ペリー来航予告情報」

―「鎖国」下の長崎から発信された最重要情報―

はじめに

幕末の長崎から発信された海外情報の中に、開国前夜の日本にとって、もっとも重大で、かつ、もっとも機密とされた、いわゆる「ペリー来航予告情報」がある。「ペリー来航予告情報」という用語をはじめて用いたのは、筆者である[1]。これまでの記述から正確には「ペリー指揮下にあるアメリカ合衆国艦隊の江戸湾来航予告情報群」という意味で用いるべきと考える。以下、本節では、この意味で「ペリー来航予告情報」を用いることをあらかじめお断りしておきたい。

さて、ペリー指揮下の四隻のアメリカ合衆国（以下、合衆国）海軍艦隊が、初めて、浦賀沖に「黒船」としての姿を現わしたのは、嘉永六年（一八五三）六月三日のことであった。このいわゆる「ペリー来航」に先立つこと、ちょうど一年前。すなわち、嘉永五年六月に、長崎に入港したオランダ船が、通常のニュースである阿蘭陀風説書とともに、別段風説書を長崎奉行に提出した。この別段風説書には、「ペリー来航予告情報」の第一報が収録されていたのである。長崎奉行は、箝口令を発し、また翻訳の阿蘭陀通詞にも、写しの持出しを厳禁した[2]。あきらかにこれまでの別段風説書の扱いと異なっていた。その後、日本側の要請もあって、「ペリー来航予告情報」の第二報の東インド総督の公文書、第三報の日蘭通商条約草案が、九月末までに、幕府にもたらされたのである[3]。近年、この「ペリー来航予告情報」に学界の関心が高まり、いくつかの論文が発表され[4]、全体像が次第に明らかになりつつある。

ここでは、これまでに明らかになった、「ペリー来航予告情報」に関する事実関係をもとに、この情報とわが国唯一の公営貿易都市として存在した長崎に関して述べ、開国前夜の幕府・諸藩における海外情報の収集・分析・活用の環境（情報環境）を考察して第二章を総括してみたい。

一 「ペリー来航予告情報」の伝達と情報の漏洩

嘉永五年六月より一〇月までに、幕府にもたらされた「ペリー来航予告情報」の伝達経路は、現在のところ一覧表のとおりである（表1）。さらに図1によって「ペリー来航予告情報」の伝達と幕府の情報管理、そして、漏洩に関

情報発信者	情報受信者
東インド総督	新任商館長
フォン・シーボルト	植民大臣
合衆国代理公使	外務大臣
植民大臣	東インド総督
ドンケル・クルチウス	長崎奉行、老中
〃	〃
〃	長崎奉行牧志摩守義制
牧志摩守	阿部正弘
長崎在勤大迫源七	島津家々老
深谷、戸川、井戸	(阿部正弘)
阿部正弘	牧志摩守
牧志摩守	紅毛通詞
東インド総督	合衆国遣日司令官
〃	長崎奉行
〃	〃
松平慶永	徳川斉昭
石河、松平、川路、竹内、都筑	(阿部正弘)
浦賀奉行所同心	川越藩相州詰役人
島津斉彬	島津久宝
阿部正弘	海防掛
竹内保徳	——
——	筒井政憲
牧志摩守	阿部正弘
徳川斉昭	松平慶永
阿部正弘	島津斉彬
島津斉彬	徳川慶勝
徳川慶勝	徳川斉昭
黒田長溥	徳川慶勝(阿部正弘)
(阿部正弘)	御三家、四家、浦賀奉行
徳川斉昭	鷹司政通
島津斉彬	徳川斉昭
——	大場由膳、長尾三曹ら

表1　ペリー来航予告情報一覧

No	西暦日付	和暦日付	文　書　名
①	1852.4.7	K.5. 閏 2.18	（東インド総督発行の辞令）
②	1852.4	——	（フォン・シーボルトの建議）
③	1852.7.2	K.5. 5.15	（公文）
④	——	——	（訓令）
⑤	1852.7.21	K.5. 6.5	嘉永五子風説書
⑥	1852.7.26	K.5. 6.10	嘉永五年壬子別段風説書
⑦	1852.7.27	K.5. 6.11	和蘭陀かぴたん別段指出し候封書和解
⑧	——	K.5. 6	紅毛かぴたん横文字差出候に付き、御内意を伺い奉候書付
⑨	1852.8.16	K.5. 7. 2	嘉永五年和蘭風説秘書
⑩	1852.9.4	K.5. 7.20	（海防掛上申書）
⑪	1852.9.12	K.5. 7.28	子七月二十八日伊勢守、長崎奉行へ覚
⑫	1852.9.20	K.5. 8.7	長崎奉行より通詞へ相達し候書付
⑬	1852.9.22	K.5. 8.9	（公文）
⑭	——	K.5. 8（下旬）	（公文）
⑮	1852.11.2	K.5. 9.21	（日蘭通商条約草案）
⑯	1852.12.3	K.5.10.22	（書翰）
⑰	1852.12.5	K.5.10.24	（海防掛上申書）
⑱	1852.12.10	K.5.10.29	川越藩嘉永五年相州拾壱番「記録」
⑲	1852.12.12	K.5.11. 2	（書翰）
⑳	1852.12.23	K.5.11.13	（日蘭通商条約草案）
㉑	1852.12.24	K.5.11.14	〃
㉒	1852.12.25	K.5.11.15	〃
㉓	——	（K.5.11.15）	（長崎奉行上申書）
㉔	1852.12.28	K.5.11.18	（書翰）
㉕	1853.1.5	K.5.11.26	和蘭別段風説書の件内達書
㉖	1853.1.14	K.5.12. 4	当子年阿蘭風説
㉗	1853.1.17	K.5.12. 7	〃
㉘	——	K.5.12	風説書（黒田長溥建白書写）
㉙	——	K.5.12	（ペリー来航予告情報第1報の一部）
㉚	——	K.6. 1	黒船来船ニ付鷹司家へ密報書
㉛	1853.3.2	K.6. 1.24	（書翰）
㉜	1853.3.6	K.6. 1.28	川越藩嘉永五年相州拾弐番「記録」

（註）Kは嘉永の略

して述べてみる。

まず、最初に確認できるのが、表1のNo.①および図1の①の一八五二年四月七日付東インド総督が発給した東インド最高軍法会議裁判官ドンケル・クルチウス宛の長崎オランダ商館長任命書である[5]。この任命は、従来の東インド政庁の官僚制度からすると、表面的には降格人事であるが、内実は、ドンケル・クルチウスの政治・外交手腕が、評価されたものである[6]。なぜなら、この度の商館長には、合衆国の遣日使節が日本側と交渉をする直前に、オランダの国益を守るために日蘭通商条約終結を講ずるという特命事項が与えられていたからである。ところで、合衆国政府からオランダ政府にたいして正式に協力要請が届けられたのは、同年七月二日である（③）。この正式要請よりも三ヵ月も前にドンケル・クルチウスが商館長に任命された事情は、必ずしも明らかではないが、次のように考えられる。すなわち、ペリーにたいして、遣日艦隊の司令官任命の内命があったのは同年一月一四日であるが、一八四九年以降の合衆国政府ならびに議会における遣日使節に関する実現への動向[7]から、このペリー内命情報を信頼すべきものとオランダ政府は考え、長崎オランダ商館長をしてペリーに対処せしめることを考えたものであろう。つまり合衆国の遣日使節派遣が確実になったことで、日本の「開国」が完全に政治日程に上ったための措置であった。オランダとしては、弘化元年（一八四四）のウイレム二世の開国勧告親書で日本にたいして勧告した予測が、当たったことになった。

さて、合衆国の遣日使節派遣を知ったフォン・シーボルトが「日米両国の開国通商交渉に参加して日本の開国をオランダが主導すべし」との建議（②）を提出したこともあり[8]、また、先に述べたように、合衆国からの正式な協力要請が到来したため、ただちにオランダ政府植民地大臣は、東インド総督にたいして「合衆国遣日使節を賛助し協力すべきこと、日本にたいしては、弘化の開国勧告の主旨を再び伝達すること」を訓令したのである（④）。

以上のごとき経緯があって、特別任務をおびたドンケル・クルチウスが、長崎に来航し、商館長に着任したが、それは同年七月二一日、すなわち、わが嘉永五年六月五日のことであった。

同人は、ただちに風説書、風説書の原文、積荷目録、乗船員名簿、そのほかの書簡類を長崎奉行に提出した。[9] これらは、長崎出島において、年番大通詞の西吉兵衛、同小通詞森山栄之助が翻訳した。[10] 通常のニュースである風説書は、特別便で幕府御用部屋（幕閣）へ送付されたと考えられる⑤。次に、通詞らは、別段風説書の翻訳に取りかかった。別段風説書は、わが天保期に中国で勃発したアヘン戦争の詳細な情報をオランダ商館長が「別段」に報告したものを指すことが多く、それ以前にも「別段風説書」があった。天保期以降は、アヘン戦争関係情報のみならず、ヨーロッパ情勢、アジア情勢、アメリカ情勢など広範な海外情報が収録されていた。[11] この嘉永五年の別段風説書の中に、「ペリー来航予告情報」が載せられていたのである。

この時点で、長崎奉行所内では、箝口令が敷かれ、かつ、翻訳場所が隔離されて、さらに翻訳草稿などの書類の持出しが一切禁止されたので、[12] 長崎奉行、長崎目付、翻訳担当通詞以外は、この情報にアクセスすることは、ほとんどできなかったと考えられる。

さて、オランダ側は、つまりドンケル・クルチウスは、「ペリー来航予告情報」に関して、さらに重大な情報を提供する用意があるとして、第二報、第三報の存在をほのめかした。クルチウスは、通常の提出文書の中に、長崎奉行宛のオランダ東インド総督の公文書を混入させた。[13] 別段風説書は、約一ヵ月という通例よりも早いペースで翻訳され、御用部屋（幕閣）へ送付された⑥。しかし、第二報、第三報を受け取ることは、弘化元年のオランダ国王の開国勧告親書にたいして幕府がオランダ商館長に手渡した諭書の趣旨に反するため、長崎において日蘭の協議がもたれた。その結果、とりあえずドンケル・クルチウスにたいして「日本にとって至極重大な情報を持参したので、長崎奉行として受領してもよいかどうか、江戸に伺っていただきたい」とする、長崎奉行にとって都合のよい依頼書を、提出させた⑦。長崎奉行としては、あくまでもオランダ側の自発的行為で、自分としてはやむなく取り次いでいるというスタンスをとったのである。こうして、長崎奉行牧義制は、老中阿部正弘宛に、関係書類を添えて、ドンケル・

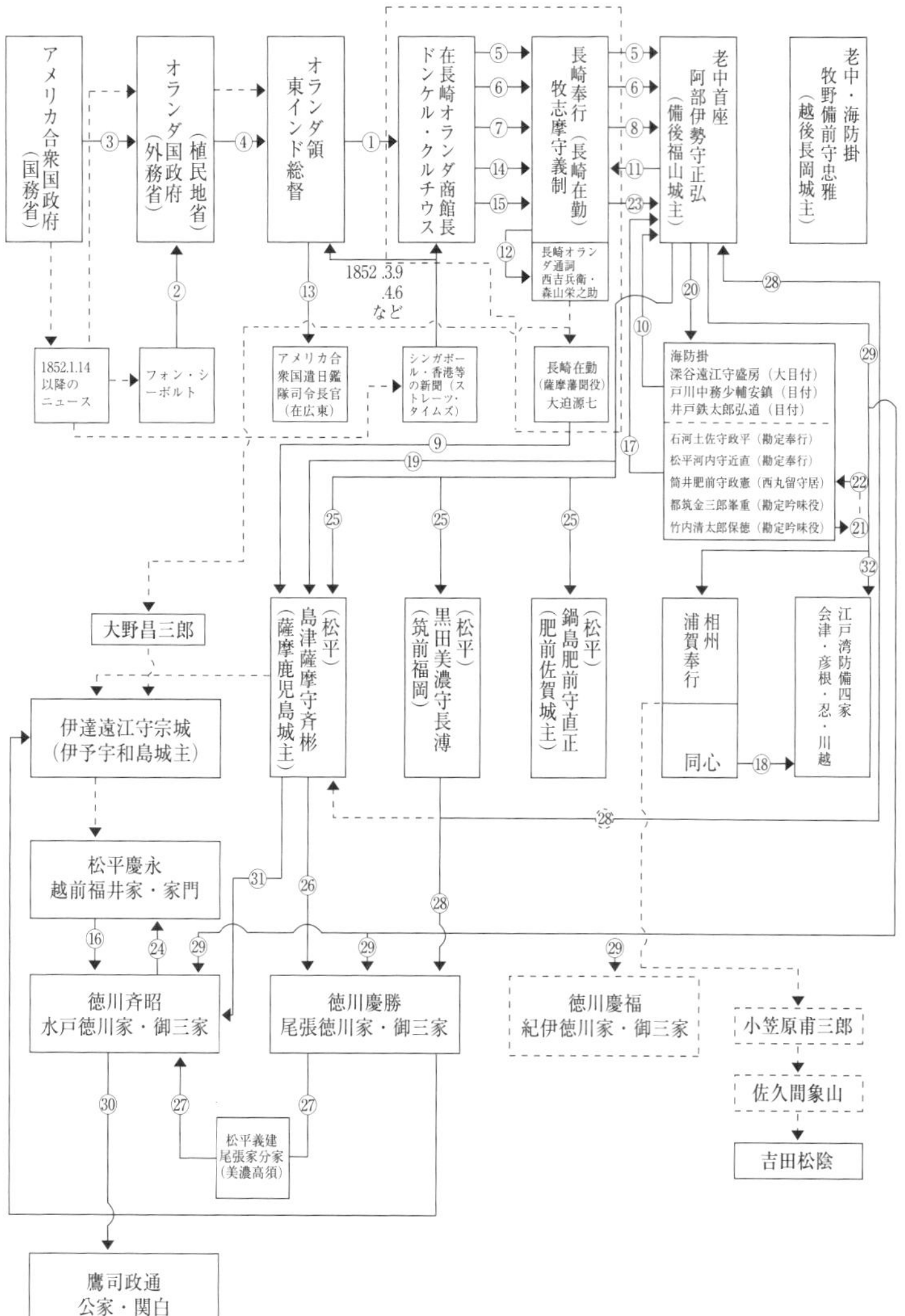

図１　ペリー来航予告情報の伝達経路略図

クルチウスがもってきた第二報、第三報を受領してもよいかどうかの伺書を提出した（⑧）。

ところで、以上のように長崎奉行所においても、奉行・目付・翻訳担当通詞というごく一部の者しか接しえなかった「ペリー来航予告情報」を「御内用之者」から入手に成功した者がいた。[14] 長崎在勤の薩摩藩士、大迫源七[15]である（⑨）。大迫の入手した情報は、別段風説書の内容の一部、すなわち、「ペリー来航予告情報」の第一報と若干の周辺情報で、つまりは別段風説書を見た者（翻訳者）からの口述の聞き書きで、完全な情報ではなかった。しかし、この情報は、薩摩藩の家老に送られ、藩主斉彬にまで達する。

さて、薩摩藩の江戸屋敷は、ほとんど品川周辺にあった。したがって、斉彬は、この情報により米国軍との戦闘に発展した場合を想定して、これまでの江戸屋敷が、有事の際の避難場所としては適当でないことを憂えた。そこで、より内陸の山手方面に屋敷を入手する運動を幕府にたいして展開し、嘉永六年一月下旬頃、渋谷邸入手に成功する。つまり、斉彬は、「ペリー来航予告情報」を長崎在勤の大迫を通じて入手し、来るべき「ペリー来航」に備えて、避難場所の確保をはかるなど対応策を考慮していたのである。斉彬に関していえば、「泰平のねむりをさますじょうきせん、たった四はいで夜も寝られず[17]」とか「青天の霹靂」といった言葉は、全くあてはまらないことがいえよう。

ところで、薩摩藩の長崎在勤聞役のこうした情報収集活動は、これまでいくつかの例が報告されているが[18]、具体的な藩の政策にまで高められたと明言できる事例は、今回を除いてほとんどない。「ペリー来航予告情報」が、斉彬および薩摩藩においていかに重大に捉えられたかが理解できよう。

二　第二・第三の「ペリー来航予告情報」と漏洩の展開

さて、幕府に伝達された「ペリー来航予告情報」は、次のような新たな事態の展開をもたらした。まず長崎奉行の「第二報、第三報を受領してよいかどうか」という伺書（⑧）に関して、阿部正弘は、海防掛の深谷盛房・戸川安鎮・井戸弘道にたいして諮問した。かれらは、目付出身の海防掛[19]で、対外政策に関しては、どちらかといえば、勘定方出身の海防掛が阿部の対外政策を支持しないのにたいして、阿部により近い思考を持っていたといえよう。また、文書を受け取るか否かという手続き上の問題で、とくに財政措置を必要としないので、阿部は目付方に諮問したとも考えられる。阿部の諮問にたいしての答申が、⑩である。内容は、「風説書同様の取扱いであれば、差し支えない」というものであった。この答申に沿って、阿部は、長崎奉行に風説書同様の取扱いで受領するよう指令する（11）。この指令を受け取った牧は、阿蘭陀通詞に文書で阿部のこの方針を伝えている（12）。

この間、東インド総督は、広東の合衆国遣日艦隊司令官にたいして、「長崎オランダ商館長に、合衆国使節に賛助・協力するよう訓令した」とする通告を行っている[20]（13）。

さて、先のような、幕府の方針により、嘉永五年八月下旬、「ペリー来航予告情報」の第二報であるところの長崎奉行宛オランダ東インド総督公文書が、ドンケル・クルチウスと牧とのあいだで手交された（14）。そこには、「ペリー来航」の詳しい理由や、オランダには日本開国と互市に関する「方便」の用意があることが記されていた。ここまでくると、幕府としてはこの「方便」も入手する必要があり、結局、第三報としての日蘭通商条約草案も同年九月二一日に、日本側にもたらされた（15）。内容的には、従来の日蘭貿易を成文化したものにすぎないが、オランダとしては、幕府がペリーと条約を結ぶ以前に、日蘭間で条約を結び、そのうえで、日米間においても日蘭通商条約と同様ないしは類似の条約を結ぶようにすれば、オランダの国益は守られるという目論見があった。結果的に、幕府側には日蘭条約を締結する意志は全くなく、また「ペリー来航」に際してドンケル・クルチウスの活躍の場は全くなかった。

ところで、第三報、日蘭通商条約草案が日本側にもたらされた時点から一ヵ月後のこと、越前福井藩主松平慶永は、徳川斉昭にたいして「伊達宗城より外国船来航予告情報を入手した。幕府にたいして、あなた（斉昭）から、海防強化を申し入れていただきたい」とする書簡を送った[21]（16）。ここにいう「外国船来航予告情報」は、内容から薩摩藩士大迫が長崎で入手した情報とほぼ同一である。したがって、大迫から斉彬に達した情報は、伊達宗城、松平慶永を経由して、徳川斉昭まで伝達されたことがわかる。慶永の申し入れにたいして斉昭は、情報の真偽の判断ができず、「幕府の役人の笑いの種」になるのはご免だとして、幕府にたいして海防強化を申し入れることは断わるとした[22]（㉔）。こうしてみると、斉彬、宗城、慶永までは、口述をもとにした不完全な、大迫の情報ではあったが、おそらく長崎奉行所の異例な箝口令から推察して、情報の重大性を認識していたが、斉昭にあっては、先の三人と同一の認識（危機意識）を持っていなかったことが理解できよう（なお宗城に関しては、本書第二部第三章を参照されたい）。

三　「ペリー来航予告情報」の幕府評議と情報の「内達」

幕府内部では、一〇月初めごろから、海防掛が「ペリー来航予告情報」（第一報から第三報までを含めて）分析を行ったと考えられる。結局、石河政平・松平近直ら勘定方の海防掛の答申（⑰）は、斉昭と同様、情報の真偽の判断ができず、「長崎奉行の帰府をまって、その意見を聞くべし[23]」という、今日からみれば、海防掛としての職務を放棄したような、無責任な内容であった。しかし、こうしたことは、当時としては無責任ではなく、単なる寄せ集めの諮問機関である海防掛としては当然のことであったし、また財政支出を極力押さえようとする勘定所の意向を受けていたと考えられる。彼らは、金のかかる海防強化には反対で、かつ「異人など将軍の御威光でなんとでもなる」と真剣に考えていたのである[24]。

ところで、ここで注目すべきは、この勘定方海防掛の答申の直後に、浦賀奉行同心が、相州警備担当の川越藩の相州詰役に対して、「ペリー来航予告情報」の第一報を語っていることである[25]。長崎では、かなり厳重な箝口令が敷かれたが、江戸では、情報の管理が比較的ルーズだったと考えられる。おそらく、これらは、老中、海防掛の情報にたいする認識の表われと考えられる。つまり長崎においては、ドンケル・クルチウスの真剣な働きかけによって、奉行らは、ある程度情報の重大性を認識したが、江戸では、こうした長崎での真剣さが伝わらなかったと考えられる。すなわち、江戸と長崎では「ペリー来航予告情報」にたいして、いわゆる「温度差」が生じていたのである。

一方、幕府評議の進まない状況に、いらだちを感じた阿部正弘は、一〇月二二日ごろ島津斉彬にたいして、「ペリー来航予告情報」第一報（別段風説書の内容の一部）を口頭で伝達した[26]（⑲）。阿部の意図は、琉球を事実上支配下に置く薩摩藩主には、外交関係上、告知しておいた方がよいと考えたこと、また、一橋慶喜を将軍継嗣に擁立しようという共通の政治姿勢を持つものとして、これまで親しく交わってきたことから、こうした情報伝達を行ったと考えられる。ここから、阿部による「ペリー来航予告情報」の「内達」が始まったのである。

さて、一一月には、海防掛にたいして、阿部から日蘭通商条約草案が示され、海防掛部内で回覧された（⑳・㉑・㉒）。そうこうするうちに、長崎に在勤していた長崎奉行牧が帰府し、「オランダ商館長は貪欲で、漁夫の利を得ようとしている」とした上申書を提出した[27]（㉓）。この牧の上申書によって、「また例の虚説で、ペリーの来航はないだろう」とする希望的観測が、海防掛内部では支配的となり、幕府としての対応策を策定する機会がついえてしまったのである。しかし一人、阿部正弘のみは、万が一を心配して一一月二六日、長崎警備担当の福岡藩主黒田長溥、同じく長崎警備担当の佐賀藩主鍋島直正、そして先月末には口頭で伝えていた島津斉彬にたいして、別段風説書の「ペリー来航予告情報」第一報の部分を「内達」した[28]（㉕）。今回の「内達」は、単なる情報の伝達ではなく、長崎訳の別段風説書の抄出本そのものの「内達」で、その情報にたいする意見の上申をも促すことを含んだものであった。それゆえに、黒田は、海外情報の公開と御三家への意見諮問、海軍の創設、中浜万次郎への意見諮問などを建策した内容の意見書を、阿部にたいして提出した[29]（㉘）。一方、御三家でも、尾張慶勝が、極秘裏に島津から別段風説書（「ペリー来航予告情報」第一報）を入手し（㉖）、尾張家の分家である高須松平家の前藩主、実父の義建を通じて、水戸斉昭に伝達した[30]（㉗）。斉昭は、ここに確実な情報を手に入れたが、幕府にたいしては、明確なアクションを起こさなかった。

ただ、斉昭は、姉の婿である関白鷹司政通にこの情報をひそかに伝達し「自分を初め有志の面々は、昼夜薄氷を踏む思いでいる」と、当時の状況を報じていた[31]（30）。

黒田の意見書もあってか、年末のさなかに、阿部は御三家にたいして、別段風説書を正式に「内達」した[32]（29）。それと同時に、会津・彦根・川越・忍の江戸湾防備の四家と浦賀奉行にも「内達」した[33]（29）。そして、明けて翌嘉永六年の年頭、黒田の意見書は、あまりにも露骨に幕府吏僚とくに勘定所の役人にたいして敵意を剝き出しにした、激烈な文言だったために、内容以前に吏僚らに忌避されつつあったことが、島津の斉昭宛書簡に記されている[34]（31）。そしてまた、このころ川越藩の相州陣屋に別段風説書が示された（32）が、特別警戒せよとの指令はなかった[35]。

ただし、先の浦賀奉行への「内達」ともあいまって、嘉永五年末、浦賀奉行所内部では、ペリーの来航はうわさになっていた。この情報を吉田松陰はつかんでいて、本書の「序」で紹介した来航後の嘉永六年六月六日の書簡に「船は北アメリカ国に相違無之。願筋は昨年より風聞の通なるべし[36]」と記したものと考えられる。松陰がどのようなルートで浦賀奉行所のうわさを入手したのかは現在正確にはわからないが、一つの可能性として、次のようなことが考えられる。松陰が、下田からアメリカ軍艦に乗船して海外渡航を果たそうとして失敗したのち、萩の野山獄において渡航計画失敗のてん末を記した「幽囚録」によれば、ペリー来航の企てがオランダからもたらされたのを知った佐久間象山が、海防の不備を嘆じて漢詩を詠じたというのである。それによれば「未だ見ず砲台海濤を環らすを、南風四月甚だ心に関わる[37]」とあって、ペリーの来航が三月か四月という例の別段風説書の情報であったことが推察される。また、象山は嘉永六年七月まで浦賀奉行所与力を勤めていた小笠原甫三郎と親交があった[38]。甫三郎はいわゆる「蛮社の獄」で渡辺崋山らを探索した小笠原貢蔵の養子であったが、数学を内田弥太郎、測量を叔父奥村喜三郎に学び、洋学に長じていた。また西洋砲術を下曽根金三郎に学んでもいた。象山は、甫三郎の叔父でもあった奥村と交流があり、奥村の家は甫三郎と隣であったことから、自然、象山と甫三郎の交流もはじまったといわれる。象山は嘉永三年に浦賀に砲術指南に訪れてもいるので、おそらくこの線が一番濃厚であろう。つまり「ペリー来航予告情報」は、浦賀奉行所与力小笠原甫三郎より佐久間象山、そしてその弟子吉田松陰にも、もたらされていたと推測される（図1参照）。松陰がペリー来航以前にこの情報を用いていて何らかのリアクションをしたことは認められないが、彼らが注目していたことは事実であろう。

四　「ペリー来航予告情報」と「ペリーの来航」

伝えられた情報の期日の一、二ヵ月前の同年二月になっても、幕府海防掛はさしたる対策も立てず、また黒田の意見書も、その過激さゆえに黙殺されてしまった。阿部は、ここに至っても「ペリーの来航」を信じて、自分と意見を同じくする雄藩大名を江戸に留め置くことにした[39]。久留米藩主有馬慶頼、黒田、伊達などがその対象であった。しかし、予告された三月になっても、四月になっても、合衆国艦隊は姿を現わさなかった。幕府内部では、「やはりオランダの虚報だったのではないか」という空気が支配的となってしまい、阿部も対策の必要性を感じなくなったものと考えられる[40]。その空気が下に伝わり、「ペリー来航予告情報」に注目する人間はほとんどいなくなった。しかし、嘉永六年六月三日、ペリー提督指揮下にあるアメリカ合衆国艦隊は、確かに江戸湾に来航したのである。浦賀奉行所の与力飯塚久米三郎は、悔し紛れに「オランダ人が一年前に予告したとおり、ペリーの名前、艦船数はすべて一致した。ただ四月というところが六月になっただけだった[41]」と幕府に報告したのだった。こうして、予告が現実になると、予告を信じていた人々はがぜん力を得ることとなった。これ以降、幕府政治史の新段階が幕を開けた。

おわりに

以上のように、長崎からオランダによってもたらされた、幕末日本にとって最も重大で極秘の海外情報であるところの「ペリー来航予告情報」は、多くの人々の努力にもかかわらず、長崎と江戸では、情報にたいする「温度差」すなわち、認識の相違が生じてしまい、警備の直接担当者に達しはしていても、その重大性が認識されることは少なかったといわねばならない。この原因は、海防掛によって、情報の重大性・緊急性が薄められたため、有効な政策ないし対策にまで高められることとはならなかったことによると考えられる。ただし、情報に危機感をもち、なんらかの対策を立てるべきとの認識をもった雄藩大名—黒田・島津・伊達・慶永・慶勝ら—や、一部の有識者—佐久間象山、吉田松陰ら—がいたことは、注意しなければならない。そして、彼らのなかには避難場所を入手したり、意見書を提出したり、情報を交換していた人間もいたということは、これまでの通史上においては等閑視されてきたが、今後は、十分に記憶されるべきであろう。

「泰平のねむりをさます」の狂歌があまりにも有名なために、ペリー艦隊が突然浦賀に現われたような印象をもたれているが、すでに述べたように、「ペリー来航予告情報」が一年前に長崎オランダ商館長から、長崎奉行を経由して、幕府にもたらされていたのである。「ねむりをさま」され、慌てふためいたのは、金のかかる海防強化に反対し、かつ「異人など将軍の御威光でなんとでもなる」と真剣に考えていた勘定所を中心とした幕府の一部吏僚たちであった。彼らにとっては、「ペリー来航予告情報」はあってはならないものだったのである。

結局、重大な機密性を有し、すぐれて政治的な海外情報の入手先を長崎一ヵ所、それも「ペリー来航予告情報」に関して言えば、オランダからの情報だけに頼りきっていたことが、かえって彼ら一部吏僚のオランダにたいする疑惑を払拭することができず、その情報分析を曇らせ、それが結果的に、「ペリー来航」まで、幕府全体としてはいたずらに時を浪費した要因であるといえるのである。

長崎が、唯一の西洋への窓口、つまり西洋からの情報のチャンネルだった時代は、「ペリー来航予告情報」を最後に終りつつあったのである。

註

(1) タイトルとして使用したのは、岩下哲典「ペリー来航予告情報の伝達と幕府の対応」『史友』第二一号、一九八九年（本書第一部第二章第一節）であるが、本文で用いたのは、岩下哲典「尾張藩主徳川慶勝自筆写本『阿蘭陀機密風説書』の研究」『金鯱叢書』第一四輯、一九八七年（本書第二部第一章第一節）の二六三頁である。

(2) 芳即正「島津斉彬の海外情報源」『斉彬公史料』月報2、一九八二年、五頁。

(3) 前掲岩下「ペリー来航予告情報の伝達と幕府の対応」二四～二五頁、本書第一部第二章第一節。

(4) 直接関係する最近一〇年ほどの研究を挙げると、前掲芳「島津斉彬の海外情報源」、山口宗之「ペリー来航予告をめぐる若干の考察」『九州文化史研究所紀要』第三〇号、一九八五年（のち同『ペリー来航前後』ぺりかん社、一九八八年に収録）、吉田昌彦「西南雄藩と中央政局」『九州地方史研究叢書』一三、国書刊行会、一九八五年、前掲岩下「尾張藩主徳川慶勝自筆写本「阿蘭陀機密風説書」の研究」、加藤祐三『黒船異変』岩波書店、一九八八年、岩下哲典「ペリー来航直前における黒田斉溥の対外建白書「阿風説」の基礎的研究」『洋学史研究』第五号、一九八八年（本書第二部第二章第一節）、金井圓「嘉永五（一八五二）年の和蘭別段風説書について」『日蘭学会会誌』第二六号、一九八九年、前掲岩下「ペリー来航予告情報の伝達と幕府の対応」、向井晃「海外情報と幕末の九州」杉本勲編『近代西洋文明との出会い』思文閣出版、一九八九年、片桐一男「幕末の海外情報」『年報近代日本研究』一二、山川出版社、一九九〇年、青木美智男「ペリー来航予告をめぐる幕府の対応について」『日本福祉大学経済論集』二、一九九一年、岩下哲典「開国前夜の政局とペリー来航予告情報」『日蘭学会会誌』第一五巻第二号、一九九一年（本書第一部第二章第二節）、青木美智男「幕府はペリーの来航になぜ無策だったか」青木美智男・保坂智編『争点日本の歴史』5近世編、新人物往来社、一九九一年、岩下哲典「ペリー来航予告情報と長崎」『歴史手帖』第二〇巻四号、一九九二年、同「開国前夜・情報・九州―福岡藩主黒田長溥の情報収集・分析とその活用―」地方史研究協議会編『異国と九州―歴史における国際交流と地域形成』雄山閣出版一九九二年、（本書第二部第二章第二節）、沼倉延幸「関白鷹司政通とペリー来航予告情報」『青山史学』第一三号、一九九二年、嶋村元宏「阿部家旧蔵『別段風説書』について―ペリー来航前夜の世界情勢―」『神奈川県立博物館研究報告―人文科学』第二一号、一九九五年、岩下哲典「ペリー来航直前における伊達宗城の情報活動―『幕末日本の情報活動』補遺」『明治維新史学会報』第三六号、二〇〇〇年（本書第二部第三章）などがある。さらに最新の成果は、岩下哲典『予告されていたペリー来航と幕末情報戦争』洋泉社、二〇〇六年および本書参照。

（5）フォス・美弥子「解説」同編訳『幕末出島未公開文書』新人物往来社、一九九二年、二〇七頁。

（6）田保橋潔『増訂近代日本外国関係史』刀江書院、一九四三年、および前掲『幕末出島未公開文書』を参照。以下の合衆国とオランダとの交渉およびオランダ商館長ドンケル・クルチウスに関しても、主として二書による。

（7）前掲フォス「解説」二〇三〜二〇四頁。

（8）板沢武雄『シーボルト』吉川弘文館、一九六〇年、二〇六〜二〇七頁、また前掲フォス「解説」二〇五〜二〇六頁参照。

（9）片桐一男『阿蘭陀通詞の研究』吉川弘文館、一九八五年、四九〜七九頁参照。

（10）以下の記述は、青山学院大学史学研究室所蔵「和蘭襍録」、および『通航一覧続輯』第四、清文堂出版、四〇一〜四二二頁参照。

（11）安岡昭男「和蘭別段風説書とその内容」『法政大学文学部紀要』第一六号、一九七〇年、片桐一男「和蘭風説書解題」日蘭学会・法政蘭学研究会編『和蘭風説書集成』上巻、吉川弘文館、一九七七年、参照。なお、アヘン戦争情報に関する最近の研究は、岩下哲典「阿片戦争情報の新・考察―幕府における情報の収集・分析、鷹見家資料から―」古河歴史博物館紀要『泉石』第三号、一九九五年、本書第二部補論参照。なお、松本英治「寛政期の長崎警備とロシア船来航問題」『青山学院大学文学部紀要』第四一号、一九九九年、同「レザノフ来航とオランダ商館長ドゥーフ」『洋学史研究』第二三号、二〇〇六年も参照。

（12）前掲芳「島津斉彬の海外情報源」参照。

（13）前掲岩下「ペリー来航予告情報の伝達と幕府の対応」二七頁、および前掲『幕末出島未公開文書』三三三頁参照。

（14）前掲芳「島津斉彬の海外情報源」、および岩下「開国前夜の政局とペリー来航予告情報」参照。なおその情報そのものは、『島津斉彬文書』下巻一、吉川弘文館、一九六九年、三九二〜三九四頁に収録されている。

（15）大迫は、こののち嘉永六年正月一九日に、就寝中のところを薩摩藩士二人に襲われて殺害された（日立郷土博物館編『柴田方庵日録撮要』四五頁）。なおこの事件に関しては、沼倉延幸氏のご教示による。

（16）前掲岩下「開国前夜の政局とペリー来航予告情報」八四頁参照。

（17）この狂歌は、矢島隆教編、鈴木棠三・岡田哲校訂『江戸時代落書類聚』中巻、東京堂出版、一九八四〜五年、二五一頁の「米艦渡来」項目の多数の狂歌中の筆頭に収録されている。なお、本狂歌に関しては、田中葉子「ペリー来航をめぐる狂歌」『開国史研究』第六号、横須賀開国史研究会、二〇〇六年参照。

（18）前掲芳「島津斉彬の海外情報源」、および藤田彰一「阿蘭陀別段風説書の漏洩」『洋学史研究』第四号、一九八七年、沼倉延幸「開国前後、長崎における海外情報の収集伝達活動について」『書陵部紀要第四七号』一九九六年など。
(19) 正戸千博「幕末外交における諸問題と海防掛」『駒沢史学』第三五号、一九八六年参照。また、笠原一晃「目付海防掛」『新訂増補国史大系』月報五七、一九六六年参照。なお笠原論文に関しては伊藤俊之氏の御教示による。
(20) 前掲フォス「解説」二一〇〜二一一頁。
(21) 前掲山口「ペリー来航予告をめぐる若干の考察」一五三〜一五四頁参照。原史料は『水戸藩史料』別記下、吉川弘文館、六七三〜六七四頁、六七七〜六七八頁。
(22) 同右、一五四頁。
(23) 国立国会図書館所蔵旧幕引継書「外国事件書類」。本史料に関しては井上勝弘氏の御教示による。
(24) 前掲『島津斉彬文書』下巻一、四三〇頁。なお「御威光」に関しては、渡辺浩「『御威光』と象徴—徳川政治体制の一側面」『思想』七四〇号、一九八六年。のち同『東アジアの王権と思想』岩波書店、一九九七年に収録参照。
(25) 前掲青木「ペリー来航予告をめぐる幕府の対応について」四九頁。
(26) 前掲『島津斉彬文書』下巻一、三八五頁。
(27) 東京大学史料編纂所所蔵「米艦渡来国書奉呈一件」。なお、同書は浦賀奉行所与力香山栄左衛門の手になる史料である。
(28) 前掲『島津斉彬文書』下巻一、三八八〜三九二頁、および徳川林政史研究所所蔵「世続一世記」。
(29) 前掲岩下「ペリー来航直前における黒田斉溥の対外建白書『阿風説』の基礎的研究」、同「開国前夜の政局とペリー来航予告情報」、同「開国前夜・情報・九州—福岡藩主黒田長溥の情報収集・分析とその活用—」ほか本書第二部第二章も参照。原史料は「阿風説」、徳川林政史研究所の所蔵にかかり、後掲史料編三七三頁以下に全文翻刻した。
(30) 前掲岩下「尾張藩主徳川慶勝自筆写本『阿蘭陀機密風説書』の研究」参照。
(31) 前掲沼倉「関白鷹司政通とペリー来航予告情報」参照。
(32) 前掲「世続一世記」。
(33) 前掲青木「ペリー来航予告をめぐる幕府の対応について」四七頁、同「幕府はペリーの来航になぜ無策だったか」三二四頁参照。原史料は、東京帝国大学編集発行『大日本古文書』幕末外国関係文書之一、一九一〇年、六五頁。註(27)「米艦渡来国書奉呈一件」も参照。
(34) 前掲『島津斉彬文書』下巻一、四二六〜四二七頁。
(35) 前掲青木「ペリー来航予告をめぐる幕府の対応について」五〇頁。

(36) 吉田常吉・藤田省三・西田太一郎校注『吉田松陰』日本思想大系五四、岩波書店、一九七八年、九〇頁。
(37) 松本三之介責任編集『吉田松陰』日本の名著三一、中央公論社。
(38) 石崎康子「幕臣小笠原甫三郎の生涯―小笠原文書『小伝』から」横浜開港資料館・横浜近世史研究会編『一九世紀の世界と横浜』山川出版社、一九九三年、以下同論文を参照。
(39) 前掲岩下「開国前夜の政局とペリー来航予告情報」八三～八四頁。
(40) 註(27)「米艦渡来国書奉呈一件」。
(41) 前掲『大日本古文書』幕末外国関係文書之一、六五頁。

第三章　開国前夜における庶民の「情報活動」

―嘉永三年板行「きたいな名医難病療治」にみる民衆の為政者像―

はじめに

本章では、これまでの開国前夜における海外情報に関する幕府の情報活動から視点を転じて、同時期の庶民の情報活動をみておきたい。具体的な分析に入る前に、ここで用いる歌川国芳の浮世絵などの画像情報を歴史学の分析対象史料として利用する場合の留意点などをまず述べておきたい。

これまでの幕末政治史の研究分野では、主として政治権力をもった当局者あるいはその周辺にいた人間などの日記や書簡等の史料収集を行うなかで、専らそれらの文献史料を利用して歴史研究が行われてきた。今日では、これまでのような当局者に関する史料による研究のみでは十分とはいえず、当局者の思考や行動をかなりの程度で規定したと考えられる広範囲の民衆の精神と思想を明らかにすることが、むしろ課題であるといえよう。

かかる課題分析の視角の一つとして、私は、幕末から明治への「変革の時代」に生きた、民衆による情報の収集・分析・活用の実態を解明することが重要であると考える。なぜならば、ペリー来航の直前直後からすこぶる活発になった、様々な人々による情報の収集・分析・活用の方法が、当時の社会では比較的低位に位置づけられていて、したがってこうした情報の収集分析・活用を行うことのなかったとされる民衆のなかにも、確実に存在していた。民衆は新たなる情報を入手し収集して分析・活用したうえに、さらに新たな精神や思想を形成し、そうした民衆によって近代社会が形づくられたと考えられるからである。この場合、瓦版・錦絵などの、民衆の視覚に直接訴える、つまり民衆が受容しやすい、そしてまた反面、民衆の動向や精神や思想を間接的に反映する絵画史料の研究が有効な研究方法になると考えられる。

しかしながら、これまで、絵画史料を歴史分析に利用することは、日本中世史研究の分野では積極的に試みられてきたが、近世・近代史研究分野では、絵画史料の総量さえも明らかではなく、また積極的に利用してきた研究者は少ない[1]。

かかる状況のもと、歌川国芳の「難病療治」を題材にして、幕末の風刺画のなかに存在する政治情報を、「江戸の情報屋」藤岡屋由蔵の日記と蘭方医坪井信良の書簡を用いて読み取りながら、とくに民衆が描いていた為政者像を知る手がかりを提示したい。つまりは、幕末の民衆が為政者にたいしていかなるイメージを描いていたのかを追求することによって民衆の為政者に対する期待（あるいは諦念）を知ることができるのではないだろうかと思われるからである。そうした仮説のもとに本章をすすめていく。

一　登場人物の比定と実在の人物の経歴・評判

(1)「竹斎娘」⑨は大奥老女姉小路局

「やぶくすし竹斎娘名医こがらし」は、この戯画の主人公「きたい（稀代）な名医」である。図の中央に座し、豪華な衣装に身を包んでいる。坪井信良の兄宛の書簡によれば「竹斎娘ト有之ハ、綾小路ト申老女也、当時之大キケ物（幅をきかせることのできる人物―岩下註）ニテ役人之進退等多分ハ此人之指揮ニアリ[2]」とあって、「竹斎娘」は老女綾小路であるとしている。

ところで、「竹斎娘」の父「竹斎」とは、元和七年（一六二一）ごろに富山道治が書いた、仮名草子『竹斎』の主人

図１　きたいな名医難病療治
（東京都立中央図書館蔵）

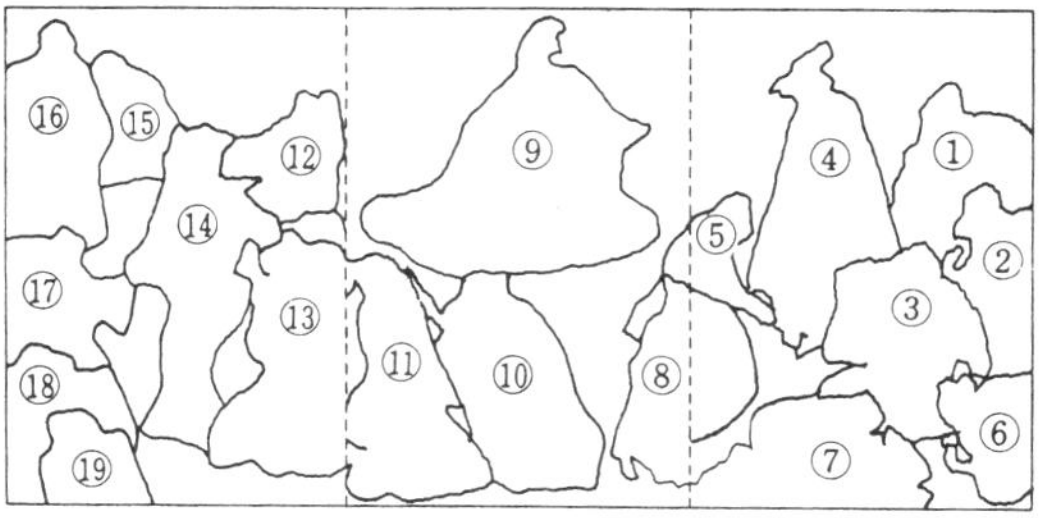

公である。[3] 竹斎は山城国の藪医者であったが、京の生活に嫌気がさして、下男「にらみの介」を伴って諸国流浪の旅に出る。名古屋に滞在中に頓智のきいた治療で成功したり、また失敗したりを繰り返す。戯画では「竹斎娘」の「弟子」が磁石を用いて、治療をしているが、竹斎も磁石治療がお得意で、鍛冶師の目に入った鉄屑を取り除いたり、青梅を咽喉に詰まらせた妊婦に用いたり、胎児を取り出すときに使ったりしている。ただし戯画のように、ろくろ首娘の治療に磁石を使うモチーフは、直接的には式亭三馬の黄表紙『一人娘二人婿鸚訓歌字尽』[4]のアイデアである。しかし式亭三馬の『一人娘二人婿鸚訓歌字尽』も仮名草子『竹斎』のパロディー版のひとつと考えられるから、戯画は『一人娘二人婿鸚訓歌字尽』に多くを負いながらも、近世初頭の仮名草子『竹斎』の影響下にあったことは言うまでもない。近世の庶民にとっては、目に見えない磁力が、やはり直接目に見えない病に効果があると考えられたのであろう。

さて、坪井によって、「竹斎娘名医こがらし」に比定された老女綾小路に関して述べておきたい。綾小路は、姉小路局のことである。姉小路局は、公家橋本実誠の娘で、名を「いよ」といった。文化六年（一八〇九）、有栖川宮喬子が徳川家慶に嫁した際、これに随って江戸に下った。天保八年（一八三七、家慶が第一二代将軍に就任。その後、大御所家斉死去の直後に、水野忠邦が、前代に権勢を誇った西丸勢力を粛清する際、姉小路局は水野忠邦と結んだらしい。姉小路局は大奥の上臈・年寄としてかなりの権勢があったといわれる。[5]大槻如電によれば、次のような話がある。[6]天保改革の一環として水野が、姉小路局に大奥の倹約を申し入れた。姉小路局は水野のいうことに一つ一つ同意しておいて、水野を安心させ、最終に男女の愛情に違いがあるかを水野に尋ねたという。水野が同じであると答えるや否や、大奥の女はこの愛情を持つことが許されないのだから食事や服装が華美になるのはやむを得ないと主張した。こうして水野は大奥の倹約を断行できなかったという。もちろんにわかに信じることは困難であるが、こうした話が残っているほど、影響力があったとは考えられる。

実際、姉小路局は、「役人之進退等」を「指揮」するという状況であったと思われる。すなわちこれも大槻如電による話であるが、長い間、使番に就職を希望していた大久保外記という旗本が、百両を姉小路局に贈与したところ、翌日にはご用召しがあり、その翌日には使番になったという。確かに弘化四年（一八四七）正月一一日に、二千石の旗本大久保外記忠孝は、これまでの西丸小納戸から使番に役替えになっている。[7]大久保外記家は、これまでは、初代忠篤・二代方道・三代忠直が寄合・使番などになったが、四代が早世、五代徳綱が享和二年に使番になったのち、[8]六代目は武鑑には名前が見えない。七代目の外記忠孝が役高五百石の西丸小納戸から、割合早く役高一千石の使番になれたのは、やはりなんらかの力が働いた可能性はある。ただし贈与の翌日ご用召し、その翌日就任は、かなり誇張されているようにも考えられる。

また、水戸の徳川斉昭は、弘化三年（一八四六）八月朔日付で、将軍家慶に対して、国家の危機的な現状と時務意見書を上呈する際、姉小路局を介してその実現を図ろうとした[9]。その後、家慶は、姉小路局を通じて斉昭に返書をした。斉昭は再び姉小路局に家慶宛の上書を託している。斉昭も、家慶同様に有栖川家より夫人を迎えており、また、姉小路局と水戸家の老女花の井は従姉妹どうしであったために、斉昭は、姉小路局を介して裏ルートで将軍家慶と連絡をとっていたのであった。こうしたことは姉小路局がいかに権勢があったのかを示すものである。

いずれにしても、天保末から弘化・嘉永にかけて、江戸城本丸大奥で権力を握っていたのは、姉小路局で、表の役人の人事まで介入していたことは十分考えられる（大槻如電は、姉小路局が、老中阿部正弘とも深く結び付いていたと推測している）。

こうしたことが市井の間でもよく知られており、国芳の戯画「難病療治」に主人公としてシンボリックに表現されたということができる。国芳は日常の権力のありどころを鋭く描いていたのである。

嘉永六年（一八五三）に家慶が死去すると、姉小路局は落飾して、勝光院と称し徳山毛利家の下屋敷[10]に引退した。しかし和宮降嫁に際しては、上洛してその斡旋を行うなど、なお隠然たる力を持っていたという（以上、大槻如電による）。

以上の諸点より、「竹斎娘名医こがらし」は、老女綾小路こと、姉小路局のことであるといえる。

(2)「あばた」（痘痕）〔①〕は将軍家慶

画面の右上で釜の湯気を顔に当てている女中の服装をした人物が、「あばた」である。坪井は、「大痘痕ハ当将軍様之事也、故ニ態と女形ニ作ル。蓋シ女人之間ニ而已有之故男ニシテ女ナルノ形」、すなわちこの「あばた」は一二代将軍家慶で、大奥の女ばかりの中で暮らしているので、わざと女の形に描いているのだという。この「あばた」が言うには「わたくしのような大あばたでも、この鉄でこしらへた面型をはめて、湯の煮え立つところへむしていると顔がふやけて、あばたがうまくついていい器量になりますとさ」[11]。つまり「竹斎娘」の「あばた」に対する治療は、鉄の面型をはめて、蒸気で蒸して「あばた」の凹凸を滑らかにするというものである。

　ところで、嘉永三年（一八五〇）の春頃は、江戸市中では牛痘が評判となっていた。『藤岡屋日記』第四巻に収録された引札の文章によれば、「一七九六年にドイツの医師が牛痘を施し、それが西洋諸国から中国に伝わった。長崎に来航する唐人・蘭人の三、四〇歳の者には顔に疱瘡の跡がないのはこのためで、昨年はじめて、佐賀藩主鍋島直正の尽力で長崎より伝わり、京・大坂や諸侯、江戸市中にも伝わった。天然痘が流行しないうちに早く牛痘を接種して、安心を得たい」（一〇四～一〇五頁）としている。これは、当時牛痘普及のためつくられた瓦版を写したものである。国芳本人は、その情報入手先は不明ながら西洋文化にたいしては偏見がなく、むしろそれらを作品の中に取り入れているので[12]、当時評判の西洋伝来の牛痘を未だ行おうとしない、旧習墨守の人々にたいして、このような風刺をしたのかもしれない。

　さて、当時の人々は、上下を問わず、ほとんどが、痘痕顔であったから将軍家慶も例外ではなかったと考えられる。しかし、国芳をはじめ江戸の庶民は、江戸城本丸の大奥に住む将軍の顔を見ることは全くできなかった。したがって将軍の顔を描くことなく、むしろ様々に想像することが可能なこの治療は、作者国芳にとっては好都合であり、また庶民にとっても、共鳴するところがあったと考えられる。

　ちなみに鈴木尚によれば、家慶の顔は、幅が歴代の将軍のなかでは最も狭く、逆に顔高は最大、超狭顔型の馬面で、一度会ったものは、二度と忘れえぬ印象を持っただろうと推定している[13]。とすれば、もし、そうした似顔絵を描いてしまえば、ただちに将軍を描いたものだとわかってしまうので、あえて顔を描かないでもよいようにしたとも考えられる（もちろん、将軍の顔を知る者は、当時はごくわずかの人間しかいなかったと考えられるが）。

　ところで、『藤岡屋日記』第四巻では、「あばた、銅の面を当て、釜ニ湯をわかしてむし直候処、精欠ニ《ママ》や、故は右器量にて、加賀をはぶかれ、金と威光ニて有馬へ取替遣し候なり」（一三五頁）とあって、あばたを家慶の養女で、有栖川韶仁親王の娘精姫に比定している。

精姫は、「徳川幕府家譜」によると、天保一三年（一八四二）に江戸に下り、家慶の養女、家定の妹となり、嘉永元年（一八四八）久留米藩主有馬中務大輔慶頼に嫁したという。[14] しかし『藤岡屋日記』第二巻では弘化三年に有馬慶頼と縁組み、同四年引移りとしている（二九五頁）。『続徳川実紀』も弘化三年（一八四六）縁組みと記しているので、[15]「徳川幕府家譜」の嘉永元年は誤りであろう。ただこうした記録類からは、精姫が、加賀前田家から遠慮され、金と威光で有馬慶頼に嫁いだという『藤岡屋日記』の記述を裏づける記事を見つけることはできなかった。

以上の諸点より、あばた（痘痕）は、『藤岡屋日記』第四巻がいう単に器量が悪いとして、精姫とするよりも、坪井の言うように将軍家慶としたほうがより作者の意図に近いように思われる。

（3）「はななし」〔②〕は、老中松平和泉守乗全と嫡子左京亮乗懿

あばたの下で、つくりものの鼻を付けて、天狗になっている若い男が「はななし」である。坪井は「御老中松平和泉守様ナリ、生来鼻梁甚タ低シ」として、三河国西尾藩主・老中松平和泉守乗全であるとしている。「はななし」は、「われらはまた瘡で鼻が落ちやした。こちら願ったところが、紙で鼻をこしらへてつけてくだされたが、至極妙でござるて」といっている。羽織の紋は蔦の変形ではあるが、松平乗全の家紋蔦と一致する。また羽織の文様も松平乗全家の替紋、丸に一つ葵と葵文字を図案化したように思われる。[16]

松平乗全は、[17] 天保一一年（一八四〇）に、四七歳で父乗寛の遺跡を継いで西尾城六万石を相続。同年奏者番、同一四年寺社奉行、弘化元年（一八四四）大坂城代、同二年西丸老中、嘉永元年（一八四八）五五歳の時、本丸老中に就任した。安政二年（一八五五）、水戸斉昭が政務参与に就任する直前に、老中を罷免されたが、同五年、老中堀田正睦・

松平忠固の罷免により、再び老中に任命された。安政の大獄では、大老井伊直弼とともに尊攘派の弾圧を行い、万延元年（一八六〇）の桜田門外事件では、吟味掛となったが、その取扱いにより老中を罷免され、文久二年（一八六二）には一万石を削られ、隠居を命ぜられた。翌年西尾に帰り、明治三年（一八七〇）七七歳で没した。乗全は、大給松平の直系で、将軍吉宗の享保改革期の老中松平乗邑の子孫にあたる。江戸城本丸御殿での殿席は帝鑑の間にあたり、上級の譜代大名の重鎮であった。こうした点が乗全を天狗にさせたと考えられる。が、しかし前にも述べたとおり「はなし」は若い男であることが気になる。嘉永三年当時、乗全は五七歳で、「はなし」の下の「近眼」阿部伊勢守正弘が三二歳であるから、それと比較すると「はなし」はいかにも若い。そこで『藤岡屋日記』第四巻を見てみよう。

一、鼻なし、西尾ニや、蔦の紋付也、是ハ嫡子左京亮、帝鑑間筆頭を勤、男ハ□し、行列ハ五ツ箱、虎皮鞍覆自分紋付二疋を率、万事不足無之自慢ニ致し、鼻を高く致し居り候処ニ、六月五日ニ悴左京亮卒去、国替同様なりと云しと也（一三五頁）

『藤岡屋日記』第四巻では、六月五日に亡くなった乗全の嫡子左京亮乗懿としている。戯画は、六月一一日配りなので、「六月五日ニ悴左京亮卒去、国替同様なりと云しと也」は刷り上がって後の解釈である。しかし、日記の文意から「はなし」は、直接には左京亮乗懿と考えた方がよいであろう。だが、間接的には乗全をも、つまり、姉小路局と結び付いて権勢をふるう松平乗全父子を風刺していると考えるべきである。したがって、この「はなし」松平に関する判じは、坪井信良情報と藤岡屋情報の双方を勘案してはじめて戯画の真意を知ることが可能であることがわかる。

（4）「近眼」（③）は老中首座阿部正弘

「はなし」松平左京亮乗懿の祖母、すなわち和泉守乗全の母は、福山藩主阿部家の出身で、四代阿部正倫の娘であった。嘉永三年（一八五〇）当時阿部家は、七代正弘が当主である。「はなし」の下で眼鏡をあてて「イヤサ、拙者などは少し近眼でござる。きんかんと申してみかんの小さいのではござりませんが、ちか目でこまりますところへ、こちらで百まなこへ遠眼鏡をはめてかけろとのご指示、なかなか凡夫わざではござりません」と言っているのが「近眼」（図中では名称を与えられてはいない）である。坪井は「御老中執頭阿部伊セ守様ナリ、従来近眼ナリ」として福山藩主・老中首座阿部正弘だという。乗全との姻戚関係から図の位置としては適当である。

阿部家の家紋は、丸に右重鷹羽で、「近眼」の羽織には丸に左重鷹羽がつく。左重鷹羽は分家の上総佐貫藩主阿部駿河守家である。しかし羽織の文様が卍であるので、阿部正弘であることがわかる。すなわち阿部は、天保七年（一八三六）に襲封したのち、同九年奏者番、同一一年二二歳で寺社奉行となり、翌年五月、下総中山の法華経寺僧侶の女犯事件の裁きを指揮して令名を馳せたといわれる。[18]

こうした点が、同一四年、水野忠邦失脚直前の異例の老中就任に結び付き、「浮世の有様」では「御城代所司代を勤る事なく御役被蒙仰し事、是迄未曾有の事也」[19]と評された。ただ国芳が、阿部の「是迄未曾有の事」までを風刺したかどうかはわからない。

阿部の老中就任直後の江戸の庶民は「（女郎言葉）よふ来なました　阿部」（『藤岡屋日記』第二巻三八三頁）とか、「あべのやしき豊年」（同、三八五頁）、あるいは「阿部は飛佐倉は枯る世の中に　なぜか浜松つれなかるらん」（同、三八八頁）、「茂りしに浜松が枝の音絶て　跡吹よろふいせの神風」（同、三八九頁）、「伊勢が来て御祓箱がたんと出来」（同、三九〇頁）、「（気質くらべ）何でもかまわぬ　伊勢どの」（同、三九一頁）などにみられるように阿部の出世よりも、水野忠邦の失脚を喜び、水野以外ならば誰でもよかったようである。[20]

ただ、「いせの神風」「御祓箱」にみられる寺社関係の語句から、やはり阿部といえば寺社奉行のイメージがあった。それは以下の理由によるものと考えられる。下総中山の法華経寺僧侶の女犯事件は、阿部が寺社奉行として調査を進めるうちに、天保一二年（一八四一）閏一月にすでに死去したとはいえ、大御所家斉にまで累の及びかねない大疑獄事件に発展する可能性が高くなり、事件の解決は天保改革期に持ち越された。結局、阿部が提示した政治的解決策は、感応寺の破却をはじめとして一切を闇に葬ることであった。民衆は、醜聞があったとはいえ感応寺の破却は理解に苦しんだようである。だが、阿部による裁定が理にかなったものという印象を、民衆は持っていたと思われる。そうしたことが阿部に卍の羽織を着させることとなったと理解できよう。

さて、医師坪井は、阿部が従来近眼であると述べているが、『藤岡屋日記』では、「近眼ハ阿部の由、鼻の先計見へ、遠くが見へぬと云事なるよし」（第四巻、一三五頁）と記されている。「百まなこへ遠眼鏡をはめてかけろとの」治療と戯画に記されているが、百眼とは戯画の「近眼」が着けている紙製の百面相のための道具である。風刺の意図は、衆議を重んじるがゆえに、反面八方美人となることと、異国船の来航にたいしても薪水を給与する一方で打払を諮問するなど定見のない阿部の政治手法を揶揄《やゆ》したものと考えられる（ただし、そうした阿部の政治を民衆がどの程度理解していたのかは、なお吟味の必要がある）。

大槻如電によると、阿部は姉小路局とも深く結び付き、大奥における重要なパイプとして姉小路局を利用していたという。こうした点がこの戯画に描かれていると考えることもあながち的外れではないと思われる。したがってこの「近眼」にたいする解釈は、坪井よりも藤岡屋のほうがより政治的な印象を与える。

（5）「ちんば」（④）は将軍継嗣家祥（家定）夫人寿明姫秀子

「近眼」の左側で、「竹斎娘名医こがらし」の「弟子」に下駄をはかせてもらっている女性が「ちんば」である。坪井によれば「此人ハ過日御逝去之右大将様御廉中様ナリ。昨年京都より御下之節、道中輿中ニテ足ヲ傷リ。実ハ其創大発ニテ先頃死セリ。是ニ奇談アリ、略之」という。「ちんば」に関する戯文は、くだんの「弟子」に「お前は、片足短いか、片足長いのかだが、マア俗にびっこというのだ。先生の御療治には、草履と下駄をはかせろとおっしゃるが、全体片々ちんばだから両方ちんばにして揃えてもいいね」と言わせている。このようなひどい言われ方をされたのは、将軍継嗣家祥（のちの家定）夫人、一条忠良の娘寿明姫秀子である。

『藤岡屋日記』でも「びっこは寿明印ニて、御下向前ニ御召衣裳も残らず出来致し居り候処ニ、御せい余り小く衣服長過て間ニ合兼候ニ付、下着計りにて足を継ぎ足し候よし」（第四巻一三五頁）とある。

寿明姫秀子は、文政六年（一八二三）生まれ、嘉永二年（一八四九）に京都から江戸に嫁いだばかりで、翌年六月六日の夜逝去、その死が公にされたのは六月二四日であった。享年二八歳（以上は第三巻六三三頁、第四巻一三五頁）。寿明姫の足にまつわる話は「武江年表」と「きくのまにまに」にも載せられている。まず「武江年表」を引用してみたい。

六月二十六日より三日間鳴物停止、西丸御簾中寿姫逝去の故なり

法号澄心院、此君少し跛なり。歌川国芳筆三枚続きの錦絵女医のもとに療治を受くる図中に、美婦の下駄と草履ともかたかたに履たるを画きしは、此の君の事を諷せしものなりといふ(21)

ここでも足の悪かったこと、国芳の「きたいな名医難病療治」の「ちんば」は寿明姫であることが記されている。「きくのまにまに」は、

又、美着の女婦に下踏と草履とかたはつつはかする処置、是極めて彼風説

此君にや御ミあし少々揃ハせられすと申せり、によりたる戯れと見え、いともかしこき不敬のやつなれるに、かかる物を板行するを改めさるハいかにそや風説にてそらことゝにて実はさる事あらされすや、其説を書きあらハすハ不届至極寺(22)

として、足の悪かったことは単なる風説で、明の馬皇后の事を判じものにした家は一家をあげて厳罰に処せられる目にあっているのに、と怒りを顕にしている。

ここでは、これ以上に、寿明姫の足が本当に悪かったか、否かを判断する材料がないのでなんともいえないが、最初に紹介した坪井の書簡に記された記述は、さすがに医者らしく具体的で信頼に足るものと考えられる。「是ニ奇談アリ、略之」とあって省略されているのは、いかにも惜しまれる（奇談は次に紹介する『藤岡屋日記』の記事と同一かも知

れない)。それにしてもいわゆる政界ネタというもの、それも身分の高い人間の身体的なゴシップ記事は、何かと庶民の話題をさらうものである。前近代の世襲制社会の支配階級においては、子孫繁栄が支配の永続を約束するものであり、健康な肉体が子孫繁栄の指標であったから、なおさらである。寿明姫は、足のほかに身長に関しても江戸の庶民の話のネタにされている。すなわち『藤岡屋日記』第三巻の嘉永二年の婚礼の記事の中に「姫君御幼年より疳の虫ニからまれて成長無之、御年二七才ニて、纔御長三尺之由、形ち小く、目計大きなるよし」(五六一頁)と記され、また逝去の折は「三尺の身丈ケのものを壱丈とさすは姉御(姉小路局)のつもりそこない」(第四巻一四五頁)との落首を詠まれている。寿明姫の婚礼には姉小路局が介在して、自己の権力の温存を図ったものと考えられる。寿明姫に関して、落首と戯画は軌を一にするものである。つまり国芳は江戸の庶民のもっていた為政者やその家族にたいするイメージを映像として具象化したといえるのである。

いずれにしてもこの戯画の主題は、姉小路局の権勢ぶりを風刺したもので、寿明姫も姉小路局のために、無理して関東に下向させられたものということであり、庶民もまたそうしたイメージを抱いていたということである。そして、戯画は六月一一日に板行されたところ、折悪しく同月二四日に寿明姫の逝去が報じられて、にわかに現実味を帯び、政治的意味をもった情報(事実の情報であるかどうかは別にして)となってしまい、当局の取締りの対象になったのである。そのために、かえって評判となり売れに売れたわけである。

(6) 磁石を持った「弟子」(⑧)は京都所司代酒井若狭守忠義

「やぶくすし竹斎娘名医こがらし」の「弟子」で、剣鳩酸草の紋付羽織を羽織って磁石を持った人物は、坪井によれば、「桔梗之紋ニテ磁石ヲ持ハ、酒井若狭守様ナリ、八九年京都所司代ニテ大ニ重キ役ヲ持ノ者ナリ。先月二八日漸々御役御免テ成タ所ガ、通例御老中ニ可成筈ナレトモ、元来アベ伊セ守様ト不睦故、唯々留リ之間格テナリシ而已。

位貴テ無権。永々之大役ムダニナリシ」（傍線は岩下）とあって若狭小浜藩主・京都所司代酒井若狭守忠義であるとする。若狭小浜藩主酒井家の家紋は剣鳩酸草なので、坪井のいう「桔梗之紋」は正しくないが、戯画の「弟子」の家紋は、あきらかに剣鳩酸草なので、磁石を用いる「弟子」は酒井忠義でまちがいないであろう。『藤岡屋日記』第四巻の戯画の記事では、この人物に関しては述べるところがない。

さて、この人物に行わせた「竹斎娘名医こがらし」の治療はろくろ首に対するものである。

ときにろくろ首娘は髪の油の中へ鉄の粉を入れて髪をいわせ、尻の方へ磁石をあてがい、頭の鉄を吸い寄せる稀代の名術、これでハろくろ首も直るだろう。

酒井忠義は、天保一四年（一八四三）より嘉永三年（一八五〇）七月二八日までの八年間京都所司代を勤めている[23]。この時期は仁孝天皇の崩御（弘化三年一八四六―二月六日）、孝明天皇の践祚（弘化三年二月一三日）、皇太后（鷹司祺子）崩御（弘化四年一〇月一〇日）、大嘗会（嘉永元年一八四八―一一月）、女御入内など皇室の最大級の行事がたてつづけにあり、政治的にも弘化三年八月の外憂に関する沙汰書をめぐる問題や弘化四年九月には学習院の建立といった問題が朝幕間でおこり[24]、京都所司代にとっては実に多難な時期であった。これらの件にたいして、坪井の言う阿部と酒井の対立が、朝幕間にどのように影を落としたのかわからない。しかし、弘化元年の冬のこととして「浮世の有様」が伝える情報によれば、京都においては、酒井が衣服の絹布禁令を厳格に適用しなかったために、何事も緩やかになって、例えば石清水八幡の参詣者の衣服はかなり華美にながれ、祇園などの遊所も以前のごとき活況を呈するようになって、天保改革の趣旨は次第にすたれていったという[25]。こうした酒井の傾向が、市中取締りなどの面で、基本的には天保改革を踏襲しようとした阿部と対立したことは想像に難くないところである。戯画によれば忠義の裏に、姉小路局が介在していたのかもしれないと当時考えられていたようである。つまり京都所司代酒井忠義にとっては、京都出身の大奥老女姉小路局の存在は京・朝廷対策上、利用価値があったし、江戸の押さえとしても重要だった。

一方、自らの息のかかったものを将軍継嗣の御台所として京からむかえて、権勢の拡大を目指す姉小路局にとっても所司代酒井忠義は、共に謀るべき人間だったのである。すなわち、ろくろ首というのは、姉小路局の、酒井忠義を介しての朝廷や公家に対する遠隔操作を暗示しているのかもしれない。結局酒井は老中にはなれなかった。嘉永三年（一八五〇）に罷免されるのである。酒井が京都所司代に再登板するのは、安政四年（一八五七）六月一七日、阿部の死の直後の同年同月二六日のことである。同月一九日に日米修好通商条約が締結され、二一日には朝廷に報告、二五日には将軍世子を徳川家茂とすることが公表されるという多事多難の時期に京都所司代に帰り咲いたのである。おそらく無勅許の日米修好通商条約の弁疏のために実力者の京都所司代が必要とされたものであろう。しかし酒井は、島津久光の率兵クーデター直前の文久二年（一八六二）六月三〇日には罷免されている。

いずれにしても酒井は、対朝廷交渉の局面において、かなりの実力者であって、老中になってもおかしくない人物だった。だが、格は高いが無権の溜詰格で終ったのは阿部との確執をおもわせる。

この酒井に関しては、坪井はめずらしく政治的関心から分析している。国芳の酒井に対するイメージも、現実の権力構造にそうとう近づいているように思われる。

(7)「一寸法師」⑯は老中牧野備前守忠雅

坪井の書簡では、酒井のつぎに、画面の左端上の高下駄を履いた人物、すなわち「一寸法師」を「執政牧野備前守様ナリ」と伝えている。越後長岡藩主牧野家の家紋は丸に三ツ柏で、戯画の「一寸法師」の羽織の家紋も三ツ柏である。

「一寸法師」が言うには「おれは一寸ぼしで困るから、お頼み申しましたら、高い下駄を履いて長い着ものを着て歩けとおっしゃったが、至極妙でござります。どうみても一寸ぼしとはみえますめえ」。国芳のべらんめえ口調を聞くようである。しかし、これだけでは、なぜ牧野が「一寸法師」として描かれたのかわからない。『藤岡屋日記』第四巻の戯画の記事では、「一寸ぼし八牧野ニて、万事心が小サキとのことなるよし」（一三五頁）とある。

牧野は、阿部の老中就任の二ヵ月後に戸田忠温とともに老中となり、阿部と心を合わせて幕政に当ったという。[26] 時期は降るが、ペリーが去った後の、嘉永六年（一八五三）七月一〇日付徳川慶勝宛島津斉彬書簡には「閣老中ニも何分異国之事情心得候人無御座候、辰（阿部正弘―岩下註）も此節は不評判之様子、先は牧野（忠雅）之方は少々は異国之議も心得罷在候得共、辰を差置十分之所置は難仕と奉存候」[27] とあって、当時五五歳の牧野が、三五歳の阿部に気を遣っていたことが窺える。安政四年（一八五七）に阿部が死去すると、牧野は三ヵ月後には職を辞して溜詰となったが、翌年には亡くなっている。こうしてみると牧野は異国事情にも詳しかったが、慎重な性格で、このことが江戸の庶民には「万事心が小サキ」と写ったのであろう。戯画は為政者の性格をわりあいよく描き出していると思われる。

（8）「せんき」⑮は将軍継嗣家祥（家定）付御側御用取次夏目左近将監信明

牧野の脇に控えている「せんき」は、坪井によれば「右大将様之御側、夏目左近様、当時大ニ勢アリ、上ニ坐スル此故也」とあって、将軍継嗣家祥付御側御用取次夏目左近将監信明であるとする。『藤岡屋日記』第四巻の戯画の記事にはこの「せんき」は触れられていない。そこで戯画を見ると「せんき」の羽織の家紋は、菊である。夏目左近将監家の家紋は、藩架菊[28] で、藩架の部分を省略しているが、「せんき」は夏目左近将監信明を描いていると考えられる。「せんき」は、「わたくしのせんきは、きんたま大きくはって困りましたが、先生が水を取って、あとをちいさな土瓶をはめてくたすったが、それから大きくなりません。これもまことに理詰めな療治だ」と言う。

夏目左近将監家は、寛政から文政期は禄高七三三石余で、西丸小性などを勤めた家柄だったが、信明のとき二千石、御側御用取次の大身に成り上がった。[29] のち家祥が一三代将軍家定となると、随って本丸の御側御用取次となり、家定没後はそのまま一四代家茂の御側御用取次となり、安政五年（一八五八）七月二四日に卒するまで五年一一ヵ月その職にあった。[30] その間加増はなかったが、典型的な側近小姓型の昇進コースをたどった人物である。

戯画における夏目の病気せんきは下腹部痛で、この場合は、とくに睾丸の疾病、腫物のできる病と考えられる。現在、夏目がなぜ、この嘉永三年（一八五〇）の時期に権勢があったのかを知るだけの材料を持たないが、戯画からすると、姉小路局と相当程度の緊密な関係があり、姉小路局の西丸における重要なキーパーソンだったと理解できる。国芳は、為政者にたいする性にまつわるスキャンダルをこうした絵に表現したと考えられる。

（9）「人面瘡」⑰は勘定奉行久須美佐渡守祐明か

牧野の下にいる「人面瘡」を煩った人物は、「御勘定奉行久須美佐渡守様、御勝手御用を兼候故ニ米之番付ヲ持ツ」と、坪井は書簡で言っている。やはり『藤岡屋日記』第四巻の戯画の記事にはこの「人面瘡」は触れられていない。「人面瘡」を煩った人物（以下、単に「人面瘡」とする）の羽織の紋は、黒餅か円相あるいはそれに近い家紋の変形で、久須美佐渡守家の家紋庵木瓜とは異なっている。そこで戯画の「人面瘡」の部分をみてみよう。

人面瘡に飯を食われるが切なさに、願いでたら米屋の書きだしを見せろとおっしゃるから、こうしますが、段々治ってきました。

人面瘡という病気は、膝頭にできる腫物の一種で、爛れて人の顔面のようになる。[31] 傷口に飯粒を入れると痛みが治まることもあるので「まんま喰い」などともいうものである。戯画は、高値の米価を皮肉っているものであるか、あるいは幕府財政の浪費にたいする姑息な対策を風刺しているものと考えられる。前者であれば、江戸の物価政策の担当者である町奉行が「人面瘡」となり、後者であれば、幕府財政の責任者である勝手掛勘定奉行となる。

嘉永三年（一八五〇）五、六月頃の町奉行とその家紋は、南町が遠山左衛門尉景元・丸の内六本格子と丸の内二引、北町が井戸対馬守覚弘・梅鉢と丸の内琴柱。しかし、井戸覚弘に関しては、次の「やせおとこ」に比定されるので、ここでは除外される。

嘉永三年の二月には江戸で大火事があり、また四、五月には西日本で大雨になって、八月以降米価が高騰した。[32]しかし米価の高騰は、戯画板行のあとなので町奉行と考えるのは無理がある。したがって遠山もあてはまらない。

また勘定奉行は、勝手掛が石河土佐守政平・家紋は向鶴と鶴目、松平河内守近直・丸に釘貫、公事掛が久須美佐渡守祐明・庵木瓜、池田播磨守頼方・丸に桔梗と祇園守である。このなかで黒餅か円相あるいはそれに近い家紋の変形といえるかもしれないのは、池田頼方の祇園守くらいのものである。池田は、むしろ阿部正弘の下にいる人物〔⑥〕の羽織の紋が丸に桔梗なので、こちらに比定した方がよさそうである。

そこで最初に戻って坪井の言う久須美祐明としてみよう。寛政期に久須美の父祐光は禄高百俵で、勘定吟味方改役を勤めていた。そのころ子の祐明は、勘定で関東郡代付留役だった。その後、家を継ぎ、小納戸、小普請奉行等を経て、天保一四年（一八四三）には、大坂町奉行となり禄高三百俵、翌年には勘定奉行就任により五百石取となった。「浮世の有様」が収録した、市井の噂によれば、久須美は、かつて佐渡の一揆鎮圧に功があり、七六歳の高齢にもかかわらず抜擢されたらしい。[33]「至て厳格なる人」「至てかたくろしき人」で「此人の苗字の如く大坂も弥大くすみとなるべし」[34]と恐れられたが、はたして、着任すると早速、国恩冥加金を課したため大坂はいよいよ陰気となったという。勘定奉行になっても、なかなかの厳格ぶりで『藤岡屋日記』第三巻には久須美による裁断「上州山田郡如来堂村一件」（二四三頁）、「下総国万代山に楯籠り候相撲取勢力一件落着」（四九四〜四九六頁）が収録されている。これにたいして石河政平、松平近直、池田頼方の三名は「浮世の有様」には述べるところがなく、また『藤岡屋日記』にも、人事異動記事があるのみで、本章で取り上げるべき記事がない。しかし久須美はあくまでも公事掛である。さすれば坪井の言う「御勝手御用ヲ兼」に着目すると、「人面瘡」は久須美というよりも幕府財政当局そのものを風刺しているように考えられる。それゆえに羽織の家紋は、どのような家紋をも入れることのできる黒餅なのではないだろうか。

⑽「やせおとこ」⑱は北町奉行井戸対馬守覚弘

「人面瘡」の下で肥った顔を押さえているのは「やせおとこ」である。坪井によれば、「町奉行井戸対馬守様ナリ、長崎奉行より急ニ江戸之町奉行トナル故、痩者之急ニ肥笨ニナルニ譬フ」として井戸覚弘に比定する。井戸家の家紋は、梅鉢と丸の内琴柱で戯画とは一致しない。『藤岡屋日記』第四巻の戯画の記事にも述べるところがない。

「やせおとこ」が言うには「私は痩せて痩せて困りますから、先生に願いましたら、生の豆をたんと丸呑みにして水を思い切り呑めと云われました。そうしたところが、こんなにはち切れるほど肥りやした。錫の徳利の凹みを直す工夫と同じあんばいだが、なんと妙ではございませんか」。

井戸覚弘[35]は、二千五百四十石取の旗本で、天保一三年（一八四二）、目付となり、当時作事奉行であった石河政平とともに大坂城総修理を行い、また上野世良田の東照宮修理をみたのち、弘化二年（一八四五）長崎奉行に転役した。在任中の同三年六月には司令官セシーユ率いるフランス艦隊の長崎来航事件が起こり、その応援を指揮する。これにより同四年には福岡藩主黒田長溥らとともに幕府の表彰を受けている。また嘉永二年（一八四九）四月にはアメリカ捕鯨船の漂流民をアメリカ海軍プレブル号のグリン艦長に引き渡すなど、弘化・嘉永期の長崎を中心とした外交交渉の最前線で指揮をとったのである。その井戸が町奉行に就任したのは、嘉永二年八月四日である。その就任には次のような経緯があった。同年六月二七日に、北町奉行牧野駿河守成綱が、殿中で突然亡くなった。牧野の葬儀は七月九日に行われたが、跡役は一向に決まらなかった。当時の評判では、勘定奉行久須美佐渡守祐明、同池田播磨守頼方、京都町奉行明楽大隅守茂正、大坂町奉行柴田日向守康直、甲府勤番支配大草能登守高聴、小姓組番頭跡部能登守良弼、西丸留守居筒井紀伊守政憲と、井戸の八人であった（第三巻三八六〜三八七頁）。結局、井戸に決まるわけだが、当時の狂歌によれば「八人がいずれも御役待奉行　麹町の井戸だと外は鼻をあき」（同上）と他の七人は、鼻をあかされたとあって、井戸の町奉行就任は意外の出来事だった。それゆえに坪井は、「長崎奉行より急ニ江戸之町奉行トナル故、痩者之急ニ肥笨ニナルニ譬フ」としたのである。また戯画は役得の多いといわれる長崎奉行を風刺しているとも考えられよう（私腹を肥やす）。

ところで井戸は、安政元年（一八五四）、町奉行ながらアメリカ合衆国大統領使節ペリー一行の応接掛を命ぜられ、日米和親条約の締結交渉にも当っている。『ペルリ提督日本遠征記』には「対馬侯井戸は多分五十歳位であるらしく、肥満した丈の高い人物であった。彼は年長者の林よりもどちらかと言えばもっと快活な表情をしていた」[36]と観察され、主席通訳官ウイリアムズの『ペリー日本遠征随行記』には「次席（町奉行井戸対馬守）は太った寝むたげな表情をした男で、煙突掃除夫かと紛うほどののっぽであって、とても侯などとは思えない人物である」[37]と記されている。井戸が日本側全権委員に選ばれたのは、もちろん長崎奉行時代の実績を買われたと同時に、その体格がアメリカ人に見劣りしないことも選考に際して有効だったと思われる。いずれにしても、井戸は背が高いが肥満した人物だった。

以上の諸点から「やせおとこ」は井戸に間違いないと考える。とすると国芳は、江戸の町政に直接関係のある町奉行だけに、羽織の文様や帯の家紋からはすぐにわからないように、わざと違うものを画いたのかもしれない。そして勘定奉行から町奉行になる者が多いなかで、他に例が全くなくはないが、井戸が、長崎奉行から突然、町奉行になったのは、その背後に姉小路局の存在があったことを戯画は示唆している。

（11）「りんびょう」〔⑲〕は老中戸田山城守忠温

「やせおとこ」の下で、何かを口に入れている人物が「りんびょう」である。坪井によれば「御老中戸田山城守様ナリ」という。『藤岡屋日記』第四巻の戯画の記事にこの人物の説明はない。羽織の文様は、戸田山城守家の家紋六星が散りばめられている。この二点より「りんびょう」は下野国宇都宮藩主・老中戸田山城守忠温である。「りんびょう」は「わしの病気、勝栗さえ喰えばなおりますとさ、千金方という書物に勝栗淋病追い着かずという ことがでていますとさ」という。

戸田忠温[38]は、享和四年(一八〇四)生まれ、奏者番、寺社奉行を経て、天保一四年(一八四三)、西丸家慶付老中となり、弘化二年(一八四五)には本丸老中となった。戸田は、日光社参などによる藩財政の悪化に対処するために、地味乏しい野州と河内の村替を念願していたが、嘉永三年(一八五〇)の一二月にそれに成功する。ここにも大奥の実力者姉小路局につながる理由があるように思われる。ところが嘉永四年、体調を崩して五一歳で死去する。とかく病気がちだったといわれる戸田は戯画の中でもすこし影が薄いようである。

(12) その他の登場人物と実在人物の比定

坪井の人物比定は、以上の(1)から(11)までで、あとは「先々大略如此。尚デッシリ〔出尻ト云事〕癇積ロクロクビ等は皆女中ナリ、才子(弟子)も夫々役処アレトモ不分明、蓋シ皆々許多之批評ヲ含メリ」として、国芳の「難病療治」に関しては終っている。ここでは残った人物に関して少し述べておきたい。

「むしば」〔⑪〕に対する治療は、「竹斎娘」の弟子〔⑩〕が行っている。弟子が言うには「歯の痛むというものはなかなか難儀なものでござる。これは残らず抜いてしまって、上下とも総入歯にすれば一生歯の痛む憂いはござらぬて」。それにたいし「むしば」は「これはなるほどよい療治でございます」と答えている。この弟子の羽織の家紋ははっきりしないのでよくわからない。

その左隣の「でっしり」〔⑭〕の療治は、弟子〔⑬〕の台詞と考えられる。

でっしりの療治は、尻へ竹のたがをつけ、賑やかなところを見物して歩くとみっともねえから、だんだんちぢこ

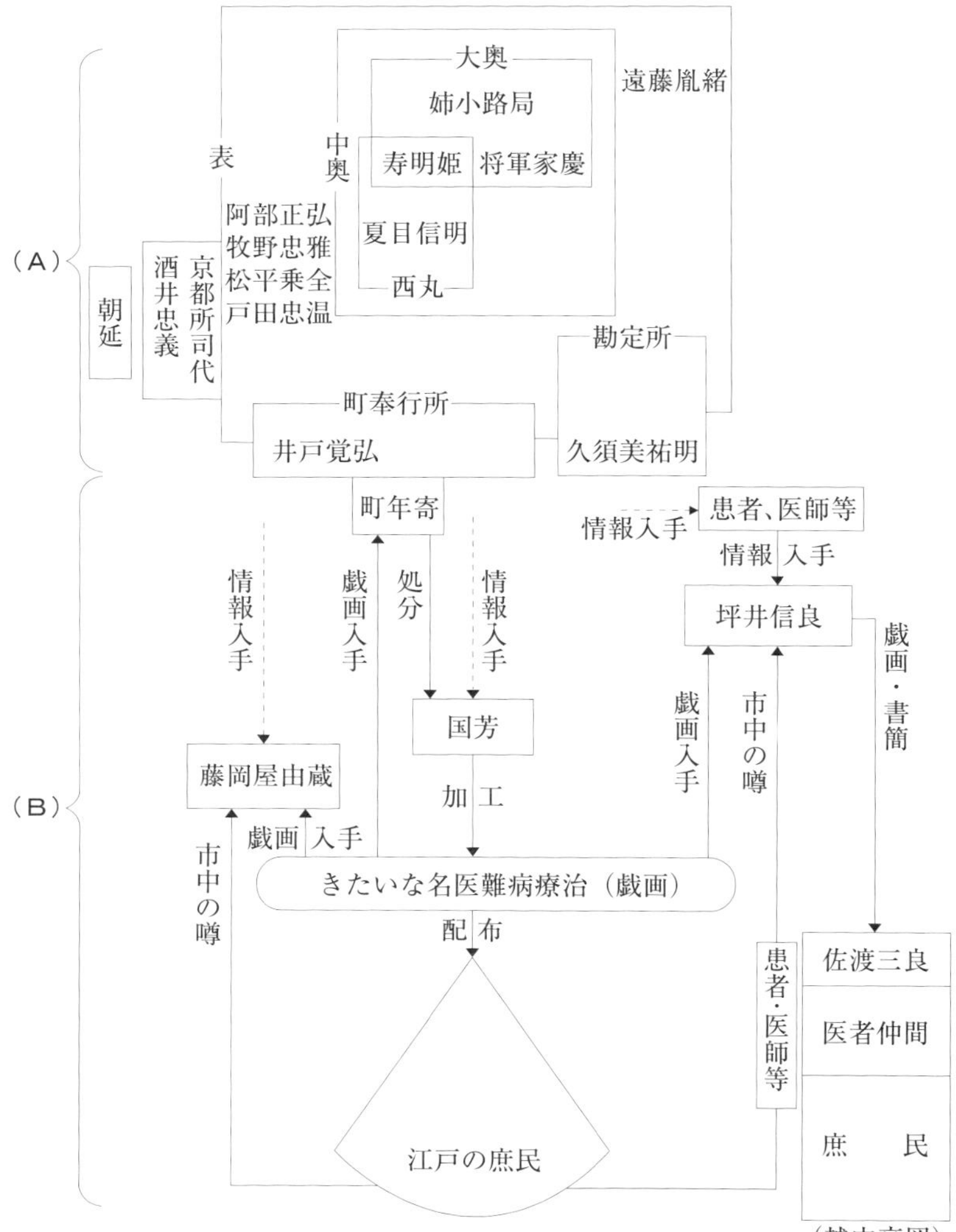

図２「きたいな名医難病療治」の描かれた「政界地図」（Ａ）と
現実に生じた事柄（Ｂ）の関係図

まるかたちだ。数年そうしているうちには、だんだん年が寄るから、自然と痩せる訳だ。なんという療治のしかただろう。

「でっしり」の療治をしている弟子は、家紋が亀甲の内花菱の変形と考えられるので、おそらく、当時若年寄だった近江国三上藩主遠藤但馬守胤緒[39]であろうと思われる。遠藤はわずか一万石の小大名ながら、田安門守衛、日光東照宮祭礼奉行、大坂城玉造口定番を勤め、天保八年（一八三七）の大塩平八郎の乱では鎮圧に活躍し、老中の感状受けた。これにより同一二年若年寄に就任、西丸造営の功により二千石の加増をうけた。以後、文久三年（一八六三）までその職にあり、蝦夷地開拓御用や外国事務掛などの要職にあたった。「竹斎娘」の座している蒲団の文様も亀甲の内花菱であることから、遠藤と姉小路局とは、夏目信明と同様に、かなり緊密な関係があると江戸の庶民には考えられていたのである。

「でっしり」の上方の「かんしゃく」〔⑫〕には「竹斎娘」が次のように言っている。

お前の癇癪は造作もなく、治ります。不仕付けながらお前の身銭、瀬戸物やら塗り物箱か又は大事なものをたんと買っておいて、じれってえときにむやみとぶっこわしなせえ。そうすると、すぐに治る。しかしそれも人の代物ではつまらねえヨ

「竹斎娘」がべらんめえ調でしゃべることがなかなかおもしろい。坪井が言うように「でっしり」「かんしゃく」「ろくろくび」〔⑦〕は大奥の女中であろう。

おわりに

国芳の戯画「きたいな名医難病療治」のテーマである政治風刺に関して、坪井信良の情報と『藤岡屋日記』の情報から人物比定を行い、その他の史料によって裏づけ、絵から読み取った情報がどの程度信頼できる政治情報なのか

をみてきた。

それによると、坪井の情報は、医師として活動するなかで形成された情報ルート（幕臣や諸藩士などの患者、医者仲間など、さらに親しい絵草子屋や版元など）によって入手した情報が主流を占め、一一人の人物の比定を行っている。それらには、為政者やその家族にたいする身体的・医学的な情報もかなり含まれている。権力の内部情報にわりあい詳しいが、江戸の庶民の為政者観というよりは、むしろ医師としての関心や、さらに支配者階級の見方が多く含まれている。

それにたいして『藤岡屋日記』の情報は、人物比定の数は五人で、坪井には及ばないが、しかし政治情報やゴシップ・スキャンダルに関しては比較的敏感で、とくに老中阿部正弘や牧野忠雅、松平乗全に関しては、その政治姿勢まで言及している。

こうした『藤岡屋日記』における情報の傾向で、坪井の情報から得られた人物比定を再検討すると、作者国芳の制作意図ひいては江戸市井の庶民の為政者観がクローズアップされてくる。すなわち彼らのみた嘉永三年（一八五〇）当時の政界は、図のとおりであった。要するに庶民の目に映った為政者像は、まさにこの戯画に画かれているというのが結論である。大奥で姉小路局が権勢をふるい、御政道は姉小路局がその多くを左右していたと考えられていたのである。つまり戯画は国芳流にみた「政界地図」で、庶民もそれに賛同したり、いやもっと別な解釈があるのだという、いわゆる政界ネタ（政治情報）そのものだった。

それが大評判となって売れたのは、話の中味がいかにもありそうな話で、庶民の抱いていたスキャンダラスな為政者像を満たすものだったのである。もちろん為政者一人一人の政治的・心理的・肉体的距離や姿態が必ずしも正確なものとは考えられないし、そうした情報はむしろ庶民よりは支配者階級内部の人間のほうがより正確に知っていた可能性が高い。が、しかし、「いかにも有り得る」「さも有りなん」というところに、この政治風刺戯画が評判をとる秘密があった。こうした傾向は、もちろんこの時期にはじめて出現したものではなく、天保改革の風刺画「源頼光公館土蜘蛛作妖怪図[40]」にもあらわれている。しかしそれと「難病療治」が大きく異なっているのは、天保改革という特例的な政治事件ではなく、平常の政治、日常の目にみえない権力にたいして庶民の関心を集約させたことである。庶民の考えた日常の政治権力の在りどころ、「政界地図」を示したところにこの戯画の特徴があったと考えられるのである。日常的には全く見ることも聞くことも許されない江戸城の奥の奥、これを視覚的に捉え、それに政治権力があったのだと民衆の前に明らかにしたのが、「難病療治」だった（それゆえに、家紋を直接示さずに、変形させたり、羽織の別の柄とあわせてみせたり、顔を画かなかったりというように、国芳は細かな配慮・工夫をしていたのである）。

ところで、江戸の庶民のなかには、この戯画からえた情報で、権力に取り入ろうとしたりして、これまで不可解な動きをしていた商人などを理解できたこともあったかも知れない。また、これによって新たに権力者に取り入ろうとする者もいたかも知れない。すなわち戯画は、新たな情報を提供するものでもあった。

註

（1）例えば、南和男の一連の仕事、「国芳画『源頼光公館土蜘蛛作妖怪図』と民衆」『日本歴史』三〇二号、一九七三年、「嘉永期の浮世絵と江戸の評判」『浮世絵芸術』三六号、一九七三年、同「天保改革と浮世絵」『国学院雑誌』七五巻一〇号、一九七四年、同「文久の『はしか絵』と世相」『日本歴史』五一二号、一九九一年、「幕末風刺画の流れ」『たばこと塩の博物館研究紀要』四号、一九九一年、『江戸の風刺画』吉川弘文館、一九九七年、『幕末江戸の文化―浮世絵と風刺画』塙書房、一九九八年、『幕末維新の風刺画』吉川弘文館、一九九九年などがある。そのほかM・ウイリアム・スティール『もう一つの近代』ぺりかん社、一九九八年も興味深い。さらに近年では、木下直之・吉見俊哉『ニュースの誕生』東京大学総合研究博物館、一九九九年、木下直之・北原糸子編『幕末明治ニュース事始め』中日新聞社、二〇〇一年、田中葉子「かわら版におけるアメリカ人像の形体」立教大学日本史研究会『日本史論集』第八号、二〇〇一年、北原糸子『近世災害情報論』塙書房、二〇〇三年、若水俊『鯰は踊る』文芸社、二〇〇三年、岩崎均史『江戸の判じ絵』小学館、二〇〇四年、富沢達三『錦絵の力』文生書院、二〇〇四年、奈倉哲三『諷刺眼維新変革』校倉書房、二〇〇四年、北九州市立美術館編『歌川国芳。武者絵・戯画展』北九州市立美術館、二〇〇五年、ブランドル紀子「国芳の諷刺錦絵への一考察」『諷刺画研究』四九号、二〇〇五年、田中葉子「娯楽ものが作る『ペリー来航』」『立教日本史論集』第一〇号、二〇〇六年、同「ペリー来航をめぐる狂歌」『開国史研究』第六号、二〇〇六年、ブランドル紀子「国芳末期の諷刺錦絵」『諷刺画研究』五一号、二〇〇六年、などがある。また、拙稿をも引用して、政治的分析に絵画史料を用いた例としては畑尚子『江戸奥女中物語』講談社、二〇〇一年などがある。なお、本章のような問題意識は、絵画情報史研究会（代表・宮地正人、広瀬順皓、宮地哉恵子、岩下哲典）の共通的認識であった。なお宮地正人「風説留から見た幕末社会の特質—「公論」世界の端緒的成立」『思想』八三一号、一九九三年参照。また同会の活動に関しては、『日本古書通信』七八五・七八六号、広瀬順皓・宮地哉恵子「錦絵情報を読む（1）（2）」を参照されたい。

（2）宮地正人編『幕末維新風雲通信—蘭医坪井信良家兄宛書翰集—』東京大学出版会、一九七八年、三二頁。以下「坪井によれば」などと表記した場合もすべて同書三二～三五頁である。

（3）『仮名草子集』日本古典文学大系九〇、岩波書店、一九六五年、野田壽雄『日本近世小説史』仮名草子編、勉誠社、一九八六年など参照。

（4）本田康雄『式亭三馬の文芸』笠間書院、一九七三年参照。

（5）進士慶幹「姉小路局」『国史大辞典』第一巻、吉川弘文館、一九七九年参照。なお、畑尚子『幕末の大奥』岩波書店、二〇〇七年、七二頁によると史料上、信頼できるのは天保二年からの経歴という。

（6）大槻如電「上臈姉小路」（一）～（三）『名家談叢』第三一～三三号、談叢社、一八九八年。以下「大槻によれば」などと表記した場合もすべて同論文。

（7）大日本近世史料『柳営補任』第三、東京大学出版会、一九六四年、二二三頁、および鈴木棠三・小池章太郎編『近世庶民生活史料　藤岡屋日記』第三巻、三一書房、一九八八年、一一九頁。以後本文中で、巻数と頁の表記のみ表記した場合は、すべて『藤岡屋日記』からの引用とする。

（8）『新訂寛政重修諸家譜』第一二巻、続群書類従完成会、一九六五年、五頁。なお、小川恭一編著『寛政譜以降旗本家百科事典』第一巻、原書房、一九九七年参照。

（9）徳富蘇峰『近世日本国民史』開国日本（一）、講談社学術文庫、一九七九年、二〇九～二三〇頁。

（10）幕末期の徳川毛利家の拝領下屋敷は、芝二本榎に千三百三拾七坪、麻布今井に五百坪である。ただし、芝二本榎は、斉藤嘉兵衛代官所の抱屋敷千九百四拾六坪を囲い込んでいる。以上は内閣文庫所蔵史籍叢刊第一四巻『諸向地面取調書（一）』汲古書院、一九八二年、六〇頁を参照。

(11) 国立国会図書館所蔵「あづまにしき絵集」（別二八二―六）のうち「難病療治」より。以下戯文の引用はすべて同書による。なお稲垣進一・惠俊彦編著『国芳の狂画』東京書籍、一九九一年、九二～九三頁も参照。

(12) 鈴木重三編著『国芳』平凡社、一九九二年、二五〇頁によれば、国芳の洋風描写は、彼が収集した西洋画や西洋の絵入り新聞、亜欧堂田善の銅版画、あるいは江戸の唐物屋のガラス絵などに求められるという。

(13) 鈴木尚『骨は語る　徳川将軍・大名家の人びと』東京大学出版会、一九八五年、五九～六八頁参照。

(14) 齋木一馬・岩沢愿彦校訂『徳川諸家系譜』第一、続群書類従完成会、一九七〇年、一一四頁。

(15) 黒板勝美・国史大系編修会『続徳川実紀』第二篇、吉川弘文館、一九八二年、五七五頁。

(16) 藤富雄「西尾藩」木村礎・藤野保・村上直編『藩史大事典』第四巻、雄山閣出版、一九八九年、三三二頁。以下、大名家の家紋については『藩史大事典』および『新訂寛政重修諸家譜』家紋の該当個所を参照。

(17) 『西尾市史』第三巻、西尾市役所、一九七六年、六五～八七頁。なお牧野哲也「西尾藩」『三百藩主人名辞典』第二巻、新人物往来社、一九八六年参照。

(18) 石井孝「阿部正弘」『国史大辞典』第一巻、吉川弘文館、一九七九年、二七九頁参照。

(19) 谷川健一ほか編『日本庶民生活史料集成』第一一巻世相（一）、三一書房、一九七〇年、八四二頁。

(20) 北島正元『水野忠邦』吉川弘文館人物叢書、一九六九年、二一一～二二三、二九一～二九四頁参照。

(21) 斎藤月琴著・金子光晴一校訂『増訂武江年表』2、平凡社東洋文庫、一九六八年、一二二頁。

(22) 国立国会図書館所蔵「きくのまにまに」（一九五―一二―八）。

(23) 大日本近世史料『柳営補任』第五、東京大学出版会、一九六五年、五頁。

(24) 『維新史料綱要』巻一、東京大学出版会、一九三七年など参照。

(25) 前掲『日本庶民生活史料集成』第一一巻世相（一）九六九頁。

(26) 『長岡市史』長岡市役所、一九三一年、八五頁。

(27) 『島津斉彬公文書』下巻一、吉川弘文館、一九六九年、六〇七頁。

(28) 小川恭一編著『江戸幕府旗本人名辞典』第二巻、原書房、一九八九年、四七五頁。以下、旗本の家紋については『江戸幕府旗本人名辞典』および『新訂寛政重修諸家譜』家紋の該当個所を参照。

（29）同右。

（30）深井雅海『徳川将軍政治権力の研究』吉川弘文館、一九九一年、二七七頁参照。

（31）片桐一男「ライデン民族博物館所蔵　桂川甫賢『人面瘡図説』について」『日本医史学雑誌』三〇—一号参照。

（32）高田茂廣校註『見聞略記』幕末筑前浦商人の記録、海鳥社、一九八九年、三六頁。

（33）前掲『日本庶民生活史料集成』第一一巻世相（一）七八六頁。

（34）同右、七九一頁。

（35）前掲『続徳川実紀』第二篇、『維新史料綱要』巻一、長崎県史編集委員会編『長崎県史』対外交渉編、吉川弘文館、一九八六年など参照。

（36）土屋喬雄・玉城肇訳『ペルリ提督日本遠征記（三）』岩波書店、一九五三年、一七九頁。なお金井圓訳『ペリー日本遠征日記』雄松堂出版新異国叢書第Ⅱ輯1、一九八五年、三五八頁も参照。

（37）洞富雄訳『ペリー日本遠征随行記』雄松堂出版新異国叢書第Ⅰ輯8、一九七〇年、二〇八頁。

（38）『宇都宮市史』宇都宮市役所、一九八二年、『続徳川実紀』第二篇、『維新史料綱要』巻一など参照。

（39）渡辺守順「三上藩」『三百藩主人名辞典』第三巻、新人物往来社、一九八七年参照。

（40）前掲南「国芳画『源頼光公館土蜘蛛作妖怪図』と民衆」参照。

第四章　海外情報と幕府・諸藩・庶民の「情報活動」

―近世後期から開国前夜にかけての情報環境―

はじめに

日本の近世後期および幕末から明治にかけては、西洋列強の東洋世界への進出・侵略という時代にあたっていた。巨視的にみるならば、日本は国家存亡の危機に曝されていたといえる。こうしたなかで、有識者の関心は、いかに日本の独立を保ち、西洋列強諸国と対等な関係を持つ国家とするか、すなわち、「万国対峙」が可能な国民国家を、いかに構築するかにあった。しかし、個々の為政者や有識者の持っていた情報や知識、それをもとにした国家観、世界観、理想実現の具体的方法は、まったく、千差万別だった。しかし、ぐずぐずしていては外国の軍隊に国土を蹂躙されかねない。与えられた時間は、あまりにも少ない。そこに、この時代が激動・激変の時代とされる所以があった。

そうした時代にあって、庶民は、ただ単に、為政者や有識者の国家構想に唯々諾々と組み込まれていったのであろうか。そうではなくて、庶民には庶民なりの思想・精神やそれらを背景にした動向が存在し、為政者や有識者の国家構想も、それらを無視することはできず、むしろ、庶民のそうしたものに敏感だったと考えられる。つまり、この時代の庶民も文字・言葉・画像などのさまざまな「情報」の収集と分析と活用、すなわち「情報活動」を積極的に行って、庶民なりの世界観を形成し、国家像を描いていたのではないだろうか。

ここでは、かかる問題意識を踏まえて、幕末維新期を、わが国の歴史のなかで、庶民が、それまで知らされることのなかった海外情報や政治・社会情報をもっとも積極的に収集し、分析し、活用した時代、いわば『「情報活動」』のもっとも活発化した時代」と捉える。そして、そうした時代のなかでもとりわけペリー来航直前および直後の開国期は、海外情報に関する、庶民の「情報活動」がひときわ活発となった時期であり、いわゆる「幕末の情報社会」が出現し、また「幕末の政治活動」が京都を中心に活発に行われるきっかけとなった時期であると考えられる。

本章では、かかる問題意識のもと、これまで第一章から三章まで述べてきたことを総括しつつ、開国期にいたる近世後期の海外情報に関して、幕府による海外情報の管理体制と庶民の海外情報へのアプローチ、そして、幕府と庶民との間にあって情報を収集し、分析して活用し、庶民への情報の発信者ともなった蘭学者などの知識人の「情報活動」をあらためて「海外情報とその環境」という言葉で括り、概観してみたい。

一 「鎖国」と海外情報の管理

まず、江戸時代の海外情報にはどのような情報があったのかについて述べておく。

徳川三代将軍家光の時代に確立された対外政策に基づく、いわゆる寛永の「鎖国」(1)を画期として、それ以前は、日本に渡来した異国人や、日本から渡海した朱印船・奉書船の乗組員が帰国してもたらす情報、また渡来・将来の文物など、異国に関わるあらゆる情報が、「鎖国」以前の海外情報だったといっても過言ではない。これらは、為政者によって秘匿されることもなく、また、その必要もなく、つまり、ほとんど何の制限もなく日本に流入し、社会のさまざまな層に自由に受容されていった。意志と財力があれば、自ら海外に渡航し、直接異国体験することも可能であったのである。

しかし、「鎖国」令の発効以後は「四つの口」、すなわち長崎口、薩摩口、対馬口、松前口から入ってくる、つまり限定された場所から入ってくる、制限された異国・異域―オランダ、清国、琉球、朝鮮、アイヌ、ロシアおよびそれらの周辺の国家や地方―に関する、わずかな情報しか手にすることができなくなってしまった。そして、また、直接海外に出ていって海外情報を入手するということは、全く望むべくもなかったのである。

すなわち「鎖国」は、キリスト教の禁令、貿易の管理・統制、異国船にたいする沿岸防備体制の確立であったから、幕府が「鎖国」政策を貫徹することは、「人」と「物」の出入りを直接に管理・統制することであった。つまり、「鎖国」とは、それら「人」と「物」と同時に、それらに伴って流入する海外情報を管理・統制するという側面もあった。

幕府は、天領長崎を唯一の国際貿易港と定め、西洋船の場合は、港外で船の臨検を行い、とくに近世後期、文化五年（一八〇八）のフェートン号事件以後は、前年に決めた秘密信号を持つオランダ船だけに入港を許可した。(2) そして、オランダ船の船員には、船からの上陸を許さず、貿易も、長崎に特別につくった町、すなわち一般の町から隔離した「出島」町の中で、幕府の役人主導・監視のもとで行わせた。もちろん、輸入する書籍・絵画にたいしても「目利」と呼ばれる役人に監視させていたので、(3) 庶民にとっては、まったく海外情報を入手しにくい構造になっていたのである。つまり近世の庶民は、海外情報に関する情報活動をかなり制限されていたことになる。結局「鎖国」とは、庶民の、海外情報に関する「情報活動」を著しく制限するものであったことが理解されるのである。

二　幕府による海外情報管理の実態

さて、幕府は、長崎貿易のため入港する唐船（清国船など）とオランダ船にたいして、長崎奉行宛に海外情報を提出する義務を負わせた。なぜなら幕府が、「鎖国」を維持していくためには、渡航を禁止した国々の動向、すなわちポルトガル、スペインが「日本に渡来するかどうか」を事前に知っておく必要があったからである。唐船のもたらす情報を唐（唐船）風説書、オランダ船のそれを阿蘭陀（和蘭）風説書といった(4)（以下、まとめて、唐・蘭風説書という）。唐・蘭風説書は、長崎から入ってくる海外情報のなかでも、定期的で、質・量ともに、まとまった海外情報であった。

すなわち、幕府にとっては、ほとんど唯一のレギュラーでホットな海外情報ということができる。

唐風説書は長崎の唐通事、阿蘭陀風説書は阿蘭陀通詞が、それぞれ翻訳にあたった。ここでは、阿蘭陀風説書の取扱いに関して述べておく。

阿蘭陀風説書は、出島において、通詞が翻訳したのち、新旧のオランダ商館長に署名させ、長崎奉行へ提出された。奉行は、特別便で、幕府御用部屋つまり江戸城本丸御殿の老中・若年寄の執務室に提出した。江戸時代にあっては、「よらしむべし、しらしむべからず」が、為政者の政治姿勢だったので、当然にして、こうした海外情報は公開されることはなく、基本的には老中・若年寄以外はアクセスすることはできない性格の海外情報であった(5)。

この阿蘭陀風説書に関しては、「鎖国」の初期・中期・後期において所載されている記事にちがいがあり、また為政者による取扱いにも、情報の重要度によって相違があった。

初期には、渡来を禁止したポルトガル・スペインとアジアにおける同国船の情報、つまり幕府の外交政策にかかわる海外情報が中心だった。それが、のちに、ヨーロッパの風説・インドの風説・中国の風説と三部構成となった。つまり幕府は、「鎖国」を遂行するうえでも、広く世界情勢に関する情報を必要としていたのである。しかし、現実には、もはや日本に通商（キリスト教伝道）のために渡来する異国船はあまりみられなくなり、次第に形式的な記事に流れていった。それは、情報としての重要性・機密性が稀薄になっていたことを物語る。そして、情報が漏洩して写本も残るようになる。もっとも、わりあい早い時期から、長崎町人はこの海外情報に接していたとされているので(6)、幕府の情報管理体制がどれほど機能していたのかを、より総合的に研究することは今後の課題である。

さて、一七世紀になると、ポルトガルもスペインもかつての勢いを失い、イギリスもそのうち市民革命の時代に入り、なかなか極東までには目を向ける余裕がなかったために、日本はつかの間の平和を謳歌することができた。しかし、一八世紀後半に、市民革命を終えたイギリスでは産業革命が進行し、フランスでも大革命・ナポレオン一世の時代に突入した。一九世紀初頭には、ナポレオン一世によってオランダ本国および植民地が占領され、孤立した長崎オランダ商館側は、事実の隠蔽すなわち情報操作を行って、上記の事実を幕府に秘密にした(7)。このことは、幕府にとって重大な海外情報でも、オランダ側に都合の悪い情報はなかなか幕府に達しないことがあったことを意味している。つまり、オランダは、日本との貿易継続上、自分に不利な情報を提供しないという、いかにも商人らしい情報感覚を持ち、これに規定された事例が、近世後期の海外情報伝達の局面には多々みられたのである。

そうした状況下でも、オランダ商館は、天保一〇年(一八三九)には、さりげなくアヘン戦争勃発直前の情報を提出した(8)。当時、幕府は、蛮社の獄の処理に忙殺されていたので、この情報をそれほど重大に受け止めなかった。しかし翌年、唐船の長崎入港がなかったため、同一一年のオランダによる「内密申立」の風説書には注目し、秋になってやっと渡来した唐船に、この件に関して問い合せている。重要なのは、この唐船風説書の情報とともに付された長崎奉行のコメント「唐船との商売に支障が出る可能性がある」ということが、水野忠邦、土井利位らの要路に経済的危機感をもたらしたことである。長崎奉行のコメントの背後には、長崎町年寄で西洋流砲術家でもある高島秋帆の、長崎貿易の衰退を挽回し、新商品としての武器輸入を促進しようという意図が働いていたと考えられる。高島流砲術の伝播にはこうした経済的側面があった可能性が指摘できるのである。

続いて同一三年に提出されたオランダ商館長による風説書からは、「別段風説書」と呼ばれ、のちには、アヘン戦争以外の世界情勢の記事も大量に盛り込まれるようになった(ただし、最近の松本英治「レザノフ来航予告情報と長崎警備」では、通常の風説書以外に出された情報を別段風説書ということがあり、文化四年のレザノフ来航直前にも予告情報が出されて、別段風説書とよばれていたことが報告されている。本書一六六頁を参照のこと)。そして、この「別段風説書」には、わが国運を左右する欧米列強の東洋進出の記事が、やはりさりげなく、しかし確実に幕府役人の目にとまるように混入されていた。とくに嘉永五年(一八五二)には、いわゆる「ペリー来航予告情報(9)」が、この「別段風説書」の一番最後に載せられて、幕府にもたらされた。この情報は、当初、長崎奉行によって箝口令が敷かれたが、のちには、老中阿部正弘によって、薩摩藩や福岡・佐賀藩など沿岸警備の担当大名、また海岸防備の役人に伝達され、さらにそこから漏洩して、ごくひとにぎりの徳川御三家・家門および公家にも、もたらされた。さらに、ペリーが来航したあとになって、国家的危機感をもった学者・知識人などに重要視された。[10] しかし、声を大にして言わなければならないのは、結局、こうした重要機密情報に、リアルタイムで接することができたのは、幕府の外交担当者、沿岸警備の担当大名・役人、一部の雄藩大名・公家など、ほんのわずかな人間たちであったことである。

すなわち、もともと唐・蘭風説書は、幕府の外国関係事務処理の担当者、つまり、老中・若年寄、長崎奉行、林家、海防掛など、それから情報の経由者、すなわち唐通事・阿蘭陀通詞、天文方および関係する蘭学者、長崎奉行所役人などの一部の人々しかアクセスできない情報で、それらの人々以外の閲覧は困難な海外情報だったのである。ただし、実際には多くの写本が、各地の史料所蔵機関に現在するので、有識者の間にはかなり漏洩したことが知られる。つまり唐風説書・阿蘭陀風説書に所載された、とくに政治・外交・宗教にかかわる海外情報は、表向きは「みだりに他見を許さざる」機密情報であったが、担当者・経由者にたいする積極的な働きかけや、担当者の自発的意図によって、「内々に」漏らされることもあったということができる。[11]

ところで、以上のような、定期的でまとまった海外情報の唐・蘭風説書のほかにも、偶然に漂着した外国人や、帰国した漂流民を通じて得た海外情報というものもある。当時の日本社会では漂着外国人や帰国漂流民の知識・情報を活かすシステムは存在しなかったので、海外に関心を持つ人々はあらゆるチャンスを利用して、かれらにアプローチしていった。

例えば、学者であり政治家の新井白石は、五代将軍綱吉の晩年に、大隅国屋久島に潜入したイエズス会士シドッチを江戸に護送させ、小石川の切支丹屋敷で尋問して、『采覧異言』『西洋紀聞』を著わした。しかし、当時としては最新かつ最大級の海外情報が満載されたこの書物は、永く秘蔵され、一部写本で流布したにすぎない[12]。また、幕府医官で蘭学者の桂川甫周は、伊勢国白子の船頭でカムチャツカに漂着し一一年間のロシア生活を送ったのち帰国した大黒屋光太夫の口述をもとに『北槎聞略』を書き上げた[13]。さらに古河藩家老鷹見泉石は、光太夫からロシア語の会話をも学習して、会話書などを作っている[14]。しかし、これらも流布した範囲は限られている。

以上のような、唐風説書・阿蘭陀風説書や漂流民などからの聞書の内容、すなわち政治・外交・宗教にかかわる海外情報が、一般の庶民に流れて、つまり受容されて、問題化した事例は、今のところ、ロシアとの関係が逼迫した文化期の「貸本『北海異談』売渡人処罰事件[15]」を除いて、ほとんどない。

この事件のあらましは、つぎの通りである。すなわち、文化三・四年（一八〇六・七）に、長崎で通商拒否をされたレザノフの配下のフヴォストフらが蝦夷地を襲撃した。危機感を持った幕府は、ロシア船の打払いと蝦夷地全域の直轄化を断行した。これが、江戸や大坂の庶民の耳目を引き付け、同五年、大坂で、住吉屋もとの代判であった「南豊事永助」すなわち講釈師の永助が、事件を題材にした合巻「北海異談」一〇冊を貸本屋俵屋五兵衛に売り渡した。しかしこの本は、風説にさらに作為を加え、幕府役人の実名を記して、なおかつ、虚偽を書いていたため、「不届至極」として永助は、引き回しのうえ獄門というかなり重い罰科に処せられることとなったのである。

この年には、長崎で、かのフェートン号事件も勃発していた。すなわち幕府としては、北と南の対外関係の緊張が、相乗的に「風聞」を引き起こし、ひいては人心の乱れによる国家崩壊の危機を懸念したものと考えられる。つまり庶民による、海外情報の収集と分析と、とくにその結果を貸本として世間に流布させるという、幕府にとってはゆゆしき対外政治情報を民間に拡散するという活用、また、それによって、さらなる庶民の情報収集・分析・活用を促進するという、要するに庶民の「情報活動」は、幕府によってはっきりと否定されるべきことがらだったのである。

いずれにしても、もともと海外情報にある程度接することのできた長崎町人や、要路より海外情報を入手して『藤岡屋日記』を記した藤岡屋由蔵、また先の大坂の町人永助は、海外情報を入手していたが、それを分析して、政治的に活用する一歩手前で、幕府によってストップをかけられていたといえるのである。つまり情報を入手できても、その情報の持つ意味を分析する能力は別ものであり、そうした能力を発揮することを制限されあるいは弾圧され、また情報を活用する有効な手段を、庶民は持っていなかったために、情報の真の意味を知ることが少なかったのではないかと思われる。

三　庶民の得た海外情報

では、江戸時代の庶民が入手できた海外情報には、どのようなものがあったのか。

開国直後のものと考えられる江戸浅草茅町弐丁目大隅源助の引札には、「御眼鏡細工所」として遠眼鏡、ガラス製品、磁石、時計、製図用具、唐物絵などを商っていることが宣伝されている。[16] なかには写真機も見える。

開国以降は、舶来品好みの購買層が庶民にまで拡大したために、これらの店が江戸の各所に出現したのである。しかし開国以前に、庶民が異国を「体験」することができたのは歌舞伎・浄瑠璃の世界のなかと、オランダ人や朝鮮国使節、琉球国使節の江戸参府などの異国人が通行する沿道の人々くらいであった。

浄瑠璃に関していえば、正徳五年（一七一五）以降、江戸期を通じてほとんど毎年のように上演された近松門左衛門の「国性爺合戦」を挙げることができる。[17] 中国人を父に、日本人を母に、平戸で生まれた鄭成功の抗清運動をモチーフにしたこの物語は、主人公に日本人の血が流れていることが観客の共感を得たといわれる。ほかにも朱印船貿易時代の播磨国高砂の船乗り天竺徳兵衛のシャム渡航記「天竺徳兵衛物語」を脚色したものや、「唐人殺し」の物語、すなわち、明和元年（一七六四）大坂で対馬藩朝鮮通詞鈴木伝蔵が、朝鮮通信使の中官崔天宗を殺害・逃亡した事件を題材にした作品などが、好んで上演された。これらは異国人よりも日本人の優越性を語る作品で、庶民が異国への関心を失っていく過程を示しているといわれている。

また、庶民と異国との関わりで見逃せないのは、医薬品である。これら引札には「長崎秘方」とか「阿蘭陀秘方」「唐人伝来」などと銘打って販売されていた閨房の秘密の薬品があった[18]。このことは、効果の程はともかく、庶民が長崎やオランダ・中国という異国の銘柄にたいして「異」質な力を期待していたことを物語っているのではないだろうか。

以上のことから、幕府が、政治・外交・宗教にかかわる海外情報の管理・統制を行った結果、政治にたずさわることなく、また「四つの口」の海外情報ルートに直接アプローチする手段を持ち得ない庶民は、世界情勢を分析する術もなく、日々の生活に役立つもの（薬品）や生活に潤いを与えるもの（娯楽）にのみ異国を意識するほかはなかったといえるのである。

四　海外情報管理体制破綻への過程

ところが、江戸後期、異国船が日本近海に現われるようになると状況が次第に変わってきた。すなわち異国人が日本の沿岸の村々に上陸して村民と直接交渉をし、物々交換を行うことまで生じるようになったのである。このことは長崎において「人」と「物」がもたらす海外情報を管理・統制してきた幕府の「鎖国」を根本から脅かすこととなった。

寛政期（一七八九―一八〇一）には、シベリアから逃亡途中に長崎のオランダ商館にロシアの南下情報を伝えたベニョフスキー（日本では「はんべんごろ」とよばれた）情報を入手・分析して現在の政治状況の変革までを提言する、林子平の『海国兵談』まで現われるに至り、幕府は版木の没収と禁固という断固たる措置をとった[19]。文化期（一八〇四―一八一八）

にはナポレオンの欧州支配という国際情勢の変化に明確に気づいた蘭学者は、ほとんどいなかったが、大槻玄沢らは長崎のオランダ商館が「何かを隠しているらしい」と疑い、玄沢は「捕影問答」（『婆心秘稿』に収録）を作成、若年寄堀田正敦に提出した[20]。文政期（一八一八―一八三〇）に長崎遊学した頼山陽が「仏郎王歌」を詠ずるに至って、かつて欧州にナポレオンなる英雄が存在したことが知識人の間に、はっきりと知られるようになった[21]。ただ、山陽のナポレオン認識自体は、幕末の若者にナポレオンの存在を知らしめた功績は大きいものの、ナポレオンを中国の三国志の英雄になぞらえ、ナポレオンへの憧れを謳ったにすぎない。

しかし、幕府天文方で書物奉行の高橋景保は少し違っていた。江戸参府のオランダ商館長スチュルレルからナポレオン戦争の顚末を聞いて「丙戌異聞」を著わした。スチュルレルは、ナポレオンが大敗を喫したワーテルローにも、オランダ軍人として従軍していた人である。「丙戌異聞」は、のちに蘭学者小関三英に、伝聞の誤りもあると批判されたが、それでもわりあい正確な、ヨーロッパの政治情勢分析書である[22]。この書物の写しが、江戸にいた小関三英を通じて、三英の兄で出羽国庄内の大庄屋仁一郎の手元にも達している。世界情勢が庶民のもとに達するまで、あとほんのわずかであった。

すなわち、文政一二年（一八二九）三月、江戸にあった三英は、出羽鶴岡の兄に宛てた書簡の中で、「泰西近年之軍記」を翻訳中で、まもなく完成すること、天文方高橋の『丙戌異聞』を同封したこと、これには若干の聞き違いもあるが、大略はわかること、他人には見せないことを述べている[23]。つまり文政末年当時、江戸でも出羽でもナポレオン情報が求められ、そうしたニーズに応える著作として、高橋の『丙戌異聞』が位置づけられ、また、それの誤りを訂正する著作も出はじめていたことが理解できる。ところで少し前の文政一一年八月に起こったシーボルト事件は、その後の蘭学者の行動を規制したとされるが、それとともに一方では、高橋が、スチュルレル・シーボルト一行から引き出したナポレオン情報が、秘かに地方にも拡大していった様相を彷彿とさせる。

ところで、三英の翻訳した「泰西近年之軍記」は、ナポレオンの生涯をコンパクトにまとめたもので、付録として関係年表も付いている。しかし、三英は、これよりも内容的にさらに詳しいナポレオンの伝記をのちに翻訳している。「那波烈翁伝初編」である。

この「那波烈翁伝初編」は、一八〇三年にアムステルダムで出版されたリンデンの『ボナパルテの生涯』を、三英が、天保三年ころより翻訳しはじめたもので、三英の翻訳は、一八〇二年のアミアン和約までの記述で終っている。しかし、それでも「那波烈翁伝初編」は、開国前夜の日本における、質量ともに最大のナポレオン伝である。本書は、三英存命中には刊行されなかったが、写本としてかなり流布した。現在知られている写本としては、牧穆中の「那ト列翁伝」（弘化二年―一八四五―）と、織田盛雅の「那波列阿伝」（弘化四年）がある。注目すべきは、美作出身の蘭学者で、水野忠邦に仕えたこともある牧穆中のナポレオン認識である。彼は、「緒言」のなかで、「那ト列翁ハ西洋ニ在テ近代不世出ノ良将タリ、其兵ヲ用ル神ノ如ク其兵法モ最モ精密ニ最モ確実ナルヲ以テ西洋諸州万古ノ兵法之カ為ニ一変セリ[24]」と述べる。すなわちここで彼は、ナポレオンに関して、現代史的考察あるいは軍事（政治）学的考察を行っているのである。さらに、ナポレオン兵法と高島流砲術との関係に触れて、「彼ノ高島流ノ砲術ト称スル者モ其遺流ノ一派ヲ汲ムト云フ[24]」と述べ、高島流の西洋兵法を研究するには、ナポレオン兵法を知らねばならないとしている。これはまさに、当時としては画期的な西洋現代史と日本現代史の同時代史的考察であるといえる。

穆中が、三英の「那波烈翁伝初編」を筆写した弘化年間（一八四四―一八四八）には、アヘン戦争情報の余波で、オランダ国王の開国勧告が行われ、これに関する情報は、幕府がひたすら隠したにもかかわらず「和蘭告密」として相当に流布していた。こうしたことが、穆中をはじめとする、これらの写本による、三英のナポレオン伝流布の背景にあると考えられる。

おわりに──「幕末情報社会」の出現

以上、景保や三英、穆中のようにかなり本格的な同時代史的研究、つまり政治学的なナポレオン研究、すなわち政治分析、いってみれば海外政治情報の分析が、開国前夜の日本においてもなされつつあったのである。ところが、かの「シーボルト事件」で景保は逮捕され、「蛮社の獄」を事前に知った三英は自殺し、そのほか渡辺崋山や高野長英など多くの蘭学者が弾圧され、弾圧されなくても、情報・知識を供給できる人々が、必然的にいわゆる「自粛」を余儀なくさせられ、海外政治情報の分析結果は庶民のもとに届かなくなってしまったのである。

先にも述べたように、弘化期にはオランダ国王の開国勧告がなされても、幕府はこれをひたすら秘匿し、事後に朝廷や御三家に報告したのみであった。こうした閉塞的状況のなかでも、いや閉塞的だからこそ、庶民の政治にたいする風刺の精神は、たび重なる抑圧にもかかわらず旺盛であった。すなわち、歌川国芳は、水野忠邦の天保改革を風刺して、戯画「源頼光公館土蜘蛛作妖怪図」を制作、何もしない将軍家慶への失望と市中における水野への怨嗟を錦絵に表現した[25]。さらに国芳は、「きたいな名医難病療治」（嘉永三年──一八五〇──刊行）を発表[26]、江戸の庶民の間では、老中阿部正弘の異国船政策は「鼻の先計見へ、遠くが見へぬ」、おなじく、牧野忠雅は「万事心が小さい」などと風刺されているのだと分析された[27]。そして何よりも驚くべきことは、こうした江戸の政治風刺・政治分析・政治研究は、江戸と地方を結ぶさまざまなルート、例えば、江戸へ医学修業に出て来ていた者から出身地の身内に宛た手紙とか、そういったパーソナルな情報ルートを通じて、地方に発信されていたことである。すなわち「きたいな名医難病療治」の政治分析は、蘭学者坪井信道の娘婿信良から北陸の高岡にすむ兄、佐渡三良に、そして、高岡で江戸情報を分析・研究するグループにまで達していたのである[28]。このようなパーソナルな情報ネットワークは、蘭学者だけではなく、漢方医学や漢詩・漢学、俳諧俳句、和歌・国学、また各種の商人[29]などもふくめて多岐にわたり、確実に、全国的に張り巡らされていたのである。そして、知識人のみならず、庶民の政治分析に関する能力もかなり向上していた。

嘉永六年（一八五三）六月三日、浦賀沖にペリー率いる四隻の黒船艦隊が姿を現わすと、この黒船情報は、先のような、パーソナルな個々の情報ネットワークを通じて一斉に全国に波及していった[30]。それはまるで燎原の火のごとくだった。

もちろん、一年前にオランダ商館長から「ペリー来航予告情報」が幕府に伝えられていたが、それを十分に活かすだけの政治システムを持っていなかった幕府は、十分な対応策を企画できなかったためやむなく穏便な対応をとり、半年の猶予を得るに至った。それでも事前に情報を得ていたので、阿部正弘らの対応策、すなわち大名への意見諮問と御三家の幕政参画、品川台場の構築、大船建造禁止令の解除、大砲鋳造、オランダへの軍艦注文、海軍伝習は、時宜に叶った適当なものであった。

しかし、どれほどの政策を打ち立てようとも、もはや、これまでの海外情報の管理体制は完全に破綻し、幕府が庶民に隠しつづけてきた欧米列強の高度な工業力とそれを可能とした欧米の社会システムは、巨大な「黒船」と威儀をただした「ペリー提督の上陸」として満天下のもとにさらされた。そこにはこれまで長崎や江戸の長崎屋で見慣れていた、幕府によって管理・統制されたおとなしい紅毛人の姿はなく、全く異質な、強大な火器・軍船と驚くべき統率力のとれた、猛々しい近代欧米人の姿があった。それが全国の庶民の目と耳に向けて発信されたのである。異国に関心をなくし、夜郎自大に陥っていた人々は、「泰平の眠り」を覚まされた。

そして、この、驚異的な黒船と異国人の上陸は、これまで薬とか文芸の中だけにしか異国・異人を感じなかった人々にとっては、あまりにも衝撃的・刺激的・脅威的であったので、かなり多くの庶民が、夷人ペリーと征夷大将軍を戴く幕府と大名の動向に注目した。「浦賀の黒船」と「ぺろり」「あめりかさま」は、多くの庶民の共通コードとなり、この共通コードによって、これまでのパーソナルな個々の情報ネットワークは、パーソナルな部分、壁の部分が完全に破壊したのである。そして、これまで一対一あるいは一対多の対応が普通であった情報伝達は、多対一、あるいは、多対多の、複雑で多様な情報世界に変容することを余儀なくされたのである。そのうえ、その個々の情報ネットワークが相互に結び付けられたりして、より複雑に関係する情報ネットワークとなり、それが、政治ネットワークにまで形成されていく。ここに錦絵や瓦版・刷り物を媒介に多くの人間が、リアルタイムに情報を共有する「幕末の情報社会」と、そうして得た情報を分析して活用し、新たな政治情勢を形成するという「幕末の政治活動」、いわゆる幕末の「公論世界」[31]が出現する。しかしながら最終的に、庶民が、そこでの中心になれたかどうかは、また新たな検証を要する課題であろう。[32]

註

(1)「鎖国」に関して、さしあたりごくわずかの基本的な単行本のみ掲げる。その他は、加藤榮一「鎖国論の現段階」『歴史評論』四七五、一九八九年（同『幕藩制国家の形成と外国貿易』校倉書房、一九九三年に再録）を参照されたい。岩生成一『鎖国』日本の歴史14、中央公論社、一九七一年、小堀桂一郎『鎖国の思想』中央公論社、一九七四年、朝尾直弘『鎖国』日本の歴史17、小学館、一九七五年、加藤榮一・山田忠雄編『鎖国』講座日本近世史2、有斐閣、一九八一年、荒野泰典『近世日本と東アジア』東京大学出版会、一九八八年、および、加藤榮一・北島万次・深谷克己編著『幕藩制国家と異域・異国』校倉書房、一九八九年、紙屋敦之『幕藩制国家の琉球支配』校倉書房、一九九〇年、永積洋子『近世初期の外交』創文社、一九九〇年、ロナルド・トビ『近世日本の国家形成と外交』創文社、一九九〇年、川勝平太『鎖国再考』日本放送出版協会、一九九〇年、山本博文『鎖国と海禁の時代』校倉書房、一九九五年、八百啓介『近世オランダ貿易と鎖国』吉川弘文館、一九九八年など。

(2)片桐一男校訂『鎖国時代対外応接関係史料』近藤出版社、一九七二年、片桐一男「長崎入津蘭船の秘密信号旗に関する新史料」『洋学史研究』第一号、洋学史研究会、一九八四年参照。

(3)山脇悌二郎「唐人屋敷」長崎県史編集委員会編『長崎県史』対外交渉編、吉川弘文館、一九八六年、五一二頁。

(4)唐風説書に関しては、森睦彦「阿片戦争情報としての唐風説書―書誌的考察を主として―」『法政史学』第二〇号、一九六八年、春名徹「唐風説書の新史料─田能村竹田の記録をめぐって─」『調布日本文化』、一九九二年、田本政宏「田能村竹田と海外情報」『大分県地方史』第一五五号、一九九四年参照。また、阿蘭陀風説書に関しては、片桐一男「和蘭風説書集成解題」『和蘭風説書集成』上巻、吉川弘文館、一九七七年を参照。また、本書第一部第一章参照。さらに近年の研究は、松方冬子『オランダ風説書と近世日本』東京大学出版会、二〇〇七年を参照されたい。

（5）日本史籍協会編『島津家文書集』東京大学出版会、一九七二年、三八六頁。なお、岩下哲典「尾張藩主徳川慶勝自筆写本『阿蘭陀機密風説書』の研究」『金鯱叢書』第一四輯、徳川黎明会、一九八七年、二七五頁の註（33）、本書は、二〇三頁、第二部第一章第一節の註（34）参照。

（6）中村質「初期の未刊唐蘭風説書と関連史料」、田中健夫編『日本前近代の国家と対外関係』吉川弘文館、一九八七年参照。

（7）前掲『和蘭風説書集成』下巻、および沼田次郎「解説」日蘭学会編『長崎オランダ商館日記』一、雄松堂出版、一九八九年、岩下哲典『江戸のナポレオン伝説』中央公論新社、一九九九年参照。

（8）アヘン戦争情報に関しては、岩下哲典「阿片戦争情報の新・考察─幕府における情報の収集・分析、鷹見家史料から─」古河歴史博物館紀要『泉石』第三号、一九九五年、および本書第一部第一章、第二部補論、同『江戸の海外情報ネットワーク』吉川弘文館、二〇〇六年参照。

（9）岩下哲典「ペリー来航予告情報の伝達と幕府の対応」『史友』第二一号、一九八九年、および同「嘉永五年・長崎発、『ペリー来航予告情報』をめぐって」、岩下哲典・真栄平房昭編『近世日本の海外情報』岩田書院、一九九七年、本書第一部第二章参照。また、同『予告されていたペリー来航と幕末情報戦争』洋泉社、二〇〇六年を参照。

（10）沼倉延幸「関白鷹司政通とペリー来航予告情報」『青山史学』第一三号、一九九二年参照。

（11）風説書の漏洩に関しては、藤田彰一「阿蘭陀風説書別段の漏洩」『洋学史研究』第四号、一九八九年、沼倉延幸「関白鷹司政通とペリー来航予告情報」『青山史学』一三号、一九九二年や本書および岩田みゆき『幕末の情報と社会変革』吉川弘文館、二〇〇一年など参照。

（12）宮崎道生『新井白石』（人物叢書）吉川弘文館、一九八九年、二七四頁参照。

（13）亀井高孝『大黒屋光太夫』（人物叢書）吉川弘文館、一九六四年、および宮永孝「解題」『北槎聞略』雄松堂出版、一九八八年参照。
なお漂流民と情報一般に関しては相田洋「近世漂流民と中国」『福岡教育大学紀要』第三一号第二分冊、一九八二年、青木美智男「漂流民は異国と自国で何を期待されたか」青木美智男・保坂智編『争点日本の歴史』5近世編、新人物往来社、一九九一年などを参照。

（14）岩井憲幸「鷹見泉石旧蔵ロシア語関係資料若干についての覚書」古河歴史博物館紀要『泉石』第一号、一九九〇年参照。

（15）今田洋三『江戸の本屋さん』日本放送出版協会、一九七七年、一五七〜一五八頁参照。なおこの事件の意義に関しては、岩下哲典「開国前後の日本におけるナポレオン認識と情報環境―海外情報の収集・分析と活用、「情報活動論」の視点から―」洋学史学会研究年報『洋学』四、一九九六年および松本英治「北方問題の緊迫と貸本『北海異談』の筆禍」『洋学史研究』第一五号、一九九八年を参照。

(16) 国立国会図書館所蔵「広告研究資料」。

(17) 池内敏「近世後期における対外観と『国民』」『日本史研究』三四四、一九九一年参照。以下の、浄瑠璃などの記述も主として同論文による。なお同論文は、他の関係論文とともに同『「唐人殺し」の世界』臨川書店、一九九九年としてまとめられた。

(18) 註(16)に同じ。

(19) 村岡典嗣校訂『海国兵談』岩波書店、一九三九年、九、二六一頁。

(20) 林田佳美「蘭商館長ドゥーフ尋問のもたらした情報と大槻玄沢の外交論」『文学・史学』第一一集、一九八九年、生田澄江「『捕影問答』にみる大槻玄沢の対外認識―オランダ情報との関連において―」『法政史論』第一八号、一九九一年、佐藤昌介「フランス革命およびナポレオン戦争期における日本とオランダ」『洋学史論考』思文閣出版、一九九三年、前掲岩下『江戸のナポレオン伝説』参照。

(21) 岩下哲典「開国前後の日本における西洋英雄伝とその受容―西洋社会研究者小関三英のナポレオン伝を中心に―」『洋学史研究』第一〇号、一九九三年、前掲岩下『江戸のナポレオン伝説』参照。

(22) ドベルク・美那子「高橋景保とJ・W・ド・ストゥルレル―『丙戌異聞』成立とその前後―」『日蘭学会会誌』第三一号、一九九一年、前掲岩下『江戸のナポレオン伝説』参照。なお、近年のナポレオン伝の研究として、書籍を中心とした幕末の海外情報の受容に関しては、宮地哉恵子「幕末期における海外情報の受容過程」『参考書誌研究』第三九号、国立国会図書館、一九九一年を参照。

(23) 註(21)参照。なお、江戸時代のナポレオン伝の研究に関しては、野村正雄「西史外傳と蘭書典拠―ナポレオン伝考附」『日蘭学会会誌』第四八号、二〇〇一年、同「ナポレオン戦記を伝えた船載蘭書―箕作阮甫『ヘットスコーンフンボンド野戦之記』の原典及び、小関三英愛読の『リンデンの書』」『洋学研究誌一滴』第一四号、津山洋学資料館、二〇〇六年も参照されたい。

(24) 鹿児島大学付属図書館玉里文庫所蔵「那卜列翁伝」。

(25) 南和男「国芳画『源頼光公館土蜘蛛作妖怪図』と民衆」『日本歴史』第三〇二号、一九七三年、同『江戸の諷刺画』吉川弘文館、一九九七年、『幕末江戸の文化』塙書房、一九九八年参照。

(26) 岩下哲典「幕末風刺画における政治情報と民衆―歌川国芳『きたいな名医難病療治』にみる民衆の為政者像―」大石慎三郎編『近世日本の文化と社会』雄山閣出版、一九九五年、本書第一部第四章参照。

(27)鈴木棠三・小池章太郎編『近世庶民生活史料　藤岡屋日記』第四巻、三一書房、一九八八年、一三五頁。

(28)宮地正人編『幕末維新風雲通信―蘭医坪井信良家兄宛書翰集―』東京大学出版会、一九七八年、および岩下哲典「江戸より到来した歌川国芳の風刺画」『地方史研究』第二三四号、一九九二年参照。

(29)高部淑子「一九世紀後半の情報活動と地域社会」『歴史学研究』第六六四号、一九九四年、同「北前船の情報世界」斎藤善之編『市場と民間社会』新しい近世史3、新人物往来社、一九九六年参照。なお同「日本近世史研究における情報」『歴史評論』六三〇号、二〇〇二年も参照。

(30)岩田みゆき「大久保家の黒船情報収集について」『歴史と民俗』二、平凡社、一九八七年(のち、同『幕末の情報と社会変革』吉川弘文館、二〇〇一年に収録)、および太田富康「ペリー来航期における農民の黒船情報収集―武蔵国川越藩領名主の場合―」『文書館紀要』第五号、一九九一年参照。なお幕末の情報収集に関しては、宮地正人「幕末の情報収集と風説留」『文献史料をよむ・近世』週刊朝日百科別冊、一九八九年、および同「幕末の政治・情報・文化の関係について」『幕末維新期の文化と情報』名著刊行会、一九九四年を参照。

(31)宮地正人「風説留から見た幕末社会の特質―『公論』世界の端緒的成立」『思想』第八三一号、一九九三年(同『幕末維新期の社会的政治史研究』岩波書店、一九九九年に収録)参照。

(32)庶民と情報という視点で基本的な文献としてさしあたり、木下直之・吉見俊哉『ニュースの誕生』東京大学総合研究博物館、一九九九年、岩田みゆき『幕末情報と変革』吉川弘文館、二〇〇一年、富沢達三『錦絵の力』文生書院、二〇〇四年、奈倉哲三『諷刺眼維新変革』校倉書房二〇〇四年、落合延孝『幕末民衆の情報世界』有志社、二〇〇六年などをあげておきたい。本書第一部第三章註(1)も参照。

補論　ペリー来航直後の「情報活動」の一事例

―明海大学図書館所蔵「魯西亜船渡来一件」―

ペリーが、来年の再来を期していったん浦賀沖を出帆してから約一ヵ月後の嘉永六年（一八五三）七月一八日のこと。肥前長崎にロシア帝国外交使節、海軍中将プチャーチンがパルラダ、ヴォストック、アゥリブーツア、メンチコフの四隻を率いてやってきた。(1) アメリカ合衆国が使節ペリーを日本に送ったことに刺激されての挙であった。

プチャーチンの来航を迎えた長崎奉行所は、ただちに同人に来意を問い合わせるとともに、福岡、佐賀、大村、平戸、島原、唐津、熊本の各藩に相次いで出兵を命じ、長崎の町には動揺しないことと物価の高騰を抑えるための施策を講じた。翌日プチャーチンのほうは、ペリーよりはかなり好意的に国書の受領を求めてきた。長崎奉行大沢豊後守定宅は、即日、江戸の幕閣に向けて対応に関する指示を仰いだ。江戸にこの報が達したのは、九日後の同月二八日であった。幕府評議は、すでにアメリカの国書を受領しているのだから、ロシアのそれを受け取らないというのは理由がないとして長崎奉行に国書受領を命じた。(2) かくして八月一九日、長崎奉行は奉行所西役所にてロシア国書受領の儀式を執り行ったのである。一〇月八日になって幕府は国書への返書を応接掛にもたせて長崎に派遣した。

プチャーチン来航の情報を知った吉田松陰は、長崎に急ぐ。ロシア船で密航し世界をみようとしたのである。松陰のようにすぐに動けない人間はどうしたか。ここに太田元茂なる人物を採り上げる。残念ながらその詳細はよくわからないが、「魯西亜船渡来一件」（明海大学図書館所蔵、以下本書とよぶ）を筆写した。

すなわち、ペリー・プチャーチンと、日本にたいして「開国」を迫る異国人と異国船の渡来によって、知識人たちは、彼らを送り込んできたアメリカやロシアという国のことを調査せざるを得なくなったのである。直接のきっかけは、幕府が、ペリー来航後、約一ヵ月経ってペリーがもたらした、日本に開国を迫るアメリカ大統領親書を公開し、それにたいする対外政策を大名・旗本に諮問したことである。大名や旗本のなかで、自分自身ですぐにでも意見書が書けるのは、福岡藩主黒田長溥や福井藩主松平春嶽などの開明的な大名か、あるいは勝海舟などの海外事情に関心をもっていたり蘭学塾などで西洋学問を学習していた者たち、つまりごく一部の人間でしかなかったのであった。したがって、この時期、すこしでもまともな意見書を書こうとした各藩、各旗本家では手当り次第に、海外情報が収集された(3)。業務として海外情報を収集するだけではまったく不十分で、それらを分析して外国にたいしてどのような考え方をもつかということが重要であった。したがって、日本とその外国のかかわりを過去に遡って十分に知っていなければ、まともな意見書を書くことはできず、藩の役に立たないし、幕府にたいする藩の体面も保てず、お話にならないのである。この太田による「魯西亜舟渡来一件」なる史料も、この時期のそうした動きのなかで筆写された写本の一つとみることができる。

すこし内容に立ち入ってみよう。まず、「西魯《（ママ）》亜船渡来一件」として文化元年（一八〇四）に長崎に渡来したレザノフの一件が記されている。これが比較的分量がある。「西魯亜船渡来一件」とは「魯西亜船渡来一件」の書き誤りであろう。

一つ書ごとに簡単に紹介する。最初の一つ書では、七月六日の昼過ぎに野茂番所に異国船が一隻見えたとの注進が到着した。オランダ船と同様の取扱いで旗合わせを行うこととなり、長崎港外の伊王島付近で尋問したところロシア船であることが判明したとする。この時点で船の大きさや乗員数、仙台漂流民が乗船していること、レザノフの役割、持参した皇帝の親書のことなどもわかってきた。これらの対応は、文面からすると比較的落ち着いて冷静に対応していることが理解できる。それもそのはずで、レザノフの来航は、長崎のオランダ商館から正確に予告されていた(4)

のでこうした対応になったものと思われる。次の一つ書は、先年ラクスマンに幕府が与えた長崎入港の信牌を持参しているかどうか尋問したこと、日本までの航海の内容を尋ねたことが記され、その結果が記されている。三番目の一つ書は、レザノフが親書を江戸まで自分自身で持っていきたいと交渉したこと。四番目は、舶載の武器を預かり御船蔵に収納したこと、五番目は佐賀・福岡両藩および大村藩を中心としたこの時の長崎防備の実際を記している。六番目は、長崎奉行成瀬因幡守正孝と大村藩主大村純昌が参府を遅らせてほしいと伺いをたてたこと、七番目は佐賀少将（佐賀藩主鍋島治茂）が大病により若殿斉直が出馬したこと、福岡からは支藩の秋月藩主黒田長舒が長崎にやって来たことを書いて、このようなことは過去に例がないので以上のあらましを記した、とする。つまり、一番目から七番目の一つ書までが、一連の情報ということができよう。

それらの次には、「大小通詞和解之書左之通り」として、九月八日付のレザノフの口述筆記の和訳、ロシア船長の口述をオランダ商館長が蘭文にしたものの和訳、ロシア皇帝の親書和訳が収録されている。

さらに、「長崎表江西（ママ）魯亜船渡来一件、彼地之役人共ゟ当所銅座に詰合候役人共江申越候手紙写」、つまり長崎渡来のロシア船一件に関して、長崎の役人から大坂の銅座詰の役人にたいして発せられた書状が書き写されている。大坂銅座は、長崎貿易を実際に行う長崎会所に貿易の対価としての銅を吹き立てるので長崎の役人というのはおそらく長崎会所の地役人のことであろう。内容は、やはりいくつかに分かれるが、まず、文化元年から同二年の正月までの写しとして、「長崎小比賀慎八ゟ御代官（塙陣屋）寺西重次郎方江差越候書面之写」が収録される。この書面は文化二年三月に長崎から発せられ、五月二一日に塙に届けられたものであると考えられる。寺西は、磐城国白川郡塙陣屋に駐在し、塙領六万石、小名浜領三万石の計九万石を支配していた幕府代官寺西重次郎封元である[5]。長崎から奥州白川まで二ヵ月を要していることからこれは、ダイレクトに長崎から寺西のところに発せられたものではなく、途中に何人かの手を経て届いたものと考えられる。その寺西に発せられた書面を大坂銅座が長崎会所から入手しているというのはどういうことなのか、今のところ判断する材料はない。しかし、興味深い書状である。

さて、この書面は、文の最初に「副書奉申上候」とあるので、ここでは、本文ではなく添付書類が書き写されている。内容はレザノフ来航の経緯、同人滞在中の長崎防衛の担当者、保養のため浦上村の囲い地（おろしあ館）に上陸したこと、御目付遠山金四郎景晋が長崎に到着したこと、三月六日に立山役所にレザノフが呼び出されたこと、またその警備、レザノフが「御教諭書」「長崎奉行之諭書」を読み聞かされたこと、レザノフが「御請」して同月一九日、帰帆したこと、遠山・成瀬正孝が長崎を出立したことを記し、「誠ニ去九月ゟ此節迄逗留之間ニ種々珍説不少候へとも、中々筆上ニ難尽御座候、右おろしや人物等之様子、大概板行別紙三ツ入御笑覧候」とあって、すなわち長崎で木版刷りとなったレザノフ一行を描いた版画を三枚添付したという。長崎で板行されたいわゆる「長崎版画」の利用のされ方を示す貴重な証言でもある。

そして「御教諭書」「長崎奉行申諭書」（前出「長崎奉行之諭書」のこと）「魯西亜人返答」が全文収録されている。さらに、幕府は、ロシア人から献上品を受け取らなかったこと、幕府からの下賜品（玄米一〇〇俵、真綿二〇〇〇把、塩一〇〇〇俵）が記されている。

以上のレザノフ来航顛末が、この写本の全体のなかでは、「魯西亜船渡来一件」と称されたものである。

次に本書では、「蝦夷考」が筆写され、「追加」が記される。これらの筆写の経緯に関しては、「蝦夷考」の直前に、

此書者魯西亜渡来一件にかゝはりたる事には非す、蝦夷の事を記したる計也、別本ニ仕出れハ紛失しやすき故ニ爰に付すもの也　　幽黒斎　維哲

と記されている。「幽黒斎　維哲」が本書の作成者太田元茂と同一人物であるのか、違うのかはにわかに判断できないが、レザノフ帰帆後に彼の部下であるフヴォストフ、ダヴィドフらが蝦夷地を襲撃し、幕府の若年寄堀田正敦が出張して仙台藩をはじめ奥州の諸藩が出兵するという大事件[6]となったことから、「蝦夷考」「追加」が収録されたも

のと思われる。これらは情報分析のための知識の集積と位置づけることができる。

「蝦夷考」は、「蝦夷」と呼ばれる地域の考証をまず行っている。そして当時言うところの「蝦夷」、現在の北海道の地理的な記述をする。さらに「蝦夷」の風俗・生活・言語などが記されるが、とくに酒に関する記述が多いのが特徴である。また源義経の入夷伝説も収録している。

「追加」は、正徳四年（一七一四）に大坂の船頭たちが弘前から江戸に回る途中、安房沖で風にあおられ紀州熊野に流され、さらに戻る途中で蝦夷まで漂流し、蝦夷の風俗などを記した話である。宝暦二年（一七五二）の春に「常世斎」なる人物が記録したものである。

その次には「北槎略聞之抜書」からの多数の図が描かれている。「幸太夫オロシヤ着服の図」「腰かけ罷在候所の図」、「金牌」と「頭巾」の図、「アイバカマ」の図、「魯斎亜国字」「使節役レサノット部下ノ人物」、さらに「旗」の図、ロシア船の図、「礼服之体」、「常服之体」「寒時之着服」「旅服之体」「刀之図」などである。上記のうち「常服之体」より「刀之図」までは加藤肩吾の「魯斉西」を出典しているという[7]。

「金牌」と「頭巾」の両図と「アイバカマ」の図の間に、「加藤某」の「吉田先生様」宛て書簡が収載されている。これは、書簡の前文に「加藤肩吾ハ松前医者、京都吉益氏の門人也、医者と侍を兼居候由、京都吉田丹蔵より申越候書面の抜書ニ候」とある。このことから、ここに収録されているのは、松前の医者で、京都の著名な古医方派の医師吉益東洞門人加藤肩吾が、京都の吉田丹蔵に宛てた手紙であること、ここに収録されたのは、吉田が送ってよこした書面（受取人は不明）の中に、加藤の書面が書いてあったのを抜き書きしてあったので、本書に収録することができたことがわかる。内容は、京都に上った「蛮使」を吉田が診察することになって、その治療法を加藤に尋ねたことから加藤が答えたものである。「和人と違ひも無之」とあるので、「蝦夷人」とも思われるが、「蛮使」はオランダ人であると思われる。というのも「蛮使」が瀉血の医師を連れていることが記されているからである。しかし判然とはしない。

「此度蛮人図写し入御覧候、御笑見可被下候」とあるので、この図が描かれていれば判断できるのだが、残念ながらない。後考に俟ちたい。

そして、文化四年（一八〇七）九月の松前の立石原で行われた津軽越中守寧親の陣立て、また同年八月の佐竹右京太夫義和の陣立ての模様を描いた墨絵が描かれている。

最後に、文化一四年に白川本町柳屋源蔵なる者が所持していた「イトヒリカチカツフ」という島の図の解説、またアイヌの女性の化粧を記した文章と「女夷」の図をつけている。「女夷」の図は、「蝦夷島奇観」の「女夷」の図および解説を写したものである。「蝦夷島奇観」は、幕府の御普請役御雇村上島之丞が寛政一〇年（一七九八）から一二年にかけての幕府の蝦夷地調査に随行した成果をまとめたもので、(8) 緻密な観察とアイヌ文化への深い理解があるとされる。

以上、収録されている情報内容を紹介してきた。この「魯西亜船渡来一件」は、嘉永六年（一八五三）に、ペリーやプチャーチンが来航したことに触発されて筆写された北方情報の集積史料で、文化元年のレザノフ来航一件以来の蝦夷地関係の諸情報をとにかくアトランダムに収録したものである。多くは、これまで知られているものからの抜粋ではあるが、「長崎表江西（ママ）魯亜船渡来一件、彼地之役人共ゟ当所銅座に詰合候役人共江申越候手紙写」など、これまでに紹介されたことがないものも含んでいる。貴重な史料というべきであるが、残念なことに筆者の太田元茂がいかなる人物であるのか、よくわからない。

しかし、ここで指摘しておきたいのは、ペリーやプチャーチンというアメリカ使節・ロシア使節が「開国」を要求して、軍艦をもって目の前に現れた時、日本の識者（知識人・庶民）は、はじめて、彼らに今後どのように対応したらよいのか真剣に考えはじめ、それまでの関係の歴史を紐ときはじめたという事実であろう。かくして、それらに資する情報や知識が収録された資料が求められ、新たに作成された。その一つが本書なのであった。

註

（1）東京大学史料編纂所『維新史料綱要』巻一、東京大学出版会、一九三七年、以下同書参照。
（2）『概観維新史』維新史編纂事務局、一九四〇年、以下同書参照。
（3）もっとも意見書の中には、とくに意見はなく幕府の政策に従うという従来の幕府への姿勢を崩さない大名もいたので、すべての藩がそうした方向に走ったわけではない。
（4）松本英治「レザノフ来航予告情報と長崎警備」青山学院大学修士論文、同「レザノフ来航予告情報と長崎聞役」『洋学史通信』第一〇号、一九九九年、同「寛政期の長崎警備とロシア船来航問題」『青山学院大学文学部紀要』第四一号、一九九九年、同「レザノフ来航とオランダ商館長ドゥーフ」『洋学史研究』第二三号、二〇〇六年。
（5）村上直『江戸幕府の代官』国書刊行会、一九八三年参照。
（6）村上直・高橋克弥編『文化五年仙台藩蝦夷警固記録集成』文献出版、一九八九年および松本英治「北方問題の緊迫と貸本『北海異談』の筆禍—文化期における幕府の情報統制」『洋学史研究』第一五号、一九九八年参照。
（7）放送大学笠原潔氏のご教示による。
（8）内山淳一執筆『特別図録　漂流—江戸時代の異国情報』仙台市博物館、一九九八年参照。

第二部　幕末の海外情報と個別領主等の「情報活動」

第一章　御三家筆頭徳川慶勝の海外情報研究

第一節　慶勝直筆写本「阿蘭陀機密風説書」
—ペリー来航後の対外献策の背景として—

はじめに

尾張藩政史上、最大の藩主であったと評される[1]一四代徳川慶勝[2]は、近年、維新以前に撮影された肖像写真[3]が公にされるに至って、従来よりも一層身近な存在になった感がある。慶勝は、二代光友が庶子を分家せしめて嗣なき場合に備えようと、幕府に願って起こされた支藩美濃高須松平家[4]の出身である。天保一〇年（一八三九）、一一代徳川斉温（将軍家斉一九男）が歿し、同じく家斉の一二男斉荘が一二代として立てられた時、慶勝は復古派の藩士から彼こそ一二代にと期待された経緯があり[5]、輿望を担って、ようやく一四代を襲封したのちの治績にも財政整理をはじめとする藩政改革等に顕績ありと評されている[6]。なかでも嘉永六年（一八五三）ペリー来航直後に幕府に提出した建白書に「彌之御決着ハ天朝江　御奏達之上、被　仰答候様奉存候」[7]と記したその見解は、ペリーがもたらした米国国書にたいするわが国策の決定に際しては、朝廷へ奏請して事前協議すべきであるという空気を醸成し、日米修好通商条約の締結は勅許によらなければ、調印は不可であるという輿論を生む発端となった。[8] 慶勝自身は、この勅許必須論を主張して、徳川斉昭（烈公）、松平慶永（春嶽）とともに安政五年不時登城事件を惹起し、「隠居、外山屋敷江慎」[9]を命ぜられるに至ったが、文久二年（一八六二）の大赦後は、事実上復権し、尾張前大納言として幕政にも重きをなした。[10] 元治元年（一八六四）の第一次長州征伐には総督として全権を委譲され、[11] 寛大な処置を執り、また明治維新に際しては勤王に藩論をまとめ、[12] 王政復古の大号令後は議定職に任ぜられ、自ら信州征伐を挙行し、名古屋藩知事を歴任した。これらをもって慶勝を「最大の藩主」と称するのであるが、その研究は必ずしも深められているとはいい難い。

　さて慶勝の関係文書は、徳川林政史研究所の所蔵にかかり、特に彼の海外情報研究に関する史料を親しく調査する機会に恵まれたので、その一端を紹介したい。

　ところで、前述した嘉永六年の慶勝の対外建白書は、避戦論というべき意見[13]であって、けっして強硬な攘夷論ではなかったと解される。なぜならば、慶勝は当時すでに西洋事情に関して最新の知識を得ており、欧米列強諸国の東洋進出の動向に関しても、相当な理解を有していたと推定されるからである。その推定の支証として、今回慶勝自筆写本[14]「阿蘭陀機密風説書」を採り上げて考察を加えてみようと思うものである。

　なお、慶勝は西洋から輸入された写真機を手にし、維新以前において自ら撮影した多くの写真を残しており、[15] 慶勝の西洋文明にたいする柔軟な進取性の一端を窺わしめていることも、その稟性考察の傍証として挙げておきたい。

　慶勝自筆写本「阿蘭陀機密風説書」を採り上げた論考はもとより、その史料紹介も管見には触れていない。さらに、後掲の史料編に全文を翻刻した。

一　阿蘭陀風説書概説

　本節の課題は、慶勝自筆写本「阿蘭陀機密風説書」の分析であるが、まずは阿蘭陀風説書とは一般的にいかなる史料なのか解題を試みておく。

定　義

阿蘭陀風説書（以下、単に風説書とする）とは、従来の学説では、江戸時代、それも寛永一八年（一六四一）より安政六年（一八五九）までに、長崎入津のオランダ船[16]によってもたらされた海外情報、世界のホットニュースの蘭文原書および邦訳文書の総称であるとされてきた。[17]ところが近年、松方冬子「風説書確立以前のオランダ人による情報提供について」では、風説書の制度の構成要素を「①オランダ人に対する幕府の情報提供の義務づけ（命令・勧告）、②それに応えての情報提供の事実、③商館長が署名した和文の風説書の作成[18]」とし、従来の説はあくまでも②と①にのっとったもので、③を風説書の確立とすべきで、その年代は一六六六年、寛文六年とした。文書としての成立に重点を置いての提唱で、聴くべき説と思われる。本節の「阿蘭陀機密風説書」も、文書としての風説書である。さて、風説書は、新任のオランダ商館長、もしくはオランダ船の船長から長崎奉行に提出され、長崎の阿蘭陀通詞の翻訳後、ただちに特別便で幕府に上呈された。[19]

起源と目的

寛永一八年、江戸幕府は、平戸のオランダ商館を長崎出島へ強制的に移転させた。これによってわが国の鎖国は完成したが[20]、幕府としては、「鎖国」の永続化のため、来航を禁じたイスパニア・ポルトガル人の動向に注意を払う必要があった。一方、日本人の海外渡航も「鎖国」令によって禁じたため、海外情報の入手を日本人に期することは当然不可能となった。さりとて幕府は、一切の海外情報に無関心ではあり得ず、その情報の提供を西洋諸国の中で唯一の通商国オランダに期する以外に方途を失い、同年一一月、オランダ商館にたいして、海外情報の提出を義務づけるに至った。[21]オランダとしても、幕府の期待に応えることが、対日貿易の存続を可能ならしめる有効な一方策であり、幕府への「御奉公筋[22]」「御忠節[23]」であるとの認識を形成するに至ったと窺われる。[24]

作成手順

阿蘭陀風説書は、オランダ船が長崎に入津した直後に長崎奉行に提出されるべき重要書類の一つとして位置づけられていた。[25] そしてオランダ船の入津当日に、出島の商館長部屋《カピタン》で、原書の披見、阿蘭陀通詞による翻訳、和文下書きが行われ、長崎奉行の内覧を経て二冊浄書され、これに新旧両商館長・阿蘭陀通詞の署名、捺印を加えて作成された。[26] 長崎奉行は作成された阿蘭陀風説書を即刻、江戸の老中に宛て、「宿次証文ニ刻限付ケ」[27] の特別至急便で差し出した。

利用とその情報源

老中が明らかに阿蘭陀風説書によって対外政策を決定した例も報告されており、[28] 幕府の対外政策決定上の重要参考資料として利用された。このため阿蘭陀風説書の記事範囲は時代を降るとともに拡大し、ヨーロッパの風説、インドの風説、シナの風説と三つの部分からなるようになった。天保一一年（一八四〇）、幕府が、原文の提出も要求したので、[29] オランダ商館側は、広汎かつ正確な情報の提供を期して、広東、シンガポール等の英字新聞を蒐集し、[30] それらを情報源とするようになった。

情報の内容・信憑性

阿蘭陀風説書の情報は、たいがい一年遅れの情報である。[31] 地理的な原因から、バタヴィア周辺の情報は比較的新しい。これらの情報はほぼ正確である。例えば第二次英蘭戦争の情報では、オランダにとってむしろ不利益な情報をも報告している。[32] しかし、フランス革命に関する情報は、五年も経過してから報告し、またナポレオン一世によるオランダ併合の事実はこれを隠蔽し、ルイ・ナポレオンは、オランダ国王の養子となったとの虚説を報じている。[33] これはオランダが対日貿易存続を意図した苦肉の策であろう。

閲覧範囲と情報の管理・統制

阿蘭陀風説書の情報は、「由らしむべし、知らしむべからず」という江戸時代にあっては、幕府要路、老中、若年寄、宗門改、長崎奉行と翻訳に携わる通詞ら、ごく限られた人々しか接し得なかった[34]。すなわち、海外情報の管理と統制が、「鎖国」政策にとって肝要であり、換言すれば、「鎖国」とは、阿蘭陀風説書等の海外情報の管理・統制によって維持される体制であったともいえよう。寛政期以降、異国船が頻繁に日本近海に出没し、鎖国を脅かすようになると、より広汎かつ正確な海外清報を必要とした幕府は、オランダ側の自発的な情報提供を受けつつ、アヘン戦争勃発を契機にオランダにたいして阿蘭陀別段風説書を提出せしめた（ただし、これも、オランダ側の自発的な提供というスタンスをとっている。）一方で緊張の度を増す対外情勢によって情報の管理と統制とは、次第に困難さを加えるようになり、情報の漏洩が、対外問題への関心を高め、一部の人間は、その情報を開示させるという動きをとり、そのことが、幕政容喙の一大事由となっていった。またその一方で開国意見を生み、ついに「鎖国」政策は放棄されるに至ったのであると考えられる。

阿蘭陀別段風説書

阿蘭陀別段風説書（本項では混同を避けるため単に別段風説書と呼ぶ）は、上述した阿蘭陀風説書（同じく年次の風説書と呼ぶ）と基本的に差異はないが、別段風説書の方が情報はより広汎かつ精細であり[35]、またその成立事情、漏洩の点に大きな特徴がある。

別段風説書提出の契機となった事件は、一八四〇年に勃発したアヘン戦争である。天保一三年（一八四二）の年次の風説書に次の通り記されている。

一唐国とヱケレスとの戦争、今以不穏候、去ゝ子年（一八四〇）己（巳）来の義は追而別段可申上候[36]

その「別段可申上候」風説書の標題は、必ずしも阿蘭陀別段風説書に一定されていたわけではなく、その表記は多様であった[37]。

天保一一年に始まり、はじめは年次の風説書の別段としてアヘン戦争に関する情報を所載した特別な阿蘭陀風説書が別段風説書と称されたが、これがやがてアヘン戦争以外の東南アジア・インド・ヨーロッパ・アメリカなどの大量の情報を含むようになって安政六年まで存続した[38]。ただし、松本英治「レザノフ来航予告情報と長崎警備」によれば、天保期以前の文化元年（一八〇四）のレザノフ来航予告情報も「別段風説書」と呼ばれていたといわれる[39]。つまり、オランダ商館は、通常の、年次の風説書以外にも「別段」と称して、特別に、個別に情報を提供することが時に応じてあり、これらを日本側は「別段風説書」と呼んでいたようである。年次の風説書は、長崎の阿蘭陀通詞の翻訳した崎訳のみであったが、別段風説書の場合は、崎訳と江戸の蕃書調所のメンバーによる江戸訳が存在する[40]。例が少ないので全体的傾向とはいえないが、崎訳の方が適切である[41]。情報源は、年次の風説書と同じく広東やシンガポールの英字新聞である。

別段風説書の情報は、当時の日本の識者にとって重要度の高い情報であったために、通常の閲覧範囲をはるかに越えて回達あるいは漏洩そして転写されたことが、同年次の写本遺存の数量[42]やその筆写者の地域的[43]・階層的範囲[44]、または当時の日記[45]や書翰[46]の中に別段風説書に関する記事が散見されることなどによって知られる。だが別段風説書の写本そのものの中に伝来経路の明記された例は意外と少ない。その理由は、極秘情報であったための躊躇と推察される。次に、本章で扱う以外の写本で、伝来経路が明記された別段風説書を列挙してみよう。

○嘉永六年（一八五三）「嘉永六年別段風説書」[47]（小野秀雄氏所蔵）阿部正弘から三奉行へ回達
○安政元年（一八五四）「別段風説和解」[48]付属書状（岡山大学付属図書館池田家文庫所蔵）阿部正弘から熊本城主細川斉護・萩城主毛利慶親・柳川城主立花鑑覚へ回達
○安政二年「蘭人風説書」[49]（内閣文庫所蔵）阿部正弘より弘前城主津軽順承、盛岡城主南部利剛へ回達
○安政三年「海外事類雑纂」巻第一[50]（国会図書館旧幕引継書）阿部正弘から評定所一座、林大学頭、海防掛、大目付、

浦賀・下田・箱館各奉行、目付へ回達

○安政四年「同席之面〻庶流とも回達」[51]（前出、池田家文庫）

すべて阿部正弘から、海岸防備の諸大名、それもほとんどが外様大名と、海防担当の幕府有司に回達されたことが知られる。ペリー来航以降、別段風説書の回達が制度化されたことがわかる。なお、沼倉延幸「関白鷹司政通とペリー来航予告情報」によって紹介された写本、すなわち鷹司政通が水戸斉昭から「黒船来航ニ付鷹司家へ密報書」として入手した嘉永五年のオランダ別段風説書の内の「ペリー来航予告情報」[52]は、状況証拠から伝達経路が判明するものとして貴重であるが、ここでは、写本そのものに伝達経路が記されたものに限った。

正確かつ広汎な記事を所載する別段風説書に接し得た諸大名や幕府有司は、海外情勢にかなり通じることができた。それゆえ、別段風説書はますます利用度が高まったのにたいし、唐船のもたらす唐風説書の利用価値は、アヘン戦争以降相対的に低下を招くに至った。[53]

阿蘭陀風説書の終焉

阿蘭陀風説書の下限を示す現存の写本は、安政五年次のものである。[54]だが長崎奉行所の記録「諸上書銘書」に、安政六年七月六日付で別段風説書を送付した記事があり、かつそれ以降阿蘭陀風説書に関する記事は全く見られなくなるので、安政六年をもって阿蘭陀風説書の最終年と看なし得る。[55]なぜ阿蘭陀風説書が提出されなくなったのかの理由は、安政五年に日蘭修好通商航海条約および貿易章程の調印が終了して来航オランダ船が増加し、同一船が神奈川や箱館にも入津したため、その都度阿蘭陀風説書を提出するのは、日蘭双方の負担増となったこと、[56]オランダのみ風説書を提出すると他国より嫌疑を受けるとオランダ領事が主張したこと、[57]海外新聞を輸入して幕府内部で翻訳し得る体制が整備されつつあったこと[58]などの諸点に求められよう。

こうして安政の開港によって幕府の海外情報の管理体制は必然的に崩壊し、阿蘭陀風説書は「官板バタヒヤ新聞」

にその地位を譲るに至った。

二　「阿蘭陀機密風説書」の書誌的紹介

本節でとりあげる「阿蘭陀機密風説書」（傍点は岩下。以下慶勝本と称する）は、旧蓬左文庫のラベルが付されており、慶勝関係文書の一群に含まれている。美濃紙和装本で法量は縦二六・八センチメートル、横一八・九センチメートルである。表紙は堅紙、濃黄緑色で、全面に葵の透し紋様が散らされ、外題として「阿蘭陀機密風説書」と記した題簽が付されている。年代は昭和初年かとみられるこの保存用表紙を繰ると、再び「阿蘭陀機密風説書」と「うちつけ書き」にされた表紙に出会う。いわゆる小口書の形態をとっている。この本表紙ともいうべき内表紙の右側上部には、胡粉で塗りつぶされた円が認められる（図1参照）。これと同様の白円は、慶勝自筆写本である「壬子春正月十七日中山へ英船渡来一件　薩届書面写」[59]の表紙をはじめ慶勝関係文書のいくつかに認められる。

慶勝自筆写本の「目録」（徳川林政史研究所所蔵、未刊、本書第二部第一章第三節参照）によれば、これらの円は、慶勝が蔵書を整理した際、分類のため施したものと考えられる。すなわち「壬子春正月十七日中山へ英船渡来一件　薩届書面写」は「目録」には「薩届書面」と略記され、「○　二」（前後関係より「駿河疑問　○白　二」と一連とみられ、「白」を省略したものであろう。「二」は一冊を示す。）とあって白い印を施した旨が記されている。本節で問題としている慶勝本は、同じく「目録」中の「阿蘭陀機密風説」であると思われるが、「阿蘭陀機密風説」は「薩届書面」より数えて六冊目に記され、やはり「○　一」とされている。すなわち、慶勝本にある白円と一致する。以上よりこの胡粉による白円は慶勝が施したものであることはまず間違いない。

慶勝本には、遊紙はなく、墨付が二九丁ある。そして一丁につき一六行木版印刷された罫紙に文字が書かれている。一丁目表より「別段風説書」が始まり（図2参照）、二五丁目表で切れる。途中一〇丁目表と、二四丁目裏の欄外上

図１

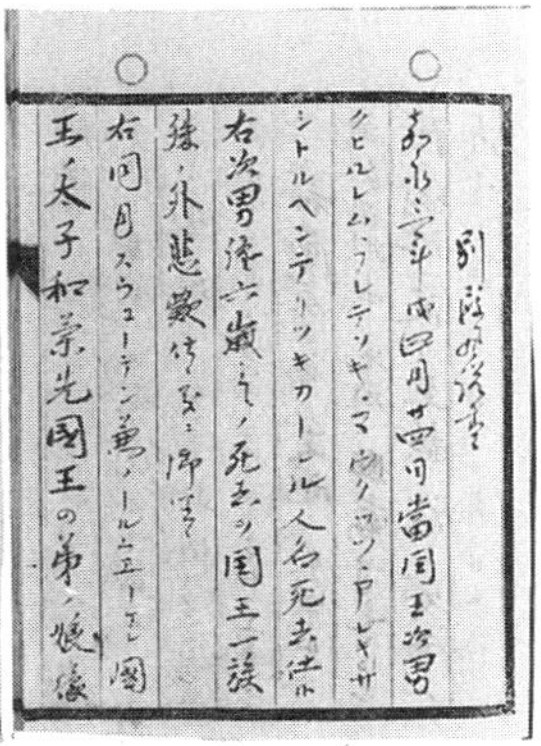

図２

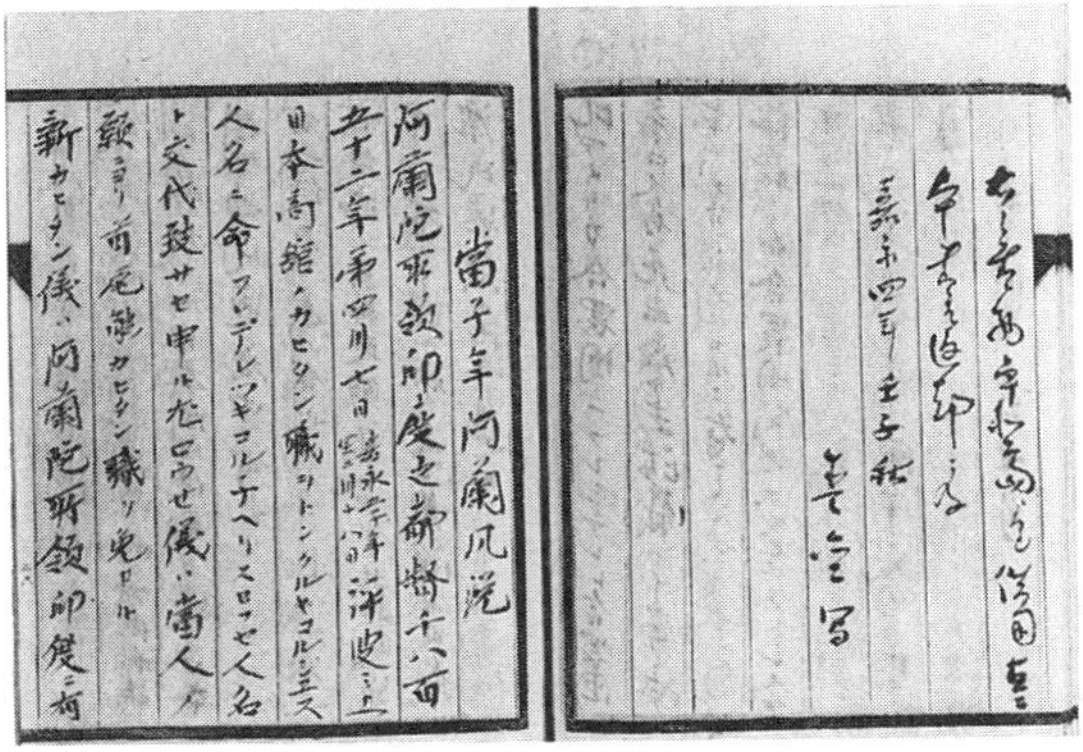

図３

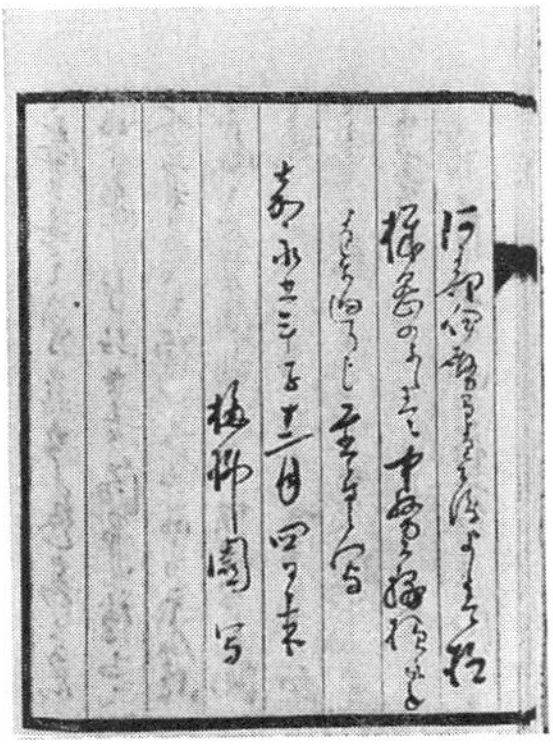

図４

図版１　「阿蘭陀機密風説書」（徳川林政史研究所所蔵）の内表紙。慶勝自筆の外題と胡粉の白円が認められる。

図版２　「阿蘭陀機密風説書」のうち「別段風説書」の冒頭部分。欄外上部には朱の丸印が施されている。

図版３　「別段風説書」の覚書と「当子年阿蘭陀風説」の冒頭部分。前者には慶勝の号である「盛斎」の文字が見える。

図版４　「当子阿蘭陀風説」の慶勝による覚書。「梅柳園」も慶勝の号。

方に、本文と同筆の書き込み案文がある。二五丁目表八行目より同裏四行目まで「別段風説書」を筆写した者の覚書がある。すなわち、

　右之書物宇和島より借用、直ニ本書取、返却ニ及

　　嘉永四(ママ)年壬子秋

　　　　　　　　　　　　　　　　盛斎写(60)

とあって、「別段風説書」の原本の伝来、写本の成立、筆写者を明らかにし得る（図3参照）。「別段風説書」は、宇和島城主伊達宗城より借用した原本を慶勝が、嘉永五年の秋に筆写して成立したのである。「嘉永四年」と記されているが、実は嘉永五年（一八五二）であるとする点に関しては、のちに詳述したい（第三項の末）。

二六丁目表からは「当子年阿蘭(ママ)風説」が始まり、二八丁目裏二行目に及んでいる。同丁四行目より二九丁目裏五行目、すなわち末尾までは「当子年阿蘭風説」に付属する覚書で、「嘉永五年子十二月四日来　梅柳園写(61)」（図4参照）と結ばれており、やはり慶勝が嘉永五年の一二月に筆写したことが知られる。これによって慶勝本は、慶勝自身の手により嘉永五年秋から一二月に書き継がれて成立したと判明する。この末尾の覚書について特筆すべきは、覚書が二つの部分より成り立っている点である。すなわち二九丁目表七行目までが前半、八行目よりが後半である。後半部は二字下げで書かれており、書式上も前半部とは明白に区分されるが、内容上も明らかに区分し得る。前半部は「右之風説書ニ有之候、取留候儀与者不相聞候得とも、兼而風説書之儀ニ付而者、被申聞候趣も有之候間、為心得相達候(62)」とはじまっており、「当子年阿蘭風説」を心得として伝達した旨を記している。すなわち「当子年阿蘭風説」を早い時期に読むことができる地位にあった老中首座の阿部正弘が、その内容を島津斉彬ら他へ回覧する必要を感じて、回覧の理由を書き記した附言にほかならない（註（62）参照）。この前半部にたいして後半部は二字下げで、

　右之書面者極密にて、薩州江阿部伊勢守より相渡よしにて、極機密のよしにて中務大輔様之御手より相廻り申候

書付之写(63)
嘉永五年子十二月四日来
梅柳園写

とあり、「当子年阿蘭風説」と前半部の附言が記された文書の回達経路を記した慶勝の覚書である。覚書に関しては、のちにさらに検討を加える。

さてここに慶勝本の構成の梗概が知られたので、いま一度整理してみよう。

①、「別段風説書」　一丁目表一行目～二五丁目表七行目（三九一行）
②、①の伝来を示す筆写者（慶勝）の覚書　二五丁目表八行目～二五丁目裏四行目（五行）
③、①の欄外頭註（①と同筆）二ヵ所　一〇丁目表（五字）、二四丁目裏（三六字）
④、「当子年阿蘭風説」　二六丁目表　一行目～二八丁目裏二行目（四二行）
⑤、④を回達するに際しての理由を記した阿部正弘の附言　二八丁目裏四行目～二九丁目表七行目（一二行）
⑥、④⑤の伝来を示す筆写者（慶勝）の覚書　二九丁目表八行目～二九丁目裏五行目（六行）

以上の①より⑥まではすべて同一人物の筆であり、②と⑥より慶勝本はすべて慶勝自身による自筆写本と断定される。

次に慶勝本の執筆書式に検討を加えてみよう。まず①の「別段風説書」では、一般的に阿蘭陀風説書の多くが箇条書で「一当年来朝之阿蘭陀船五月十日咬𠺕吧出帆仕（下略）」とはじまるのにたいして、「〇（朱印）嘉永三年戌四月廿四日当国王次男（下略）(64)」とはじまっており、通常は「一」とするところを朱の丸印（筆の頭を利用したものと思われる）をもって代用している。①の「別段風説書」の別本は『鈴木大雑集』四（日本史籍協会叢書）に収録されているが、(65)その別本では、通常の「一」による箇条書の形式を採っている。慶勝本の「別段風説書」の朱の丸印による箇条書は百段で、『鈴木大雑集』四の別本における箇条書一二四段と比して二四段少ない。これは校合の結果、箇条を省略したもので

表1「別段風説書」の記事

番号	内容要約	分類
1	オランダ王室の訃報	王室
2	オランダ前国王弟の娘とスウェーデン兼ノルウェー王子との結婚	王室
3	オランダ国王弟ルクセンブルグ大公に就任	王室
4	ヨーロッパは騒乱頻発、オランダは静謐	国情
5	イギリス、航海条例廃止	外交
6	ヨーロッパ諸国の共存共栄の理由	国情
7	オランダにおける海水の飲料水化の理由	科学発明
8	バタビア総督交代	役職人事
9	前総督の帰国	〃
10	新総督の前歴	〃
11	〃	〃
12	新総督の本国出国と着任日	〃
13	新総督の着任までの経由地、経路	役職人事
14	東インド副総督の交代	〃
15	〃	〃
16	東インド副総督の前歴	〃
17	東インド艦隊提督の訃報	〃
18	〃	〃
19	ジャワ　バンドン騒動の件	騒動
20	バンドン騒動の終息	〃
21	バンカ島騒動およびボルネオセレベス島中国人反乱の件	〃
22	セレベス島中国人反乱の終焉	〃
23	オランダ海軍のインド海賊討伐作戦	海賊
24	「ホウヱアン」島、海賊上陸の件	〃

25	「ホウヱアン」島、襲撃の海賊追討	海賊
26	東シナ海におけるイギリス海軍の海賊追討作戦	〃
27	スペイン海軍による海賊掃討作戦	〃
28	スペイン海軍と「ソーロー」スルタンの戦闘の件	戦争
29	28の原因	〃
30	28の結果	〃
31	28の結果	〃
32 33	東インド、中国配備のイギリス海軍兵力（軍艦名、艦長名形式、炮門数）	軍事
	イスパニア海軍は不明オランダ海軍兵力（艘数のみ）	〃
34	日本人漂流民救助の件	漂流
35	清国の騒動継続中の件	騒動
36	太平天国の乱による西洋人遭難とその後任者	〃
37	36の後任者の勤務態度	役職人事
38	太平天国軍、広東郊外へ肉迫	騒動
39	太平天国と呼応する海南島の反乱の件	〃
40	海南島反乱追討軍の困難	〃
41	広東開閉港遅延の件	外交
42	在清国イギリス官人の失脚	役職人事
43	42の結果	〃
44	在清国イギリス官人の失脚	〃
45	44の結果	〃
46	スウエーデン使者殺害の件	騒動
47	清国摂政殺害犯人の逮捕と処罰	〃
48	ポルトガル領マカオ総督の着任と死去	役職人事
49	マカオ総督死去により清国との係争中断、後任総督着任	〃
50	イギリス・アメリカのシャム国へ通商要求官憲派遣の件	外交

51	アメリカの「オーストルセアルシッフル」島への通商要求の件	外交
52	ビルマ首府の火災	天変地異
53	イギリス領インド平穏の件	国情
54	イギリス東インド軍司令官の交代	役職人事
55	新イギリス東インド軍司令官の着任	〃
56	セイロン島総督の着任とその前歴	〃
57	セイロン新総督の前任地での惜別の件	〃
58	フランス領インド新総督着任、ブール人トランスバール共和国建設	役職人事 戦争
59	フランス先国王ルイ・フィリップ・ファン・オレアンスの訃報	王室
60	二月革命時の先国王一族の所在	〃
61	ルイ・ナポレオンによる先国王の葬儀の件	〃
62	二月革命後のブルジョワ共和派と社会主義共和派の対立	国情
63	ロンドンの万国博覧会	文明
64	万国博覧会の展示会場の概要	文明
65	展示会場の設備	〃
66	展示会場の総外面積、重量	〃
67	展示会場の補説	〃
68	〃	〃
69	〃	〃
70	清国の万博参加の件	〃
71	イギリス植民地バーミンガムよりの提出書類	国情
72	〃	〃
73	ドイツ国情の不安定に関する件	〃
74	ドイツ国情不安定の原因	〃
75	プロシア・オーストリア戦争の件	戦争
76	プロシア・オーストリア戦争の詳細	〃

77	プロシア・オーストリア和睦の件	戦争
78	ベルリンにおける国王狙撃事件	国情
79	デンマーク・プロシア間の紛争解決の件	外交
80	シュレスヴィヒ・ホルシュタイン、デンマークと同君連合	〃
81	サルディニア王国とオーストリア帝国間の紛争解決	〃
82	81の結果としてイタリアにおけるオーストリアの勢力維持	〃
83	サルディニア・ローマ教皇間の紛争、トスカーナ地方の情勢	外交 国情
84	イタリア国内の紛争の件	国情
85	ギリシア・イギリス間紛争解決、ロシアニコライ一世のカフカス追討	外交 国情
86	トルコ領内騒動鎮静、エジプト大守のトルコへの反発	国情 外交
87	トルコとエジプトの確執	外交
88	エジプト大守、トルコスルタンの命令拒絶の件	〃
89	88より戦争勃発の観測	外交
90	トルコ・エジプト両国民の困窮、カリフォルニアゴールドラッシュ	国情 移民
91	ゴールドラッシュによる住民増加	移民
92	カリファルニア合衆国32番目の州となる	国情
93	清国皇帝、臣下のカリフォルニア移住を禁ず	移民
94	パナマ運河の建設計画	運河
95	パナマ運河の建設の実現化	〃
96	パナマへの植民	〃
97	アメリカの日本への通商要求沙汰やみ	外交
98	アメリカ大統領テーラー死去により副大統領フィルモア昇格	役職人事
99	新アメリカ大統領の代数	〃
100	ジョージ・ワシントンの像建立の件	国情

表2　「当子年阿蘭風説」の記事

番号	内容要約	分類
a	新カピタンドンクル・クルチウスの着任	役職人事
b	ドンケル・クルチウスの前職	〃
c	アメリカの通商要求遣日使節の件	外交
d	遣日使節は将軍宛大統領親書をもたらす	〃
e	遣日使節の要求内容	〃
f	遣日使節の艦隊構成	外交
g	遣日艦隊は江戸に来航する	〃
h	提督はオーリックからペリーに交代	〃
i	アメリカ東インド艦隊の兵力	〃
j	遣日艦隊の装備（陸戦隊）、出航予定	〃

（註）　以上は徳川林政史研究所所蔵「阿蘭陀機密風説書」より作成した。

（凡例）

一、番号は「別段風説書」の部分に関しては、慶勝が施した朱の丸印の段落ごとに最初から順番に付した。

一、内容の要約はできるだけ簡略に、見出しとして作成した。

一、分類の単語は、国情、王室、役職人事、軍事、戦争、外交、海賊、騒乱、移民、天変地異、科学発明、運河、文明とした。これらの用語は安岡昭男「阿蘭陀別段風説書とその内容」（『法政大学文学部紀要』第一六号、一九七〇年）を参照した。

はなく、慶勝は、朱の丸印を二四個省略してしまったのである。

④の「当子年阿蘭風説」では、①で使用した朱の丸印を用いず、段落分けは、改行のみで行っている。

慶勝本全体を見回してみると、慶勝の書写態度はかなり大胆であることが知られる。罫線を無視してはみ出した字句こそないが大書であり、くずしも慶勝独自のくずしが多く、誤字や脱字にもあまり気を配っていない。割註にすべき文言の文字も、本文の文字と同じ大きさに書いているし、外国の地名や人名の異同、意の通じない文章、自己流に文字を省略する書き方、前述した段落にもあまり気を配らない書式等々は、短期間のうちに筆写しなければならなかった慶勝の状況を伝えていると解される。

三 「阿蘭陀機密風説書」所載記事の検討

前項の検討によって、慶勝本たる「阿蘭陀機密風説書」は、慶勝によって嘉永五年（一八五二）の秋と一二月に二度にわたって筆写され、さらに短期間のうちに筆写されたため別本と比較して慶勝本としての独自性を有することが知られた。

さて本項では、慶勝本の所載記事を検討したい。もちろん慶勝本所載の記事は、嘉永五年に慶勝が獲得した海外知識の一端を示すものであることはいうまでもない。

慶勝本の「別段風説書」は、嘉永四年七月に長崎にもたらされた阿蘭陀別段風説書の写本であり、[66]『鈴木大雑集』四所収の別本（以下、鈴別本と略称する）とほぼ、一致する内容を有している。記事は、オランダ王室における訃報から始められ、オランダおよびヨーロッパの記事が1〜7まで、8〜33までが東南アジア、34〜49が清、50〜58が南アジア、59〜85がフランス・イギリス・ドイツ・イタリア・ギリシア・ロシアなどのヨーロッパ、86〜90までがトルコとエジプト、90〜100までがアメリカ合衆国に関する記事となっている。これらの中で慶勝本としてまず注目に価するのは、32・33のイギリス、スペイン、オランダの極東配備の海軍兵力に関する記事である。

慶勝は、イギリス、スペイン、オランダを一括して筆写しているが、鈴別本によれば、本来は別個の段落とすべきものである。慶勝は、イギリス海軍に関しては艦船一二艦の艦名、艦長名、形式、炮門数を各項目別に確実に写し取っているが、これにたいしてオランダ海軍についてはただの二艦、それも艦名と艦長名を記したのは一艦だけで、一方は艦名のみで、鈴別本に見られる他の一七艦については全く省略し、「同国（オランダ―岩下註）軍船十九艘」と記

のうち「別段風説書」の性格

東洋	国名等	項目番号	項目数
欧米諸国（植民地）	オランダ	8,9,10,11,12,13,14,15,16,17,18,19,20,21,22,23,24,25,32,34	20
	イギリス	26,32,34,43,44,45,50,53,54,55,56,57	12
	スペイン	27,28,29,30,31,32	6
	アメリカ	50,51	2
	ポルトガル	48,49	2
	スウェーデン	46	1
	フランス	58	1
	（小計）		（44）
非植民地	エジプト	86,87,88,89,90	5
	トルコ	86,87,88,89,90	5
	清国	35,36,37,38,39,40,41,47,70,93	10
	ビルマ	52	1
	日本人	54	1
	（小計）		（22）
	合計	―――	66

（註）その１は、分類の語句別に多い順に配列した。百分率は少数第２位を四捨五入したので合計は100％となっていない。
その２は、一項目で二カ国以上にわたるものは、各国へ一つずつ加えているので項目数以上の合計になった。

したにすぎない。この筆写態度は、慶勝がイギリス海軍の極東配備に関して、オランダ海軍のそれ以上に重大な関心を払っていた証左とみられよう。天保期（一八三〇―一八四三）の蛮学杜中、渡辺崋山や高野長英らにはじまる、イギリスの極東進出への危機感が、アヘン戦争勃発以降幕閣、とくに水野忠邦らにまで徐々に認識され、のちに、幕末の対外政策を規定したこと[67]を考え併せれば、慶勝もイギリスにたいしては一層の関心を払っていたと考えられる。

ただこの場合、慶勝がイギリスにたいして危機感を持っていたと一概に断定することは、少しく性急であるかも知れない。なぜならば、前項でも述べた通り「別段風説書」には表記上に多くの省略が認められ、外国地名、外国人名の異同も相当数に上り、全体を通じてかなり急いで筆写した節が窺われるからである。したがってオランダ海軍に関する記事

表３「阿蘭陀機密風説書

その１　主題別分類

分類	項目数	百分率
役職人事	25	23.8
国情	16	15.2
外交	15	14.3
騒動	11	10.5
戦争	8	7.6
文明	8	7.6
王室	6	5.7
海賊	5	4.8
移民	3	2.9
運河	3	2.9
軍事	2	1.9
科学発明	1	1.0
天変地異	1	1.0
漂流	1	1.0
合計	105	100.2

その２　各地域国別分類

西洋	国名等	項目番号	項目数
欧米諸国（本国）	イギリス	5,63,64,65,66,67,68,69,70,71,72,85	12
	アメリカ	90,91,92,93,94,95,96,97,98,99,100	11
	ドイツ	73,74,75,76,77,78,79	7
	オーストリア	75,76,77,81,82	5
	オランダ	1,2,3,7	4
	フランス	59,60,61,62	4
	イタリア	83,84	2
	サルディニア	81,82	2
	デンマーク	79,80	2
	ギリシア	85	1
	スウェーデン ノルウェー	2	1
	ロシア	85	1
	ローマ	83	1
	ヨーロッパ全土	4,6	2
	合計	―――	55

の省略は、単に急いだがゆえの結果とも推測する余地が残される。つまり②の覚書に慶勝が記した通り、「別段風説書」の原本を、伊達宗城から「借用」し、「直ニ」書き取って返却したという状況と、阿蘭陀風説書は、一般に老中・若年寄以外は閲覧が許されない機密文書である(68)ことから察するに、慶勝は筆写に十分な時間を得られなかったので、文意を損なうことなく省略しながらも、後日の覚として役立つ程度に素早く転写したとも推測されよう。

しかしながら、時間的制約によって省筆を余儀なくされればなおのこと、わが国と「通商の国」として幕初以来交渉・交流のあるオランダに関しては、その対日態度の急変は考えられず、たとえ今回の筆写において省略しても、のちの風説書や、あるいは江戸参府のオランダ商館長やその他の商館員あるいは阿蘭陀通詞などより情報を得易い(69)と考え、オランダ海軍兵力の箇所は簡略に転写したのであろう。そして、オランダよりもむしろ弘化四年（一八四七）に大艦隊遣日の風聞もあった[70]イギリスの兵力に一層の関心を払わざるを得なかったものと考えられるのである。

次にシャム国への米英両国による通商要求使節団派遣の記事が目を惹く。イギリスに関しては「エケレス国政家ノ意ニ依テ」、アメリカも「北アメリカ合衆国国政家ノ意ニ依」といずれも国家的要請に基づいた（国家意志の発動による）遣使であることを明記している。この遣使に関して慶勝はとくに附言はしていないが、この記事を筆写したとき、弘化元年（一八四四）七月のオランダ軍艦パレンバン号がもたらしたオランダ国王ウイレム二世の開国勧告の親書に記されていた海外情報[71]や、先のイギリス艦隊遣日の秘密情報[72]を想起したのではないかと思われる。少なくとも開国勧告は知っていたようなので、想起したことはまちがいないであろう。欧米諸国は、国家的要請に基づいて開国開港の要求を日増しに強め、東洋に進出してくるのだという世界の大勢を、慶勝が身近に実感したであろうことは想像に難くない。

慶勝がおよそ注意を払わず、むしろわが国には無縁の些事と看なしたのではないかと考えられる段落がある。それは59のフランス王室の関係記事[73]「フランス国ノ先王ローイスフィリッペファンオレアンス、去年七月十九日アレス国中◎(ママ)図作(ママ)」の段である。この部分は鈴別本には

フランス国の先王「ローイスフイリッペフアンオレアンス」去年七月十九日「エゲレス国中「クラレモント」仏国第七十四鎮都中一府直巴里斯正南回図作 地名に

おいて死去致候[74]」

とあり、慶勝の意識的省筆とみられる。同じフランスの二月革命の記事（表1の62）でさえ、

当時フランス国も先静鎰ニ有之候とも近々治り候様相成候得とも、国民多分ハ分配之事を不佳と思居申候[75]

と簡単に記しているが、鈴別本には、

当時フランス国も先ツ静鎰に有之且国民所持の品物分配の事ニ付国中不折合ニ有之候へ共近々治り候様国民多

分は右分配の事を不佳と思居申候(76)

とあって、慶勝の省筆が知られる。フランスに関する記事が、慶勝の関心を喚起しなかったとみられる理由は、慶勝本「別段風説書」の中にフランスの東洋関係の記事が一段落しかみられない点から推量できよう。この点よりみても慶勝にとっての重大な関心事とは、日本の開港開市を迫る欧米諸国の東洋における動向だったと推測される。この推測は、97の「此以前風説には北アメリカ人、日本通商之義有之候処、其後右之義ハ何たる沙汰も無之候(77)」の本文に加えて、「其後沙汰無之、却而油断すべからす、来らん時ハ沙汰なし別の戦争止めん後ハ安心ならす(78)」と記した欄外頭註によって裏書きされよう。先に記した通り、慶勝本「別段風説書」は、伊達宗城所持本の写本であるから、この欄外頭註が慶勝によって附せられたとは、にわかには決し難い。慶勝本「別段風説書」一〇丁目の日本人漂流民の記事に附せられた欄外頭註「紀伊ノヿカ」は、鈴別本にも「紀伊の轉音歟(79)」として存在するが、先の「其後沙汰」云々の頭註は、鈴別本には見られない。したがって慶勝本にのみ見られる「其後沙汰」云々の頭註は、幕府要路から伊達宗城を経て慶勝までの回達経路上において附せられたものであることは、まず間違いない。断定は慎むが慶勝をはじめ、この「別段風説書」を回覧転写した人々にとって、東洋へ進出する欧米列強の動向が共通の重大関心事であったこと、換言すれば、この段階における、慶勝や宗城らの海外情報への期待は、いかに欧米列強の東洋進出の動静を捕捉し得るかの点にあったと指摘できよう。

阿蘭陀別段風説書がこれらの期待を十分に満たし得るものであったことは、表3より判明する。すなわち表3は慶勝本「別段風説書」の記事を、主題および地域によって分類したものである。主題別に分類すると、圧倒的に役職人事が多く、二三・八％を占めている。次に国情、外交、騒動、戦争と続いている。試みに外交政策上肝要と思われる事項を拾ってみると、役職人事、国情、外交、騒動、戦争、海賊、移民、軍事となるが、これが実に八五項目にわたり、全体の八一％を占める。さらに地域別でみると、本国としてはイギリスが一二、アメリカ一一、ドイツ七、オーストリア五で、オランダは四と意外と少ない。植民地関係では、オランダの二〇というのは、阿蘭陀別段風説書の性格上当然としても、イギリスの一二は注目すべきであろう。この年度は一八五一年のロンドン万国博覧会の記事が、イギリス本国関係一二のうち八を占めているが、この万国博覧会という本国における出来事と東洋進出の動向とを一度に認識することが可能な阿蘭陀別段風説書である点に注目したい。

以上のことから、「別段風説書」を見た日本人は、ヨーロッパにおける諸国の国情および国際関係や文明の状況と、東洋における彼ら欧米諸国の旺盛な動向を同時に認識することができ、西力東漸の世界的様相を一層身近に感じたに相違ない。そして当時の阿蘭陀別段風説書の閲覧者が期するものは、欧米諸国の活動状況の詳細かつ正確な情報であり、阿蘭陀別段風説書はその期待に十分応えうるものであったと指摘できる。このことは慶勝本「当子年阿蘭風説」を見れば一層明瞭となる。次に「当子年阿蘭風説」の所載記事を検討する。

表2に要約した通り「当子年阿蘭風説」はaからjの一〇項目と、「別段風説書」に比べて極端に少ない。つまり「当子年阿蘭風説」は、嘉永六年（一八五三）六月三日のペリー来航を予告した著名な嘉永五年の阿蘭陀別段風説書の中[80]のペリー来航関係の記事のみの抄出である。嘉永五年の阿蘭陀別段風説書には、スエズ運河の建設計画やトルコスルタンとエジプト大守の確執、東アフリカにおけるイギリス人とブーア人との争い、ロシアツアーとカフカス山民の戦い等、前年の阿蘭陀別段風説書からの継続記事が載せられているが[81]、慶勝本の「当子年阿蘭風説」はペリー来航予告記事を重視して、この部分のみを抄録したものなのである。この年の阿蘭陀別段風説書の遺存例中には慶勝本のようにペリー来航予告記事のみを抄録した写本も他に数例みられる。慶勝本の抄録は、阿部正弘が島津斉彬に回達する段階ですでに阿部によってなされていた（『島津斉彬文書』下巻一）のであるが、これは、幕閣や有識の諸侯らの最大関心が、欧米諸国の東洋進出の動静にあったことを示す証左であろう。要するに慶勝本の「別段風説書」も「当子年阿蘭風説」も、ともに同一の意図をもって成立した写本である。すなわち、慶勝は嘉永四年より尾張藩の藩政

改革に着手するとともに海外情勢にも目を向け、欧米諸国の東洋進出の動静を把握するために阿蘭陀別段風説書を二度にわたって入手、転写した。しかもその一つはペリー来航を予告する重大なニュースを含んだ阿蘭陀別段風説書の阿部正弘による抄出本であったのである。[82]

以上の検討を踏まえて、慶勝本のうちの「別段風説書」の成立を考えてみよう。

仮に「嘉永四年」の年紀が正しく、「壬子」の干支を誤りとすると、「別段風説書」と「当子年阿蘭風説」の間に一年と二、三ヵ月の隔りを生ずるが、年紀を誤りとみて「壬子秋」を正しいと考えれば、その間隔は、二、三ヵ月となる。同一の意図のうえに筆写された「別段風説書」と「当子年阿蘭風説」との間に、一年以上の間隔は認め難い。当時、年の記憶は、元号年紀よりも、干支の方がはるかに日常的であり、かつ慶勝本が首尾同一の罫紙に筆写され、合冊になっていることを考え併せれば、干支が正しく、両者の執筆は、二、三ヵ月の隔りとみた方が自然である。ゆえに「別段風説書」の成立は、嘉永五年の秋であり、「嘉永四年」の年紀は、慶勝の誤記と思われる。

さて幕末の対外関係史および政治史上、上述の慶勝自筆写本「別段風説書」の原本たる嘉永四年の阿蘭陀別段風説書と、同「当子年阿蘭風説」の原本たる嘉永五年のそれが占める地位は、けっして低いものではない。『概観維新史』[83]によれば幕府の対外政策および海防計画は何らの展望もないもので、有効な具体策を立てられないままにいたずらに動員される諸藩の疲弊をもたらすばかりだったという。その間にあって海外情勢は急速に変遷していった。幕府は、その変遷の情報を、嘉永三年の米国政府内の日本開国決議を報じた阿蘭陀別段風説書、嘉永四年のカリフォルニアゴールドラッシュとパナマ運河建設、それに伴う日本への関心の高まりを告げる阿蘭陀別段風説書、そして嘉永五年のペリー来航を予告した阿蘭陀別段風説書によって確実に入手していた。さらにペリーの来航に関しては、バタヴィア総督公翰や、日蘭通商条約草案によってもより具体的に把握していた。[84] にもかかわらず幕府当事者は、長崎奉行のオランダ商館長への中傷にも等しい言[85]を信じて何らの対策も講ずるに至らず、一連の情報によってもいかなる覚悟も準備も啓発されず、オランダの忠告も「単に米国使節の来訪を予報したのみ(86)」と評するにとどまった。結果としてこの阿蘭陀別段風説書によってもたらされた情報は、ペリーが浦賀に来航してはじめて幕府当事者に認識を促す始末となった。すなわち、

一蘭人兼而申通候通り、上官の名船数すへて符号す、只四月と申処、六月に相成候儀而已相違せり(87)

と記される仕儀となったのである。

以上をもって慶勝本「別段風説書」と「当子年阿蘭風説」の概要の紹介を終え、次項では、慶勝本の回達経路に焦点を絞ってさらに考察を進めてみる。

四　「阿蘭陀機密風説書」の回達経路

(1)　伊達宗城よりの回達

前項までの検討により慶勝自筆写本「阿蘭陀機密風説書」は、「別段風説書」と「当子年阿蘭風説」に分けられ、前者が嘉永五年（一八五二）の秋に伊達宗城より慶勝に貸与された本の写本、後者が、阿部正弘から島津斉彬の手を経て、嘉永五年一二月四日に慶勝のもとに到来した本の写本であることが判明した。本項では、この二つの経路をそれぞれ別個に考察してみることにする。

伊達宗城は、伊予宇和島十万石の城主である。旗本山口家より外様大名たる伊達家の養子になり、弘化元年（一八四四）より藩政をみた。宗城は水戸斉昭との間に多数の書翰を往復させており、それらによると弘化三年ごろには、のちに一橋派の有力メンバーとして幕政改革を志す雄藩藩主と誼を結んでいた(88)。宗城のいう有志の面々とは、鍋島直正（斉正）、島津斉彬、藤堂高猷、山内豊熙らを指し、のちに松平慶永、徳川慶勝、池田慶徳もこれに含まれることになる(89)。これらの「有志大名の横断的連合(90)」については、山口宗之『改訂増補幕末政治思想史研究』に詳しい。同書が、これらの有

志大名グループを「本来中央政治に無縁な親藩外様大名であったが、斉昭の勢威に吸引され、また阿部老中の協調的態度に支えられて分権的な藩世界の枠を越え全日本的課題へみずからの政治意識をつなぎつつあった」[91]と位置づけ、また「斉昭はこれら有志大名グループの頂点に立ち彼らのエネルギーを国政へつなぐことによって外患内憂の危機に見舞われた徳川の天下を守ろうとしたのである」[92]としたのは、けだし卓見であろう。この有志大名グループの間において、機密の阿蘭陀別段風説書の貸借があることは以前から知られていた。その最も顕著な例が、宗城より斉昭への阿蘭陀別段風説書の貸与であった。すなわち弘化三年（一八四六）一〇月五日付斉昭宛宗城書翰には

満清も当秋蘭船ゟ密奏仕候別段風説書之様子にてハ（中略）別段風説書ハ可被遊御一覧と奉存候間、不奉呈候[93]

とあり、これ以前より阿蘭陀別段風説書の貸与のあったことを窺わせ、同年一〇月二一日の宗城書翰には、左の通り記されていて、実際に阿蘭陀別段風説書を貸与したことが知られる。

将又蘭商舶別段申上書面云々、奉畏候、極密手に入候間、御内々差出し申候間、御通覧被為済候ハヽ、何卒被相下度、控も別に無御座候故、此旨申上置候[94]

その後、嘉永元年（一八四八）の五月[95]と九月[96]、嘉永三年七月[97]にも阿蘭陀風説書・同別段風説書を宗城は斉昭に貸与している。宗城はその他に、越前福井藩主松平慶永にも嘉永五年のペリー来航予告記事のある慶勝本「当子年阿蘭風説」と同一の阿蘭陀別段風説書を見せたか、少なくともその内容を伝えたと知られる（本書第二部第三章）。すなわち嘉永五年一〇月二二日の斉昭宛慶永書翰に、「伊達遠江守（伊達宗城—岩下註）より当秋蘭船入港之砌、同船へ乗組参候レクトル官、内密不容易義申上候事申越候」[98]とあって、宗城よりペリーの来航を報じたドンケル・クルチウスの阿蘭陀別段風説書の内容を知らされた在国中の慶永が斉昭にたいして幕府へ海防強化を申し入れるよう求めたことが知られる。これにたいし斉昭は、同年一一月一八日付の書翰で「折角御申聞之趣は有之候へ共愚老より建白之儀は御断り申候」[99]と応えており、宗城より慶永へ伝えられた阿蘭陀別段風説書の情報が、慶永を通じて斉昭へも伝達され

ている状況が判明しよう。

そして今回、先の宗城の書翰の発せられる一〜三ヵ月前の嘉永五年の秋に、宗城は慶勝にも嘉永四年次の阿蘭陀別段風説書を貸与していることが慶勝本「別段風説書」の覚書より明らかとなった。遺憾ながら、宗城が何方より当該本の底本となった阿蘭陀別段風説書を入手したのかの確証はない。しかし、嘉永五年二月二九日付の伊達宗城宛島津斉彬書翰には「風説書水府（徳川斉昭—岩下註）ヨリモ未タ不參由肥前（鍋島直正—岩下註）モ立腹之段申遣シ候[100]」とあって、すなわちこの書翰は、宗城が斉彬から阿蘭陀風説書を入手して斉昭に貸与したが、斉昭よりの返却が遅延したためにその旨を斉彬に報告し、それにたいして斉彬が遣わした書翰と考えられ、これにより宗城の阿蘭陀風説書の入手先は斉彬であり、それを斉昭や慶勝、慶永にも貸与した可能性が高いと考えられる。書翰は、鍋島直正も斉昭に阿蘭陀風説書を貸与したことに何らかの関与をしていたことを推測させる。佐賀鍋島家は、福岡黒田家とともに長崎警備を幕府より命ぜられており、役目柄、阿蘭陀風説書を入手し得る経路があったと思われ、また島津家は琉球との関係上、長崎に附人を置いて海外情報の蒐集を行っていたと推せられるから、宗城の入手先は直正や斉彬あたりと考えてよかろう。

（2）島津斉彬よりの回達

先に引用した通り、「当子年阿蘭風説」の慶勝の覚書（二の書誌的紹介のところでまとめた⑥）によると「当子年阿蘭風説」は、老中阿部正弘から島津斉彬へ回達され、斉彬より慶勝へ、そして慶勝の実父高須家の松平義建に伝えられたと知られる。よって斉彬につながると思われる先の宗城の経路の源も阿部正弘であった可能性も考えられる。

さて、⑥の覚書に見られる「嘉永五年子十二月四日来　梅柳園写」の跋は、慶勝の日記の同日の条に、

角邸より御書にて御たのみに付、　薩摩守より直書并肴籠来ル并封物唐兵乱并阿蘭風説書添[101]

とある記事に符合する。「角邸」というのは当時角筈村（現新宿区）にあった高須松平家の下屋敷(102)で、この時はすでに隠居していた義建の住居(103)であった。つまり慶勝が義建より書面で依頼を受けていた件につき、（島津斉彬に頼んでおいたところ）今日、斉彬より直筆書と肴籠が到来し、それに「唐兵乱」(104)（おそらく阿片戦争関係の文書）と「阿蘭風説書」（傍点は岩下）すなわち「当子年阿蘭風説」（傍点は岩下）の原本が添えられてきたとの意であるが、実は「唐兵乱」と「阿蘭風説書」の両書が目的物であって、直筆書と肴籠が添物であったことは言うまでもない。

慶勝は即刻「阿蘭風説書」を転写して「当子年阿蘭風説」を作成したのである。この「阿蘭風説書」は、「当子年阿蘭風説」の覚書⑥によれば、「極密のよしにて中務大輔様之御手より相廻り申候」とあって慶勝から義建へ回されたことが明らかである。すなわち、慶勝の日記、嘉永五年一二月七日の条に次の記事が見出される。

　中務大輔様、駒込ニ御出掛ニ候処、四時頃、付而者右書前之品を駒込江差出ス事(105)

一二月七日、義建が駒込に出掛けた記事である。日記は一二月五日と六日を欠き、この七日の記事が四日の記事に並記されているので「右書前之品」とは「封物唐兵乱并阿蘭風説書」を指すと考えてよく、それらを「駒込」に届けるようとの義建の意向に慶勝が応じたと解される。「駒込」とは、水戸徳川家の中屋敷を指し、「当時（安政三年、一八五六年—引用者註）御隠居中納言殿御住居(106)」で、すなわち水戸斉昭の隠居所である。義建は、水戸徳川家六代治保の子義和（高須松平家九代）を父とし、斉昭も治保の子治紀（義和の兄）を父とするので、義建（寛政一一年—一七九九年生れ、嘉永五年当時五四歳）と斉昭（寛政一二年生れ、嘉永五年当時五三歳）は従兄弟の関係にある(107)。さらに義建の室規姫は治紀の女、斉昭の姉であるから義建にとって斉昭は義弟にもあたる。義建と斉昭の親交はこの姻戚関係によって肯んぜられる。

阿部正弘から島津斉彬を経て慶勝の手元にあった「当子年阿蘭風説」の原本（『島津斉彬文書』下巻一所収の「子年阿部伊勢守より封書ニ而相達候風説書抜一通」の写と思われる）および「唐兵乱」は、義建によって斉昭にもたらされた。なぜ斉昭は、このペリー来航予告情報たる「当子年阿蘭風説」を所望したのか。当時の水戸藩の状況を概観してみよう。

弘化元年四月、斉昭は将軍家慶より突然の召喚を受け、翌月には幕命によって「致仕謹慎」に処せられ、長子慶篤が藩主となった(108)。この後、藩内では斉昭を支持する天保改革派が、斉昭の雪冤運動を展開して藩政が乱れ、水戸藩の危機は西国の大名が斡旋に乗り出すまでに拡大し(109)、結局、嘉永二年斉昭の藩政参与が解禁された。ここに斉昭の隠居政治が開始されたが、斉昭の権限をめぐって藩内は再び混乱を呈するに至った。「老公・当公の不和」は歴然たるものとなり斉昭と慶篤の交通は疎遠となった。斉昭は、嘉永四年（一八五一）には阿部正弘にたいして藩重臣たちが政務を自分に相談しないこと、上申書、風説書等も自分に取り継がないことを不満として訴えるほどの状況にあった。かくのごとき状況にあった斉昭は、枢機に属する情報の入手を藩庁をはじめ家中に頼り得ず、義兄たる義建および甥に当る慶勝に期待したと推定される(110)。前述した通り、斉昭は慶永よりペリー来航予告の阿蘭陀別段風説書の大概の情報を得ていたが、ここにその写本を実際に手にするに至ったのである。だが斉昭はその後も何ら具体的な行動を起こすに至っていない(111)。結局、斉昭はペリー来航の二日後の嘉永六年六月五日、阿部正弘よりペリー艦隊にたいする処置を諮問されて(112)、皮肉を混えて左の通り答えたのであった。

如諭俄之暑に相成候処、無御恙令大悦候、扨ハ兼て沙汰も有之候異船之義ニ付ては拙老憂苦不少、追々建白も致候に付てハ良考も有之候ハゞ、早々可申上由被仰越、何も承知致候へ共、拙老憂苦致し建白致候事共御取用に不相成候へバ、今更如何とも可致様無之、只々当惑致候計、恐入申候、乍然夫ハ今更申候てもせんなき事故、今ハ今にて何とか被成候外有之間敷、拙老にてハ今と相成候てハ打払をよきと計は申兼候（下略）(113)

「兼て沙汰も有之候異船之義」の記事が、慶勝から義建の手を経て届けられた「当子年阿蘭風説」の写本を指すか、もしくは含む文意であることは指摘するまでもないであろう。

五　「阿蘭陀機密風説書」の史料的価値

(1)　慶勝の伝記史料として

「阿蘭陀機密風説書」(慶勝本)が、嘉永五年の秋に伊達宗城より借用した嘉永四年次の阿蘭陀別段風説書を慶勝が筆写して成立せしめた「別段風説書」と、同じく嘉永五年一二月四日に島津斉彬より到来した嘉永五年次の阿蘭陀別段風説書をやはり慶勝が筆写して成立せしめた「当子年阿蘭風説」の合冊であることは、すでに述べた通りである。

この慶勝本を慶勝の伝記史料としての角度から検討してみよう。まず、慶勝は、襲封後、藩内の施政に意を注いだばかりではなく、逸早く海外情勢にも関心を抱いたと指摘される。東洋に進出する欧米諸国の動静を的確に把握するため、伊達宗城や島津斉彬を通じて、歴代の尾張藩主さえも見ることが不可能であったと思われる海外機密情報たる阿蘭陀別段風説書を入手したことは、この指摘の証となる。

そのうえに慶勝本、とくにその覚書②・⑥と、慶勝の日記によって、嘉永五年当時、慶勝が伊達宗城や島津斉彬、水戸斉昭らの幕政に関して明確な政治意識を有する有識の大名グループと親交を持っていたことが知られ、それがやがて、安政五年(一八五八)六月二四日、一橋派の形勢の不利を焦慮した斉昭や慶永とともに慶勝が不時登城して大老井伊直弼を詰問し[114]、戸山屋敷に隠居、謹慎を命ぜられるに至る遠因ともなったと解されよう。

また慶勝本は速写本であり、いささか奔放とも評し得るその豪快な筆跡は、慶勝の性格や稟質を推し量らせるに十分な資料であることも付け加えておきたい。

(2)　阿蘭陀別段風説書の一本として

慶勝本は、従来の阿蘭陀風説書の研究においても、全く知られておらず、したがって嘉永四・五年次の阿蘭陀別段風説書の一例としての新出史料である。それも筆写が、御三家筆頭の尾張藩主の手にかかる点は、単に珍しいというより、はなはだ貴重な開国前夜、維新黎明期の史料とも捉えられよう。さらに阿蘭陀風説書そのものに回達経路が記された数少ない一例でもある。(115) 従来、書翰類より伊達宗城、島津斉彬といった有力外様大名間の回達経路は推測されていたが、実際にその回達経路の記された遺存例として貴重な価値を有している。ことに慶勝本中の「当子年阿蘭風説」は、弘化二年（一八四五）より老中首座の地位にあった阿部正弘から回達されたことが明らかで、阿蘭陀風説書の回達が正弘によって推し進められたことをますます鮮明にする史料であって、阿部正弘を中心とした幕末政治史研究、幕末外交史研究の史料としても見逃せない。

以上の通り、慶勝本「阿蘭陀機密風説書」は、単なる阿蘭陀風説書の一写本にとどまる史料ではなく、筆写者や回達者を含め、当時のわが国内情勢を伝える史料としても、はなはだ重要な史料であると考えられる。後者の点に関しては、さらに次に述べてみたい。

（3）ペリー来航予告をめぐる一史料として

嘉永五年の、ペリー来航を予告した阿蘭陀別段風説書は、その記事があるゆえに幕府が「世上之動揺を恐レ深ク秘」(116) したため、鈴木大は、この年次の阿蘭陀別段風説書を筆写することができなかったと回想している。(117) 幕府にとって最も知られたくないこの種の海外情報とは、幕政から遠ざけられていた有識の大名にとってみれば、反対に最も入手したい情報であった。

ここでは、ペリー来航予告情報たる「当子年阿蘭風説」が、当時の幕府においていかに捉えられたか、慶勝本、なかでも阿部正弘の附言は、当時の幕閣と有識の大名との関係や姿勢を探るにいかなる史料を提供しているのか、論じてみたい。そこでまずペリー来航までの事実関係をまとめてみよう。

弘化元年（一八四四）、オランダ海軍軍艦パレムバン号がもたらしたオランダ国王ウィレム二世のわが国に対する開国勧告の親書には、「今より日本海に異国船の漂ひ浮ぶ事、古より多くなり行[118]」くと予測されていたが、はたせるかなこの勧告親書の返翰を幕府がオランダに呈する以前の弘化二年三月に、アメリカ捕鯨船が日本人漂流民を伴って浦賀に現われ[119]、また翌三年にはビッドルの浦賀来航事件も起こり[120]、勧告親書の予測は、現実のものとなっていった。弘化四年六月には、長崎入津のオランダ定期船によって、英国蒸気船の日本来航を告げる阿蘭陀風説書がもたらされ、幕府はその対策に苦慮した[121]。前述した伊達宗城が水戸斉昭に嘉永元年五月に貸与した「極密風説書抜」はこの時の阿蘭陀風説書であった[122]。だが抜本的な対策も立てられないまま、幕府は御三家にたいしても次のごとく布達したにすぎなかった。

　近来異国船度々近海江致渡来候付於　公辺も品々御世話有之（中略）専武備嗜候折柄ニ付御三家方之儀ハ何事不寄諸家目当ニ致候事故（中略）御三家方ニも文武之儀尚此上厚御世話有之、士風御引立被成御領分海岸防禦之筋篤と御申付被置候様可被申上候[123]

すなわち、御三家は他の大名が模範とするので文武をはげまし、士風を引立て、領分の海防を整備せよとの指令であった。

その後、老中阿部正弘は、嘉永元年（一八四八）五月には筒井政憲にたいし、筒井の次には海防掛にたいし打払令復活に関して諮問し、さらに嘉永二年にも三奉行大小目付にたいして同様に諮問し、薪水令給与の修正ないし打払令復活をほのめかす布告を行った[124]。しかし嘉永三年六月の阿蘭陀別段風説書には

　一北亜墨利加合衆国ハ諸国と通商致来リ、其土民の噂ニてハ日本人ニも交易ニ参所存在之趣に候[125]

とアメリカ合衆国の日本への通商要求の高揚と使節団の派遣の可能性が伝えられ、翌四年七月の阿蘭陀風説書では

「何たる沙汰も無之」[126]とされたが、慶勝や宗城らはかえって「油断すべからす、来らん時ハ沙汰なし」[127]と警戒を強めていたのだった。はたして嘉永五年に当る一八五二年初頭、アメリカ合衆国政府が特使の遣日を決定し、オランダ政府にたいして、長崎オランダ商館長の合衆国の特使にたいする協力を要請するに至って、日本への通商要求使節団来航は現実問題となった。[128]この要請にたいしオランダ政府は了解を与え、東インド総督にアメリカ使節団への協力を訓令した。[129]東インド総督はこれを受けて、日本への開国勧告の任を帯びた商館長と、総督の公文書を送ることに決したのである。[130]この決定に随い新任の商館長ドンケル・クルチウスは、同年六月長崎に着任するや、ペリー来航を告げる阿蘭陀別段風説書および「合衆国艦隊との直接衝突を回避するがため、日本国政府の対外政策を一新し、彼が来着に先じて、蘭国と通商条約を締結し、以て急迫を避く」[131]べしと提案した東インド総督の公文書、さらにその日蘭通商条約の草案を幕府に提出した。[132]これらの文書の受理には紆余曲折もあったが、第一部第二章で詳しく述べたのでここでは省略する。オランダ商館長よりの書類を受理した阿部正弘は、海防掛にこれらの書類を下付して評議させたが、海防掛は長崎奉行の帰府を待って、同奉行に諮問すべしと答申したに過ぎなかった。[133]諮問を受けた長崎奉行牧義制は、左の通り、中傷誣告にも等しい、さらに幕府外交担当者の暗愚を露呈したとも評すべき答申を行った。

　和蘭甲比丹貪欲の者にて、自然アメリカより交易筋申上ぐるとも、もと通商御免なき国柄故許容あるまじく、却つて和蘭へ産物多く渡さる、やうにし、右の品々を和蘭にて引受け日本の国産をアメリカに渡し、以後渡来せざるやうに取計ふ存意なり[134]

これによって幕閣の方針は一決し、東インド総督公文書および日蘭通商条約草案は採択せずと決定された。[135]だがこの決によって問題は解決したわけではなく、もたらされた情報「アメリカ艦隊の江戸渡来」の実現を予知・予見した阿部正弘は「憂悶の情に堪」えなかったといわれる。[136]それゆえ正弘は、嘉永五年（一八五二）一〇月末に阿部邸を訪問した島津斉彬に機密の一端を漏らし、[137]翌一一月二六日には、斉彬、黒田長溥、鍋島直正の辺境および長崎防備の任にある三大名に[138]、嘉永五年の阿蘭陀別段風説書のみを回達して意見を求めた。[139] このとき斉彬に回達されたのが、慶勝本「当子年阿蘭風説」の原本（『島津斉彬文書』下巻一所収の「子年阿部伊勢守より封書ニ而相達候風説抜　一通」）であったのである。通説では「其答申は伝はらないが、夷艦掃壊の程度であった事は想像に難くない[140]」とされている。ここで慶勝本「当子年阿蘭風説」の阿部正弘の附言⑤を検討してみよう。

まず附言には、

以上のペリー来航を予告した阿蘭陀別段風説書の記事は「取留候儀」はないが、かねてより阿蘭陀別段風説書の情報は聞いておられるようなので「心得」として回達した

とあり、その文意は、阿蘭陀別段風説書を回達する以前より正弘が斉彬に情報を漏らしていたとの史実と符合する。そして、

「此義」、即ちこの種の日本開国計画については「彼是雑説等」もあるが、この阿蘭陀別段風説書以外の情報はない。

と続けたにとどめ、東インド総督の公文書および日蘭通商条約草案に関しては一切触れず、これを秘した。さらに、

以上の事は内密に心得として伝達したことであるから世上一般に漏洩すると「人気ニのミ相拘」、即ち人々に疑心暗鬼を生ずるばかりで好ましくない、この意を汲んでもらいたい

と、注意を与え、

海防は「随分無油断可被申付置」こと、しかし「事ケ間敷用意」はしないように「取計」られるように

と指示している。通説では正弘が「憂悶の情に堪」えず、斉彬らに回達したとされているが、附言によれば、単に「憂悶の情に堪」えなかったがゆえに阿蘭陀別段風説書を回達したとのみは解せないだろう。むしろ、情報の一端に触れたこれら諸侯のさらに正確な情報を得たいという強い要請に押されて秘匿し通すことが困難となったゆえと推定される。この推定は、正弘がわざわざ「尤此義ニ付而者彼是雑説等も可有之候得とも、此外之義者更ニ可相達廉も無

之候間」と記した文意によって証され、かつ、より重要な総督公文書と条約草案の存在は秘していた事実によって裏書きされよう。しかし、情報の一部公開とはいえ、機密の一端を有識の大名に漏らすのであるから、正弘にとっては、何らかの意図するところがあったに相違ない。すなわち正弘は、「御威光に而、夷人位は其時如何様にも可相成[141]」という幕府有司多数の認識を是としていたとは考えられず、おそらくは、有識大名の反応をそれとなく探ったのだと考えられる。確かに附言の文言だけを追えば、先に見た通り、正弘が、三大名にたいして積極的に意見を求めたとは解せない。しかしながら、正弘の海岸防備を厚くすること、だがそれが世間に不安を巻き起こすことのないようにせよという、具体性のない矛盾した指令は、何らの有効性を持つとは考えられず、この指令が、附言の第一義であったとは理解できない。さらに、たとえ回達の契機が有識の大名の要請であったとしても、正弘が、幕府有司と立場が異なり、いわば現地で外国船と直接対応しなければならない有識の三大名の意見を徴すことに意義を感じなければ、情報の回達はあり得ない。以上の点からして正弘は、有識の大名にそれとなく意見を求めたとみることは至当であろう。そして総督公文書と条約草案を手元に留めたのは、議論の沸騰を防ぐためであったとも解されよう。

ところで、慶勝本「当子年阿蘭風説」は、先に考察した通り、嘉永五年（一八五二）一二月七日以降に、高須前藩主松平義建によって水戸老公徳川斉昭まで達したと知られた。だがそれ以前の一〇月に斉昭は、松平慶永の書翰によってペリー来航予告情報を得ながら、一一月に幕府にたいして建白せずとの返信を慶永に与えているので、斉昭はペリーの来航の情報をさほど重大とは考えていなかったと推される。事実、正弘が一一月二二日江戸城中で斉昭とこの件に関し、談話した際の斉昭の反応は鈍く、翌二三日の正弘宛斉昭の書翰は、通商と土地貸与に憂慮を示すものの、これを梃子としたオランダの貿易増大要求に対する懸念を表明したにとどまり[142]ペリー来航に関して認識するところが少なかった。正弘は、この数日後の一一月二六日、斉彬、長溥、直正の三人に阿蘭陀別段風説書を回達した。そのうち斉彬に回達された本は、一二月四日に慶勝に貸与された。後日、慶勝が著わした「世続一世記[143]」に

よれば、嘉永五年の条に、

幕朝ヨリ和蘭機密書薩摩、黒田、鍋島江機密之義以書付内ミ被仰出、三家江ハ更ニ不相渡候義ニ付、三家ニ而甚不服之義ニ有之、執柄江相尋候処、其後和蘭機密之書相渡候様ニ相成候ハ全三家ノ功労ニ有之叓

と記されており、慶勝は、すでに斉彬から阿蘭陀別段風説書を入手していたにもかかわらず、いや入手していたからこそ、その情報の重要性を認識し、御三家の面々をもって、御三家への阿蘭陀別段風説書の正式な回達を阿部正弘に迫ったのである。これ以降、阿蘭陀風説書が御三家に回達されるようになったこともあわせて指摘しておこう。三代将軍家光の親政以降、御三家をはじめとする親藩は、幕政から疎隔されていたが、ここに御三家は対外関係情報を梃子に幕政への発言力を回復し、ひいては幕政の一端を担うことになったと考えられる。

こうしてペリー来航を予告した嘉永五年の阿蘭陀別段風説書は、阿部正弘から島津斉彬、黒田長溥、鍋島直正に密かに心得として達せられ、島津から慶勝へ、慶勝から高須義建の手を経て水戸斉昭にも伝えられたのである。もっとも斉昭をはじめこれらの諸侯は、その後、大きな行動を起こさず、なかでは反応した方であるとされる島津斉彬でさえも、「阿部の積極的相談もあってか、斉昭、慶永より格段に敏感に事態をうけとめ、深刻に対策を考えていたというべきであろう」[144]とされながら、「その斉彬にしてもこの時期のぬきん出た重大問題として阿部を督促鞭撻するほどの緊急性がうかがわれ[145]」ないとも評されている。この原因は慶勝本に見られるペリー来航予告の情報は「取留」のないことであるという正弘の附言を、これらの諸侯がそのままに受けとったことに求められるのではないかと考えられる。結局、阿蘭陀別段風説書以外の情報は何もないとした正弘の隠蔽により斉昭、慶勝をはじめとする諸侯は、ペリーの来航をあらかじめ知ったにもかかわらず、そのことが現実になった場合どれだけ重大性があるかということを把握することには至らなかったと考え得る。[146]総督公文書や条約草案を呈示すれば外交上はもとより内政上非常に重大な問題となることを懸念した正弘の政治的判断によって情報は操作され、その結果として、幕府の対外政策に容喙《ようかい》す

る人間は本書第二部第二章で後述する福岡藩主黒田長溥以外には現われなかった。おそらく、斉昭の強硬な意見を封ずるための一方策だったとも推量されよう。その点においては正弘の情報操作は一応成功したが、現実にペリーが来航して、日本の開国を迫るに至って、正弘は一層の苦境に立たされ斉昭にも建策を求める仕儀となったのである。

以上1～3にわたって慶勝本の史料的価値について検討したことをまとめると、慶勝本は、ペリー来航前夜における有識の大名グループが入手し得た海外情報の量、質、精密度、それらにたいする大名たち、なかでも慶勝の関心が奈辺にあったか、その焦点は何であったか、そしてそれらの情報がいかに得られ、あるいは制約を受けて伝達されていったか、またそれらの裏に潜む阿部正弘の外交および内政への姿勢を探るうえできわめて貴重な史料であるとの認識が促されよう。

おわりに―「阿蘭陀機密風説書」と慶勝の対外建白書をめぐって―

最後に「阿蘭陀機密風説書」と、慶勝がペリーの最初の来航直後、すなわち再来以前の嘉永六年七月に幕府に上呈した対外政策建白書(147)とをめぐる問題に触れておきたい。

その建白書において、慶勝は、アメリカ合衆国の開国要求を「程能御断」するより方策はないとの意見を開陳する。なぜならば、開国は当然、鎖国の「御祖法ニ触れ」、たとえ一時の無事の為、アメリカの要求を容れたとしても「彼か貪欲」は「迚も限り」がないし、さりとて「手荒成ル御会釈ハ事を求る」ことになってしまうから「程能御断」すべきであるという。この建白の基盤となった慶勝の彼我の国家意識は、建白書の次の部分に窺われる。すなわち欧米諸国にたいしては、「如何様なる野心夷賊たりとも、理不尽に無名之師《（ママ）》を発し、有名之国を攻伐候事は有之間敷奉存候」との認識を示し、かつ日本を「有名之国」つまり大義名分を有する国と考え、その理由として第一に開国は「祖先へ不相立并国之民も甚以不服」であること、第二に、先にロシアより開国の要求があっても断っているのに「今更貴国と取結候ハ魯西亜へも大信義を失」ってしまうことの二点を挙げる。この文脈の中で慶勝は、アメリカをはじめ開国通商を迫る欧米諸国にたいしても「信義を正」せば、わが国の名分も納得させることが可能であるとの認識―すなわち国家間においても人間個々の間に成立する信義の関係が成立し、日本と「夷」である欧米諸国間においても例外ではないとする彼我の国家意識あるいは国際感覚を示しているのである。

ちなみに慶勝の実弟高須藩主松平義比《よしちか》も慶勝の一ヵ月後に対外政策の建議書を幕府に提出しているので、それを比較史料として、慶勝の意見にさらに考察を加えてみよう。

まず義比は「神祖御創業以来、泰平二百年余、御恩波ニ浴し上下安堵ニ打過候ニ随ひ」人民が奢りに長じ「武門之輩も何となく武事相弛ミ候」と当時の日本の国情を泰平慣れした弛緩状態と批判しつつも、黒船が江戸湾に進入したのは「古来未曾有之事」で、さらにアメリカ合衆国が呈書に言う開国しなければ軍艦で威すなどというのは「皇朝の威武を軽侮」するもので、「不敬不遜之至極」であるからして「不及異議御打払可相成ハ当然」との強硬意見を陳述している。

この慶勝、義比兄弟の対外政策に関する意見の相違には、二つの理由が考えられる。まず第一に義比の欧米諸国の国家倫理にたいする認識と慶勝のそれとの間には、相当の隔たりがあったと推されることである。義比の欧米諸国への観察は次の通りである。

追々伝聞之趣にてハ近来清朝煙毒ゟ差起候闘争之始メ、洋異之賊情、都て交易ニ事寄其国々之形勢を伺ひ、邪法私理を以人民を惑し、動も致候へハ、表ニ戦闘を顕候。其実ハ算数を密にするを主と致し、連年ニ剽損之素望を遂候企と被察候

当時、イギリス本国でもアヘン戦争を不正義の戦争であるとする声もあり[148]、義比の観察は、全く誤りとは評せず、むしろ冷厳透徹した国際認識とも評し得ようし、当時の日本の一般的な対外感情を代表しているとも評し得よう。

これに比するに慶勝の欧米諸国家への認識は、欧米諸国と日本の間にも儒教的な「信義」による国際関係が成立し得るのではと期待しているように思われる。これは、欧米諸国間の歴史的な国際関係に照らしても、また渡辺崋山の「権を全地球に及ぼし候洋人は、実に大敵と中も余有之候事にて候[149]」という対外認識に比しても、甘い認識と評せざるを得ないであろう。しかし当時の彼我の軍事力の格差（例えば英・西・蘭の極東配備海軍兵力、米国使節の艦隊編成等）を識っていたからこそ、それ以外になかった選択とみれば、慶勝の現実的苦肉の外交政策建言と評価することはできよう。

当時、欧米諸国間の外交、国際関係を知るうえに、最も正確かつ精緻な資料が、阿蘭陀別段風説書であったことは、本節の所々で説明してきた。慶勝は、再度にわたって自ら阿蘭陀別段風説書を筆写し、それらを合冊・整理している。この行為と慶勝の対外認識形成は無関係ではあり得ない。つまり阿蘭陀別段風説書を鋭意入手して読了筆写した慶勝なればこそ、日本と欧米諸国家の関係は「信義」に期する以外に術なしと認識していたと考えたい。ただし義比も阿蘭陀別段風説書を披見していたか否かは未詳であるから、両者の認識の差の原因を、その披見の機会の有無のみに求めることはできない。それでは、第二点として考えられることは何か。

外夷を邪と捉え、打払いは当然として、ほかに何の具体案もない義比の意見は、感情的で破滅的な拒絶論と捉えられ、一方、祖法と信義を楯に欧米諸国にたいしてわが国の国情理解を求め、納得せしむべしとて、「鎖国」体制維持を旨とする幕府の路線にのっとり、理念としては鎖国の立場に立ちながら、現実的に海防のため大船を建造すべきこと、オランダより艦船、大砲などの洋式武器を輸入すべきこと、西国・東国の諸大名には、公役を免除して自領の防備に専念させること、外交問題は朝廷に奏上すべきこと[150]、などを建言した慶勝の意見は、現実的かつ理論的で建設的な避戦論と考えられる。この義比と慶勝の意見の相違は、両者の幕政上に占める地位の相違とも考えられる。慶勝は、御三家たる尾張徳川家当主であり、島津斉彬や伊達宗城を通じて、幕府外交政策の策定上の重要参考資料たる阿蘭陀別段風説書を入手し得る位置にあり、また御三家として幕閣にたいして発言力を有していた。この場合、慶勝が入手し得る情報は、単に阿蘭陀別段風説書にとどまらず、幕閣の阿蘭陀別段風説書に関する意見や海防策等のいわば幕閣の内情にまで及んでいたことは想像に難くない。幕閣の内情に通じていたがゆえに、慶勝は祖法の遵守と避戦という幕府の外交方針[151]を危ぶみつつも否定し得なかったのではあるまいか。建艦や洋式武器の輸入、外交問題の勅許が後に実現されるに至った点を考えると、ますますその観を強くする。対して義比は、尾張家の一支流、高須家の当主であって、父義建が斉昭と親交を結んでいるにしても、幕政上の立場は慶勝のそれに比して弱く、また気楽でもある[152]。たとえ情報を入手し得たとしても、公然とその情報を政治の手段、幕閣への発言力の基盤として使用することは不可能に近い。慶勝が他の二家とともに、御三家の家格を楯に、阿蘭陀別段風説書の御三家への公開を阿部正弘に迫ったことと同様の行動を、義比はとり得ないであろう。そのような立場にある義比の建策が、当時流行の水戸学的な尊王攘夷論[153]の追従となったのも[154]、また当然だったと考えられよう。

こうして慶勝と義比の対外意見書を「阿蘭陀機密風説書」との関連で考察すると、慶勝は海外情報の入手とその活用によって幕政上に発言する機会を有し建言も可能となったが、それゆえに幕府の政策路線と実現可能な範囲で一致を図る以外になかったという一連のプロセスが理解されよう。つまり「阿蘭陀機密風説書」の記事自体も、慶勝の政治意識、対外認識を高め、現実的な対外政策を建議せしむるうえに役立ったには違いないが、「阿蘭陀機密風説書」の入手そのこと自体が、慶勝の幕政における発言力を高めるのにあずかって力があったと捉えられ、それゆえにまた、後日、幕府の政策に近い現実的な建議を行うに至らしめたとも解析されよう。

註

（1）日本歴史学会編『明治維新人名辞典』吉川弘文館、一九八一年、六六〇頁「徳川慶勝」の項参照。なお、近年尾張藩の研究は、相当程度に飛躍した。主な図書をあげるならば、林董一博士古稀記念論文集刊行会編『近世近代の法と社会―尾張藩を中心として』清文堂出版、一九九八年、新修名古屋市史編集委員会編『新修名古屋市史』第三巻・四巻、名古屋市役所、一九九九年、岸野俊彦編『尾張藩社会の編合研究』清文堂出版、二〇〇一年、同『同』第二編、同、二〇〇四年、同『同』第三編、同、二〇〇七年、林董一編『近世名古屋享元絵巻の世界』清文堂出版、二〇〇七年など。

（2）慶勝の詳細な伝記には「文公紀事略」一～四巻および「慶勝公履歴付録」六、七巻がある。五巻は顕樹公（一五代茂徳）、靖公（一六代義宜）の「紀事略」で、これらを合せて「三世紀事略」と称する。明治一六年以降の編纂物であるが、執筆にあたっては史料的裏づけのない事績を省き、また関係史料を提示するという態度を採っている。編年体の形式を用い、維新期については付録として別巻に編む。徳川林政史研究所の所蔵にかかる。

（3）『徳川美術館の名宝』徳川美術館蔵品抄1　一九八五年八月、二一頁。

（4）『名古屋市史』政治編第一　名古屋市役所、一九一五年、一三〇、一九一頁参照。

（5）同右、一九一～一九九頁参照。

（6）所三男「藩政改革と明治維新」林薫一編『尾張藩家臣団の研究』名著出版、一九七五年、三三一頁参照。

（7）東京帝国大学編集発行『大日本古文書』幕末外国関係文書之一、六七七頁。

（8）山口宗之「幕末尊王思想の展開」『史学論集　対外関係と政治文化』吉川弘文館、一九七四年、四九三頁参照。

（9）『概観維新史』維新史料編纂事務局、一九四〇年、二五〇頁。

（10）一例であるが文久三年三月の将軍家茂上洛後の政局において、慶勝は東下した後見職一橋慶喜に代って将軍を「輔翼」することを家茂より二度依頼されている（「文久三年四月二十四日付慶勝宛家茂書状」および「文久三年五月二十八日付慶勝宛家茂書状」、徳川林政史研究所編集『将軍家・尾州家文書　幕末維新史料展』一九六九年、所収）。

（11）前掲『概観維新史』五八八頁参照。

（12）前掲『名古屋市史』政治編第一、二九八頁～三〇七頁参照。

（13）『水戸市史』中巻（四）、水戸市役所、一九八二年、四七七頁～四八〇頁に嘉永六年のペリーのもたらしたアメリカ大統領国書の開国要求についての取扱いに関する諸大名の答申書の分類が掲載され、慶勝の答申は「避戦論」に分類されている。実際慶勝は、開国は「御祖法ニ觸不容易事柄」であるので開国は不可としている。また一時の無事を求めて許可すれば際限がない。結局

「辞越順《（を）》ニ致、信義を正し、程能御斷」するより手はない。「有辨之国」たれば、夷賊といえども理不尽な軍を発することはない。万一不服の故に、軍艦を以って攻め寄せた場合は国力を尽して一戦を構えるより他ない、としている。註（7）参照。

（14）「阿蘭陀機密風説書」が慶勝自筆写本であることを証明する傍証史料として、徳川林政史研究所所蔵「慶勝公御直書目録」がある。これは慶勝歿（明治一六年）後に慶勝関係の史料を整理する際作成した目録であると考えられる。なぜならば、一丁目の裏に貼紙があって、

レ《（朱）》・御筆ニテ火中見込
△《（朱）》御筆二非サルモノ
・御筆モノ

と記されており、往復書簡、日記、詩歌、書画、叢書、第十五国立銀行に関する書類、写真に関する書類、その他に整理分類されているからである。さらに目録所載の日記は明治一〇年のものまで含んでいるため、かく考えられるのである。この慶勝の自筆書目録たる「慶勝公御直書目録」によれば、「阿蘭陀機密風説書」は「叢書ノ部（御直書叢書ノ箱入）御筆モノ」の項目に、

・《（朱）》阿蘭陀機密風説書　壱冊

とある。これによって明らかに慶勝の自筆写本と認めることができる。

（15）徳川林政史研究所には、慶勝および義禮（尾張徳川家一八代）関係の写真の原板、焼付が所蔵されている。慶勝の撮影した写真に関しては、宮地正八監修『将軍・殿様が撮った幕末明治』新人物往来社、一九九六年、岩下哲典『江戸情報論』北樹出版、二〇〇〇年を参照。また本書、第二部第一章第三節注（11）参照。なお写真の概容に関しては、以下の目録を参照されたい。「徳川林政史研究所所蔵写真資料目録」一～七『徳川林政史研究所研究紀要』第二六号～三二号、一九九二～一九九八年。

（16）一七九五年、オランダはフランスの属国となり、イギリスと敵対関係となったため、蘭領東インドにはオランダ本国からの船が跡絶えてしまった。バタビアの東インド会社（一七九九年解散、東インド政庁へ移管）は一七九七年より、雇い入れたアメリカ船をもって来日した。その後ブレーメンや、デンマーク船も加えて一八〇七年まで一一艘のオランダ国籍以外の傭船が長崎に入津して阿蘭陀風説書を提出したが、これらも広義のオランダ風説書とする。

（17）板沢武雄『日蘭文化交渉史の研究』吉川弘文館、一九五九年、一七八頁。なお江戸時代にもたらされた海外情報としては、不定期的な情報として、帰国漂流民による情報、潜入西洋人（シドッチ）による情報があり、定期的な情報として長崎入津の中国船のもたらした情報を長崎奉行が唐通事をして聴取、文書にした唐風説書と、この阿蘭陀風説書があった。これらは、片桐一男「鎖国時代にもたらされた海外情報」『日本歴史』二四九号、一九六九年、に詳しい。

(18) 松方冬子「風説書確立以前のオランダ人による情報提供について」『東京大学史料編纂所研究紀要』第九号、一九九九年、一頁。なお、同論文を収録した、同『オランダ風説書と近世日本』が二〇〇七年に東京大学出版会より刊行された。本書の内容とかかわる部分が多くあるが、時間的制約から十分に反映させることができなかった。併せて参照されたい。

(19) 片桐一男「和蘭風説書解題―和蘭風説書の研究」（日蘭學會法政蘭學研究會編『和蘭風説書集成』上巻　吉川弘文館、一九七七年、二二一～二二二頁参照。

(20) 岩生成一「鎖国」『岩波講座日本歴史』10近世2　岩波書店、一九六三年、九一～九三頁参照。

(21) 村上直次郎訳『長崎オランダ商館の日記』第一輯　岩波書店、一九五八年、一二四頁、ヤン・ファン・エルセラックの日記、一六四一年（寛永一八）十一月八日条に「また書翰及び口頭で得た海外の情報を奉行に通知することを命ぜられ、直に通詞に話した」と記されている。

(22) 林煒編『通航一覧』第六　清文堂出版、一九一三年、二四七頁～二五二頁。

(23) 同右書、二五一～二五二頁に「寛永の此、ヤンヤウスと申加比丹、段々邦へ御忠節の事申上（中略）御制禁の黒船見懸しことある時は速に注進申上へし、又諸国の変乱の異説等承糺し年々告訴致すへき」（下略、傍点岩下）とある。

(24) 前掲片桐「和蘭風説書解題」二二一～二二三頁参照。

(25)「阿蘭陀船入津ゟ出帆迄行事帳」（片桐一男校訂『鎖国時代対外応接関係史料』日本史料選書9　近藤出版社、一九七二年、四四頁に「阿蘭陀船近寄リ候得者（中略）直ニ阿蘭陀船江右之人数乗組、異国風説書荷物高差出し等通詞申談」とある。

(26) 片桐一男『阿蘭陀通詞の研究』吉川弘文館、一九八五年、五六頁参照。

(27) 中田易直・中村質校訂『崎陽群談』日本史料選書10　近藤出版社、一九七四年、三〇八頁に、

一　阿蘭陀船入湊之翌日、宿次を以注進申上候、御老中江一通（中略）但御老中江者風説書も差上候、宿次証文ニ刻限付ヶ
差出候事

とあり、オランダ船入津の報告書と比して、阿蘭陀風説書は特別に取り扱われている。

(28) デンマークが、元オランダ商館長を雇って、日本へ派遣し、貿易を開こうと計画していることを報じた、延宝三年（一六七五）の阿蘭陀風説書が、翌年の通商拒絶決定の重要参考資料となったことが報告されている。（前掲片桐「和蘭風説書解題」二二三～二二四頁）。

(29)（30）前掲片桐「和蘭風説書解題」二一九頁参照。

（31）例えば、一六四九年一月三〇日の清教徒革命によるチャールズ一世の処刑は、一六五〇年八月八日（慶安三年七月一一日）のオランダ商館長日記中に風説書として記されている（前掲『和蘭風説書集成』上巻一一～一二頁）。その他の事例については「阿蘭風説書解題」四八頁～四九頁の表を参照されたい。

（32）『和蘭風説書集成』上巻三二頁～三三頁に「然る処ヱゲレス船共取廻し石火矢討かけ申候間、此方ゟ討合申候得共、ヱゲレス者数艘ニ而御座候故、不相叶、壱艘者即時に討沈られ申候、残弐艘者暫く戦申候得共、船中人数僅に討なされ弐艘共にヱゲレス方に取られ申候」とある。

（33）『和蘭風説書集成』下巻一二六頁に「フランス国王之弟ロウデウエイキ・ナアポウリユムと申者阿蘭陀国江養子仕国主に相立申候」とある。その後ナポレオンがライプチヒの諸国民戦争（一八一三）で敗北したのでウイレム一世がオランダ国王とあるが「（ルイナポレオンは―岩下註）阿蘭陀国に養子仕、国王に相立置申候処死去仕候に付、以前之国王プリンス・ハンヲラーニイ官名血脈之者阿蘭陀国王に相改、国政等三拾ケ年以前に回復仕候」（『和蘭風説書集成』下巻一四〇頁）として一八四六年までに生存したルイナポレオンを死亡させ、先の虚報とのつじつまを合せようとしている。

（34）前掲『日蘭文化交渉史の研究』一九五頁、「和蘭風説書解題」五二頁参照。また幕末の例であるが、島津斉彬は、「蘭船ヨリ申上候風説書御用部屋外者一切拝見不被　仰付　御定之由ニ而近年者厳敷　御制禁」を仰せ付けられているが、諸大名へも呈示すべきことを訴えている（日本史籍協会編『島津家書翰集』東京大学出版会、三八六頁）。これによって通常は、老中・若年寄以外は、阿蘭陀風説書を公然と見ることはできなかったといえる。

（35）安岡昭男「和蘭別段風説書とその内容」『法政大学文学部紀要』第一六号　一九七〇年、一〇二頁参照。

（36）『和蘭風説書集成』下巻二〇七頁。傍点は岩下。

（37）『国書総目録』によって抽出すれば別段風説書、御内密申上候別段風説書、別段申上候風説書、和蘭風声、和蘭別段風説書、和蘭陀国別段風説書、別段風説書和解等々がある。

（38）前掲安岡「和蘭別段風説書とその内容」一一一～一一八頁参照。また、本項「阿蘭陀風説書の終焉」参照。

（39）松本英治「レザノフ来航予告情報と長崎警備」（青山学院大学修士論文）、同「レザノフ来航と長崎聞役」『洋学史通信』第一四号、一九九九年、「寛永期の長崎警備とロシア船来航問題」『青山学院大学文学部紀要』第四一同号、一九九九年、同「レザノフ来航予告情報と長崎」片桐一男編『日蘭交流史その人・物・情報』思文閣出版、二〇〇二年、同「レザノフ来航とオランダ商館長ドゥーフ」『洋学史研究』第二三号、二〇〇六年参照。

（40）（41）前掲安岡「和蘭別段風説書とその内容」一〇七～一〇八頁参照。

(42) 一二七頁、「付表　オランダ別段風説書写本・刊本一覧」参照。ただし慶勝自筆写本「阿蘭陀機密風説書」も別段風説書の一本であるが、この付表には採られていない。

(43)(44) 前掲片桐「和蘭風説書解題」五六〜六八頁を参照されたい。

(45) 片桐一男「鷹見泉石の蘭学攻究」『大倉山論集』第一一号　大倉山精神文化研究所、一九七四年、七八〜八四頁によれば、鷹見泉石が阿蘭陀（別段）風説書の入手にいかに腐心していたかが日記を通して理解できる。なお泉石の日記は、古河歴史博物館の編集により二〇〇一年から二〇〇四年にかけて『鷹見泉石日記』一〜八として吉川弘文館より刊行された。

(46) 例えば、弘化三年一〇月五日付徳川斉昭宛伊達宗城書翰には、「満清も当秋蘭船ゟ密奉仕候別段風説書之様子にてハ」云々とか「別段風説書ハ可被遊御一覧と奉存候間、不奉呈候」と記され（河内八郎「徳川斉昭と伊達宗城（二）」『文学科論集』一一号　茨城大学人文学部紀要、一九七八年、七頁）、また、同年一〇月二一日付徳川斉昭宛宗城書翰（『人文学科論集』一三号、一九八〇年、二五頁）、同年九月一一日付斉昭宛宗城書翰（『人文学科論集』一四号、一九八一年、三頁）、嘉永三年七月二〇日斉昭宛宗城書翰（『人文学科論集』一七号、一九八四年、四頁）にも阿蘭陀別段風説書に関する記事がみられ、二人の間に阿蘭陀別段風説書の極秘裏の回達が行われていたこと、宗城が斉昭の海外情報の提供者の一人だったこと、彼らが阿蘭陀別段風説書に期待するものが大きかったことが判明する。なおまた、河内八郎編『徳川斉昭・伊達宗城往復書翰集』校倉書房、一九九三年参照。さらに、同書などを利用した最近の論考として星山京子「徳川斉昭と『有志』大名の情報ネットワーク」『アジア文化研究』第二五号（国際基督教大学学報Ⅲ―A）、一九九九年（のち同『徳川後期の攘夷思想と「西洋」』笠間書房、二〇〇三年に収録）がある。

(47) 前掲片桐「和蘭風説書解題」六五頁。

(48) 同右七四、七五頁。

(49) 前掲安岡「阿蘭別段風説書とその内容」一一〇頁。

(50) 同右。

(51) 同右一一一頁。

(52) 沼倉延幸「関白鷹司政通とペリー来航予告情報」『青山史学』第一三号、青山学院大学史学研究室、一九九二年参照。なお同「開国前後、長崎における海外情報の収集伝達について」『書陵部紀要』第四七号、一九九六年も本節に関連している。

(53) 同右一二四頁。アヘン戦争のニュースソースとしては、唐風説書も相当利用され、水野忠邦の対外政策をめぐる幕府官僚間の政争も、唐風説書か阿蘭陀風説書のいずれに信を置くかを争点としてあらそわれたものであった（佐藤昌介『洋学史研究序説』岩波書店、一九六四年、三一九頁）。また唐風説書と阿蘭陀別段風説書を年次的に比較すると、唐風説書は阿蘭陀別段風説書より信憑性が希薄であるが、伝播の可能性は唐風説書も大きかったとする論もある（周防千華子「天保期における海外情報の分析」『駒沢大学　史学論集』第一六号、一九八六年）。

(54) 前掲「和蘭風説書解題」四四頁。

(55)(56) 同右書、四五頁。

(57) 東京帝国大学編集発行『大日本古文書』幕末外国関係文書之二二、一九三九年、六〇九～六一三頁、「二月外国奉行上申書　老中へ　和蘭風説書の件」。

(58) 前掲「和蘭風説書解題」四六頁。また、沼田次郎「洋学史概説」『洋学史辞典』雄松堂出版、一九八四年、一八頁等参照。なお「通常の」風説書、すなわち年次の風説書の下限は安政四年（一八五七年）で、和親条約終結後は作成されなかった。また別段風説書は同年までは送付されたが、翌年は存在しない。安政六年（一八五九）の別段風説書は、厳密には別段風説書とはいえないとする説もある。以上は松方冬子『オランダ風説書と近世日本』東京大学出版会、二〇〇七年。

(59) 註（14）の「慶勝公御直書目録」によれば、「阿蘭陀機密風説書」と同じ「叢書ノ部」の中に、

（朱）・壬生春正月一七日中山へ英船渡来一件　薩届書面写　壱冊

と記載されている。「中山」とは琉球を指す。

(60) 徳川林政史研究所所蔵「阿蘭陀機密風説書」。史料中「宇和島」とは、当時宇和島藩主だった伊達遠江守宗城を指す。嘉永四年は辛亥で壬子は嘉永五年である。嘉永五年壬子を正しいとした根拠については、本節三、「阿蘭陀機密風説書」所載記事の検討の項参照。「盛斉」は、註（2）で述べた「文公紀事略」一に「従一位勲二等徳川慶勝卿始メ諱ハ義恕又慶恕幼名秀之助字君恪号盛齊と号シ後改月堂と改メラル」とあることから慶勝である。

(61) 徳川林政史研究所所蔵「阿蘭陀機密風説書」。「梅柳園」も一般には知られていないが慶勝の号である。同じく徳川林政史研究所の慶勝関係文書中にある「春部」と題された歌集は、筆蹟から慶勝自筆本「阿蘭陀機密風説書」と同筆とみられるが、この冊子の裏表紙に「梅柳園」とある。さらに慶勝関係文書中の「歌集」（「阿蘭陀機密風説書」と同筆）の奥書には、

明治十年八月吉日　梅柳園主人

月堂（印）「勝」の朱文

とある。月堂は慶勝の号だから、梅柳園も慶勝の号とすべきである。

(62) 徳川林政史研究所所蔵「阿蘭陀機密風説書」。以下とくに断りなく引用する史料は同書とする。この附言は、嘉永五年一一月二六日付島津斉彬宛阿部正弘書翰（『島津斉彬文書』下巻一、三八九～三九二頁）とほぼ同一である。

(63)「薩州」は、鹿児島城主島津薩摩守斉彬、「阿部伊勢守」は、福山藩主で老中首座の阿部伊勢守正弘、「中務大輔様」は、嘉永三年以降慶勝日記にも頻出しており、これは慶勝の実父松平義建を指す。「慶勝日記」（徳川林政史研究所所蔵）嘉永三年一〇月一六日・一七日条に、

　　同月十六日
一弾正大弼様（松平義比―岩下註）　御参殿、今日
摂津守様（松平義建―岩下註）御隠居御願之通被為済、御家督被　仰出候
　　同十七日
一弾正大弼様御事　摂津守様ト御改名
摂津守様御事　中務大輔様ト御改名
有之様

とあって、『徳川諸家系譜』第三および『内閣文庫蔵　諸侯年表』によると、義建の子義比は嘉永二年一二月一六日に従五位下弾正大弼に叙任され、翌嘉永三年一〇月一六日摂津守義建は致仕し、同日弾正大弼義比が襲封したと知られ、「慶勝日記」の先に引用した箇所は、これらの事実と完全に一致する。よって隠居後の義建を「中務大輔」と呼ぶゆえに、覚書中の「中務大輔様」も義建のことであることが判明しよう。

(64) 前掲『和蘭風説書集成』下巻二三七頁。

(65) 日本史籍協会編『鈴木大雑集』四　東京大学出版会、一九一八年、三二一〜三四七頁。

(66) 嘉永四年に長崎にもたらされた阿蘭陀別段風説書は、前掲安岡「和蘭別段風説書とその内容」の付表によれば、写本として市立函館図書館、宮内庁書陵部、国立国会図書館憲政史料室に二冊、阿部家、東京大学総合図書館、東京大学史料編纂所島津家文書、蓬左文庫、佐賀県立図書館、県立長崎図書館に現存し、刊本では、日本史籍協会叢書『鈴木大雑集』四、『有所不為斎雑録』に収録されている。慶勝自筆写本の「阿蘭陀機密風説書」はここでもその存在は知られていない。

(67) 佐藤昌介『洋学史研究序説』岩波書店、一九六四年、三三五〜三四三頁。

(68) 註（34）参照。

(69) この種の事例は枚挙にいとまがないほど多い。オランダ商館長やその随員からの情報入手の例としては、渡辺崋山が江戸参府の商館長ニーマンと対談して記した「鴃舌惑問・鴃舌小記」（佐藤昌介校註『崋山・長英論集』岩波書店、一九七八年）を想起すればよく、阿蘭陀通詞からの例では、商館長が参府しない年に、代りに江戸へ出府する参府休年出府通詞や、江戸番通詞、天

文台詰通詞らが江戸蘭学界に多大な貢献をした例がある（片桐一男『阿蘭陀通詞の研究』吉川弘文館、一九八五年）。

(70) 佐藤昌介『洋学史の研究』中央公論社、一九八〇年、三二七〜三三二頁参照。

(71) 開国勧告の親書を、幕府が受領してから約一年半、返書を送ってから約半年たった弘化三年二月になって、幕府はやっと御三家に限り、親書と返書の内容を知らせた（小野正雄「開国」『岩波講座日本歴史』一三　近世五　岩波書店、一九七六年）。

(72) 前掲佐藤『洋学史の研究』によれば、香港総督兼貿易監督官デービイスが、弘化二年以来極秘裏に推進していた日本開国計画（実際には無期延期となった）が、弘化四年六月にオランダ商館長より幕府に伝えられ、老中阿部正弘は「心痛のあまり、かれが信頼する島津斉彬に極秘情報をもらし、相談におよんだものであろう」とされる事件である。この情報が慶勝に伝えられたか否かについては現在のところ確証はない。しかし、同年八月に御三家にたいして武備強化を要請しているので、何らかの風聞はいまだ襲封前ではあるにしても慶勝の耳にも届いていたかも知れない。

(73) この部分の筆の運びは、むしろ一字一字丁寧に書いている。

(74) 前掲『鈴木大雑集』四（鈴別本）、三三九頁。

(75) 註（73）に同じ。

(76)『鈴木大雑集』四、三四〇頁。

(77) 後掲史料編三七一頁の「別段風説書」の番号㊼。

(78) 同右の㊼に付した案文（補註3）、史料編三七三頁。

(79)『鈴木大雑集』四、三三三頁。

(80) 嘉永五年到来の阿蘭陀別段風説書の残存状況は、前掲安岡論文「阿蘭別段風説書とその内容」の付表によれば、内閣文庫、国会図書館憲政資料室、阿部家、東京大学総合図書館、外務省図書館、蓬左文庫、県立長崎図書館が写本、刊本は『有所不為斎雑録』である。また勝海舟の『開国起源』上巻、『通航一覧続輯』第四巻にも収められている。

(81) 前掲安岡「和蘭別段風説書とその内容」一一六頁参照。また本書第一部第二章第一節参照。

(82) 註（6）に同じ。

(83) 前掲『概観維新史』六三頁以下参照。

(84) 田保橋潔『増訂近代日本外国関係史』刀江書院、一九四三年、四六〇頁以下参照。なお、この問題に関する最新の成果は、岩下哲典『予告されていたペリー来航と幕末情報戦争』洋泉社、二〇〇六年である。

(85) 同右書、四六九頁。

(86)『概観維新史』七四頁。
(87)前出『大日本古文書』幕末外国関係文書之一、六五頁。
(88)河内八郎「徳川斉昭と伊達宗城」『人文学科論集』一〇号　茨城大学人文学部紀要　一九七七年。のち、同『徳川斉昭・伊達宗城往復書翰集』に収録。なお、河内「徳川斉昭と伊達宗城」(一)～(一二)はすべて同書に収録。
(89)山口宗之『改訂増補幕末政治思想史研究』ぺりかん社、一九八二年、二九三頁。
(90)守屋嘉美「阿部政権論」青木美智男・河内八郎編『講座日本近世史　開国』7　有斐閣、一九八五年、七二頁。
(91)(92)註(89)に同じ。
(93)河内八郎「徳川斉昭と伊達宗城(一二)」『文学科論集』一一号　茨城大学人文学部紀要、一九七八年、七頁。前掲『徳川斉昭・伊達宗城往復書翰集』三二頁。
(94)同右、三三頁。同右書、五八頁。
(95)河内八郎「徳川斉昭と伊達宗城(四)」『人文学科論集』一三号、一九八〇年、二五頁。同右書、一二〇頁。
(96)河内八郎「徳川斉昭と伊達宗城(五)」『人文学科論集』一四号、一九八一年、二一頁。同右書、一六〇頁。
(97)河内八郎「徳川斉昭と伊達宗城(八)」『人文学科論集』一七号、一九八四年、四頁。同右書、二六八頁。
(98)『水戸藩史料』別記下　吉川弘文館、一九一五年、六七三頁。
(99)同右書、六七八頁。
(100)日本史籍協会編『島津家書翰集』日本史籍協会叢書127、東京大学出版会、一九二三年、四〇一頁。
(101)徳川林政史研究所所蔵「日録用要」嘉永五年一二月四日条。
(102)内閣文庫所蔵史籍叢刊『諸向地面取調書』第一四巻　汲古書院、一九八二年、三八頁。
(103)名古屋市蓬左文庫編『松濤棹筆(抄)下』第一〇巻、名古屋叢書三編、名古屋市教育委員会、一九八六年、一二五頁に、

一、津ノ守様御名乗。義建　角筈御隠居後御誕生鍥之助君(下略)

とあることより知られる。
(104)註(14)で用いた「慶勝公御直書目録」には、叢書の部の秋の箱に「唐国廣西表兵乱一件」なる書があることを記しているので、あるいはこれを指すかも知れない。
(105)前掲「日録用要」嘉永五年一二月七日条。
(106)前掲『諸向地面取調書』五頁。本書は、解題によると安政三年の成立であることから「御隠居中納言殿」とは徳川斉昭を指す。

(107) 前掲『徳川諸家系譜』一、三に依る。以下の斉昭と義建の関係についても同書に依る。
(108) 『水戸市史』中巻（四）水戸市役所、一九八二年、以下の記述も主として同書に依る。
(109) 前掲守屋「阿部政権論」七三頁。
(110) 前掲『名古屋市史』政治編第一の二〇八頁に「嘉永三年七月の慶勝の書に対する斉昭の返翰によるに、所謂附家老の専横を悪み、其禍根を絶たば、枝葉たる群少は自ら閉息すべしと云ひ、又は有志を要路に登用して姦者を斥く可しと勧めしが如きは、実に斉昭が慶勝の意を受けて援助せしものと見る可きなり」とあって、慶勝が斉昭に助言を求めることがあったとしている。そのような関係にあれば、斉昭が当主との不和によって当主からは入手し難い情報は慶勝からもたらされたとしても不思議はない。
(111) 山口宗之「ペリー来航予告をめぐる若干の考察」『九州文化史研究所紀要』第三〇号、一九八五年、一五二～一五五頁。のち、同『ペリー来航前後』ぺりかん社、一九八八年に収録。但し、斉昭は、嘉永六年一月に関白鷹司政通にペリー来航予告情報を伝達した。以上は沼倉進幸「関白鷹司政通とペリー来航予告情報」『青山史学』第一三号、一九九二年。
(112) 『水戸藩史料』上編　乾、吉川弘文館、一九一五年、二頁。
(113) 同右書、四頁。引用史料中の傍点は岩下によるもの。
(114) 渋沢栄一『徳川慶喜公伝』東洋文庫88　平凡社、一九六七年、一八五～一八六頁。
(115) 阿蘭陀風説書そのものに回達経路が記された例は従来五例を数えるのみであった。本節の「阿蘭陀風説書概説」の「阿蘭陀別段風説書」の項を参照されたい。
(116) 前掲『鈴木大雑集』四、三四七頁。
(117) 同右。
(118) 前掲『増訂近代日本外国関係史』三五二頁。
(119) マンハッタン号事件。本事件に関しては、前掲『増訂近代日本外国関係史』三二五～三二八頁、丹治健蔵「弘化期における江戸湾防備問題と異国船取扱令」森克己博士古稀記念会編『対外関係と政治文化』第三　吉川弘文館、一九七四年、佐藤隆一「天保薪水令の実施とその矛盾―弘化二年マンハッタン号事件・弘化三年アメリカ東インド艦隊渡来事件を中心に―」『洋学史研究』第一号　一九八四年を参照。
(120) 註（119）の丹治論文・佐藤論文参照。
(121) 前掲佐藤『洋学史の研究』三二七～三三一頁参照。
(122) 註（95）に同じ。宗城の書翰によれば「ホンコン地の奉行、蒸気船フユルテユレー船号を以」て「御当国(日本―岩下註)江も可罷越由に御座候」

というもので、宗城は「寝食不安之光景」であると憂慮している。
(123)「新伊勢物語」『茨城県史料』幕末編Ⅰ、一九七一年、一六二頁。
(124)前掲佐藤『洋学史の研究』三三一～三三二頁。
(125)前掲『鈴木大雑集』四、三二一～三二二頁。
(126)慶勝本「阿蘭陀機密風説書」のうち「別段風説書」。註(77)参照。
(127)同右書。註(78)参照。
(128)『増訂近代日本外国関係史』四五〇～四五一頁。
(129)同右書、四五一～四五二頁。
(130)同右書、四五三頁。
(131)同右書、四六〇頁。
(132)勝海舟『開国起源』上巻、宮内省蔵版、四七～六六頁。
(133)(134)(135)前掲『増訂近代日本外国関係史』四六九頁。
(136)同右書、四六九～四七〇頁。
(137)島津斉彬文書刊行会編『島津斉彬文書』下巻一、吉川弘文館、一九六九年、三八二～三八三頁。
(138)徳川林政史研究所所蔵「世統一世記」に、嘉永五年の記事として「幕朝ヨリ和蘭機密書、薩摩、黒田、鍋島江機密之義以書付内ミ被仰出」とあることより知られる。なお、鍋島への回達は従来知られていなかった。
(139)『大日本古文書』幕末外国関係文書之一、五六六～五七七頁に黒田長溥の幕府にたいする上書に収録されているが、その末尾に「昨年(嘉永五年―岩下註)私江和蘭風説書御内達有之候間、不差置愚存之趣申上置候」とあることから「幕府和蘭風説書ヲ示シテ意見ヲ徴ス」との見出しが与えられている。
(140)前掲『増訂近代日本外国関係史』四七〇頁。
(141)前掲『島津斉彬文書』下巻一、四三〇頁。
(142)前掲『茨城県史料』幕末編Ⅰ、一五一頁。
(143)註(138)参照。
(144)(145)前掲山口「ペリー来航予告をめぐる若干の考察」一五六頁。
(146)註(139)で引用した黒田長溥の建白書には先の引用文につづいて「何たる御備も無之、是迄と不相替、とても異船不参儀との御評議ニも可有之哉」として、幕府評議ではペリー来航はありえないとの見通しが濃厚だったことをほのめかしている。さらに「其節即ゟ予御用意候ハ、如此節御騒動ニ者至間敷、外国江之響無此上残念至極奉存候、已往之事彼此申上候儀ニ者無之候得共、将来之御為ニ付（下略）」と、阿部正弘が阿蘭陀別段風説書を黒田をはじめ三大名に回達した際に添付した附言の方針が誤っていたと暗に批判しているように考えられる。

(147) 慶勝の建白書は、前掲『大日本古文書』幕末外国関係文書之一、六七四〜六七八頁、名古屋叢書第三篇第十巻『松濤棹筆（抄）下』二六二〜二六四頁、「文公紀事略」巻一にそれぞれ収録されているが、ここでは、義比の建白書も収録されている関係上『松濤棹筆（抄）下』を用いる。以下に引用する慶勝と義比の建白書はすべて同書による。

(148) イギリス国会においてアヘン戦争に関する戦費の支出を決議した際、賛成二七一票、反対二六二票の僅か九票差だったことはよく知られている。反対派のグラットストンは「その原因がかくも不正な戦争、かくも永続的に不名誉となる戦争を、私はかつて知らないし読んだこともない。いま私と意見を異にする紳士は、広東において栄光に満ちてひるがえった英国旗について言及された。だがその旗こそは、悪名高い禁制品の密輸を保護するためにひるがえったのである。現在中国沿岸に形容されているようにしか、その旗がひるがえらないとすれば、われわれはまさにそれを見ただけで恐怖をおぼえ、戦慄せざるをえないであろう」と論じた（陳舜臣『実録アヘン戦争』中央公論社、一九七一年）。

(149) 渡辺崋山「初稿西洋事情書」前掲『崋山・長英論集』一〇五頁。

(150) 慶勝の具体案の原文は次の通り。傍点は引用者。

是迄も大艦御取立之儀を致希望候事ニ候。最早今般渡来いたし、来春之期節も差迫り候へハ、夫迄は迚も御出来調練之手順ハ、難行届、御間ニ合不申候へ共、此上御用意不被置候てハ、何れにも御不自由成義と奉存候間、和蘭へも御談相成、幕府ハ勿論、諸大名へも銘々勝手次第造船之義被仰出候様仕度奉存候。且和蘭人年々為公益相渡候品々是迄ハ毛氈・羅紗・珍禽・陶器ニて無　用之品ニ候処、以来ハ戦艦又ハ大炮を以公益ニ参候様御談相成様仕度事ニ奉存候。（中略）全躰、西国・東国沿海之大諸侯ハ持　国之海防も余程骨折之義ニ付、可成ハ役を寛ケ彼置候方可然候半哉。（中略）篤と御論定之上之御決着ハ、天朝江御奏達之上被　仰答候様奉存候（下略）

(151) ペリーの退帆後の幕府内の対アメリカ政策の主流は、川路聖謨の「ぶらかし」策であろう。これは、アメリカとの戦争を避けるため暫定的にオランダ貿易量の半分をアメリカ貿易にあて、通商を許可するでもしないでもなく態度をうやむやにして時間を稼ぎ、その間に海防力を強化するという策である（以上は石井孝『日本開国史』吉川弘文館、一九七二年、七七〜七八頁）。避戦のため鎖国体制下での暫定措置として貿易を許し国防力を高める努力を払うという方針は、慶勝の対外政策建白の基本路線と多くの点で一致をみる。

(152) このことは、義比自身が建白書の中で「最庶流之輩ハ本家之存意ニ因循致候事ニ付」(前掲『松濤棹筆(抄)下』二六四頁)と記していることより明らかである。

(153) 山口宗之氏によれば、水戸学は「十八世紀末藤田幽谷を唱導者として第九代藩主斉昭による藩政改革水深の中に形成され、藤田東湖・会沢正志斎らの数多い著作を通して鼓吹された尊王攘夷論の主張が天下の耳目をひきつけ、維新運動淵源の意義を担った」(前掲山口『改訂増補幕末政治思想史研究』二二二〜二二三頁)とされている。

(154) 義比の建白書には義比が会沢正志斎の「新論」を読んでいたことを窺わせる部分がいくつか認められる。例えば、建白の「皇朝之威武を軽侮し候文面不敬不遜之至極ニ付」は、「新論」の「(神州は、岩下註)誠によろしく宇内に照臨し、皇化の曁ぶ所、遠邇あることなかるべし。しかるに今、西荒の蛮夷、脛足の賤を以て、四海に奔足し、諸国を蹂躪し、眇視跛履、敢へて上国を凌駕せんと欲す。何ぞそれ驕れるや」(『水戸学』日本思想大系53 岩波書店、一九七三年、五〇頁)と重なるし、本文で述べた義比の西洋観は「新論」の「虜情」を参考にしていると思われる。「新論」の当該箇所は次の通り。

諳厄利は、これより先その来ること甚だ疎なりしが、しかも忽ち鄂羅と相代り、人の側に偪り、人の懐を捜る、また甚だ怪しむべからずや(中略)吾が山川を図画し、吾が運輸を妨害して、しかも吾が人民を誘ひ、啗はすに貨利を以てし、眩ますに妖教を以てす(前掲『水戸学』九九〜一〇〇頁)

第二節　幕末尾張藩の海防と藩主慶勝の役割

――慶勝による海防整備の実態とその出発点――

はじめに

本節は、幕末期における、徳川将軍御三家の一つ尾張徳川家(以下尾張藩)の当主(以下藩主)徳川慶勝が、尾張藩の海防施策にどのように影響を及ぼしていたかを明らかにすることを目的とする。つまりは、慶勝がどのように海防を認識し、海防施策を実行していたのかを解明する。

ところで、江戸幕府（徳川将軍を頂点とする江戸時代の支配機構）の政策決定過程においては、初期は、将軍の思想・性癖、行動が政策等にかなり反映したと考えられるが、[1]近年では、次第に幕藩吏僚制の形成によって、将軍は現実政治から遠ざけられ、政策の立案・決定・執行の権限は、これら吏僚の手にゆだねられていくと考えられている。[2]しかしながら年月を経て次第に吏僚制の硬直化が生じ、当面の危機が克服できない場合、将軍主導のもとに実務派吏僚が直接将軍とむすびつき、改革事業が行われるといわれる。[3]このような現象は、江戸幕府のみならず、諸藩においてもみられ、諸藩の改革の方が、規模が小さいために、成功する例もすくなくない。こうした事例[4]の場合、実務吏僚や改革派吏僚の思想・行動は論じられることはあっても、将軍や各大名などのトップの思想や行動は、史料的制約から、あまり論じられていない。

そこで、私は、尾張藩主徳川慶勝が、安政五年（一八五八）の不時登城事件後、自らの事蹟を顧みて、自ら記述した「世続一世記」[5]を用いて、藩主が藩の海防施策にどのように関与していたのか、あるいは携っていたのかを明らかにしてみたい。

なお、海防をとくに取り上げる理由は以下の通りである。すなわち慶勝の襲封前後の弘化・嘉永年間には、日本近海において異国船の渡来が頻発し、ついには嘉永六年（一八五三）のペリー率いるアメリカ合衆国艦隊の来航を迎え、日本の行く末をめぐって、大名、公家はもちろん、庶民に至るまで、さまざまな現状認識・政治意識が高揚し、意見が百出した時期にあたっており、当時の日本にとって、海防は重大な政治・社会的問題であった。それゆえに「世続一世記」にも圧倒的に多くあらわれる問題であることによるのである。

一　尾張藩の海防

では、「世続一世記」の分析に入る前に、従来の研究によって尾張藩の海防を、知多半島の防衛、水軍、西洋砲術の導入の三点よりまとめておきたい。

知多半島の防衛(6)

尾張藩が領する一円知行のなかで、海防上、重要な地域は、名古屋城下への通舟路である伊勢湾一帯であることは、多言を要しない。その伊勢湾を形成する、名古屋城よりみて下方、左側の知多半島は、最も重要な防衛地帯である。しかしながら弘化三年（一八四六）の異国船（アメリカ合衆国ビッドル艦隊）来航に際しては、尾張藩は「隣領援兵はおろか、幕府への通報すらしなかったために、幕閣から叱責を蒙っ(7)」たのであった。このため、慶勝の襲封直後の嘉永三年（一八五〇）より、知多半島の防衛は、にわかにクローズアップされ、のちに西洋砲術指南役に任命される物頭上田仲敏と、船奉行千賀《せんが》与八郎が、この年知多半島を巡見して、台場の位置選定を行った。こののち、安政元年（一八五四）に至って、師崎、内海の二台場が完成した。台場完成までは、名古屋城下より、出兵するため、嘉永三年の段階で、烽火と早飛脚による二重の非常通信手段が講じられた。この通信手段によって異国船渡来が伝えられると、名古屋城下より千賀与八郎率いる先発隊、大番頭指揮下の一番手（一ノ手、二ノ手）、二番手（同上）、年寄以下の予備隊、合計四、一三五人が動員される態勢が整えられた。

水　軍(8)

尾張藩の水軍は、初代藩主義直の代より仕えた千賀氏（伊勢九鬼氏支流、知多半島師崎に居住）の管掌するところであり、嘉永四年（一八五一）に慶勝が襲封後初入国した際の水軍演習では、大小一四〇隻、乗組員四七六人が参加している。ペリー来航後、幕府がそれまでの大船建造の禁令を解いたことから、文久三年（一八六三）、横浜に来航中のアメリカ汽船を買収して神力丸と名づけ、名古屋・江戸間の通船として運用し、水軍調練もあわせて行ったという。

西洋砲術の導入

尾張藩の砲術は主として稲富流と田付流の二派が行われ、幕末まで続いていたが、[9] 西洋砲術の導入も行われた。西洋砲術は、まず、長崎の阿蘭陀通詞吉雄耕牛の孫、吉雄常三にはじまる。[10] 常三は、公的な記録[11]では、文政九年（一八二六）に「蘭学心得翻訳」として藩から二人扶持を受ける身となり、同一一年御目見医師見習、天保七年（一八三六）寄合医師（七人扶持）、同九年奥医師格（切米五石五人扶持）一〇代斉朝付、同一一年奥医師に進められ、一〇〇俵をはんだ。しかし同一四年「病死」した。

奥村得義著わすところの随筆「松濤棹筆」巻四[12]によれば、常三は、もとは町医者で、文政天保の間に取り立てられた。彼は長崎でオランダ医学を修め、「東行遊歴」して名古屋に滞在、オランダ医学をもって患者を治療した。とくに泌尿器治療で多くの人々が救われたという。その後、オランダ砲術書「粉炮考」[13]を著わし、刊行を企画したが、鉄砲奉行衆が「余り神速の術に過て打手の過ちあらん事」と危ぶんだため、刊行が見合され、「粉炮考」は忘れ去られてしまったという。得義によれば、常三の研究していたのは「火縄なくして口火を発する妙法」つまり雷管銃の開発であった。しかし彼は、その実験中に非業の死をとげた。[14] 公的記録（「藩士名寄」[15]）での「病死」は表向きのことであった。常三の死は、悲劇ではあったが、彼が阿蘭陀通詞の家系出身で、蘭書より研究をしていたことは、彼の門人上田仲敏や伊藤圭介へと受け継がれた。こうして、尾張藩における西洋砲術の導入がはじまるのである。

上田仲敏は、高八〇〇石で、書院番頭上田半右衛門の惣領。全十郎・頼母・帯刀などと称した。文政三年（一八二〇）遺跡相続、寄合となり、天保三年（一八三二）使番、同一一年持弓頭、弘化三年（一八四六）本丸詰物頭、安政六年（一八五九）西洋砲術の業績によって書院番格に昇進、文久三年（一八六三）に病死した。[16]

奥村得義は、嘉永六年（一八五三）ごろの記事の中で、上田のことを次のように評している。

此人先年より蘭学好にて、大炮究理有之、当時西洋館とも可申大炮家にて、常々屋敷ニテ焔硝製作も有之、尾府於て西洋新流の大筒家、江戸に比する時ハ下曾根金三郎之場ニ可相当人器也[17]

下曾根金三郎は、江川英龍とともに早くより高島秋帆について西洋流砲術を学び、江川について、「高島流砲術指南」を許可され、講武所砲術師範役、歩兵奉行、陸軍所砲術修業人教授頭取などを歴任した、江戸随一の砲術家である[18]。上田にたいする奥村の評価はかなり高いといわねばならない。

上田仲敏の業績として、嘉永二年刊行の『砲術語撰』[19]、嘉永三年成立、同六年刊行の『西洋砲術便覧』[20]がある。前者は、イロハ順に西洋砲術関係の用語を配列してカタカナ表記し、下に簡潔な和訳を付したもので、「上田仲敏輯、山田重春校」となっている。「例言」によっても砲術初学者のための用語集であることが理解される。後者は、「上田帯刀仲敏著、西村良三《(柳河春三)》朝陽補」とあるが、実際には、柳河春三がほとんど訳し、春三の毛筆を刻字したともいわれ、春三の力をかなり借りているものである。ところで同書は、煩砲総説からはじまって、諸砲空径弾量比例表、鉄製実弾尺度表や硝石・木炭・硫黄・火薬調和之量など、上巻一三項目、五三丁（叙、例言も含）、下巻二五項目、六七丁（附録を含）の西洋砲術の入門書である。奥付には、前述の『砲術語撰』とならんで『砲術便覧二編』が「嗣出」と予告されているので、上田としては、さらに詳しい高度な砲術書を刊行するつもりだったらしい。大坂河内屋、尾州永楽屋が「發兌」、江戸岡田屋を「書肆」とする。

さらに上田は、「家屋の縁下より積塵の土を掻き集め之に灰を加えて煮沸精製して硝石を得ることを教え之に因て軍事上大に貢献した[21]」とも評価されている。

以上のような研究は知多半島防衛の台場築造や安政六年（一八五九）の銃隊編成、万延元年（一八六〇）の大隊訓練、文久二年の家中一統足並調練[22]などに具体化されていく実践的、実学的研究であった。

このように尾張藩の西洋砲術導入を語る場合、非常に重要な人物である上田仲敏であるが、文久二年（一八六二）に、反慶勝派である竹腰兵部少輔と武野新右衛門とともに朝廷調伏を企んだとされており、上田は国学者でもあるので、疑問が残るが[23]、うわさとしても、慶勝との距離はいま一歩明らかではないように思われる。

西洋砲術の導入では、伊藤圭介も忘れることはできない。圭介は文政六年ごろ、先の吉雄常三より蘭学を学んだといわれている。圭介の海防に尽力した様子に関しては、杉本勲『伊藤圭介』[24]に詳しい。ここでは慶勝との関連を考慮して、同書よりまとめておく。

伊藤圭介は「藩士名寄」[25]によれば、嘉永五年（一八五二）に「蘭学心懸厚手広療治仕候付」三人扶持を受け、安政六年（一八五九）には寄合医師（七人扶持）となり、慶応元年（一八六五）奥医師見習（切米二五石五人扶持）となった。しかし圭介と尾張藩との関係は、弘化四年（一八四七）、圭介が用人支配となることからすでにはじまっていた。そして慶勝が、圭介を知るようになったのは、圭介が、嘉永三年（一八五〇）に『表忠詩鈔』を刊行して、慶勝に献上したころからである。その後、嘉永四年には「遠西硝石考」[26]四冊を訳述し、また安政元年に三〇〇目カノン砲「丹心報国」をそれぞれ慶勝に献上している。また慶勝の写真研究にも、蘭書の翻訳というかたちで協力している。[27]

以上のように尾張藩の西洋砲術の導入は、吉雄常三の個人的研究から、番方の上田仲敏による藩の公的研究および実践と、伊藤圭介によるどちらかというと藩主慶勝に直結した、上田を表とすれば、伊藤を奥とでも称すべき研究・実践によって、全藩的規模で行われたことが理解できよう。

二　徳川慶勝と海防施策

徳川慶勝が尾張藩主となったのは、嘉永二年六月四日のことであるが、はじめて入国したのは、同四年三月一三日のことである。[28]「世続一世記」の記述も嘉永四年（一八五一）からはじまっている。それによれば、「嘉永四年亥春初帰国、其時ノ政事旧弊一洗ノ主意専也」とあって、藩政改革の志を強く持って臨んだことが理解できる。しかしながら、この四年の条には、以下に引用する「文公紀事略」[29]の知多半島防衛策や、武芸調練、水軍演習の記事はみられない。つまり、安政五年（一八五八）の「世続一世記」執筆当時慶勝にとっては、これら海防施策よりも、もっぱら人材登用が印象深かったのであろう。[30]

ただし家中としては、嘉永三年には、前節で述べた、上田・千賀の師崎巡見や、それに伴って千賀与八郎配下の師崎在所留守居用人の家老格引上げと加増、農民に捨扶持が宛がわれ、農民を師崎へ人夫動員することが可能となったこと、五貫目玉大筒が鋳造されたことなど、[31]あわただしい動きがあり、藩全体としては、次の嘉永四年の一連の海防施策へと組み込まれていった。

（史料一）

封内知多郡ハ海中ニ斗出スルヲ以テ新タニ炮台ヲ築キ、又大高、亀崎、大井、師崎等ノ各所ニ烽燧ヲ設ケ海防ニ備ヘ且許多ノ銅鉄ヲ購求シテ大小砲ヲ鋳造シ不虞ニ備ヘラル（文公紀事略）

（史料二）

藩士ノ怠惰ヲ警策スルカ為ニ之ヲ城中ニ徴シ其読書講義ヲ聴カレ、武技ヲ演習セシメ、或ハ郊外ニ出テ各隊ノ操練・大炮ノ発射ヲ検閲セラルル等、殆ド虚日ナカリキ（同右）

（史料三）

（嘉永四年）十月四日熱田海ニ航シ船軍ヲ覧閲セラレシ概略ハ、当朝城下堀川ヨリ名古屋丸（船号）ニ乗船セラレ、鯨船十五艘、小舟二十五艘ト家老以下乗組二十餘艘ヲ従ヘ熱田海ニ臨マル、于時ニ新番小十人徒組等二百餘人水練ヲ演ス（扇面ニ字ヲ書シ或ハ半弓ニテ鵜ヲ射ルモノアリ）船軍ハ一隊五十艘ツヽ、一ノ備ハ半月、二ノ備ハ一文字ニシテ、各隊矢炮ヲ連発シ、其間水雷火並昼夜相図火等ノ技ヲ演ス、夜帰ノ際、沿岸ノ燈光白日ノ如ク、従覧ノ者立錐ノ地ナカリシト（同右）

以上を補う記事が『松濤棹筆』に所載されている。[32]それによると、嘉永四年（一八五一）四月一四日には慶勝入国後はじめての触が出され、矢田河原での大筒稽古や家中屋敷内での小筒稽古が奨励された。おそらく史料二にかかわる触と考えられる。さらに五月二四、二五日には、付家老成瀬隼人正正住、用人滝川又左衛門、舟奉行千賀志摩が知多巡見に出発、六月二日に帰名した。また千賀は、八月一六日に平太船に大筒を設置して試練射を行い、これに上田帯刀も参加している。これらは史料三の一〇月四日の水軍調練の準備と考えられる。さらに九月一五日は、城代用番下条庄右衛門が矢田河原へ出張し、来る二八日の慶勝閲兵の内見分を行った。

以上によって入国早々、海防の整備に出精する慶勝の姿勢は、十分うかがうことができよう。このような具体的海防施策を行う一方で、嘉永四、五年は、海外情報の入手につとめ、幕政への発言を求めて積極的に動いたが(33)、ついにペリーの来航を迎えてしまった。

慶勝は、来航後の大名諮問にたいする意見上書において、避戦の立場に立ち、通商要求は拒絶しながら、海防を充実させることを説いた(34)。しかるに、それは、尾張藩としては次のように実行に移された。

（史料四）

異船渡来（ペリー来航―岩下註）ニ付、武役ノ輩、軍法精進申付ル、九月二十日ノ頃軍法猶更究理ニテ寛政ノ法ニ基キ、近松彦之進ニ命シテ、其支行届候事（世続一世記）

ここに記されている近松彦之進とは、高一五〇石で、当時書院番、また「御軍用御備等補助(35)」を勤めていた、尾張藩長沼流軍学師範の近松矩弘《のりひろ》である(36)。詳細は『名古屋市史』人物編第一にゆずりたいが、こののち、安政三年（一八五六）には慶勝の軍学師範となり、安政五年の慶勝幽閉では失脚、慶勝の復権とともに復職して、小納戸頭取となり、征長の役では軍司となって、広島本営における首実験の式礼を取り仕切ったとされるほど、慶勝と行動をともにした藩士である。かくして嘉永六年の近松による軍制改革は慶勝が命じ、寛政の軍制を基本に行われたことが判明した。現実の黒船来航を機に、旧来の軍制をもとにしながらも、改革せざるを得ない危機的状況が読み取れるであろう。さらに、さしあたって切迫する情勢への対応も行われた。すなわち、嘉永六年七月六日、元加判役の渡辺半蔵に手勢と百人隊を率いさせて、江戸に東下させた。

（史料五）

新ニ警衛組ヲ設ケ、且大砲幷打手数十名東下ヲ命シ、予メ非常ニ備ヘラレ、且渡辺半蔵ハ手勢幷百人隊ヲ率ヒ東下セシメラル（文公紀事略）

この渡辺半蔵一件は、藩内でニュースだったらしく、「松濤棹筆」にも「九日（七月九日）ニ実聞[37]」として「六日夕、半蔵殿より百人組へ右之趣（江戸警備のため東行すること―岩下註）被仰渡。今夜通しに江戸へ可下人数調候由。都合五十人其騒動不大形ト云々半蔵殿へハ寄合組ハ不附事之由[37]」と記されている。

渡辺半蔵は一万石余の大身で、「女郎くるひ[38]」の父とは違い評判もよかったが、天保一〇年（一八三九）以降、故あって加判役を免じられていた[38]。正式に加判役に復し、諸大夫に任じられたのは嘉永七年（一八五四）一二月で、東行後のことである。この人事は、いわゆる抜擢人事であったと思われる。そして、嘉永七年正月のペリー再来に対応して、藩兵を築地邸[39]に集結させて、警備を行い（文公紀事略[40]）、また藩士一統にたいしては次のような徹底した施策を行った。

（史料六）

従前藩士ニシテ嘗テ炮技ヲ解セサル者アリ、自後重臣以下刀筆吏ニ至ルマテ尽ク、火器ヲ貸与、弾薬ヲ与ヘ、尽ク銃炮ヲ演習セシメラル（文公紀事略）

（史料六）のような家中一統の銃砲調練が可能となるためには、現実問題として、使用可能な大量の銃器が必要となる。安田修「幕末の尾張藩所有の鉄砲について[41]」によれば、幕末期（文久二年＝一八六二）の尾張藩の鉄砲は、清須櫓ほか九箇所に保管されている銃砲だけで五、九七七挺あった。ほかに藩主射撃用の御側御筒（約二五〇挺）、農村貸与の銃器、洋式銃、藩士所持の銃器もあり、これらは数に入っていないので、六千挺以上は存在したと考えられる。

仮に元禄期（一六八八〜一七〇四）の尾張藩家臣団の人数一七〇二人[42]を時代を考慮しても、ほとんどの藩士に行きわたるだけの銃器は保管されていたと考えてよいだろう。そうしたわけで、（史料六）は事実としてありうると考えられるが、ただし、それらの銃器がどの程度実戦に耐えうるものかなどといった質の問題は依然として残っている。

ところで、慶勝は「世続一世記」安政元年（一八五四）の条に「今度大炮製造如左」として、次の通りの大砲類を列記している。

(a)

五貫目長筒　催撞
五貫目長炮　五雷師
三貫目長炮　正合　同　三正　同　奇勝
一貫目長筒　尽強
五貫目同　十二挺
魯、衛、晋、鄭、曹、蔡、燕、斉、陳、宋、楚、秦
五貫短筒　天地
五百目長筒　天門開
三百目長筒　表忠徴枕
五貫目短筒　風雲
五貫目短筒　龍鳥
五貫目短筒　虎蛇
三貫目短筒　十二挺
子、丑、寅、卯、辰、巳、午、未、申、酉、戌、亥
十二貫目短筒　劈海

十二貫目同　歳星
三貫目同　三捷
三貫目短筒　三才
三貫目同　三襲

(b)

弾丸新筒附属ノ分
十二貫メ二挺但三十二挺外空丸百三十七、一挺當リ六十七玉
五貫目二挺實丸二百、一挺當リ百丸
五貫目空丸二百五十四、一挺當リ六十三玉余
三貫メ三挺内一挺三十二ノ外實丸三百七十二、一挺當リ百二十四玉
三貫十二挺内三十二挺外實丸外ニ江戸廻リ空丸四百四十、一挺當り三十三余
五百目十三挺内一挺三十二ノ外實丸四百二玉、一挺當リ三十玉余
〆千八百五ノ弾丸
焔硝　大箱　三箱　上田製

これを図表化すると左の表の通りである。（a）と（b）とでは数値の把握が異なっているが、一挺当りの弾丸数まで算出しているのは興味深い。

ところで三百目長筒（カノン炮）の「表忠徴枕」は、「表忠」から伊藤圭介の「表忠詩鈔」を想起させる。伊藤は既述のごとく、この安政元年に三百目カノンの「丹心報国」を鋳造、献上しているが、これとの関連については、よくわからない。同一物か、別物か、別物とすれば「丹心報国」が記されなかったのはなぜか、今後の課題としたい。

	(a)	(b)	弾丸数（b）′	1挺当たりの弾丸数		
				記載価	(b)′÷(b)	(b)′÷(a)
12貫短筒	2	2	137	67	68.5	68.5
5貫短筒	14	2	200	100	100	14.3
5貫短筒	4	4	254	63	63.5	63.5
3貫短筒	3	3	372	124	124	124
3貫短筒	15	12	404	33余	33.6	26.9
1貫短筒	1	1	——	——	——	——
500目長筒	1	13	402	30余	30.9	40.2
合　　計	40	37	1805 (1769)	——	48.8 (47.8)	45.1 (44.2)

（註）「世続一世記」（徳川林政史研究所）より作成。少数第2位四捨五入。
弾丸数合計は、1769を合計して得られた数字。

焰硝は、「上田製」とあり、上田仲敏の製法によるものであることが明記され、上田の業績は、藩主の知るところでもあった。さらに「世続一世記」の安政元年の条には次の通り砲術関係の記事が散見する。

（史料七）

今度発明致ス炮術カルコ不用口薬不用ニシテ、早打ノ法発明致、稲富家[43]ニテ取扱ハセ候事（世続一世記）

（史料八）

藤村家[44]ニテ製造スル秘傳法一通り木砲ト唱候物、新ニ出来為致候、大炮ニテハ難行届三挺トモ一貫メ（同右）

（史料七）では「カルコ不用口薬不用」とあるが、「カルコ」とは、弾丸を込める際に用いる棒[45]で、これを使わないで弾丸の装塡を行い、早打が可能な技術開発のことを述べている。つまり、伝統的な和流砲術の稲富流にたいしても改良、開発の命を下し、技術向上を図らせていたことが理解できる。同様に、（史料八）の「木砲」というのは、林子平が『海国兵談』にいうところの、「松の木筒、能丸を飛ばせて遠キに及ぼすものなり。然レども久ク用ルに不レ堪。只五六発に限ルべし[46]」とする松の木筒のことである。木筒では、軍事的な効力という点に問題があると思われるが、幕末政情不安な時期にあって、全藩を海防へと傾斜させることが重要であったので、こうした措置がとられたと理解したい。

このような海防施策は、安政三年ごろピークをむかえたようで「世続一世記」の安政三年条には、次の通り、多くの海防施策を列記している。

（史料九）

⑴軍用船サカ艫舟大炮仕懸ノ孤舟出来致候

⑵今度百目筒放発試ノ為三挺ツ、合九挺出来

⑶発明ノ鋳方ニ付三挺試ノ為申付同（安政三年）年六月ノ叓也

⑷築地江大炮台場相築、四季打願済日並相立放発致シ候

⑸一貫目大多擲破裂ニ付再鋳申付、大塩弥平太ニ度々見廻リノ義ヲ申付候叓

⑹大炮鋳造究理ノ為十文目筒九挺、且外三挺出来サセ、於矢田河原放発ノ処、西流古流無遁《のがれなく》両様破裂、
　且無子細筒両方ニ有其内トタン二厘ノ方無子細事

⑺軍学於夜据之間、近松彦之進講月三才也

以上記載順に抄出したが、⑴は、従来の軍用船に大砲を積載したことを述べ、⑵は百目筒試射のために九挺製造したこと、⑶は、鋳造法の改良があったことをうかがわせる。⑷は、江戸蔵屋敷築地邸に台場を築造し、四季打願を幕府に出して許可され、日取を決めて、試射訓練したこと、⑸は、一貫目筒破壊のため、再鋳を命じ、五拾石高で、大番、書院番、嘉永三年（一八五〇）より慶勝の「芸術（武芸）御相手」をつとめた、小納戸役大塩弥平太[47]に、監督させたことを記す。⑹は、大砲鋳造技術向上のため各種実験が矢田河原で行われたことを示し、⑺は、この年から近松彦之進に軍学を進講させたことを記述している。

以上述べてきたように、慶勝襲封直後（一八五〇＝嘉永三年）より戸山邸幽閉（一八五八＝安政五年）までの、八年間の

尾張藩における海防施策は、主として藩主慶勝の主導するところによって行われ、上田仲敏、伊藤圭介らの西洋砲術研究者および、加判役渡辺半蔵や小納戸役大塩弥平太などが、大砲鋳造、巡見、指揮などの実務を担当し、近松彦之進が軍学を講ずるといった態勢であった。そして「松濤棹筆」などによっても、この慶勝の海防施策は、全藩的規模で行われたことが判明した。

三　慶勝の海防施策の出発点―「防禦一巻」について

前項で明らかになった通り、尾張藩の海防施策は、藩主慶勝の主導によるところが大きかったのであるが、では慶勝は、いかなる資料をもとに、それらの海防施策を主導したのであろうか。本項では、数ある慶勝関係文書群中よりとくに、慶勝が筆写した「防禦一巻」[48]をとりあげて、これこそが、海防施策の重要参考資料であることを明らかにしたい。

「防禦一巻」解題

所与の目的を果たすために、まず「防禦一巻」の解題を述べておく。同書の最後部を左に引用する。

右拙策條々乍憚竊御達申上候、尤今般之御触ニ付、定御評議被為在候、是等之趣ハ兼而御顕職衆ニ者思召被為在可候御事、勿論ニ候得共、当時ハ用向万事大切ニ被存候間、急卒之御処置者無御儀与奉被為察候（中略）今度海防守備与申候而も事既兵事ニ係、尋常普通之義ニ者無之、兵者迅速を主与仕候得者、何卒御評議一決仕、急速御守備向、顕然与、全備仕、何時异船渡来仕共、一陣之御備徴然与布列致、凶賊為怖御様仕度奉存候（中略）且今度改而御触之御趣意をも承知仕旁《かたがた》、以日本存入候条々何共覆蔵難仕、不顧不程、敢而内達仕候、恐惶頓首謹言

庚戌二月（嘉永三年―岩下註、以下同）　伊藤三十郎（茜部相嘉）

右之ケ条ハ隼人正（成瀬隼人正正住）ゟ差出候書付之写

嘉永四年辛亥夏六月

源慶恕（徳川慶勝）（印）

本書は、「内々申出」と冒頭にも記されていることから、内密に上呈されたもので、成立は嘉永三年二月、著者は、伊藤三十郎こと茜部相嘉《あかなべすけよし》。彼が上呈した本を、嘉永四年六月に慶勝が成瀬正住から差し出され、筆写した、慶勝自筆写本であることがわかる。墨付一六丁の和とじ本で、慶勝自筆「目録」[49]には「防禦　〇一」と記され、「目録」上で表紙右上に胡粉の白丸が付されていることが示されている通り、現物にも、胡粉白丸を認めることができる。

著者伊藤三十郎は、文政五年（一八二二）、父の隠居により切米三〇俵で小普請組となり、同七年表御錠口番並（一〇〇俵）同年小姓格（一五〇俵）、同年小納戸、文政一三年書院番格、天保二年（一八三一）大番組、嘉永四年（一八五一）茜部改姓、同六年清須代官、安政五年（一八五八）金奉行となるも「勤向無之候付御普請役可相勤候」、万延元年（一八六〇）、隠居、逼塞を命ぜられた。文久二年（一八六二）清須代官に復職、同三年願隠居となった。[50]天保一〇年十一代斉温《なりはる》が死去した際、幕府が田安徳川斉荘《なりたか》を十二代に推したので江戸老臣が、斉温の先代十代斉朝《なりとも》に無断で、斉荘受け入れをはかったのに憤り意見書を上呈するなどを行い、慶勝擁立の金鉄党の首領的存在だった。[51]嘉永六年の清須代官就任は「抜擢[51]」とされるが、おそらく慶勝の主導による人事であろう。

以上から、「防禦一巻」は、慶勝擁立をとなえた金鉄党の伊藤三十郎の海防意見書で、嘉永三年二月に成立し、慶勝は嘉永四年にその内容を筆写したことが判明した。

建策内容

次に、伊藤の海防意見書「防禦一巻」の内容を吟味していく。伊藤は、まず、西洋砲術にたいする自らの理解を開陳する。

彼西洋諸国之兵法与申候者、炮術を専要ニ仕、一船ニ所載之大炮百許十内外、其小大ニ従、留人別所帯之小銃各二・三筒も有之、法令厳重にて実戦ニ慣候由略伝聞仕候次に、それにたいする、日本の旧来の砲術に関する現状認識を述べ、建策を行っている。

尤御備組之内、大筒役附属仕、兼而古法御増補ニ御座候得共、未右御役組入にて大筒打方等御調練無御座、且御法式ニ而者大御番之輩手詰、衝鋒之輩而已にて、其場所迄者、何所作も不仕、徒ニ前進仕、（中略）空敷矢面ニ立、相進何れも敵之為、的ニ打れ死傷不少（中略）且大筒役許ニて者大炮之数も不足仕候間、大番組隊ニ於て大筒打方兼帯相勤、猶又小筒をも面〻相携（中略）都而一隊各〻精力之限を尽（中略）御調習御座候様奉存候

すなわちこれまで大筒も付属していたが、調練はほとんど行われず、「衝鋒の輩」のみにて結局は損害を大きくするので、大番役にも大筒打方を兼帯させ、小筒もめいめい携帯させて十分調練を行うことを建策している。前項でみた、慶勝による砲術調練の奨励（史料六）にみられるごとき、重臣や刀筆吏に至るまでの銃砲貸与と演習は、全くこの建策のたまものと思われる。次に海岸防備における総論として以下の通り述べている。

海戦之義者、西洋国同製之艨艟無御座候而者御萬揚之闘争難仕候者、賊舶涯近寄来候節ハ、上陸不仕候様相極、兼而構置候砲台土塁より大砲打立（中略）且小船を乗出遠浅岩洲等を御備ニ取、大砲仕懸、前後左右より打悩、或賊亦小舟を即攻来候得者、小筒を以櫂打ニ仕（中略）又偽引而上陸為致不意後へ回シ、賊船を焼討致候歟、陸戦ニ於茂、覆兵ヲ以、後陣を討計略肝要奉存候、是等之手術水軍之義も野戦同様ニ時々御教習御座候様奉存候

これなども、慶勝入国早々の水軍調練として結実している。

これらをもとに各論を展開するが、まず、他領への援兵に言及する。

御領分知多郡之義ハ、件之両国《（参河・志摩）》ニ孕れ、内海ニ在之候地にて容易ニ渡来も仕間鋪候間、第一手師崎表御備之一隊他所加勢之方江可為振替御座候歟、今般御触之趣にても御隣国小家衆へ者必御助勢可被在之ニて奉存（中略）仮令従《（ママ）》彼地ゟ御加勢不被相願候共、早速彼国々江御具合被仰付、地理見分之上炮台土塁等迄も御世話可有御座候歟（中略）（三河の諸侯が―岩下註）援助可有之候得共、小家之事ニ候得者、援兵も寡、大炮等も不足可仕候間、是

等之衆へ御委任も難被成候半歟（中略）参州之諸侯者何れも吉田以東之援助ニ被為宛置、片浜十里之場所一円御家一手にて御援助被為在并大炮者勿論其余之戎具、玉薬矢種等ニ至迄合力被成（下略）

すなわち、他領の砲台や土塁なども尾張藩で世話をしたり、その大砲や武具、玉薬などに至るまで合力して、三河、尾張一円を尾張藩が指導的役割を果して海防体制を整備することを説いている。

領分知多半島の海防は「呉船渡来之注進、自師崎至ニ付下、下行程凡十八里早馬、早舟、早飛脚等相用候得共、稍時刻押移可候（中略）烽台御取立御座候様奉存候、譬ハ第一之烽台参州伊良呉（ママ）ニ置、次ニ師崎已下三ケ所許、地勢ニ従、段々御配置」するのがよいとしている。ここで重要なことは、従来早馬、早舟、早飛脚だった異国船渡来の非常通信手段を、烽火台中心にせよと提言していることと、第一の烽火台を参州伊良湖に設置せよと説いていることである。つまり、従来知られていた知多半島防衛の烽火台設置は、まさにこの伊藤三十郎の意見書に依ったものであったのである。そのうえ、伊藤の段階では、先に引用した、尾張、三河一円防衛論に立脚して、渥美半島伊良湖畔まで防衛ラインを広げている。そして現実に異国船が渡来した際の対処法を述べている。

（先の烽火によって異国船の渡来が伝えられた場合は—引用者註）直ニ御櫓にて、於相図之太鼓撃出、其時豫メ御府内便宜之処ニ太鼓等懸置候而、同ニ打次之（中略）一時ニ令告知候様仕度、此相図聞而、否、徒供、雇夫、駄馬等ニ至迄、催足不仕候而も其主人之家に馳参（中略）行軍旅装相調可申候、次ニ再太鼓相撃、即時ニ一手御人数御出、以、熱田湊に着到仕、相揃次第出帆（中略）勿論御船手江も兼而より下知有之第一鼓ニ而艤仕、御二鼓にて大小之御船艪を置、水主、梶取、湊口迄相揃着到を相伝可申候

ここでは、事前に相図の太鼓を決め、太鼓が鳴ったら、催足がなくても直に参集し、第二の太鼓で、第一手が熱田湊に揃い出発することを建策している。

農兵に関しては次のように述べている。

予農兵をも調被為置候様奉存候（中略）万一凶賊襲来等之崩有之候者、最早夫等之論ニハ無之、士農工商之差別ハ出来無之、出家遁世与雖剣戦（ママ）を帯申候

要するに、異国船が襲来した場合、士農工商という身分制は何の意味もなく、武器を有しない僧侶にも武器を持たせて事に当らなければならないという現状認識である。そして、農民にも有事に備えて軍事教練を施すことを建議している。その他、塩硝の製造を説き、塩硝工場の設立を述べたあと、海防のために、無為な塩硝の消費を抑制することを主張している。

清州宿天王祭之花火者不及申、毎年於河原稽古仕候相図火、其外実用ニ疎き火術等、都而無益之塩硝を費儀、一切御停止相成候様奉存候、且又濃州諸邨ニ百性（ママ）共時々相催花火会夥敷様子ニ相聞申候、是ハ他所之義ニハ候得共、海防ニ付而ハ大切之塩硝、無尽之義、慰ニ費、天下之損亡ニ相成候、如不埒之義と奉存候、無遠慮、笠松御郡代始大垣以下之諸侯幷諸陣屋江被仰遣、厳重御差留御座候様奉存候

ここでは、領内の花火会ばかりでなく、海防にかかわらない塩硝の消費を禁止することも提案している。そればかりか、美濃国の百姓の花火会も、他領のことと断りながらも、遠慮なく、幕領笠松郡代や大垣藩以下の諸藩、旗本へ指示して差留めることを説いている。ここにも、尾張藩を東海、中部地方の海防の要、司令塔と考える伊藤の思想が表出している。

以上の通り、伊藤三十郎著わす「防禦一巻」は、西洋砲術への理解を示しながら、その導入を促し、海防整備と軍事教練を行うべきことを説き、具体策として知多半島防衛態勢の整備や異国船渡来時の対応策、農兵の編成と調練、塩硝工場の設置と塩硝浪費の抑制を建策したもので、藩主慶勝が主導した知多半島防衛態勢の整備、西洋砲術の導入と砲術調練および水軍調練の施策の青写真たるべき建策であることが判明した。そのうえに特筆すべきは、尾張藩の海防は、渥美半島を含め、吉田以西をその範囲とし、それら他領への出兵や、見分の上台場築造の世話を行い、

美濃の幕領や大名、旗本にたいしても塩硝の浪費抑制を申し入れるようにと、尾張藩が、東海・濃尾における海防の主導的役割を果たすことを主張していることである。ただし、「防禦一巻」にも限界がある。すなわち、知多半島の烽火を述べる箇所や、農兵の設置で、明らかに根拠とし、参照すべきこととしているのは、古代の律令における軍防令であって、参考とするには古く、また、軍防令そのものは有事に有効であったかは大いに疑問としなければならないといわれている。[52] しかし、当時、烽火よりも早い通信手段は存在しないので、運用さえ的確かつ迅速に行えば、通信としての機能を果たし得たと想像することも、全く故なしとはできないであろう。

建白の背景

ところで、「防禦一巻」には、「日本国中一身同体之如ニ而呉賊露誅罰之籌策ヲ廻ラスヘキ今度之御主意与奉存候」（傍点岩下）といった表現や、「日本国中挙而防戦可仕儀御座候、此意旨を以て農民共も兼而合戦之道御教習被成置、可然義与奉存候」といった主張がみられ、日本国全体の挙国一致的な海防体制の確立を念頭においている。これは、明らかに嘉永二年（一八四九）一二月二五日の海防強化の幕令[53]を意識したものといわねばならない。同令は、同年四月のマリーナ号事件を直接の契機として発せられた法令で、万石以上の面々[54]にたいしては、

当年は浦賀表江イギリス（マリーナ号）之船渡来伊豆国付大島江致上陸、猶又下田表江も相越、滞船之上猥ニ上陸等致し、追々横行之振舞相長し候を其儘差置候而者、御国威ニも拘リ不容易ノ事ニ付、此節ニも厳重之取計方被仰出哉ニ得者（打払令の復活）、何方ニ而如何様之儀出来可致哉難計候ニ付、其以前防禦手当実用之処厚く可被申付候[55]

と、打払令復活前に有効な海防施策を行うことを命じたものである。同法令には、「口達之覚」が付されている。その中に「凡日本国中ニある所貴賤上下となく万一夷賊共御国威をも蔑したる不敬不法之働杯あら者、誰か是を憤らさらん、然ら者日本闔国之力を以相拒み候趣意被相弁候ハヽ、諸侯者藩屏之任を不怠、御旗本之諸士御家人等者御膝元之御奉公を心懸、百姓ハ百姓たけ、町人ハ町人たけ、銘〻持前当然之筋を以て力を尽し、其筋〻之御奉公致し候儀、

是弐百年来昇平之沢ニ浴し候御国恩を報する儀と厚く心懸候得者、即物国之力を尽し候趣意ニ相当り候間、沿海之儀者相互ニ一和之力を尽し可被申候」[56]と、対外危機にたいする日本国中の結集を述べた部分がある。尾張藩士伊藤三十郎の「防禦一巻」は、この海防強化令を念頭においたものといえるであろう。もちろん、この日本国中の力の結集ばかりでなく、「口達之覚」には、小高の領主は事前に隣領への援兵を申合わせ、手筈、相図をととのえておくことや、入用をおさえるため、土着の武士や農兵を用いること、など、伊藤上書と一致する部分が多い。つまり、伊藤三十郎は、嘉永二年一二月二五日の海防強化の幕令をうけて、海防体制の整備計画にのりだした[57]藩当局にたいして、幕令の主旨に沿いながら、尾張藩として行うべき海防施策を建策したのであり、またそれは、成瀬正住を通じて、藩主慶勝に上呈され、慶勝によって実行されたのであった。

おわりに―「師家姓名」の分析から―

以上述べてきた通り、尾張藩の海防施策は、伊藤三十郎の上書を基に、藩主慶勝の強力な主導によって、知多半島の防衛、水軍調練、西洋砲術の導入と徹底した演習が行われてきた。しかし、その実証は、慶勝自筆の「世続一世記」に主として依拠したために、いく分客観性に欠けるとする向もあるかもしれない。そこで、ここに「師家姓名」[58]と慶勝によって題された史料を紹介しておきたい。

同史料は、墨落の波文の模様の表紙をもった一一丁のものと、紫色布表紙の三二丁のものの二冊で構成されているが、前者は、鉄砲師範の名称、役職、門人数が書き上げられ、後者は、弓、軍用弓備、騎射馬上業、長刀、兵法、立合、抜討、抜刀、俰綴付、試釼術、抜甲鎧勝、伊勢家武門故実伝、古実伝、故実甲冑着用、大太刀、強方、鎌、手裏釼、棒警固、関所固三道具、鞘離、騎兵軍用冑勝口、軍学などのそれが書き上げられている。外題と付箋は慶勝の自筆であるが、他は異筆で、おそらく、小納戸辺の側近役人が記録したものであろうかと思われる。「師家姓名」

一一丁本の上田仲敏の項をみてみると、

（貼紙「御免相成」―慶勝自筆）西洋伝砲術　御本丸詰物頭　上田帯刀

（去子年出席―引用者註）同　断

(59) 研究惣人数六拾六人 大筒稽古共 内皆勤一人 其余不同

となっており、すなわち、嘉永五年の教練に参加した際の門人数と皆勤者の書上げである。全体では、師範四五人、門人数一六一〇人、皆勤者一六九人、皆勤率一〇・五である。興味深いことに、師範一人の書上部分全体に白紙の付箋が貼られている例が五例あり、いずれも、皆勤者なしか一人に限られている。上田仲敏も皆勤者一人ではあるが、慶勝自筆の付箋「御免相成」が付されているところから、白色の付箋は免れたのだと考えられる。

以上のように、藩主慶勝は、教練の皆勤数や門人数を書き上げさせたりしてチェックし、海防施策の貫徹をはかっていたことが理解されよう。つまり、支藩美濃高須松平家より養子として本家をついだ慶勝にしてみれば、藩機構を掌握し、家中一統を確実に支配するための方策が、当時、急務とされ、かつ、海外事情の分析や西洋砲術をはじめとする最新軍事知識などの高度な専門性を必要とする、海防整備問題であったと考えられる。慶勝は、藩主として、また一橋派のネットワークにつながる人間として、これらの専門的情報を入手しやすい立場にあって、藩の海防施策を主導し、その実をあげるためのチェック機能も果たしていたのである。こうして尾張藩には、慶勝を頂点とした上下の一体感をもつ強力な軍事力が形成されていった可能性があると考えてよいのではないだろうか。

従来、藩政から遠ざけられていた藩主が、藩士層を超える知識・情報を有して、藩政に乗り出した時、そこに新しい展開が生まれるのである。

最後に幕末政治史、とくに第一次長州征討総督就任問題と尾張藩の海防および藩主慶勝に関する課題と展望を述べて、本節を終えることとしたい。

幕末政治史のなかで、倒幕に至る過程における一つのターニングポイントは、第一次征長の役であると考えられる。征長の役は、禁門の変を引き起こした長州藩を征討する朝命によって行われたが、折しも四国連合艦隊の砲撃と上陸によって長州藩は壊滅の危機にさらされたのである。しかしながら幕府征長総督徳川慶勝は、長州藩との直接戦争を避け、同藩を徹底的に破壊するつもりもなく、また事実しなかった。このため、長州藩では尊攘派（ただし大攘夷を唱える）の「正義派」が温存され、間もなく力を吹き返し、抗幕体制が形成されていった。一方、幕府の幕権伸長派は、第二次征長の役を主唱・遂行し、これにも失敗、幕府の権威は地に落ち、幕府は中央政権としての力を失っていったのである。

この第一次征長総督に、なぜ慶勝が任命されたのかは、いまだよくわかっていない。元治元年七月二三日、長州追討の朝命が幕府に下り、八月五日には紀州藩徳川茂承《もちつぐ》が総督に命じられたが、二日後の七日に突如、慶勝が総督に命ぜられた。慶勝は、一〇月五日に正式に拝命するまで固辞しつづけるが、前述のごとく、長州にたいし緩い対応を行う、あるいは、行うことが予想される慶勝に総督を命じたのは、幕府の大失策といわねばならないだろう。だが、これまでの慶勝の海防施策を考察したうえで、この征長総督任命理由を考えると、幕府が慶勝に期したのは、慶勝が襲封・入国以来、育成してきた、全藩的な砲術を中心とした藩軍事力だったと思われる。つまり、征長にたいして、どの藩も消極的、あるいは、長州に心を寄せるものもあった状況のなかで、征長の実をあげるには、軍事力、統制力のすぐれた尾張藩を用いるのが上策と考えられた。幕府としては、総督に全権を委任するつもりはなく、コントロールするつもりであったのだろうが、結局、慶勝は全権委任と、軍中臨機の専断権を得ることに成功した。この時点で、征長軍は政治的に失敗したと考えられる。

慶勝が育てた軍事力が真に活用されるのは、おそらく、王政復古の大号令後の信州征討であろうが、これらについては今後の課題としたい。

註

（1）山本博文『幕藩制の成立と近世の国制』校倉書房、一九九〇年、一五一～一五三頁。
（2）深井雅海『徳川将軍政治権力の研究』吉川弘文館、一九九一年など参照。
（3）水林彪『封建制の再編と日本的社会の確立』山川出版社、一九八七年、二八八頁。
（4）藩政改革に関する著作、論文は数多くここで一つ一つあげることをしないが、さしあたって、田中彰『幕末の藩政改革』塙書房、一九六五年を参照。また尾張藩の改革については、新修名古屋市史編集委員会編『新修名古屋市史』第四巻、名古屋市、一九九九年を参照。
（5）徳川林政史研究所所蔵。慶勝自筆本。未刊。一冊。なお、名古屋市蓬左文庫にも、同名史料が二冊所蔵されているが、蓬左文庫本は、徳川林政史研究所の書写で、明治期の家史編さん事業の一環として作成された資料と考えられる。
（6）知多半島の防衛に関して、詳しく論じたのは、大村有隣の『名古屋城並尾張藩国防の研究』助愛社、一九三七年である。以下、同書に依拠した部分は多い。
（7）針谷武志「近世後期の諸藩海防報告書と海防掛老中」『学習院史学』第二八号、一九九〇年、四二頁。
（8）註（6）に同じ。
（9）安田修「幕末の尾張藩所有の鉄砲について」名古屋郷土文化会発行『郷土文化』第四四巻第一号、通巻一五五号、一九八九年、四九頁。
（10）吉雄常三に関しては、杉本勲『伊藤圭介』吉川弘文館、人物叢書、一九六〇年を参照。
（11）徳川林政史研究所所蔵「藩士名寄」。
（12）名古屋市蓬左文庫編、『松濤棹筆（抄）』上（名古屋叢書第三篇第九巻）、名古屋市教育委員会、一九八四年、二〇二頁。
（13）名古屋叢書第一三巻科学編（名古屋市教育委員会編集発行、一九六三年）所収。わが国最初の電管銃紹介書で、電管銃の構造が日本式で、製造器具も身近なものを使うなど実用的である（所荘吉「粉砲考」『洋学史辞典』雄松堂出版、一九八四年）という。名古屋市蓬左文庫所蔵本は筆写本。
（14）前掲杉本『伊藤圭介』三七頁。

(15) 註(11)に同じ。
(16) 同右。
(17) 前掲『松濤棹筆(抄)』下(名古屋叢書第三篇第十巻)、一九八六年、二八三頁。
(18) 佐藤昌介『洋学史研究序説』岩波書店、一九六四年、一九九頁。
(19) 名古屋市蓬左文庫所蔵。刊本。なお本史料に関しては、梶輝行氏の御教示にあずかった。
(20) 名古屋市蓬左文庫所蔵。刊本。上下二冊。
(21) 名古屋市前掲大村『名古屋城並尾張藩国防の研究』八六頁。
(22) 名古屋市役所編『名古屋市史』政治編第二、一九一五年、二三五〜六頁。
(23) 植松茂「幕末尾張藩の政変」『郷土文化』第四三巻第三号、通巻一五四号、一九八九年、二五頁。
(24) 註(10)に同じ。
(25) 註(11)に同じ。
(26) 名古屋市蓬左文庫所蔵。筆写本。四冊。なお蓬左文庫本は、藩主慶勝への献上本であると考えられる。同史料は、桐箱に入れられ、伊藤圭介の書付二通が添付されている。
(27) 岩下哲典「徳川慶勝の写真研究と撮影写真(上)」『徳川林政史研究所研究紀要』第二五号、一九九一年参照。
(28) 名古屋市教育委員会編集発行『尾藩世記』上(名古屋叢書第三篇第二巻)、四五九頁。
(29) 徳川林政史研究所所蔵。筆写本。なお名古屋叢書第五巻記録編(2)(名古屋市教育委員会編集発行、一九六二年)所収。
(30) 嘉永四年の記事二項目いずれも人材登用の件である。
(31) 前掲『松濤棹筆(抄)』下、二八四頁。
(32) 同右、二八四〜二八八頁参照。
(33) 岩下哲典「尾張藩主徳川慶勝自筆写本『阿蘭陀機密風説書』の研究」『金鯱叢書』第一四輯、一九八七年、本書第二部第一章第一節、同「開国前夜の政局とペリー来航予告情報」『日蘭学会会誌』通巻第三〇号、一九九一年、本書第一部第二章第二節参照。
(34) 前掲『松濤棹筆(抄)』下、二六二〜二六四頁参照。
(35) 註(11)に同じ。
(36) 名古屋市役所編『名古屋市史』人物編第一、一九三四年、一八三〜一八六頁参照。
(37) 前掲『松濤棹筆(抄)』下、二八一頁。

(38)同右、二〇六頁。
(39)内閣文庫所蔵史籍叢刊『諸向地面取調書』(一)汲古書院、一九八二年によれば、木挽町築地の拝領蔵屋敷、弐万八千四百六拾五坪である。
(40)註(29)に同じ。
(41)前掲安田「幕末の尾張藩所有の鉄砲について」。
(42)林董一編『尾張藩家臣団の研究』名著出版、一九七五年、一八五頁、第十二表。なお名古屋市蓬左文庫編『蓬左』No.45の「蓬左文庫蔵　尾張藩士分限帳一覧」によれば、最大記載人数は、明治元年頃の「仮名分名寄」で四、一五八名である。
(43)尾張藩鉄砲御用の稲富家のこと、当時(安政元年)の当主は四郎で中奥寄合格。その後の経歴は以下の通り。安政二年近習寄合と改称。同五年再び中奥寄合に復称。同六年差扣。文久元年「怠慢之趣相聞」により役儀御免、馬廻組、差扣。同三年隠居。跡を成瀬蔵人弟成瀬喜太郎が継ぐ。彼は同年鉄砲御用、中奥寄合、その後物頭席寄合、洋学二等助教試補、同助教を勤めた。なお稲富家は、家禄四百名を喰み、尾張藩の「御流儀」とされていた(「尾張殿師役帳」蓬左文庫所蔵)。
(44)名古屋市蓬左文庫所蔵「師家姓名」によれば、寄合組藤村庄太郎のことと思われる。彼は自明、藤治、嚜毗流と記されている。藤村家は「三百五拾石」であった(「尾張殿師役帳」)。
(45)「カルコ」の説明は、梶輝行氏の御教示による。なお、杉本勲・酒井泰治・向井晃編著『幕末軍事技術の軌跡―佐賀藩史料「松乃落落」』思文閣出版、一九八七年、参照。
(46)村岡典嗣校訂『海国兵談』岩波書店、一九三九年、二六頁。
(47)註(11)に同じ。
(48)徳川林政史研究所所蔵。未刊、筆写本。一冊。表紙は亀甲彫風模様の深緑色。
(49)徳川林政史研究所所蔵。未刊、筆写本。一冊。本書第二部第一章第三節を参照されたい。
(50)註(11)に同じ。
(51)前掲『名古屋市史』一五九～一六二頁参照。
(52)井上光貞・関晃・土田真鎮・青木和夫校注『律令』日本思想大系、岩波書店、一九七六年、六二九頁参照。
(53)箭内健次編『通航一覧続輯』第五巻、清文堂出版、一九七三年、四七～五〇頁。
(54)万石以下にたいする法令は同右書七～八頁。
(55)同右、四七～四八頁。

（56）同右、四九～五〇頁。なお同法令の意義等に関しては、藤田覚『幕藩制国家の政治史的研究』校倉書房、一九八七年、三一六～三六八頁を参照。
（57）「防禦一巻」は、「出張御人数御調之処、是迄之御法之戦国之名将之遺式にて出貢無御座候共、今般海防御備御用被成候ニ付而ハ御増補、御改革之無御座候而ハ不可然奉存候」（傍点岩下）と書き出されており、おそらく知多半島の防衛計画を中心とした海防整備に藩当局がのり出した時に提出されたものと考えられる。
（58）名古屋市蓬左文庫所蔵。
（59）書き上げられた師範四五名中「研究」と記されるのは上田仲敏のみで、他はすべて「門人」となっている。ここにも上田仲敏の西洋砲術が尾張藩中で、特別な位置にあったことがうかがえる。

第三節　改革指導者慶勝の思想的背景
―慶勝直筆「目録」の分析をもとに―

はじめに

本節は、自ら海外情報の研究を行い、また尾張藩の藩政改革を主導してきた十四代藩主慶勝の行動の背景にあると考えられる学問・知識を明らかにする。

第一、二節を踏まえながら、彼がどのような人物で、どのような改革を行ったのかという点より述べ、さらにその学問・知識の集成としての書斎を彼の直筆「目録」から再現し考察することとしたい。

一　徳川慶勝の経歴と行動

盛斎徳川義恕は、文政七年（一八二四）三月一五日に徳川将軍御三家筆頭である尾張藩の支藩高須藩三万石の松平家十代藩主義建の第二子として生まれた。幼名は秀之助という。弟には、のちに徳川慶喜の将軍就任により、一橋家を継ぐ玄同徳川茂徳（天保二年―一八三一―生）、会津藩主・京都守護職となる松平容保（天保六年生）、容保とともに佐幕派の急先鋒で京都所司代となる桑名藩主松平定敬（弘化三年―一八四六―生）がいた（いわゆる「高須四兄弟」）。

父義建は、水戸中納言徳川治保の二男義和（高須松平家九代）の第二子。治保の長男治紀の三男には斉昭がおり、義建と斉昭は従兄弟となる。かつ、義建の正室は斉昭の姉であるので、義兄弟でもあり年齢も義建の方が一歳年上なだけで、近い。義建と斉昭は当然親交があったが、斉昭にいわせると義建は、詩歌、書をよくする文人ではあるが、誰からも好かれていて、皇朝の防衛に心を砕くという点、つまり軍事指揮官ないしは政治家としての資質の点では、かえってどんなものか、とあやぶまれている。[2] 義建自身は、文雅に生き、政治的な業績はほとんどなかったが、子供たちに将来を期して、彼らに十分な素養を身につけさせた。[1]

そうした甲斐あって、義恕は、嘉永二年（一八四九）六月四日に尾張藩六一万九千五〇〇石を相続して第十四代藩主となり、慶恕とあらためた。二六歳の夏である。慶恕以前の尾張藩主は、幕府からのいわゆる「押付け養子」が四代続いていた。すなわち十代斉朝は一橋治国の長男で、寛政一二年（一八〇〇）に九代宗睦の養子として尾張徳川家に入った。以来、十一代斉温が将軍家斉の一九男、十二代斉荘が同じく家斉の一一男で田安家当主から襲封、十三代の慶臧も田安家から入っていた。斉朝は、享年五八歳、斉温が二一歳、斉荘三六歳、慶臧にいたっては一四歳とほとんどが若くして亡くなっている。こうしたなかで、藩情を把握しない「押付け養子」藩主とその側近にたいする不満[3]をもつ中級藩士（寛政の軍制改革以来勢力を持った大番組番士が多い）らは、目付如雲田宮弥太郎、大番組伊藤三十郎らを中心に「金鉄党」を結成して、高須秀之助を藩主に擁立せんと奔走していた。

水戸斉昭は、嘉永二年四月二〇日付で伊予宇和島藩主伊達宗城に書翰を寄せ、「名古屋の国元では田安家から養子が来ても国の金穀は一切出さないと主張して譲らない(4)」と尾張藩内の情勢を伝えている。このような情勢下で、さらなる「押付け養子」は困難とみた幕府は高須秀之助の本藩襲封を認めたのである。

慶恕は、嘉永四年に初入国すると早速、海防施策を中心課題とした藩政改革に着手した。この点に関しては、前節で述べたが、次項でも再述したい。

さて、慶恕は、襲封直後、水戸斉昭や鹿児島藩主島津斉彬、福岡藩主黒田長溥、宇和島藩主伊達宗城らのいわゆる有志の雄藩藩主らと親交し、かれらから海外情報を入手して、西洋事情を研究した(5)。例えば、「鎖国」時代、幕府にとっては、定期的でかつ質的にも有益だった海外情報源・海外事情分析資料であった阿蘭陀別段風説書(6)を、島津斉彬や伊達宗城から入手して自ら筆写し、西洋諸国の動静を相当程度把握していた。とくに嘉永五年の「ペリー来航予告情報(7)」を、島津から入手し、父義建を通じて斉昭に回達。さらに、老中阿部正弘にたいして御三家への情報の正式回達を要求して、実現させた(8)。このことは、幕末の政局において、御三家が幕政に容喙する端緒となった。

実際にペリーが来航すると、慶恕は、西洋事情研究に裏づけられた対外政策の建白書を提出した(9)。すなわちその主張するところは、開国要求にたいしては「程能御断」の避戦論であるが、①現実的には海防を厳重にして大船を建造すること、②オランダより艦船・大砲などの西洋式武器を輸入すること、③西国・東国の大名には公役を免除して自領の防衛に専念させること、④外交問題は朝廷に奏上すべきこと、であった。この建白は、①②④の点での ちの幕府の政策と一致するところがあり、幕府内部の空気をある程度把握してもいたと考えられる。

ところで、ペリーが来航する直前の嘉永五年末に、「ペリー来航予告情報」をもとに黒田長溥が、阿部正弘にたいして、幕政批判を含んだ対外政策の建白書を提出した(10)。この建白書は、島津や伊達そして義恕も関係していたが、結局、幕府勘定所の吏僚に忌避・無視された。このことから来航後の建白では、かれら吏僚に擦り寄るかたちで少しでも実現性のある建白をすべきと考えたために、先のような内容の建白書となったとも考えられる。

さて、現実にペリーが来航したことは、必然的に慶恕ら雄藩藩主の発言を高めることとなった。しかし、勘定所を中心とした実務吏僚の壁はなおも厚く、慶恕らの意見が幕政に十分反映したとはいえなかった。その結果、安政五年（一八五八）慶恕は、斉昭・慶喜、松平慶永らと、大老井伊直弼を詰問する不時登城事件をおこした。これにより、慶恕は、隠居を命じられ江戸下屋敷戸山邸で謹慎を余儀なくされ、彼の側近田宮如雲以下多くが失脚した。慶恕三五歳の夏。跡は弟茂徳が襲った。

この戸山邸謹慎の間にコロジオン湿板写真術を研究しはじめ、のちの文久二年（一八六二）以降、茂徳・容保・定敬や名古屋城、熱田浜御殿や家臣の邸宅、戸山邸、広島城などを撮影、貴重な硝子写真種板と実験ノート類を残すこととなる。(11)

万延元年（一八六〇）許され、慶勝と改名（以下、本稿では慶勝と呼ぶ）、実質的に藩政に返り咲いた。文久三年茂徳が隠居し、慶勝の三男義宜が藩主となると、名実ともに藩政を主導した。元治元年（一八六四）四一歳の時、第一次長州戦争で幕府軍総督を務め、長州藩に寛大な処分を行った。このときも本営の広島城および城下を撮影している。明治元年（一八六八）、朝廷の議定職となり、藩論を勤王に統一して、近隣の諸藩にたいして勤王を誘引。また信濃征討に出兵するなど、明治維新に一定の役割を果たした。明治三年名古屋藩知事。翌年廃藩。同年東京に移住し、同八年には浅草瓦町の私邸に明治天皇を迎えた。(12) 明治期は旧臣授産のため北海道八雲の開拓を援助した。

以上みられるように、慶勝の経歴がそのまま幕末の尾張藩の動向を示すといっても過言ではないと思われる。そして徳川慶勝の生涯は、第一期、襲封以前から戸山邸謹慎までの藩政改革主導期、第二期、謹慎、のち赦免から廃藩までの中央政界活動期、第三期、東京移住以降死去までの華族として生きた時期の三期に分けることができる。そのなかで、慶勝による尾張藩の改革は第一期にあたり、慶勝がもっとも精力的に行動した時期に当っていた。

二　徳川慶勝の藩政改革―意識の変革―

前節で詳述した通り、嘉永四年（一八五一）の夏、慶勝は、初入国した名古屋において、大番組番士で「金鉄党」の伊藤三十郎こと茜部相嘉[13]の海防建白書「防禦一巻」（徳川林政史研究所所蔵）を、尾張藩付家老・犬山城主成瀬正住より見せられ、同書を筆写した[14]。

この建白書は前年の二月に成立したものである。

さらにその前年の嘉永二年四月、イギリス船マリーナ号が伊豆大島、下田に侵入し測量を行うという事件が勃発した。幕府は同年一二月に、武士のみならず「百姓ハ百姓たけ、町人ハ町人たけ、銘々持前当然の筋を以て力を尽[15]」くすべきであるという海防強化の法令を発令した。これによって尾張藩でも海岸防備態勢の確立は重要施策となり、その実現がもとめられた。そうした状況下で茜部が認めたのが、この海防建白書「防禦一巻」であった。

「防禦一巻」の内容は、以下のとおりであった。

①西洋諸国の軍隊は砲術中心で、軍律も厳しく実戦に慣れている。それにたいしてわが国の軍隊は、歩兵戦が中心で大砲の数も不足しているので、今後は大番組においても大砲中心の調練を行うべきである。②異国船から軍隊を上陸させないようにすることが肝要で、常々演習を行うべきである。③三河・尾張は国防上一円と考え、他領の砲台や大砲・武具・弾薬に至るまで目を配り、尾張藩が指導的役割を果たすべきである。④知多半島の防御態勢は、まず烽台による通信手段を整備し、防衛ラインを渥美半島伊良湖岬までに設定、非常時の軍隊召集方法の確立を説く。⑤農民、僧侶・神職を戦闘員として組織し、調練を行うこと。⑥塩硝工場を設立し、花火などの無益な塩硝の消費を禁止すべきである。美濃国の農民花火大会も、幕府笠松代官や大垣藩以下の諸藩主・旗本にたいして、その停止を指示すべきである。

以上のように、この海防建白書は、尾張藩主を東海・中部の軍管区の司令官と位置づけ、その具体的な軍政を建策したもので、そのうちの①②④は慶勝によって実現をみた。すなわち、「防禦一巻」は、嘉永四年以降、慶勝の行う海防施策＝改革のグランドデザインとなった重要な建白書であった。

嘉永四年（一八五一）の春、慶勝は、初入国すると「政事旧弊ノ一洗[16]」を目指して、人材登用・財政再建・海防施策などの藩政改革を行った。

その第一が、人材登用と改革を妨げる人物の罷免である。その骨子は、加判役中西長穀・佐枝種武を斥け、肥田忠篤・山澄豊尚・高木秀眞を家老職とするものであった[17]。とくに佐枝は二八年間も江戸に詰め、側用人・側懸などの職にあって幕閣要路と結び付き、「押付け養子」藩主を迎えるパイプ役だったため「金鉄党」から恨まれていた。しかし慶勝は、早急な人事は行わず、徐々に中西・佐枝らの力を削ぎ、嘉永五年の二月にいたって佐枝を名古屋に召喚し、八月に中西の加判差止めを行った。

第二の財政再建[18]は、前代からの藩債の類増に加えて、とくに嘉永三、四年には、空前の暴風雨が領内を襲い、慶勝としても手の施しようがなかったが、彼は、年一万九千両ほどもあった藩主の手許入用金をわずか二一〇両に切り詰め、江戸定詰を廃止して期年交替制に切り替えた。また、嘉永六年には、不要な土地建物を売却し、町方在方の有力者に財政再建への協力を呼びかけた。そのうえに嘉永七年、家中からの献金と、安政二年（一八五五）には、御目見以上の半知召上げを行ったがそれでも負債が残ったため、翌年債権者を城内に召集して、前例のない藩財政の公開を行って協力を依頼した。こうして積年の負債は大半を整理することができたという。

さて、慶勝は、先の茜部の海防建白書「防禦一巻」をもとに海防施策を中心とした各種改革を推し進めた。まず、知多半島の烽台による通信手段の整備が行われ、台場建造・大砲鋳造がはじまった。とくに知多半島の海岸防備に当ったのは、尾張藩の水軍を統括する舟奉行千賀与八郎信立だった。また慶勝は、藩士の惰性を叱責し、藩士の講義を聴聞したり、各種の演習、大砲の発射などをほとんど毎日検閲したといわれている。

慶勝は、翌嘉永五年の春、参府のため名古屋を出発するが、留守中に藩士たちが軍事調練をサボタージュしないようにするための手段を講じている。すなわち各流派ごとに、師範の姓名、役職、参加門人数、皆勤者数の書上げを提出させ、それを二冊にまとめさせているのである。慶勝自ら題して「師家姓名」（名古屋市蓬左文庫所蔵）。鉄砲師範で一冊、剣・槍・弓などで一冊となっている。鉄砲師範に関しては四五人が書き上げられ、門人数一、六一〇人、皆勤者一六九人で、ちなみに皆勤率は約一〇パーセントである。なおかつ、興味深いことには皆勤者がない師範か、皆勤者が一名の師範、都合一七人のなかで五人に関しては、その書上げ部分全体に白紙の付箋が貼られている。同じく皆勤者一名でも「御免相成」と記された「西洋伝砲術」の御本丸詰物頭上田帯刀は白紙の付箋を免れている。おそらく皆勤者なし、および皆勤者一名の師範のなかで、とくに目にあまる五人に関しては藩主局を通じて、何らかの対応があったものと考えられる[19]。こうして慶勝は、西部の海防建白を実行に移すとともに、施策の貫徹を図るために細かいチェックを怠らなかった。

さて、江戸に参府した慶勝を待っていたのは、「ペリー来航予告情報」だった。前節で述べたように、慶勝ら雄藩大名は積極的に動いたが、結果的には大きな成果をおさめることができずペリーの来航を迎えてしまった。しかしペリーの来航そのものは、海防施策実施の必要性を一層顕著なものとし、尾張藩では、書院番・御軍用御備等補助で長沼流軍学師範の近松彦之進矩弘に命じて、軍学研究を行わせ、寛政の軍制に基づいて軍制改革を行わせた。さらに切迫する情勢への対応として元加判役の渡辺半蔵に百人隊を預けて江戸に向かわせた。そのうえに「重臣以下刀筆吏ニ至マテ[20]」鉄砲を貸与して演習に参加させた。慶勝にとっては、ペリーの来航も藩士の意識変革に利用すべき事柄だったことが理解できる。

以上のようにソフトの部分での進展があったが、ハードの部分でも進捗があった。すなわち、安政元年（一八五四）の段階で慶勝が「今度大砲製造如左[21]」として把握していた大砲は十二貫短筒から五百目長筒まで七種、四〇門で、慶勝は、その名称を記し、一門当りの弾丸の数までも計算していた。さらに伝統的な和流砲術稲富流にたいしても発射技術の向上を命じ、また「木砲」の製造も行わせた。

このような、慶勝の藩政改革を伴う海防施策は、安政三年ごろピークを迎えた。すなわち、大砲の鋳造と鋳造技術の改良および試射を頻繁に行わせ、また従来の軍船に大砲を積載させた。また江戸築地蔵屋敷に台場を築造し、側近をして大砲鋳造の監督に当らせ、近松矩弘による軍学進講を聞いた。

以上のように慶勝が襲封して直後より戸山邸に幽閉されるまでの八年間における尾張藩の各種改革は、最初は、人材登用と財政の再建に主眼が置かれ、つぎに慶勝擁立の臣茜部相嘉の建白をもとに、海岸防備に関する各種の施策が採られた。そして、それは慶勝自身の指導によって行われ、彼の側近の補佐を得て推し進められた。そうしたなかで、多くの藩士層は、砲術調練という課役によって、その意識を藩主慶勝へと収斂していったと考えられるのである。

一般に政治史における改革という場合は、前代の弊風をあらため、新しい制度的枠組みを制定することを改革と呼ぶことが多いが、慶勝による各種の改革は、制度的枠組みの制定というよりは、前代弊風の改良に主力が注がれているように考えられる。つまり現在の制度のなかで、家臣の意識をいかに変革するか、ということである。ただ、その際どのような意識変革を求めるかに関しては、慶勝の学問・思想が大いに関係していると考えられる。すなわち慶勝は、自ら西洋事情を研究し、おそらく藩内で西洋事情に最も詳しかった。したがって、その研究のなかで得られた、「西洋列強の軍事パワーの東洋—とくに日本近海—におけるプレゼンスにたいして、藩としていかに対処すべきか」という課題にたいしての彼自身の自己変革を、各種の改革—とくに海防施策を通じて広く藩士層に求めたものと考えられるのである。そうすると慶勝の書斎の当時の姿を知ることが、彼の改革を理解するために非常に重要となるのである。

三　徳川慶勝の思想的背景―手許文庫―

さて、いよいよ尾張藩の幕末改革の指導者藩主慶勝の書斎の本箱をみてみたい。利用する史料は、彼自身が書き残した「目録」（徳川林政史研究所所蔵）である。そこでまず、この「目録」の略解題をしておく。「目録」は袋綴、縦二六・九センチメートル、横一八・九センチメートルの和本で、墨付一七丁、八行罫紙を用いている。すべて慶勝の直筆で、手許文庫本三六五タイトルについてその書名・表紙に付けた記号・冊数・注記および複数の符号が記されている。ただし、すべての項目を満たしているわけではなく冊数の記載がなかったりすることも多い。具体的に一つ取り出してみる。

美濃建白写　同〔横本〕小冊　〇（墨）〇（押印）一

これは、次章で詳しく述べることになる福岡藩主松平（黒田）美濃守斉溥（長溥）が、ペリー来航直前の嘉永五年（一八五二）一二月に、老中阿部正弘から「ペリー来航予告情報」である阿蘭陀別段風説書を内々に回達され、意見を諮問されたのにたいして、その年のうちに提出した、幕政批判を含んだ対外問題に関する意見書の写しである。従来『島津斉彬文書』下巻之一の斉昭宛斉彬書翰などでその存在と建白の要点が知られていたが、現物や全文が知られていなかったもので、ペリー来航直前の政治史上、貴重な史料である。[22]「目録」では、それは、横本の小冊一冊で、円形の押印より表紙には白い胡粉の円が施されていることがわかる（墨の円は慶勝による何らかの符号）。徳川林政史研究所が所蔵する現物（タイトルは「阿風説」）も、袋綴、縦一四・〇センチメートル、横一九・七センチメートルの小冊横本で表紙には白い胡粉の円がある。

所載の書物類から考えて、おそらく「目録」は、安政五年（一八五八）の戸山邸幽閉前後に、つまり改革を指導してきた慶勝が、改革が一段落したころ、すなわち前述した第一期の末から第二期のはじめにかけて、その手許文庫を整理したとき作成したものと考えられる。(23) それでは以下に、当時の手許文庫の現状（原秩序）がわかるように「目録」に記載された順に書名・冊数・〔註記〕を摘記する。

《目録》

張州日録一、盛斎詩稿一、春靄紀行一、寛斎遺稿一、防禦一、詩聖堂一、種痘〔良法〕奇書二、黄白認置一、細伝記一、赤黄青白印四、中帯記一、引痘〔新法〕全書二、引痘〔新法〕全書〔付録〕二、出定後語二、赤倮々一、保赤全書四、師崎図二、大日本海一、外夷旗印五、陣立十二枚帙入、丙丁録一、遍放銃車一、表黄白録〔表題御側御囲金覚〕一、桂花餘香一、蘭船一、駿府疑問一、明君一班抄一、公義三家三卿方家譜一、赤坂書〔並練争録〕一、薩届書面一、柳営秘書一、新論一、盛斎随筆〔改名読書探索録〕一、防禦一、戊戌封事一、〔阿蘭陀〕機密風説一、鷹名〔覚書〕帳一、存慮趣一、祝融重子〔防禦〕一、市邸疑問一、霜楓記〔内密書之〕一、拾字一、日本史書抜並諸留一、唐国兵乱〔横本小冊〕一、美濃建白写〔同小冊〕一、四谷系譜一、新論〔宇和ヨリ〕一、嚶鳴館遺草、武器二百図一、楠兵庫記一、六體千字文三、〔御冥加〕御普譜之記一、龍唫譜一、戴公紀年録二、千字文一、読書餘筆一、朶雲帖一、敬公遺事二、夕煙〔御返シ〕一、諫録〔同〕二、弊法帚帖一、史籍年表一、焚餘〔波ノ御文庫〕一、和漢年契一、系譜一、諸品留一、鷹名出所帳一、蒙求一、海外新話四、〔阿蘭陀〕風説三、清雅帖六、海防彙議三、螢縄抄〔付録二〕五、物品識名〔拾遺トモ〕四、坤輿図補四〔坤輿図識三〕、草茅危言五、愛育茶談一、赤心秘書〔折本大名附二〕四、松平〔御開運〕記〔孝経鄭住一、両道中懐宝図鑑二〕三、算法新書〔雲上明覧二、早見正中記大全二〕一、蘊奥相伝一、付録一、神君御文一、読書餘筆一、避雷線一、養老記一、人君孝倹一、内書鈴加一、唇之写一、両家往進一、大玄記一、青印一、上田山一、白印一、尾水問答、翕川諸留、鶴翼帳、練卒〔訓語続編〕一、夷匪犯境録二、礮家必読、〔伊豆七島図〕豆州図一、江戸絵図一、尾州領分絵図、日々新袋雑書、尾下屋鋪図一、諸帳面、長沼流一条一、丸印一、赤印一、黄印一、当用袋

《波濤文庫》

書家自在〔盛斉詩集二、下草稿一〕二、四詠唱和一、韻府一隅〔同帙入四〕四、絶句類選十、題画約款二、道中懐宝一、国字解二、孝経一、嚢中錦心二、黙々餘聲二、〔東莱焚餘〕今西家絶句〔続詩語砕金一、幼学詩韻一〕一、二

《別箱》

大日本史一箱〔頭取江御預ケに成ル〕、清朝輿地図一箱、江戸絵図一箱、尾張領分絵図二箱、浙東要録一箱〔尾州より頭取江御預ケ〕、呉州一条、火輪船、西洋船半載図解〔異船絵図面一袋、蕃船之図袋入四枚〕、大日本造ハッテーラ、永孫全書、火輪船之記、御尋建白〔並御副翰トモ〕、東都総炮録、浦賀之図二、四谷御建白、大樹公御召諸品欲出不出、角舘ヨリ御建白、国郡全図、野鉄砲、鴈泊鴈、大島鴈、倉内山錫、岡洲錫、小倉山鷺、師家名前三冊、柳営必抄、家老用人奥向留、迭魯多児船戦、含六枚〔異国船並異人之図、亜墨利渡来一条、同類様なし二枚〕、迭魯乙多〔児〕留録〔一世記〕、草偃和言、傷寒論、水雲問答、元凌御記、士道要論、家中ハシリ廻り、漂流人〔万次郎一世記〕、町人之歌、ある人の上書、春夢録、貢献目録、海防芻言、彼里アハタンス象、風説書、御軍用行列図一九冊〔同御巻物一巻〕、異人一条書、同、異人狂言、舟、上陸人、舟、魯人図、墨夷図巻、異品巻、魯行列、蝦夷十八島、櫨木略説〔附〕、水前亜墨利加ニ付実説秘書、鷹名付折本、均調図解、木曾路書付、助辞通解、内海深浅浜浦図、武学拾粋、軍書合鑑

《金箪笥ス入り》

築地出張、寛政度、詩作、弓同心、市舘守護、八幡宮、軍用書、三韓征伐、三上返翰、内駿手紙、東都風説、源

懿公御世正論三丸願文留、竹兵手紙、永水田阿了簡書、加賀交易、瑞龍公御口伝、呉州一条、町人上金、君上民父母、大銃天降之条、自証一条、極機密、貞婦人書、戸山比丘一条、街談、神仏尾江問答、四谷稽古日並、自証一条、仙台藩中上書、松平越前守上書、紀陽風聞、諸家風聞書、武備志、奥銃数、寛政度、鶴功能書、今度将軍宣下、書付、肥田、高木、恭勝公和歌、建白不至草稿、大国、土佐国万治郎、建白、大泉軍馬法、内密書、紅葉山神霊記、名前不知、山鹿素水、両家勝手掛、明倫、水老人手紙、水老人建白写、外国伝聞書、老公被出候書付写

《本箱入》

備忘記折本、近松彦之進軍書、但馬守手紙、深田精一、六国史、横伊鷹、佐枝詰解隼下書、諸帳面、尾絵図、薩摩物語、〔柳良私儀〕上書、御用奉伺法則、内書二冊

《朱御書箱》

横本小冊御記一、御勤書一、御書留一、格段御内々之献上留一、天保十亥年より嘉永六丑年迄之御日記一八冊

《〔項目名記載無〕》

清朝中外輿地全図入門書本、清朝輿地全図一六冊、御外外夷輿地図一六冊

《黒朱二重丸御箱追加》

墨夷図一巻、異図一巻、米利幹船八艘加奈川入津之図一巻、異人行列一巻、亜墨利加一条内密書一冊、蝦夷一八嶋図五枚、御備立五枚〔但図四枚書付一枚〕、異国船より献上品之図五枚袋入、品川築嶋之図一、北蝦夷クシュンコタン台場之図一、公算術九々帰法一枚、路程便覧一枚、御餞別到来物覚一枚、柳都海岸略図一枚、桑名侯上書写一冊

《追加》

御表紙分銅印御本一冊、内裡図一枚、算術九之数一枚

《御ふて箱入》

嚢中二、御道具帳三冊、文林集〔拾〕葉三、文林一

《〔項目名記載無〕》

読書餘筆探索録二、袋被入一所一〔兎合帳一、弓矢調帳、肥田上書二冊〕、街談、和蘭密話、秦壽活論、虫写見微鏡、櫨木一巻、明君稽古略、内献書、海防彙議一冊、龍首車〔別駕車之製〕、閣龍伝、亜墨利加書翰弁駁、秦壽茶話、水老公海防十カ条御密簡、炮術便覧一帙入、錦嚢智恵術全書七、亜墨利加書総記三、東北風談一、神籬伝、小本一より九迄〔一行書必携、二詩学聯錦、三御系フ、四御馬各毛附、五掌中持韻箋、六御精進日、七公義並三卿御系フ、八書抜、九銃当秘書〕、硝石圭介献貢本四冊、和蘭別段風説書、砦草一、内密書二、御獲帳三

《白丸入追加》

張州記二、浮世有様一、大日本海防策一、建白草稿二、十一カ条御草稿一、覚書一、勝繰合算一、海国図絵一、蘇莫者一、竜笛穴各一、秦寿手記写一

《赤丸追加》

印章一、新訂種痘奇法詳意一、夷賊防禦拙策

《㊉追加》

頭書一、御内々奉御覧書付一、休泊割、孝経指解校本

《朱竹御秘書類》

内印〔羽表紙〕一二三、〔墨流表紙〕内印四、〔杜若表紙〕内印五、〔絹表紙〕内印留記、〔外〇印絹表紙〕留記一二三、〔外墨流表紙〕四、〔外沙色表紙〕五、〔外絹表紙〕六

表1　徳川慶勝手許文庫の蔵書分類

項目	部数	小計・合計に対する%	
海外情報関連	五六	二一・四（21・3）	
ペリー来航関連	二〇	七・六	
外国船・海軍関連	一〇	三・八	
海外情報（一般・個別・伝記・種痘）	二六	九・九	
改革関連	一三四	五一・一（51・1）	
軍学・海防関連	五九	二二・五	
上書	二〇	七・六	
水戸学・斉昭関係	一〇	三・八	
対幕府関係	五	一・九	
幕政関係	二一	八・〇	
政治関係	一九	七・三	
家政・学芸・教養	七二	二七・五（27・5）	
家譜・系譜	一一	四・二	
史籍	五	一・九	
算術・書画・漢籍・馬術・放鷹	五六	二一・四	
小計	二六二	一〇〇・〇（99・9）	七一・八
その他	一〇三		二八・二
合計	三六五		七〇〇・〇

（註）　徳川林政史研究所所蔵「目録」より作成。

「目録」とそれをもとに作成した表1「徳川慶勝手許文庫の蔵書分類」を一覧して、第一に特徴的なことは、当時の慶勝にとって最大の関心事の一つである対外情報関係資料が目につくことである。主なものを拾ってみると、まず明らかにペリー来航関係として判明するのは、「亜墨利渡来一条」「彼里アハタンス象」（ペリー・アダムス肖像画）「墨夷図巻」「水前亜墨利加ニ付実説秘書」「墨夷図一巻」「米利幹船八艘加奈川入津之図一巻」「亜墨利加一条内密書一冊」「亜墨利加書翰弁駁」「亜墨利加書総記三」の一〇部であるが、前後関係と書名などから推定できるもの、たとえば「貢献目録」「異図一巻」「異人行列一巻」などもあわせると二〇部、分類が可能なものの全体数二六二部の七・六パーセントに及んでいる。ペリーの来航は慶勝にとって相当大きなインパクトを与えた事件であったことは既述のとおりである。

また外国の艦船などの資料は、外国船の旗図である「外夷旗印」、「蘭船」、ペリー艦隊の蒸気船図と思われる「火輪船」、「西洋船半載図解」の中の二書、水戸藩製造の端艇図と考えられる「大日本造ハッテーラ」、「火輪船之記」で、一〇部、全体の三・八パーセントである。

海外情報関係および外国人伝記・種痘関係資料としては、「〔阿蘭陀〕機密風説」「〔阿蘭陀〕風説」「坤輿図補四〔坤輿図識三〕」「外国伝聞書」「和蘭別段風説書」「海国図絵」が一般的な海外情報資料として位置づけられる。また嘉永元年（一八四八）正月に琉球に米国船が渡来した際の薩摩藩主による幕府への届書の写しである「薩届書面」、中国で成立したアヘン戦争記「夷匪犯境録」、嘉永二年刊行、嶺田楓江編著のアヘン戦争文学「海外新話」、太平天国の乱情報「唐国兵乱」、またジョン・万次郎の漂流譚「漂流人〔万次郎一世紀〕」、「土佐国万治郎」は、個別的な海外情報資料と考えられる。「迭魯多児船戦」、「迭魯乙多〔児〕留録〔一世記〕」は一七世紀中葉のオランダ海軍提督で、第二次英蘭戦争でテムズ川を遡りロンドンを攻撃するなど活躍したデ・ロイテルの伝記である。そのほか「引痘〔新法〕全書」「引痘〔新法〕全書〔付録〕」「新訂種痘奇法詳意」といった種痘関係の資料もある。海外情報関係および外国人伝記・種痘関係資料は、二六部、九・九パーセントである。

以上の対外関係資料は、五六部、二一・四パーセントを占める。

つぎに特徴的なのは、地図資料を含めた海防・軍学関係資料である。数も多い。五九部、二二・五パーセントである。なかでも砲術関係資料では、嘉永元年に成稿の高野長英訳「礮家必読」。これは長英が宇和島潜伏中に伊達宗城に依頼されて翻訳したものである。江戸藩邸備付の鉄砲調査書「東都総炮録」、先に述べた「師家名前」ほか「大銃天降之条」「奥銃数」などや嘉永六年刊行、上田仲敏・柳河春三編著の「炮術便覧」、伊藤圭介の「遠西硝石考」である「硝石圭介献貢本」（献上本現物は名古屋市蓬左文庫所蔵）などがみえる。もちろん前節で紹介した茜部相嘉の「防禦一巻」も「防禦」として納められている。

また海防にかかわる建白書なども二〇部みられ、全体の七・六パーセントである。

一方、水戸学ないしは水戸斉昭関係が一〇部ある。とくに「新論」は伊達宗城から贈られたものであることがわかる。

加えて幕府関係が五部、藩政関係が二一部、政治情報が一九部で、実際に改革に必要な資料としての地図資料を含めた海防・軍学関係資料以下政治情報までは計一三四部、五一・一パーセントを占めている。

そのなかでも注目すべき書物は、細井平洲の「嚶鳴館遺草」であろう。細井平洲は、尾張国知多郡平島生まれの儒者で、伊予西条藩主松平頼淳、出羽米沢藩主上杉重定の養嗣子治憲（鷹山）の師となり、とくに治憲家督後の米沢藩政改革を支援した[24]。さらに九代目尾張藩主徳川宗睦は、天明元年、平洲を侍講として名古屋に招き、同三年には開校成った藩校明倫堂の督学（切米四〇〇俵）とした。宗睦も藩政改革を行っており、こうした関係から慶勝も、平洲の著作に注目したものであろうが、内容的にも「嚶鳴館遺草」は、吉田松陰、西郷隆盛らにも注目され、西郷をして「民を治めるの道は此の一巻で足る」と言わしめるほどの政治・統治にかかわる重要書物であった。

注意すべきは、献上本などを除き、これらの写本の多くが、慶勝の自筆の写本であることだ。むろん、学者・家臣などによる進講や耳学問、またここに所載された以外の尾張藩の御文庫などの書籍も考慮にいれるべきではあるが、ごく大まかにいうなら、慶勝の改革は、これらの書籍から得られた知識・情報をもとに行われ、また改革の過程で収集したり、写本を作成した書物も少なからずあったと考えてよいと思われる。

ところで、時代は、慶勝よりもだいぶ遡るが、天明元年（一七八一）に、豊後佐伯藩主の毛利高標が創設した、宋・元・明版などの漢籍の稀覯本を集成した佐伯文庫[25]と比較すると、慶勝の手許文庫の蔵書構成は、著しく実用的であるというべきである。やはり幕末という時代の要請であろう。しかしながら、文化文政から天保期にかけて老中であった主君土井利厚・利位父子を補佐して、幕政にもある程度関与し、また古河藩政に重きをなし、海外知識・情報の摂取に努めた同藩家老泉石鷹見十郎左衛門忠常の多年にわたる蔵書[26]とも比較すると、泉石の方が計画的・継続的に収集し、役務遂行に支障なきよう気を配っているのにたいし、慶勝の蔵書は、「目録」の記載状況からみても、何か無計画・乱読的な印象を持つ。もっとも不時登城事件で失脚しなければそれも変わっていたかも知れない。

いずれにしても、幕末尾張藩の各種改革を導いた藩主慶勝の手許文庫は、関心のある海外情報関係資料および改革にとって役立つ資料を手当たり次第に筆写・収集し、また改革の最中からできあがった書物によって構成されていたというべきである。そうした実利・実用的な蔵書を形成したことと、藩士層へのいわば実利・実用的方面への意識変革の強調は、ともに慶勝のプラグマテックな性向を示していると考えられるのである。

おわりに―指導者の挫折感―

藩主慶勝による改革は、彼の隠居・謹慎によって挫折した。参府中には、軍事調練の出席までチェックする細かいところのある藩主の退場に、なかには胸をなでおろした藩士もあったかもしれない。しかし、歴史は彼を必要とし、再登板となる。ところが、再登板した慶勝には、かつての入国間もないころ、改革を主導したあの気力はみられない。第一次長州戦争は、幕府が江戸初期の威光を取り戻す絶好の機会であったが、幕府軍総督である慶勝は、徳川慶喜をして「総督（尾張慶勝）之英気至而薄く、芋（薩藩）に酔ひ候は、酒よりも甚敷との説、芋之銘は大島（吉之助、すなわち西郷隆盛―岩下註）とか申す由、実事候哉[27]」と言わしめるほどやる気がなかった。講和後とはいえ、本営の広島城下を総督が写真機をもって撮影してまわっているのを従軍の将兵たちはどうみただろうか。

乱読ぎみなほど資料を集め、強力に改革を推し進めた慶勝にやる気を失わせたのは何か。

時はペリーの再来、すなわち安政元年（一八五四）一月に遡る。一月一四日にペリーが浦賀に再来し、前年六月に幕府にもたらした合衆国大統領親書にたいする返答を迫った。徳川斉昭は連日登城し幕府評議に参与した。老中阿部正弘は、漂流民の保護のほかに貯炭場としての無人島貸与を説いたが、斉昭の反対にあい評議は進展を見なかった。しかし現実にペリーが来て様々な要求をしているわけで、条約締結は時間の問題だった。

越前福井藩主松平慶永は、書を在国中の慶勝によせて、こうした情報を報知して、月番老中にたいして建白することを要請した。それにたいして慶勝は、現状を「皇国未曾有之一大事」(28)とか「祖法、国威も殆墜地之場合に及候趣に候」などと危機的な現状だと認識しているが、「去夏以来拙義愚存之趣、既に其節逐一建白を遂候ひき、且其後も追々水老人並閣老へも頻に密封にも及び候申候へ共、何事も貫き不申、隔靴爬痒之心持に而毎々歎息至極之事共に候、尤当今之時体寸刻も不可棄置之機会には候得とも、前々申ス如書中に而は迚も無詮ハ必定と存候」と述べている。要するに、いくら意見書を提出しても、斉昭にも阿部にも貫徹せず、つまり意見を政策として実行段階に移すことができず、それにたいし慶勝は歯痒い思いをしていたことを吐露している。そして、いろいろ考えもあるのだが、手紙に書くことができない、もうすぐ参府するので「万縷は其上之事に可致」と述べている。ところが慶勝が江戸に着いたのは、三月三日の日米和親条約締結からすでに一〇日もたっていた。

すなわち、いかに幕政参画の意識があろうとも、また幕政改革の志があろうとも意見を述べるだけで、御三家であっても幕政における実務吏僚を擁しない慶勝にとっては、政策実現の可能性が、ほとんど見出せなかったのである。つまりこの時の幕府にとって御三家はあくまで諮問機関にすぎず、御三家発議の政策の実行は、幕府吏僚によってかなり歪められていた。そうした状況にたいする焦りが慶勝らを不時登城事件に走らせ、また慶勝が、第一次征長軍総督を受諾するとき、全権の委任にこだわって、受諾を二ヵ月引き延ばしたのであろう。かかる現状を痛感し幕府吏僚にたいする不信感があったため抵抗を試みたのである（結局、この不信感は全権委任が実現しても払拭されなかった）。

このことは、現代の民主主義社会にあって「主権は国民にあり」とされながらも選挙のときしか主人公になれない、否、選挙のときでさえも主人公になろうとしない国民にもあてはまる。いかに国政参画の意識があろうとも、また理想の政策があっても実現できない歯痒さ、焦燥感と次にくる諦念と挫折感。それは江戸時代の封建領主といえども、否、幕政参画の制度的枠組の保障を持たない封建領主だからこそ現代のわれわれよりももっと深刻に味わわねばならなかった挫折感だったのではなかろうか。謹慎後の慶勝の言動には、もはやあの藩政改革主導者としての情熱がみられないのは、以上のごとく考えられる。

註

(1) 名古屋市役所編『名古屋市史』人物編第一、八九頁。
(2) 河内八郎「徳川斉昭と伊達宗城（六）―嘉永二年の往復書翰（二）―」『人文学科論集』（茨城大学人文学部紀要）第一五号、二四頁。のち、河内八郎編『徳川斉昭・伊達宗城往復書翰集』校倉書房、一九九三年に所収。同書二〇六～二〇七頁。
(3) こうした不満が、政治風刺を伴った芝居「新刻名古屋噺」などを生んだ。笹本正治「『新刻名古屋噺』をめぐって―木曽山と災害観―」『信濃』第四五巻五号、一九九三年参照。
(4) 前掲『徳川斉昭・伊達宗城往復書翰集』二〇五頁。
(5) 慶恕の西洋事情研究に関しては、岩下哲典「尾張藩主徳川慶勝自筆写本『阿蘭陀機密風説書』の研究」『金鯱叢書』第一四輯、一九八七年（本書第二部第一章第一節）参照。
(6) 阿蘭陀風説書の概要は、片桐一男「オランダからの『風説書』と舶載品」『日本の近世』六、情報と交通、中央公論社、一九九二年、松方冬子『オランダ風説書と近世日本』東京大学出版会、二〇〇七年を参照。
(7) ペリー来航予告情報に関しては本書第一部第二章および岩下哲典『予告されていたペリー来航と幕末情報戦争』洋泉社、二〇〇六年参照。
(8) 徳川林政史研究所所蔵「日録要用」、同「世続一世記」。
(9) 東京帝国大学編集発行『大日本古文書』幕末外国関係文書之一、六七四～六七八頁、名古屋市蓬左文庫編『松濤棹筆（抄）下』（名古屋叢書第三篇第九巻）、名古屋市教育委員会、一九八六年、二六二～二六四頁、徳川林政史研究所所蔵「文公紀事略」巻一など参照。

（10）ペリー来航直前の黒田の意見書に関しては、拙稿「ペリー来航直前における黒田斉溥の対外建白書『阿風説』の基礎的研究」『洋学史研究』第五号、一九九八年（本書第二部第二章第一節）、同「開国前夜の政局とペリー来航予告情報」『日蘭学会会誌』第一五巻第二号、一九九一年（本書第一部第二章第二節）を参照。なおこの時期の西南雄藩の動向は吉田昌彦「西南雄藩と中央政局」『九州と明治維新Ⅱ』一三、国書刊行会、一九八五年を、幕府の外交政策に関しては、三谷博「開国前夜—弘化・嘉永期の対外政策」『年報・近代日本研究』7　日本外交の危機認識、山川出版社、のち同『明治維新とナショナリズム』山川出版社、一九九七年に収録、山口宗之『ペリー来航前後—幕末開国史—』ぺりかん社、一九八八年、加藤祐三『黒船前後の世界』岩波書店、一九八五年、同『黒船異変』岩波書店、一九八八年、三谷博『ペリー来航』吉川弘文館、二〇〇三年、加藤祐三『幕末外交と開国』筑摩書房、二〇〇四年、岩下哲典『予告されていたペリー来航と幕末情報戦争』洋泉社、二〇〇六年などを参照。

（11）慶勝の写真に関しては、岩下哲典「徳川慶勝の写真研究と撮影写真」（上）（下）『徳川林政史研究所研究紀要』第二五、二六号、を参照。また「徳川林政史研究所所蔵写真資料目録一」「同二」『同上』第二六・二七号、一九九二・九三年も参照。さらに、本書第二部第一章第一節註（15）参照。

（12）岩下哲典「尾張徳川家の江戸屋敷から東京邸への変遷について」『徳川林政史研究所研究紀要』第二七号参照。

（13）茜部相嘉に関しては、伊藤正甫「金鉄党伊藤五について」『郷土文化』第四〇巻第二号、通巻一四四号、一九八五年および福田千鶴「尾張藩士茜部相嘉と『諸国郷帳』の成立—史料論覚書、その一—」『史料館研究紀要』第二六号、一九九五年などを参照。

（14）「防禦一巻」および名古屋藩の海防に関しては、岩下哲典「幕末名古屋藩の海防と藩主慶勝—藩主の主導による海防整備の実態—」『青山学院大学文学部紀要』第三三号、一九九二年（本書第二部第一章第二節）を参照。

（15）箭内健次編『通航一覧続輯』第五巻、清文堂出版、一九七三年、四九頁。

（16）註（8）「世続一世記」。なお尾張藩の藩政改革に関しては、所三男「藩政改革と明治維新（尾張藩）」林董一編『尾張藩家臣団の研究』名著出版、一九七五年を参照。所論文は、尾張藩の財政史を踏まえたうえで、藩政改革と明治維新に至るまでの藩政の動向を概観している。初出は、昭和三二年（一九五七）の『社会経済史学』第二二巻第五・六号であるが、現在でも尾張藩政史研究上欠くべからざる研究であり、本稿も多くの点で参考としている。また藩政全般にわたっては林董一『尾張藩公法史の研究』日本学術振興会、一九六二年、同『尾張藩漫筆』名古屋大学出版会、一九八九年、同『将軍の座—御三家の争い』文藝春秋、一九八八年および新修名古屋市史編集委員会編『新修名古屋市史』第三、四巻、名古屋市、一九九九年を参照。

（17）『名古屋市史』政治編第二、二一〇頁参照。

（18）前掲所「藩政改革と明治維新（尾張藩）」参照。

(19)「師家姓名」で白紙の付箋が貼られているのは、大筒役並・相原祐一郎、小普請組・関角之丞、大番組・山内久八郎、同大井兵馬、大筒役・長尾三右衛門の五人である。そのうち関の履歴をみると、嘉永六年五月「心得不宜趣相聞候付」、これまでの大筒役並・切米二〇石三人扶持を召し上げられ、小普請入・逼塞となった（徳川林政史研究所所蔵「藩士名寄」）。これは、前年の調練の結果が影響しているように考えられる。関は本丸番関安左衛門の弟で、砲術に秀でていたため次第に頭角をあらわしたようである。逼塞は七ヵ月で許されるが、その後の事績はみるべきものがない。

(20)前掲「文公紀事略」。

(21)前掲「世続一世記」。

(22)註（10）参照。

(23)その根拠は、まずペリー来航関係資料が纏まって記されていること、写真研究資料がまったくないこと。したがって文久二年以前であると考えられる。註（11）拙稿参照。なお、想像をたくましくすれば、慶勝が不時登城事件後、隠居を命じられ、時間に余裕ができたことから蔵書の整理を行った時作成したものと考えることもできる。

(24)築波崧「細井平洲の生涯」、浅井啓吉「年譜」を参照。ともに東海市史編さん委員会編『東海市史』資料編第三巻、東海市、一九七九年所収。以下、細井平洲に関する記述は同書による。また新修名古屋市史編集委員会編『新修名古屋市史』第四巻。名古屋市役所、一九九九年、参照。

(25)梅木幸吉『増補訂正佐伯文庫の研究』一九八九年、同『佐伯文庫の蔵書目』一九八四年、佐伯市教育委員会編『佐伯藩政史料目録』一九七九年参照。

(26)古河歴史博物館編『鷹見家歴史資料目録』古河市教育委員会、一九九三年参照。

(27)日本史籍協会編『徳川慶喜公伝』史料編二、続日本史籍協会叢書、一九七五年、二二〇頁、四六七「元治元年十二月十二日長岡護美への書翰」。

(28)徳川林政史研究所所蔵「焚餘手翰」二、「安政元年二月頃カ　外夷之儀ニ付松平越前侯へ御返翰」。以下の引用はすべて同史料による。

第二章　九州外様大名黒田長溥と海外情報

第一節　ペリー来航直前における黒田長溥の対外建白書
―尾張藩主旧蔵本から発見された建白書―

はじめに

「幕吏腰脱、賊徒胆驕、国体を失候事千百不可数[1]」と吉田松陰をして痛嘆せしめた嘉永六年（一八五三）六月三日のアメリカ合衆国艦隊（司令官―合衆国東インド艦隊司令長官マシュー・カルブレイス・ペリー准将、汽走軍艦二隻―サスケハナ、ミシシッピー、帆走軍艦二隻―プリマス、サラトガ）の来航は、一部の人々にとってけっして晴天の霹靂ではなかった。すなわち前年から阿蘭陀別段風説書・バタヴィア総督公文書・日蘭通商条約草案等の一連のオランダ商館よりの情報[2]によって、幕吏や有識の大名たちは、相当程度まで、ペリーの来航を予知していたのである。なかでも、尾張藩主徳川慶勝は、ペリー来航予告情報の入手に努め、自ら写本を作成し[3]、徳川斉昭や松平慶永は、対外強硬策のすみやかな定立を願い[4]、また島津斉彬は、対策の遅れや、定論のなきを憂う一方、国元や江戸屋敷の防備を切実に考え、具体策を施していたのである[5]。これらの行動にみられるごとく、ペリー来航予告情報は、それに接し得た人々に大きな衝撃を与えたのである。

ただそれでも通説では「幕府当局者は一応考慮したものの、深刻な危機感を持つに至らず、これを知った朝野識者層も焦眉の重大問題として幕府を警策するほどの意識に到達しえないまま黒船を迎えてしまった」[6]とされ、ペリー来航予告情報は、「最大危機の感触をもたせるに至らなかった」[7]と結論づけられている。確かに、先の慶勝・斉昭・慶永・斉彬にしても、幕府にペリー来航に関する事前の建白書を提出するに至っていない。しかしだからといって重大問題として意識しなかったとは限らないし、何よりも傍証史料ではあるが、福岡藩主の黒田長溥は、幕府にたいして事前の上書を呈したことが知られている。[8]前記のごとき通説がとられたのは、実際に、黒田の上書そのものが知られていなかったからであると思われる。

今回、この黒田の上書の写し「阿風説」[9]を尾張家文書の中より見出したので、ここに紹介することとしたい。まずその書誌的紹介から筆を進め、上書の文言の検討を通じて、上書の意図するところ、すなわちその裏に隠された黒田の意識の程度を考察し、ペリー来航前後の国内情況―とくに雄藩（有識）大名グループ[10]の動きと、彼らの対外危機意識究明の資としたい。なお建白書の全文は本書史料編に収録した。

一　「阿風説」の書誌的紹介

所在・法量

「阿風説」は、財団法人徳川黎明会に属する、徳川林政史研究所の所蔵にかかり、「尾張家文書」のうちの十四代藩主慶勝関係[11]文書群中の一古文書（未刊）である。

体裁

縦一四・八センチメートル、横一九・八センチメートルの小型本で、こよりによって綴られた和装横本である。

まず表紙をみてみよう。「阿風説」の表紙左上方には胡粉による白円があり、その白円上に墨書で「赤」と記されている。筆跡から慶勝によるものと考えられる。

慶勝の自筆写本、あるいは慶勝が手元に置いて所蔵していたと思われる写本類の表紙には、慶勝自身の手による整理の跡が認められ、[12]「阿風説」もその例にもれず、慶勝の手が入っているのである。

一方、慶勝自筆の「目録」[13]の中では「阿風説」は、「美濃建白写」（黒田（松平美濃守）長溥―岩下註）と記され、[14]さらに「目録」によれば、「美濃建白写」の直前の「唐国兵乱」と同様「横本小冊」で、白い胡粉の円を施した一冊本であることが判明する。以上を要するに「阿風説」一冊は、福岡藩主黒田長溥（長溥については後述）の建白書の写しであり慶勝がその表紙に白円を施し、さらにその上に「赤」と記した慶勝の「御手元本」だったことが理解できよう。

さて「阿風説」は、全五丁の横本で、墨付は一丁目から裏表紙の裏までである。一丁目表から「一印」[15]がはじまり三丁目表まで、「二印」が三丁目表から五丁目表、「三印」が五丁目表から裏、さらに裏表紙にまで書かれており全体で三部分に区分されている。

筆は一筆で、一人の手に成ると思われるが、慶勝自筆写本の「阿蘭陀機密風説書」[16]の闊達な筆跡に比して「阿風説」は、繊細と評し得るので、慶勝の自筆本ではないと考える。さらに、「慶勝公御直書目録」[17]によれば「阿風説」は「（無印）阿風説横帳　壱冊」[18]と記されており、自筆写本の頭に付されているべき朱の印「・」が施されていない。[19]ただし、「慶勝公御直書目録」の編者が、明らかに自筆写本でないとする場合には「△」印を付すことが明示されているが、それもなされていないところをみると、「慶勝公御直書目録」の編者は、自筆写本か否か判断しかねたとみえる。一方「阿風説」の前後に記載されている書物には、自筆写本の朱の印がないことから「阿風説」にのみ印を施すのを忘れたとは考えられない。

以上から「阿風説」は、慶勝の自筆写本ではないとするのが適当で、当時の慶勝の状況から考えて、「阿風説」の作者黒田長溥か（先に「目録」で「美濃建白写」（傍点―岩下）とあるから筆跡は黒田のものとする可能性は薄いが、完全に否定されたわけではない）、あるいは、長溥から慶勝に伝達される間に介在した人間（長溥の側近、慶勝の側近、長溥・慶勝間に介在した雄藩藩主、およびその側近）の手になる写本と考えられる。

作成年代

「阿風説」は先に記した通り、「一印」「二印」、「三印」の三部分に分けられるが、そのいずれの末尾にも、「十二月」とのみ記され、年号の記載はない。それゆえ本文の文言より考察することとする。

本文「一印」の冒頭は次の通り筆記されている。

一印
一、当子年（嘉永五壬子年―岩下註）阿蘭陀別段風説書之内、心得ニ可相成儀御書付御内密拝見被仰付、難有仕合奉存候[20]

すなわち、その言うところは嘉永五年（一八五二）一二月下旬に、老中首座阿部伊勢守正弘が、薩摩藩主島津斉彬・福岡藩主黒田長溥・佐賀藩主鍋島直正（斉正）の三外様大名に、同年六月入津のオランダ船によってもたらされたペリー来航を予告する阿蘭陀別段風説書の抄出文[21]および阿部正弘の付言[22]を内密に回達した事柄[23]を指す。

さらにこれを裏付けるごとく、先の文言に続いて「右御書付之内」として

一、北アメリカヨリ日本国に使節を送り日本国と通商遂度由

と、回達された阿蘭陀別段風説書を引用し、さらに

一、取留候儀とハ不相聞候得共、兼而風説書之儀ニ付而者申上候次第も御座候ニ付、密々為心得御達被仰付候旨

と、回達の際に阿部正弘が付した付言も引いている。

以上のことから「阿風説」の成立年代は嘉永五年一二月であることがわかる。

作者

先に「阿風説」は、嘉永五年（一八五二）一二月に回達された阿蘭陀別段風説書の抄出本および阿部正弘の付言を引用していることを指摘したが、さすれば、「阿風説」の作者は、島津斉彬か、黒田長溥か、鍋島直正のいずれかであることはまず間違いない。遺憾ながら、三名のうちいずれの署名も「阿風説」の中には存在しないので、やはり本文から考察する。「三印」に次の通り記されている。

本書中上候、浦賀表之儀者、私共不願筋ニ候得共、元来長崎之儀者肥前守（鍋島直正―岩下註）・私両家ニ而御警衛之義、代々蒙仰罷在候得者、万一異変有之候共、両人兼々申合

江戸幕府による制限付海外貿易を行う唯一の港長崎[24]は、その特殊な事情[25]ゆえに長崎奉行の指揮下に、主として筑前黒田家および肥前鍋島家[26]が、それぞれ長崎警固番役として兵員および武具等を提供し、かの軍役に従事していた。本文では、鍋島肥前守直正と「私両家」とあるので、「私」はとりもなおさず、嘉永五年時の福岡藩主黒田長溥[27]である。そして、「阿風説」「三印」の言うところは、「先達御沙汰有之候蘭人風説書之趣ニ而者、来春夏之内アメリカ船渡来可致哉之由ニ付」、職務たる長崎警備に専念したく存ずるが、「長崎江者不罷越、直ニ浦賀表江可罷越趣も難計」く、浦賀は浦賀で警備が施されているが、アメリカ船渡来の件は「以之外之事ニ至可申哉」と「甚以掛念」しているので、「痛心致候儀」を申し上げるという。すなわち、ペリー来航直前における、福岡藩主黒田長溥の対外建白書であることが理解される。

黒田が対外建白書を幕府に提出したことは黒田自身が、のちにペリー来航後の建白書嘉永六年七月一七日の中で「昨年私江和蘭風説書御内達有之候間、不差置愚存之趣申上置候[28]」としており、また、黒田にとっては、甥に当る島津斉彬が嘉永六年一月二四日に徳川斉昭に呈した書翰の中で「先比美濃守（黒田長溥・福岡藩主―岩下註）ゟ上書仕り[29]」とあることから事実として認められてよい。しかし、今日まで、その建白書それ自体が全文紹介されたことはなく[30]、慶勝旧蔵本「阿風説」は、黒田の当該建白書の写しであり、まことに貴重な史料というべきである。

経路

「阿風説」が、いかなる経路より徳川慶勝の手に届けられ、慶勝の手によって整理されたのか。慶勝の日記「日録用要」[31]嘉永五年一二月二六日の条に「建白之下書今日遠江守より返」[32]とある。かつて同年秋には嘉永四年次の阿蘭陀別段風説書を、宇和島藩主伊達遠江守宗城より慶勝は借用して、筆写しているので[33]、伊達宗城へ貸し出したことは十分に首肯できるが、どこより手に入れたのかについては、決め手に欠ける。しかし嘉永五年一二月二八日、慶勝は、江戸城中で伊達宗城、島津斉彬、藤堂高猷、黒田長溥、松平容保らに会って、黒田の建白書に関して何らかの談合を行ったらしいので[34]、黒田から直接か、それとも、島津斉彬あたりを[35]経て間接に、慶勝にもたらされたものであろう。

以上述べきったところを要するに、「阿風説」は、嘉永五年一二月に、その先月下旬にペリー来航予告情報を内覧した福岡藩主黒田長溥が、幕府（阿部正弘）にたいして提出した、ペリー来航に際しての対策に関して建白した写し（あるいは下書）であり、尾張藩主徳川慶勝に伝わり、慶勝の手によって整理された小冊子体の写本であることが判明した。

二　「阿風説」の内容分析

前節において、「阿風説」が嘉永五年（一八五二）一二月に、福岡藩主黒田長溥の提出した対外建白書であることが明らかとなった。ここでは、「阿風説」の内容を原文に沿って各「印」ごとに分析していく。その文章構成や意図する建白の内容およびその根拠となった事実あるいは文書等が何であるか、の解明を行いたい。

(1)「一印」の分析

「一印」は、まず、嘉永五年のペリー来航を告げた阿蘭陀別段風説書の抄出本を内達した阿部正弘への御礼の文言よりはじまる。

一、当子年阿蘭陀別段風説書之内、心得ニ可相成儀御書付御内密拝見被仰付、難有仕合奉存候[36]

そして「右御書付之内」として、その阿蘭陀別段風説書の抄出本を次の通り引用する。

一、北アメリカヨリ日本国に使節を送り日本国と通商遂度由

一、日本湊之内、二三所北アメリカ人交易の為開度、且日本湊の内、都合宜所に石灰貯置、カリフヲルニー（地名）と唐国と蒸気船の通路に用度願立候由

一、一説にハ右船之使節を江戸に差越之命を請候由

一、風聞書にハ上陸闔軍の内定も意（同筆）（用カ）致、諸道具積入有之由、併右船々第四月下旬（当三月下旬ニ当る）前にハ出帆難成、若は今少し延引可致由

嘉永五年（一八五二）の阿蘭陀別段風説書が、島津、黒田、鍋島の三大名に内達されたのは、嘉永五年一一月下旬[37]と考えられ、内達された阿蘭陀別段風説書それ自体で現在伝えられているものは、『島津斉彬文書』下巻一の一三八号文書の〔参考二〕の「十一月二十六日阿部正弘よりの和蘭別段風説書の件内達書」である。この『島津斉彬文書』下巻一所収の阿蘭陀風説書は、島津へ内達された文書であるが、黒田や鍋島へ内達された別段風説書も阿部、島津、鍋島、黒田らの各々の連絡・関係を考慮すれば、ほとんど差異はないものと考える。したがって黒田が阿部から内達された原本も『島津斉彬文書』下巻一所収の阿蘭陀別段風説書と同一とみてよい。

「阿風説」所載の阿蘭陀別段風説書（以下、便宜上長溥本と称す）と『島津斉彬文書』下巻一所収の阿蘭陀別段風説書（以下、便宜上斉彬本と称す）を比較してみると、段落数で長溥本は四段、斉彬本は一〇段であり、長溥の省略および要約が行われているのがわかる（表「『阿風説』所引の阿蘭陀別段風説書の検討」参照）。

省略された段落は、オランダ領東インド総督が、当時の長崎オランダ商館長ローセに代えてドンケル・クルチウス[38]

「阿風説」所引の阿蘭陀別段風説書の検討

Ⅰ　『島津斉彬文書』下巻一
「当子年阿蘭陀別段風説書之内」

番号	記事
1	新旧長崎オランダ商館長の交（ローセ→ドンケル・クルチウス）
2	新商館長の前職（バタヴィア高等法院評定官）
③	アメリカ合衆国、通商要求の遣日使節派遣の件
4	右一件、左之通ニ有之候（導入）
5	遣日使節は、将軍宛大統領書翰を携え、また日本漂流民を連れている
⑥	使節は、日本の開港開市、石炭貯蔵所、カリフォルニア・中国間航路開路を目的
7	アメリカ東インド艦隊の在中国兵力(蒸気船1、コルベット船4)
⑧	遣日使節江戸湾進入の説あり
9	遣日使節の交代（オーリック→ペリー）、参加の予想される東インド艦隊の兵力（艦名、艦長名）
⑩	陸戦隊の用意と出航予定（三月初旬以降出帆か）

Ⅱ　「阿風説」に引用された
嘉永五年の阿蘭陀別段風説書

番号	記事
1	アメリカ合衆国、通商要求の遣日使節派遣の件（Ⅰ—3）
2	使節は日本の開港開市、石炭貯蔵所、カルフォルニア・中国間航路を目的（Ⅰ—6）
3	遣日使節、江戸湾進入の説あり（Ⅰ—8）
4	陸戦隊の用意と出航予定（三月初旬以降出航か）（Ⅰ—10）

（註1）本図はⅠを『島津斉彬文書』下巻一390～391頁の「当子年阿蘭陀別段風説書之内」より、Ⅱを徳川林政史研究所所蔵「阿風説」より作成した。

（註2）番号は頭から順に付した便宜上のもので、Ⅰの丸で囲ったものは、Ⅱに採用された項目を指す。

を任命したとする第一段、ドンケル・クルチウスが東インド高等法院の評定官であったことを伝えた第二段、第四段の「一、右一件之通ニ有之候」、第五段アメリカ合衆国の遣日使節は、将軍宛の大統領の書翰を携え、日本人漂流民を返還する任務を帯びているとする段、第七段のアメリカ合衆国東インド艦隊兵力と司令官オーリックの名を記した段、先のオーリックに代ってペリーが任命され、その増援部隊を伝えた第九段の合せて六段分である。第四段は除外するとして、第一、二、五、七、九段の省略はいったい何を意味するのであろうか。この解答は、「阿風説」を通覧してのちに知られるであろうと考える。つまり「阿風説」は、阿蘭陀別段風説書を内見して、ペリー来航を予知した黒田長溥が、その来日に備える対策を建議した上書であるから、自らの論旨の展開に即して阿蘭陀別段風説書を引用したことは十分予想できるのである。したがってここでは、黒田が阿蘭陀別段風説書の回達本一〇段を彼なりに省略して四段にまとめたことだけを指摘しておく。

さて、「阿風説」の四段（長溥本）は、斉彬本の該当段落をどの程度要約しているか検討してみよう。長溥本の第一段は、斉彬本の第三段であるが、斉彬本は、

一、爰に又一説有之候、北アメリカ供和政治の政府、日本国に使節を送り、日本国と通商遂度由に有之候(39)

となっている。斉彬本の「北アメリカ供和政治の政府(40)」を長溥は、単に「北アメリカ」と省略しているが、この省略の事情は詳らかではない。

ちなみに「共和」という訳語が訳述書中にはじめてあらわれるのは、幕府天文台訳官箕作阮甫の娘婿箕作省吾の『坤輿図識』（弘化元年―一八四四―成稿、翌二年以降安政元年―一八五四―まで逐次公刊）であるといわれる(41)。すなわち省吾が『坤輿図識』を翻訳している期間に「レパブリック」の訳語を仙台藩儒者大槻磐渓（江川英龍門下の砲術家でもある）に相談したとき、磐渓がいうには「支那三代の頃、周の厲王の時に、国王が無くて宰相が集まって政治を執った十六年の間を『共和』と云ふ。此の字が宜(42)しいとしたので、省吾は「レパブリック」を「共和」と訳出したという(43)。『坤輿

図識』は、最新の輸入蘭書の相互比較検討とその記述をベースにした世界各国の詳細な地理書[44]であり、その正確さ、西洋思想への理解の深さゆえに世上一般に歓迎され、[45]鍋島直正（斉正）がこれを読んで感銘し題詩を作るなど、[46]反響は大なるものがあった本である。このような一般的な情勢下に加えて黒田と箕作家とのつながりをみると黒田は、『坤輿図識』の訳述の指導援助を行った[47]省吾の義父阮甫および省吾亡きあと阮甫の女婿となった秋坪と親交があって[48]西洋各国事情を尋ね聞き、また学術技術の談話を聴講した[49]という事情が想起される。

これよりして黒田は「供和政治」[50]に関しては一応の理解のうえに立って省略したものと考えるのはさほど無理がないように思われるのである。

長溥本二段は、斉彬本六段であるが、これは、ほとんどそのまま引いている。すなわち斉彬本は次の通りである。

一、右使節者、日本湊の内二三所、北アメリカ人交易の為開度、且日本湊の内都合宜所に石炭を貯置、カルフヲルニー地名、と唐国と蒸気船の通路に用度願立候由に有之候[51]

長溥本第三段、第四段も、斉彬本の八段、一〇段にあたる部分をそれぞれ引いていることが指摘できる。先の阿蘭陀別段風説書の引用につづいて「阿風説」は、阿部正弘の付言も一部省略して採っている。長溥によって省略された斉彬本の部分は、はじめの「右之通風説に有之候」[52]と中間の「為心得相達候」[53]および「尤此儀ニ付而者彼是雑説等も可有之候得共、此外之儀者更ニ可相達廉も無之候間」[54]である。

嘉永五年のペリー来航予告情報は、阿蘭陀別段風説書だけではなく、「咬𠺕吧都督職之者筆記和解」[55]と称されるバタヴィア総督公文および日蘭通商条約草案（「かひたん差出候封書和解」[56]）があり、前者は八月、後者は九月に幕府に上呈されていた。黒田があえて「ペリー来航に関しては、種々雑説等あるけれども―つまり総督公文や通商条約草案に関しての風聞もあるけれど―この別段風説書以外の情報は他にない」とした阿部正弘の付言を省いたのは、総督公文や通商条約の存在を知っていたために意識的に行ったものであると思われるのである。すなわち、島津をはじめ黒田、鍋島らはペリー来航に関する種々の情報をつかんでいたので、正確な情報の公開を求めて阿部に別段風説書を内達させたのではないか[57]と推され、そうであれば当然この部分は省略することになると思われる。

黒田が、いささかの省略をしたとはいえ、長々と阿蘭陀別段風説書、阿部正弘の付言を引用したのは、これから申し述べる建白の前提条件を明示する必要を感じたためであろうし、また一方では、外様大名が幕府にたいして上書を呈するのは、全く前例のない事柄であることを考慮しての一種の権威づけの役割、すなわち機密文書たる阿蘭陀別段風説書を内達され、阿部からも付言を得ているのは、それだけ阿部の信頼があついためで、その信頼のうえに上書を呈するのだという上書呈示の権威づけの機能を考慮しての引用と考えられる[58]。それというのも黒田は、「一印」の末尾で、

私事先程以来奉蒙　御高恩候儀ニ付、心底不残奉申上候、不敬之段者重畳奉恐入候得共

とか、「二印」の中でも「不顧不敬此段奉申上候」あるいは、

右等之儀ハ色々御評議も可被為在御事ニ付申上候にも不及儀共奉存候得共、何分心中不安奉恐入候ニ付

などとし、さらに「三印」の末尾でも

私不顧儀を申上候者、恐入候得共、痛心致候儀を不申上者不忠ニ付

と同じことを何度も述べて、上書を呈することは、(外様大名が政治向の発言をすることは、)はばかるべきことであり、(この上書を呈することは慣例を破ることであり)十分心得ているが、このペリー来航の予告情報は、「以之外」の事、「片時も難相済」き事、「実ニ不容易」事、「日本一大事」の事であるので、自らの立場や将軍家にたいして不敬にあたることなどをも顧みないで申し上げるのだとしている。そして後述する「二印」で御三家に阿蘭陀風説書を回達することを建議した直後に次の通り述べるところをみると、すでに黒田においては、外交上の重大問題(ペリー来航)に関しては、国内政治上の禁忌(外様大名の上書)さえも相対化されていたのであろうことが判明する[59]。

右等之事ハ御政事筋にも拘、容易ニ可申上次第ニ者無御座候得共、いまた（御三家には—岩下註）御達無之哉奉存候ニ付奉申上候

このように黒田のなかでは、国内政治問題の外交問題による相対化、すなわち外交問題は国内政治問題に優先することが自明となり得ても旧法墨守たる幕閣有司においては望むべくもなく、かえって嫌疑を受けることになりかねない(60)。このための阿蘭陀風説書、阿部の付言を引用して、上書呈示の正当性の根拠となし、反発を避けるために先程来の文言を散りばめたことは容易に理解できよう。

以上のごとき前提条件のもとに黒田は次の通りの建策を展開するのである。

長崎表御備向之儀者、尚又肥前守江重畳申合弥御厳重相勤候心得ニ御座候、然処御内達之内、前段之ケ条、和蘭国王ゟ使節差上候節、御返翰之趣、私江も拝見被仰付置候ニ付、愚考仕候得者

ここで、黒田は、阿部正弘の付言「御備向之儀者随分無油断可申付」を受けて、自らが携わる長崎警固番役に関しては十分「厳重」にしているとし、さらに弘化元年（一八四四）七月にもたらされたオランダ国王ウイレム二世の開国勧告の親書にたいする幕閣の勧告拒絶の諭状（弘化二年六月）を拝見したなかで考察すればとして、弘化二年当時の幕府の対外政策上において、ペリーが来航した場合の処理を想定する。

此節アメリカ通商相願候共、御許容可被仰付御次第共不奉存候

開国拒絶方針で臨めば当然、通商不許容である。その場合「軍船引連居候ニ付、必戦争にも可及」として対外戦争勃発に事態になる。しかるにそれに備うべきわが国海防の事情はどうか。

近年海防之儀、段々御懇達も有之候に付、相応ニ者何方も相整居可申候得共

近年は、海岸防備の方も各藩「相応」に整備されているが、十分とはいいがたいという認識である。すなわち、

万一者伊豆諸島、殊大島等夷人手に入レ、大炮等備付候ハヽ、如何様之御取計可有之哉、容易ニ島々御取返し

御六ケ敷御儀歟と奉存候

伊豆諸島、なかでも大島を米国軍に占領され、大砲でも設置されたら、わが国には米国軍に対抗できる軍艦もないので、その奪還は困難であることを説くのである。そして、大島占領が行われた場合、

江戸江上方ゟ船路絶可申、江戸中之騒動如何可有之哉

つまり、江戸・大坂間の海上の物資輸送路（いわゆるシーレーン）の遮断による江戸の都市経済・市民生活の破壊とそれに伴う大混乱を想定する。また戦争に至った場合には米国艦隊の無差別砲撃によって、際限のない国土の焼土化が起こり得るとする。

又戦争に及候得者、焼国等打掛何方迄焼失可致哉

それゆえに「右等之事情定而宜敷御評議も可被為在候得共」、一度、ペリー来航予告情報を承ってしまったうえは、「日夜心痛無限」く不安である。本年は長崎御番が非番であるが、「海防之儀者何方も同様ニ付、奉恐入候得共、此段奉申上」るのだという。ここにも幕府に一応の遠慮はしながら、長崎警備の担当者として、すなわち海防に関し一定の識見を有する者として自らの主張を述べかつまたその正当性を印象づけようとする意識が働いているようである。以上は、通商拒絶↓大島占領↓江戸の都市経済・市民生活の破壊、最悪の場合は、通商拒絶↓戦争↓無差別攻撃↓焼土という想定であるが、黒田は次には、通商許可に関しても検討している。すなわち、

尤交易御免被仰付候得者、一時ハ子細も無之、然時ハ諸州ゟ通商相願候節如何可被仰付哉、至而御面倒之御事可至、

ここで言うところの「至而御面倒」とは、アメリカ以外の国々からもわが国への通商要求が強まり、かえって外交上問題が生ずることを意味している。そのうえ一度、オランダの開国勧告を拒否しているうえは、通商許容策を採用することは、首尾一貫性に欠ける。したがって通商許容はあり得ない。それなれば黒田においてはやはり通商拒絶↓

大島占領もしくは戦争、無差別攻撃しか将来の選択の余地はないことになる。だが、

然者如何様被仰付候共、異船ニ対用致候軍船無之而ハ必勝之道別ニ無之、只今通り之日本船ニ而ハ異船に勝候事無覚束不残夷人の為ニ死亡可仕

として、大島占領や、戦争勃発となった場合どんな方針をたてようが、米国軍艦に対抗できるだけの軍艦がなければ、必勝は覚束なく、全滅すること必定と述べるのである。そして以上の事柄を申し述べるのは、けっして討死するのを厭がって言うのではなく、戦う前から勝負がついているのに戦うのは「犬死同様ニ相成」「残念至極」と考えるからだとする。ここには、確実な海外情報に裏づけされた[61]、冷静な判断が存在し、黒田は同じ冷静な判断を幕閣に求めるのである。すなわち、

右等之事、得与只今之内御評議可被為在御事奉存候、御繁用ニ而御評議御延引相成、至其節、御後悔有之候而も、右之外良策有之間敷、仮令孫呉楠等出候而も無詮御事奉存候

として、現段階での十分かつ速やかな評議と対策の確定を求める。そして実際にペリーが来航した時点で後悔しても全く甲斐なく、そのうえ、孫子、呉子、楠木正成などの有能な兵法家が出ても、西洋諸国の軍艦の圧倒的火力の前では、なすすべもないと痛論している。さらにこうなったうえは、として、ここがこの上書の大切な部分であるが、「海防功者之人江得与御尋被為在候様」と求めるのである。たった一行ほどのこの提案ののち、黒田はただちに次の通り文を結ぶ。

私事先程以来奉蒙　御高恩候儀ニ付、心底不残奉申上候、不敬之段者重畳奉恐入候得共、万一日本御恥辱ニ相成候事致出来候而ハ、尚更奉恐入候ニ付、前以此段奉申上候、恐惶謹言

十二月

以上を要するに「一印」は、ペリー来航予告たる風説書、それに関する阿部正弘の付言を引用して、自己の主張の

正当性を印象づけるとともに、そこから出来うるかぎりの想定を設けて〔すなわち交易不許可→大島占領→シーレンの封鎖→江戸の大混乱、また交易不許可→戦争（無差別攻撃）→国土の焼土化、あるいは、交易許可→諸外国よりの交易要求増大→オランダへの返翰に違反→実行不可能〕結局、現在のままの幕府の対外方針（交易拒絶）では、戦争→討死→犬死という最悪の選択をせざるを得ず、それは「日本御恥辱」であることを幕閣に認識させ、現方針の再考と、「海防功者」への諮問を提案した上書であり、これから述べる「二印」と比してどちらかといえば理念的観念的な建策内容を有する上書であることが判明した。

(2)「二印」の分析

「一印」を執筆し終えて黒田は、おそらくいまだ自分の述べたいことを述べ尽くしていないと思ったので「二印」の執筆にとりかかったのだと思われる。

本文奉申上候儀ニ付、尚又奉申上候、土州漂流人久々アメリカにも住居致候事、幸之事ニ付、早々爰元江御呼寄相成、異国之事情委敷御尋相成候ハ、夷情も得与分明可仕、且又軍船仕立候事も委細御尋相成、御都合次第ニハ同人江仕立被仰付候得ハ、速ニ製作出来可仕奉存候

「二印」で「海防功者之人江得与御尋被為在候様」と求めていたが、この部分を具体的に述べようとしたものである。すなわち土佐出身のジョン万次郎を江戸に呼び出して、異国（関心の中心はペリーを派遣するアメリカであろう）の事情を聴取し、必要とあれば、万次郎に海軍創設の任を負わせるべきだとまで述べている。ジョン万次郎こと中浜万次郎は、文政一〇年（一八二七）土佐で生まれ、天保一二年（一八四一）出漁中に遭難し、アメリカ捕鯨船に救出されて、アメリカに渡り、教育を受け捕鯨業に従事していたが、嘉永四年（一八五一）正月琉球漂着ののち、島津斉彬に体験談を語った。さらにいったん長崎奉行に引き渡され、土佐に帰国し、この嘉永五年一〇月には故郷中浜に帰り、同年一二月に

は藩の徒士格に登用された。当時万次郎は、第一級の海外情報の提供者と捉えられ、大槻磐渓などは、ペリー来航直後の嘉永六年六月八日の上書の中でペリーが渡来した、その趣旨を考察する際、重要情報として万次郎の談話を次の通り引用している。

尤一昨年帰朝之土州漂流人万次郎咄しニも、日本近海捕鯨等之節、薪水等無差支様、東海之内一ケ所貰請度由、米利幹人申聞候儀も有之由承り候[62]

さらに大槻は、万次郎は「天才有之者[63]」なので、アメリカ滞在中は「殊之外彼国之者ニ寵愛被[64]」り、学校に入学して天文測量算術砲術などまで修得して帰国した人間である。さらには、一〇年も滞在したわけだから、渡来人員中には、知人もいるだろうから、「此者儀を土州侯ニ被仰達、急に御召寄ニ相成、阿蘭陀通詞同様ニ被　仰付[65]」今回の交渉役に任命してはいかがか、たとえ今回間に合わなくとも、先々、アメリカ人渡来の節には、役立つ人間であるから急いで呼び寄せるべきだと大槻は建白するのである[66]。

「鎖国」時代にもたらされた海外情報の中国漂流民による生々しい重要情報は、幕府・藩庁によって独占され、一般人の漂流者への接近は遮げられ、幕末開国期に至ってようやく万次郎や彦蔵の例にみられるごとく漂流民の海外知識と経験が幕府の外交事務に利用されるようになったとされている[67]。おそらく、ペリー来航以前においても、嘉永三年の阿蘭陀別段風説書がアメリカの交易要求が高揚しつつあることを伝えていたために、そのアメリカから帰国したジョン万次郎に有識者の関心が集まっていたと思われる。そして、ペリー来航予告の段階では、夷情把握と海軍創設の任務が黒田によって想定されていた。そして、実際にペリーが来航してからは、アメリカとの交渉役として大槻によって想定されることとなった。だがしかし、万次郎は、嘉永六年一一月七日に幕府の小普請役となるも実際のアメリカとの交渉スタッフへの任用はされなかった[68]。けれどもその後、軍艦操練所教授や万延元年（一八六〇）の遣欧使節に通弁として随行する等々の外交事務への多大な貢献をなすことになる。その前提には、以上のような、各界からの推薦が幕府にたいしてなされていたからなのであろう。

ところで、黒田が、自明のごとく万次郎のことを推挙したのには理由がある。万次郎が嘉永四年正月に琉球に漂着した際、琉球の在番奉行島津久包は、万次郎にたいしてアメリカ事情を尋問して、斉彬に報告している(69)。その内容は『島津斉彬文書』中巻所収の一一二号文書「琉球へ土佐人漂著の件幕府への届書」の〔参考四〕「正月　堀與左衛門在琉使番竝野元一郎在琉右筆上申書」によって知られる。

それらのすべてを万次郎一人が答えたとは考えられないが、その多くは万次郎によるところが大きいと思われる。ともあれ、これによって彼らのもたらした情報の一端は知り得る。すなわちその内容は、捕鯨術、わが国にたいする外国の評判などの外交にかかわる情報、また、軍事問題、アメリカ事情、漂流の経緯、造船、航海、測量に関する件等々、多岐にわたり、黒田がこれらの知識を有する人材の任務は有効、との認識を形成するに至るのは、いわば必然的でさえある。万次郎らは、七月二八日に至って鹿児島山川港に送られた。島津斉彬は、先ほどの久包の書状を読み、万次郎の造船、航海、測量技術に期待するところあって、藩士、船大工を万次郎に学ばせ、また万次郎に船舶雛形の製作を命じたのである(70)。当時最新の海外知識を有する万次郎が、琉球を経て鹿児島に至り島津と接触があれば、島津は黒田へ何らかの報告はすると思われるし、嘉永五年九月に長溥は阿蘭陀船の帰帆後に出府したのでこの間に万次郎との直接・間接の接触は考えられなくもない。

万次郎の任用の提議に続いて、黒田は「一印」において述べた幕府評議の速やかな決着をここでも再び要請する。それは、幕府評議の遅延が事実として存在したからで(71)、なぜ遅延しているかの原因を黒田は、幕閣有司が、阿蘭陀別段風説書のペリー来航予告記事を信用していないことに求め、これを信ずべきことを説く。すなわち、

風説なからも当年か来年数十艘之軍船浦賀江可参儀相分居候事ニ付、右黒白御決断一日も早く御治定無之候而者、片時も難相済御事

として、風説ではあるが、当年か来年に浦賀に数十艘の軍船が乗り寄せてくることがわかっているのだから、白黒はっきり一日でも早く決断してもらいたいとする。「数十艘」はいささか大げさである。さらに風説書を否定する有司については、次の通り批難している。

近頃申上兼候得共、御役ニより候而者、又例之風説ニ而迚も船者参間敷、無用に騒立候様相唱候向も有之哉ニ承候事も御座候得共、

一応「申上兼」ねるとはいいながら、明らかに幕府にたいする不信の表明であって、大きなリスク（上書が採用されず、黙殺される、あるいは咎を受ける）を伴った一文である。さらに黒田の有司攻撃は続く。

何れも左様（別段風説書が信用が置けずペリー来航はないとして風説書は無用に騒ぎ立てるものにすぎないということ—岩下註）存居候者ハ有之間敷儀奉存候、全虚説奉存候

なぜ「全虚説」なのか、すなわち、

異船ゟ参節ハ幸、万一数十之軍船致入津候節、如何様騒立候共手に及不申、品川辺迄乱入致迅速ニ引払、異船一艘も日本ニ而打挫不申節、如何御取計可有御座哉之事

という。これは、一見不可解な理由づけである。つまり、ペリー来航はあるはずもなく別段風説書は、無用に騒ぎ立てるものだという幕吏の見解を否定するためにはオランダ別段風説書の内容はこうした点が信頼できるのだとか、確実な情報源だから信用できるのだとするのが一般的な説得の仕方であろう。要するに黒田は圧倒的な軍事的優位に立つアメリカ艦隊にたいして、それに対抗する海軍が日本にない以上、どんなに騒ごうが、「手に及」ばないので現在は、別段風説書の真偽を云々するのは、無意味であることを説きたかったのだと考えられる。

こうして黒田は再び、アメリカ艦隊の江戸湾侵入とそれに伴う戦争突入後の情況を想定する。

異船入津、及騒動、焼国打と諸方江打掛候ハヽ、芝浦辺迄も玉ハ届き可申、諸方一同ニ焼上リ候ハヽ、万一ハ

乍恐遠方江御成抔と申儀至候而者、以之外之御事奉存候、申上候も奉恐入候得共、東照宮以来格別之御武威ニ被為在候所、至此節、万一夷打勝候而者　皇国之御恥辱、重畳奉恐入候、

「一印」では、国土の焼土化を訴えたが、ここでは、より具体的に「芝浦辺」「達方」として、すなわち、徳川将軍家霊廟芝の増上寺や、江戸城内の将軍御座所までアメリカ艦隊の砲撃目標となる可能性があることを述べ、徳川家康以来の武威高揚の地であるこの江戸において日本軍が、夷人に敗北した場合には、それは「皇国之御恥辱」であると認識される。対外戦争の場合でも「武功之家柄」たる諸大名は「捨身命、防禦可仕候得共、必勝之良策兼而御定無之候而ハ如何様之名将江被仰付候共、皆討死之外」方策はないのである。

黒田は、以上の通り、増上寺や江戸城が危険にさらされるような状況を予想させる阿蘭陀別段風説書の内容は、「実ニ不容易御事」であるので、として第三の提案を行う。

御三家方御初、可然大名江ハ御内達可有之御儀奉存候、尤日本一大事之御事ニ付、別而御三家方江者是非共御内達御相談可被為在御事奉存候、右等之事ハ御政事筋にも拘、容易ニ可申上次第ニ者無御座候得共、いまた御達無之哉奉存候ニ付、奉申上候

すなわち、「御三家」と「可然大名」（おそらく黒田の想定したのは、松平慶永からの御家門や、外様も含めた対外・国内問題に関して明確な意識を有する有識の大名[72]）への阿蘭陀別段風説書の回達要求である。とくに黒田は、ペリー来航を「日本一大事」と称して、御三家には、是非も回達して、相談したらどうかとまで提案する。そして、これらの提案は、幕政上の重大案件であり、元来外様大名たる黒田が口を挟む問題ではないことを一応認識しているポーズはとっているものの、黒田は提案（三家への回達）実現の可能性に向けて問題なる箇所の指摘とそれに対する対応策をも次のように述べる。

御内達にも事々敷人気騒動致候事無之様、被仰付御尤奉存候得共、何れ軍船抔御仕立ニ相成候ハヽ、定而人気

も立可申候ニ付、万一異船浦賀ニ来候共、色々御手当御十分被仰付候間、江戸中之者致安心候様、表向御達被仰付候ハヽ、却而人気も宜敷可相成奉存候、今日の人気立候事を御厭相成、万一之節御不手際と只今御厳重之御備被仰付候而、当時人気立候と軽重可有之哉

先に、阿部正弘は付言において、阿蘭陀別段風説書が、世上に流布すると、疑心暗鬼を生じて奇談怪説が漫延し、人心が浮き立つので、あくまでも心得として胸の内に秘め、海岸防備を十分にすること、ただし、人民に悟られるような大げさな準備はしてはいけないと指示したが、その付言に関して先に引用した通り反論するのである。その言わんとするところはいずれアメリカ艦隊が来航すれば、江戸の「人気」が浮き立つのは必定である。それならば、今から海防努力を重ねて、江戸市中の人間を安心させるようにすれば、かえって「人気も宜敷」なるのである。現在の「人気立」ことを恐れて、万一ペリー来航時不手際をとることになってしまっては大変である。このような瀬戸際にあたって「人気」云々を言うことは為政者として妥当であるか、とまで言うのである。

結局黒田は、「此節之御儀御決断速ニ被仰付度奉存候」と一日も早くペリー来航に耐えうるわが国の海防体制を確立すること、その確立を究極の目的として、ジョン万次郎の呼寄せと諮問および御三家の幕政への参加を決定する幕府評議の速やかな決着を望んだものといえよう。

以上を要するに、黒田の上書の中でも「二印」は、三つの具体的建策（中浜万次郎の任用、幕府評議の早期決着、阿蘭陀風説書の御三家・有識大名への回達）を核として要旨を展開し、究極的には、十分な海岸防備体制の確立を求めるすぐれて具体的な建白書であることが判明した。

（3）「三印」の分析

理念的な「一印」、具体的な「二印」をしたためたうえでなお、補足する意味で付けたのがこの「三印」である。

ここでは、浦賀警衛が話題となっている。全文を引用しよう。

本書申上候浦賀表之儀者、私共不願筋ニ候得共、元来長崎之儀者、肥前守・私両家ニ而御警衛之儀、代々蒙仰罷在候得者、万一異変有之候共、両人兼々申合人力身命之限、防禦打払御国威之御瑕瑾ニ不相成候様心掛候儀ニ御座候所、先達御沙汰有之候蘭人風説書之趣ニ而者、来春夏之内アメリカ船渡来可致哉之由ニ付、猶更いたく警衛筋心掛候事御座候、然処長崎江者不罷越、直ニ浦賀表江可罷越趣も難計奉存候、尤同所之儀者、四家江御警衛被仰付置候得共、疎漏有之間敷候得共、長崎と違、海路濶く、地勢不宜候間、両岸之炮力相届候申間敷、万一蒸気船抔浦賀を越、内海江乗入候様之儀有之候ハヽ、以之外之事ニ至可申哉と、乍不及甚以掛念仕候事ニ付、私不願儀を申上候者、恐入候得共、痛心致候儀を不申上者不忠ニ付、本文之趣申上候儀ニ御座候、依而此段尚又書添奉申上候、以上

十二月

ここで黒田が述べたかったことは、浦賀警備担当の四藩を直接的に攻撃しないで、その警備の脆弱性を、いかに幕閣に認識させるかであった。すなわち、長崎のような両岸が狭く閉じた港湾の警備であれば、両岸の台場からの大砲によって敵艦を攻撃・撃退できるが、浦賀水道のように広い海域では、いかに多数の戦闘要員を増援し台場を造っても砲弾は届かず、かえって敵艦隊の攻撃に悩まされ、その防備は困難であること、それゆえに、海軍による日本の海防計画を進めるべきことを認識させようとしているのである。「蒸気船」という文言を再び用いたのは、外国の蒸気船の江戸湾内侵入にたいしてはわが国も蒸気船（海軍）をもって対抗すべきだという黒田の海防構想のあらわれとみて間違いないだろう。

ここで、黒田の対外建策の内容と黒田が上書の中で引用した阿蘭陀別段風説書との関連性について述べておく。

先の表にまとめた通り、「阿風説」に引用されたのは、③のアメリカ合衆国、通商要求の遣日使節派遣の件と、⑥の

使節来日の目的、⑧の江戸湾進入説、⑩陸戦隊の用意と出帆予定である。

黒田は「一印」でアメリカの来日とそれに伴う幕府の対応を想定しているが、その前提条件として③、⑥は欠くことはできない。また交易不許可→大島占領→シーレーンの封鎖→江戸の大混乱、同じく交易不許可→戦争（無差別攻撃）→国土の焼土化すなわち「日本一大事」「皇国之御恥辱」との想定を可能にするのは、⑧、⑩の項目があればこそであろう。

1・2・4・5・7・9が引用されなかった理由もおのずと明らかである。1・2は、実際にはオランダ商館長が交代したのは、ペリー来航と大いに関連があり、[73]オランダ商館側が阿蘭陀別段風説書の抄出本を作成した際に、嘉永五年の阿蘭陀別段風説書の中で第三三段目と三四段目の商館長交代記事と三七段以降のペリー来航予告記事を結合したと思われる。[74]しかし黒田は上書の中で商館長交代記事に関して論及してはいないので、ペリー来航と商館長交代に関連性を認めなかったか、認めていてもとくに引用して論及するほどのこともないと判断したのであろう。

4は、問題ない。5に関しても、黒田は上書の中でとくに何ら5に関連することは述べていない。7、9は、遣日使節の艦隊構成や司令官交代・艦長名を述べた記事で、あまりにも具体的で、いよいよペリー来航を確実なものと認識させる機能を有するものの、上書の中で、これだけ取り上げて云々する性格のものではない。黒田にとってペリーが「軍船」を引き連れて来日すること、「軍船」たる「異船ニ対用致候軍船無之而ハ必勝之道」がないのに「只今通り日本船ニ而ハ異船に勝候事無覚束」と述べることで十分であったのである。すなわち黒田は、阿部から回達された阿蘭陀別段風説書の抄出本の中からさらに論点となる四ヵ条を抜き出し、ペリー来航予告情報の確実性を強調するとともに、論旨の補強ともなし、さらには上書の正当性を印象づけるといった手法をとった。このような阿蘭陀風説書が、外様大名の上書に引用されるなどということは、幕政史上かつてないことで、黒田が最初であろうと思われる。これをみても黒田の上書が、いかに苦心して、かつ短期間に作成された政治的上書であることが判明しよう。

おわりに

以上述べた通り、黒田長溥のペリー来航直前における対外建策「阿風説」は、理念的建策および具体的建策をかねそなえた上書であり、一応幕府への遠慮をみせているものの、その裏には幕政にたいする発言への意欲を窺わせ、さらには一歩進んで幕府有司の対外意識への批判も含んだ、すぐれて政治的な上書であった。この上書は、ペリー来航予告情報たる阿蘭陀別段風説やそれにたいする阿部正弘の付言を有効に引用し、阿蘭陀別段風説書への絶対の信頼に裏づけされており、このことは、黒田がいかに阿蘭陀別段風説書を通じて得たペリー来航予告情報にショックを受け、建白のやむなきに至ったかという状況が垣問みられ、黒田のペリー来航予告情報への危機意識がいかに深刻なものであったかを伝えて余りあると考えられるのである。

註

（1）吉田常吉・藤田省三・西田太一郎校注『吉田松陰』日本思想大系54、岩波書店、一九七八年、九五頁。萩に在る兄杉梅太郎宛書翰。
（2）本書第一部第二章参照。また、勝海舟『開国起源』上巻、宮内省蔵版、四一～六六頁。
（3）岩下哲典「尾張藩主徳川慶勝自筆写本『阿蘭陀機密風説書』の研究」『金鯱叢書』第一四輯、一九八七年（本書第二部第一章第一節）参照。
（4）『水戸藩史料』別記下、吉川弘文館、一九一五年、六七三～六八三頁。
（5）『島津斉彬文書』下巻一、吉川弘文館、一九六九年、三八二～五三五頁参照。
（6）山口宗之「ペリー来航予告をめぐる若干の考察」『九州文化史研究所紀要』第三〇号、一九八五年、一五八頁。同論文は、同『ペリー来航前後』ぺりかん社、一九八五年に収録。

（7）同右一六五頁。

（8）傍証史料の一つは、黒田を大伯父としてもつ島津斉彬が、徳川斉昭に宛てた嘉永六年一月二〇日付の書翰の中で「先比美濃守（黒田長溥・福岡藩主）ゟ上書仕り、軍船之義、且御三家方江御相談之義、申上候よしながら、頓と詮立不申候」（前掲『島津斉彬文書』下巻一、四二六～四二七頁）と述べているもの、いま一つは、黒田自身がペリー来航後の嘉永六年七月一七日の、米国々書に就いての建白書の中で「昨年私江和蘭風説書御内達有之候間、不差置愚存之趣申上置候」（東京帝国大学編集発行『大日本古文書』幕末外国関係文書之一、五七七頁）と語っているものである。

（9）徳川林政史研究所所蔵の徳川慶勝関係文書群中の一冊子「阿風説」。本書史料編三七三頁以下に収録。

（10）雄藩大名グループに関しては、芝原拓自「反幕諸勢力の性格」『岩波講座日本歴史14』近代1、岩波書店、一九六二年、毛利敏彦『明治維新政治史序説』未来社、一九六七年、第一章、山口宗之『改訂増補幕末政治思想史研究』ぺりかん社、一九八二年、終章第二節、守屋嘉美「阿部政権論」青木美智男・河内八郎編『開国』講座日本近世史7、有斐閣、一九八五年、吉田昌彦「西南雄藩と中央政局」藤野保編『九州と明治維新（Ⅱ）』九州近世史研究叢書13、国書刊行会、一九八五年等参照。

（11）徳川慶勝に関しては、『名古屋市史』政治編第一、名古屋市役所、一九一五年、『部門展　名古屋と明治維新徳川慶勝とその周辺』名古屋市博物館、一九七四年、所三男「藩政改革と明治維新」林薫一編『尾張藩家臣団の研究』名著出版、一九七五年、前掲岩下「尾張藩主徳川慶勝自筆写本『阿蘭陀機密風説書』の研究」、新修名古屋市史編集委員会編『新修名古屋市史』第四巻、名古屋市役所、一九九九年などを参照されたい。また伝記としては「三世紀事略」全七巻（徳川林政史研究所所蔵）が便利である。

（12）前掲岩下「尾張藩主徳川慶勝自筆写本『阿蘭陀機密風説書』の研究」二四二頁。

（13）徳川林政史研究所所蔵、慶勝自筆本。未刊。本書は、慶勝が御手元本を整理分類した際、慶勝自身の手によって作成された目録で、約三〇〇件の典籍、文書類が書き上げられている。本書第二部第一章第三節参照。

（14）「目録」の当該部分は次の通りである。

・唐国兵乱　横本小冊　〇一

・美濃建白写　同小冊　〇一

ここに記された「唐国兵乱」は、徳川林政史研究所所蔵「唐国広西表兵乱一件」一冊である。この写本は、「目録」にある通り横本で、縦一四・〇センチメートル、横一九・七センチメートルの小冊子である。「阿風説」の法量も「唐国広西表兵乱一件」とほとんど変らず、慶勝関係文書中には「阿風説」以外に「目録」の「美濃建白写」の記載条件に合致する本は認められない。また「阿風説」の記事よりして後述する通り、「阿風説」は、黒田（松平）美濃守長溥の対外建白書と称すべきで「目録」所載の「美濃建白写」は「阿風説」である。

(15)「一印」、「二印」、「三印」とは、第一書、第二書、第三書ともいうべきもので、とくに「印」という語句自体に重大な意味があるとは思われない。

(16)前掲岩下「尾張藩主徳川慶勝自筆写本『阿蘭陀機密風説書』の研究」二四〇〜二四一頁、あるいは本書第二部第一章第一節の写真版参照。

(17)徳川林政史研究所所蔵「慶勝公御直書目録」(未刊、一冊)。

(18)同右書一二丁目七行目。

(19)同右書一丁目裏の貼紙に次のように記されている。

レ(朱)・御筆ニテ火中見込

△御筆ニ非サルモノ

・(朱)御筆モノ

そして本文は、次の通りはじまり、実際に自筆書か否かの分類を施している(ただし、すべての書物に印が付されているわけではない)。

御直書目録

往復書ノ部(往復御書翰ノ箱入)

・(朱)自一之巻至三之巻鳥ノ羽入絹表装三冊(以下略)

(20)徳川林政史研究所所蔵「阿風説」。後掲史料編参照。以下とくに断りなく引用する史料はすべて同書である。

(21)前掲『島津斉彬文書』下巻一、三八九〜三九二頁。

(22)同右。

(23)徳川林政史研究所所蔵「世続一世記」の嘉永五年の条に「幕朝ヨリ和蘭機密書薩摩、黒田、鍋島江機密之義以書付内々被仰出」とある。また田保橋潔『増訂近代日本外国関係史』刀江書院、一九四三年、四六九〜四七〇頁参照。

(24)中村質「島原の乱と鎖国」『岩波講座日本歴史9』近世1、岩波書店、一九七五年参照。

(25)長崎は、近世において定期的に海外諸国との接触を有する唯一の貿易港であったため、長崎警備は、幕府の「鎖国」体制維持存続の最重要課題であった。例えば、文化五年(一八〇八)の英国軍艦フェートン号の長崎侵入事件と一連の長崎警備体制改革を参照されたい(片桐一男校訂『鎖国時代対外応接関係史料』日本史料叢書9、近藤出版社、一九七二年、所収の「曲淵甲斐守様式

御在勤文化六年巳六月異国船渡来之節御備大意御書付」を参照)。

(26)黒田家は、寛永一八年(一六四一)二月八日付で長崎警固番役を拝命した。翌年三月二九日、参勤中の佐賀藩主鍋島勝茂は帰国にあたり、黒田家に代って同年中の警備を命ぜられ、黒田家と交代、その翌年には再び黒田家が担当し、ここに両家による交代制が成立した。なお長崎警備問題に関しては、藤井甚太郎「福岡藩主黒田家の長崎警衛(一)~(二)」『歴史地理』第二五巻四号~五号、山本美子「近世の長崎の警衛について」岩生成一編『近世の洋学と海外交渉』巌南堂書店、一九七九年、石田千尋「島原藩の長崎警備・監務と聞役について」『洋学史研究』第二号、一九八四年、長崎県史編纂委員会編『長崎県史』対外交渉編、第四章第二節、一九八六年等を参照。なおまた、近年の研究動向は、松本英治「寛政期の長崎警備とロシア船来航問題」『青山学院大学文学部紀要』第四一号、二〇〇〇年、同「レザノフ来航予告情報と長崎」片桐一男『日蘭交流史その人・物・情報』思文閣出版、二〇〇二年などを参照されたい。

(27)長溥は天保五年(一八三四)一一月襲封、明治二年(一八六九)二月致仕である。さらに鍋島直正(斉正)は文政一〇年(一八二七)一二月二三日、従四位下信濃守に叙され、後、肥前守に改めている。以上は児玉幸多監修・新田完三編『内閣文庫蔵 諸侯年表』東京堂出版、一九八四年による。

(28)前掲『大日本古文書』幕末外国関係文書之一、東京帝国大学文科大学史料編纂掛、一九一〇年、五七七頁。

(29)前掲『島津斉彬文書』下巻一、四二六~四二七頁。

(30)吉田昌彦は、前掲「西南雄藩と中央政局」二九七頁の中で、『鹿児島県史料斉彬公史料』第一巻、鹿児島県、一九七一年、所収の同じ史料(嘉永六年一月二四日付徳川斉昭宛斉彬書翰)を引用して、嘉永六年の中央政局において「斉彬・斉溥・斉昭間において一定の協調関係が存在していたことを示唆している」と指摘している。しかしその建白書の所在や具体的内容に関しては言及していない。また、山口宗之は前掲「ペリー来航予告をめぐる若干の考察」において、ペリー来航予告情報を知り得た徳川斉昭、松平慶永、島津斉彬、阿部正弘の反応に関して詳細に考察しているが、黒田の建白書については何ら論及していない。

(31)徳川林政史研究所所蔵、慶勝自筆日記「日録用要」(未刊、一冊)。

(32)同右。

(33)徳川林政史研究所所蔵「阿蘭陀機密風説書」(一冊)。本書は、後掲史料編として翻刻した。前掲『金鯱叢書』第一四輯の該当箇所は、三〇二頁。

(34)前掲「日録用要」嘉永五年一二月二八日条。

(35)慶勝は、嘉永五年の一二月にペリー来航予告情報たる阿蘭陀別段風説書の抄出本(阿部正弘より島津斉彬に内達された写本)

を島津斉彬より借りて筆写しているので、「阿風説」も島津斉彬からの可能性が高いように思われる。本書第一部第二章参照。
(36) 徳川林政史研究所所蔵「阿風説」。以下、断りなく引用する場合もすべて同書とする。
(37) 前掲『島津斉彬文書』下巻一、一三八号文書の参考一文書には「十一月二十六日阿部正弘よりの和蘭別段風説書の件内達書」と記されており、島津斉彬へは一一月二六日に内達されたことがわかる。ただし、黒田、鍋島の内達の日付はわかっていない。しかし同時か、同時でなくとも、ごく近接した時間の前後であり、その内容も同一と考えるのが自然である。註(23)参照。
(38) 一八一三年四月二一日、アルンヘム生れ。ライデン大学で法学を専攻。一八三五年ジャワ島中部セマランに赴任。のちバタヴィアの東インド高等法院評定官に任命される。一八五二年の来日から長崎のオランダ商館長として、安政二年以降は領事官として、激動の日本で勤務した。なおドンケル・クルチウスに関しては、藤本レイ「商館長ドンケル・クルチウス研究」『日蘭学会会誌』第一一巻第一号、一九八六年、金井圓「ドンクル＝キュルシウスのもうひとつの貢献」同『日蘭交渉史の研究』思文閣出版、一九八六年、三〇九〜三二二頁、フォス美弥子編訳『幕末出島未公開文書』新人物往来社、一九九二年参照。
(39)(40) 前掲『島津斉彬文書』下巻一、三九〇頁。
(41)(42) 大槻文彦「箕作阮甫先生贈位奉告祭に於ける演説」呉秀三『箕作阮甫』思文閣出版、一九一四年、一二頁。
(43) 箕作阮甫以前には、天保一〇年（一八三九）ごろに、渡辺崋山が、江川英龍の依頼を受けて執筆した『初稿西洋事情書』に「已に北亜墨利加フルエーニグデスターテン《共和政治》などは云々」（佐藤昌介校註『崋山・長英論集』岩波文庫、一〇三頁）とし、さらに、その三稿として提出した『外国事情書』の中では、

又近頃北亜墨利可之内ニ、「レピユブレーキ」又名ハ「フルーニグデスターテン」ト称シ候国有之。（中略）是ヨリ土人相談仕、別ニ君長ヲ相立不申、賢才ヲ推テ官長ト致シ、百官ヲ設フケ、会議〈サウタン〉共治〈トモニヲサメル〉と仕候。「フルヱーニグテ　スターテン」ト申ハ即コノ義ニ御座候（前掲『崋山・長英論集』六二頁）

と述べるに至っている。さらにそれ以前の天保七年の段階でも「レピュフレーキ」については注意されており（小関三英訳述『新撰地誌』、崋山自筆『新釈輿地図説』―ともに国立国会図書館旧幕引継書崋山旧蔵書、未刊―）、必ずしも大槻磐渓や箕作阮甫の創始とは限らないが、『坤輿図識』の影響力を考えると、「レパブリック」の普及は『坤輿図識』によると思われる。
(44) 小沢栄一『近代日本史学史の研究』幕末編、吉川弘文館、一九六六年、三六一頁参照。
(45)(46) 前掲『箕作阮甫』一八九頁。
(47) 小沢栄一「箕作阮甫の歴史学―日本における西洋史研究前史―」蘭学資料研究会編『箕作阮甫の研究』、思文閣出版、一九七八年、一二一七頁。

(48) 前掲県『箕作阮甫』二六四頁。

(49) 「従二位黒田長溥公伝」（上）川添昭二・福岡古文書を読む会校訂『新訂黒田家譜』第六巻（上）、文献出版、一九八三年、一九頁。

本文を引用する。

公ハ又た江戸参府中にハ屢々戸塚浄海（薩州藩医官）箕作玄甫、其子秋平、宇田川興斉（併に津藩士）川本幸民（摂州三田藩士）等を招き、西洋各国之事情を諮ひ、又たハ学術技芸に就きての談話を聴かれたり。

なお戸塚浄海は静海、玄甫は阮甫、津藩士は津山藩士の誤りであろう。

(50)(51) 註（39）に同じ。

(52)(53) 前掲『島津斉彬文書』下巻一、三九一頁。

(54) 同右三九二頁。

(55) 前掲『開国起源』上巻、五五頁。

(56) 同右六二頁。

(57) 前掲岩下「尾張藩主徳川慶勝自筆写本『阿蘭陀機密風説書』の研究」二六五～二六六頁、本書第二部第一章第一節参照。また前掲『島津斉彬文書』下巻一の三九二頁には、長崎聞役からの情報と思われるペリー来航予告情報が収録されている。島津や黒田・鍋島は長崎に聞役を置き、情報の収集に腐心していたので、阿蘭陀風説書以外の情報（バタヴィア総督公文、日蘭通商条約草案等）を摑んでいたことは十分考えられる。

(58) このことをさらに裏づける支証として同じ「阿風説」の「一印」で、

御内達之内、前段之ヵ条和蘭国王ゟ使節差上候節、御返翰之趣、私江も拝見被仰付置候ニ付、愚考仕候得者

として弘化二年のオランダ国王の開国勧告にたいする返翰を拝見したことを、外交・対外問題に関する上書を提出する理由づけとしていることが理解できる。

(59) 遠山茂樹によれば、「ペリー来航を契機に祖法中の祖法というべき鎖国制度を守ろうとする意識は急速に崩れた」（「幕末外交と祖法観念」『専修史学』第一六号、九九頁）という。この祖法観念の崩壊のきざしは、国内政治への介入という方向からもなされつつあったことが指摘できる。また加藤祐三『黒船前後の世界』ではペリー来航以前に「次元の違う複数の序列原理が機能しはじめており、序列が相対化されていた」として、モリソン号の来航事件への幕府の対応（無二念打払令遵守）に関して林大学頭が交渉の原理を導入して幕府の対応を批判した対外政治論をとなえ、これによって従来の華夷秩序に矛盾をきたした点を指摘されている（同『黒船前後の世界』岩波書店、一九八五年、二八五～二九〇頁）。ここに対外問題によって、国内政治問題が相対化

されることが、すでに天保期において準備されていたと考えられる。

(60) 島津斉彬が伝えたところによれば、黒田が幕府に対外建策を行ったにもかかわらず、「頓と詮立不申候、只々嫌疑計多く、恐入候事」（前掲『島津斉彬文書』下巻一所収の嘉永六年一月一二日徳川斉昭宛島津斉彬書翰、四二六頁）であったという。結局この幕政介入が幕府有司の嫌疑を受ける原因であったと考えられる。本書第二部第二章第二節参照。

(61) 黒田がなぜオランダ別段風説書の情報を信用したのかについては、次節（本書第二部第二章第二節）参照。

(62) 前掲『大日本古文書』幕末外国関係文書之一、二二九頁。

(63)(64)(65)(66) 同右二三二頁。

(67) 片桐一男「鎖国時代にもたらされた海外情報」『日本歴史』二四九号、一九六九年、八六頁。但、幕府が情報を独占しようとしたかに関しては検討を要する。独占というよりは管理とした方が適切かもしれない。

(68) エミリイ・V・ワリナー著、田中至訳『新・ジョン万次郎伝』出版協同社、一九六六年、二〇三～二〇八頁、前掲加藤『黒船前後の世界』三五一頁、中濱博『中濱万次郎』冨山房インターナショナル、二〇〇五年、一四五～一四九頁。

(69)『島津斉彬文書』中巻、吉川弘文館、一九六三年、二二一～二三五頁。

(70) 中村徳五郎『島津斉彬公』国民文化協会、一九四三年、二六六頁。

(71) 嘉永五年一一月二日の段階で、島津斉彬は、島津久光、同久宝へのそれぞれの書翰の中で、阿部から聞いた情報としてペリー来航にたいする幕府評議が確定しないことを報告している（前掲『島津斉彬文書』下巻一、三八二～三八五頁）。

(72) 芝原拓自「反幕諸勢力の性格」で述べるところの、アヘン戦争勃発の「四〇年代から琉球問題や長崎・浦賀警衛問題、さらに大艦建造や大小砲術拡張整備問題などで切実に時事を論じ、このため幕府政治への『御口入』や『雲上へ貫き候』方途をはかっていた」（前掲「反幕諸勢力の性格」一八七～一八八頁）島津斉彬・徳川斉昭・松平慶永・鍋島直正らを指すと考えられる。

(73) 一八五二年初頭、アメリカ合衆国政府は、特使の遣日を決定し、オランダ政府にたいして、長崎オランダ商館長の合衆国特使にたいする協力を要請した。この要請にたいしオランダ政府は了解を与え、東インド総督に、合衆国特使への協力を訓令した。東インド総督はこれを受けて、日本への開国勧告の任を帯びた商館長と、総督の公文書を送ることを決し、ここに新任商館長ドンケル・クルチウスは、同年六月に長崎に着任したのである。以上は、前掲田保橋『増訂近代日本外国関係史』四五〇～四五三頁参照。

(74) 嘉永五年の阿蘭陀別段風説書の記事中で、商館長交代記事は、三三、三四段目で、ペリー来航記事は三七段目である。中間の三五段は、イギリスの支那派遣艦隊・オランダのインド艦隊の船数、三六段はドイツ艦隊（これは未詳としているが）の船数を報告した記事である。以上は、神奈川県立博物館所蔵（阿部家資料）「嘉永五年壬子　別段風説書　司天臺訳」によった。

第二節　黒田長溥による海外情報の収集・分析・活用
―情報史における近代の意味―

はじめに

わが国が、幕末の開国を決断する直前ほど、海外情報の収集（入手）・分析とその活用が求められた時はなかった。しかしながら情報をもっぱら必要としたのは、幕府外交当局であって、幕府は、一般民衆はおろか、御三家にまでも、海外情報を秘匿しつづけたのであった。それゆえ、海外情報は、いわば外交機密情報の観を呈していた。

だが海外情報の主要な入手経路が、四つの口、なかでもとくに長崎のオランダ商館であり、商館長のもたらすニュースが長崎出島で阿蘭陀通詞（長崎町人）(1)によって翻訳され、長崎奉行から老中へと伝達されるというプロセスを採るかぎり、その情報は漏洩した。とくに長崎には、九州諸藩の聞役(2)が常駐し、情報の収集に力を注いでいたのである。なかでも長崎警衛を直接担当する福岡藩主黒田氏と佐賀藩主鍋島氏、さらに琉球を事実上属国として支配する薩摩藩主島津氏の場合は、海外情報の収集と分析が、藩存続の死活問題であっただけに、重要な藩務のひとつであったことは想像にかたくない。

ところが、この時代にあっては海外情報はそれが重大であればあるほど、むしろ秘匿されるという性格から海外情報の収集・分析とその活用といった行為は、ごく少数の者の手にゆだねられ、結果として海外情報の収集・分析・

活用過程を研究する場合、史料的制約が大きいことはいうまでもない。

第一部第二章で明らかにした如く、嘉永五年（一八五二）に長崎オランダ商館からもたらされた一連の「ペリー来航予告情報」[3]は開国前夜の最も重要な海外情報である。そして、前節においてこの情報を入手し分析して活用した福岡藩主黒田長溥の上書を紹介した。これらをふまえて、本節ではこの黒田をめぐる情報環境を取り上げる。その際以下の論点から考えてみたい。すなわち①黒田の入手した情報はどのような情報だったのか、②入手した情報をどのように分析し活用したのか、③黒田はなぜそうした活用ができたのか、である。

一　管理・統制下での情報入手

（1）「ペリー来航予告情報」とその管理・統制

嘉永五年にオランダ商館からもたらされた「ペリー来航予告情報」に関しては、これまでに私のほかにも、田保橋潔、芳即正、山口宗之、加藤祐三、金井圓、向井晃、青木美智男、沼倉延幸、嶋村元宏各氏によって明らかにされてきた[4]。今まで解明された、関係の約三〇種の情報については、第一部第二章で詳述したので、ここでは、これからの叙述に必要な「ペリー来航予告情報」の種類と幕府による管理・統制に限定して述べておく。

まず種類であるが大きく四つに分けられる。第一に嘉永五年六月一〇日（一八五二年七月二六日）提出の「別段風説書」。これは「ペリー来航予告情報」第一弾といえる。これには「今回の情報は、日本にとって非常に重大な情報なので、別に東インド総督の長崎奉行宛書簡を持参したので受けとってほしい」というオランダ商館長の長崎奉行宛書簡が付されていた。そして第二弾の情報はこの東インド総督の長崎奉行宛書簡である。これは幕府評議を経て同年八月に提出された。さらにここにはペリーとの交渉で日本側が参考にすべき「方便」として「日蘭通商条約草案」があることを述べていた。第三弾がこの「日蘭通商条約草案」で、同年九月二一日（一八五二年一一月二一日）提出された。

以上の情報が核となって様々に変容して人々の間を駆けめぐるが、その中心はなんといっても第一弾の「別段風説書」の情報で、第二・第三弾の情報は黒田を除いては外交担当の幕閣・有司以外は、ほとんど関知しなかったと[5]思われる。

さて、情報第一弾は、その要約が早くも嘉永五年七月二日に長崎在勤の島津家家臣大迫源七から島津家家老を経由して藩主斉彬にもたらされた。大迫の届書[6]には、

右内密風説書ハ、奉行所ニ於テモ、別而御秘密ニテ、和解書モ下稿迄モ残ラス御取揚ケニ相成、和解仕候モ御奉行所内一ト間占メ切リニテ、誰モ立入不相成候由、御奉行並ニ御目付迄ニテ、其外ハ一切見聞ヲ許サスト申事ニ御座候、尤モ直様江戸表御老中直宛ニテ差上ケニ相成候由

と記され、「別段風説書」が通常よりも厳重な機密保持のもとにあったことを示している。しかし幕府がオランダから入手後、一ヵ月を経ずして、すでに長崎から漏れ、また、同年一二月三日付徳川斉昭宛松平慶永書簡[7]でも「別段風説書」の情報が取り上げられているので、杜撰な情報管理体制であったことは指摘される。

ただし管見のかぎりではこの情報を役職上知りえたのは、幕閣、海防掛、長崎奉行、長崎在勤目付、長崎と江戸詰の阿蘭陀通詞、浦賀奉行所役人[8]である。彼らから漏らされることで知りえたのは長崎聞役、島津家家老、島津斉彬、伊達宗城、徳川斉昭、松平慶永、黒田長溥、鍋島直正、徳川慶勝、会津・彦根・川越・忍の江戸湾防備の四藩の海防責任者などであり[9]、また、後者のグループも黒田以外は第二・第三弾の情報まではその存在すらも知らなかった観があり、他の年の「別段風説書」とはやはり異なった厳しい管理・統制が加えられたと考えられる。このことは、天保二年（一八三一）から安政三年（一八五六）まで長崎に遊学し、ほとんど毎年別段風説書を江戸の蘭学者や水戸藩士に送っていた柴田方庵も、この年の「別段風説書」を入手していない[10]ことからもうかがえる。まさに水戸藩士鈴

木大の述べる「世上之動揺を恐レ深ク秘し候旨ニて写し得不申候[11]」代物だったのである。

（2） 黒田の入手した情報

結論のみを述べれば、黒田の入手した情報は、阿部正弘から嘉永五年（一八五二）一一月二六日に島津斉彬、鍋島直正とともに内々に回達された第一弾の「別段風説書」で、回達とともにそれにたいする意見の具申を阿部より求められたのである。[12]ただし、それはオランダから伝達された第一弾から第三弾の「ペリー来航予告情報」のうちの第一弾のみの限定された情報を、幕府老中の阿部正弘から「世間に知られぬように」との付書をもって漏らされたのであった。つまり非常に限定された条件下で、その情報にたいする分析と活用を余儀なくさせられたと考えねばならないのである。もっとも前節で紹介したペリー来航直前の上書の文言によれば、第二、三の情報もごくおおざっぱにはつかんでいたようにも思われる。

二　二度の対外建白書上呈

前項で明らかとなったように黒田は限定された条件下で情報の分析と活用を行わねばならなかったが、それでも阿部の意見諮問に唯一応えたのが黒田であった。彼の対外建白書を検討することは「ペリー来航予告情報」の分析と活用を知ることとなる。その際ペリー来航直後の対外建白書との比較も有効であろう。

（1） 性急な筆致の来航直前の建白書

来航直前の建白書に関しては「一印」から「三印」の三部構成であったことなど前節[13]で詳述したので、ここではそのなかでも内容的に重要な「一印」と「二印」の特徴を述べておく。

「一印」は「ペリー来航予告情報」第一弾の「別段風説書」とそれに関する阿部正弘の付言を引用して、自己の主張の正当性を印象づけるとともに、ペリーの来航を確実視して、つまり情報を正確なものと分析している（その理由は後述）。そして与えられた情報から出来うるかぎりの想定を設けて、すなわち、貿易不許可→戦争→大島占領・海上封鎖・江戸大混乱・国土の焼土化、また貿易許可→諸外国より開国要求増大→国際交流上信義の喪失→実行不可能、結局現在のままの幕府の対外方針では戦争→敗戦→討死＝犬死という最悪のシナリオを描かざるをえないと考えている。そのうえにたってペリー来航前に十分な幕府評議を行うこと、海防巧者への諮問を建白したもので、つまり「一印」は、次の「二印」の導入部であり、「二印」に比してどちらかといえば理念的・観念的な建白内容を持っている。「二印」は、中浜万次郎の海防の実務的な役職への招請、幕府評議の早期決着、有識の大名への海外情報の公開と御三家の幕政参与の三つを核として論を展開し、最終的には十分な海防態勢の確立を求めた具体的な建白書である。

全体的に、読解が難しいほどかなり性急に執筆されたことが指摘できる。時間的にも「別段風説書」を知らされたのが一一月二六日で一二月末には建白のうちの海外情報の公開は実現しているので、提出までほとんど余裕がなかったことがその要因であろう。

(2) 理路整然とした来航直後の建白書

次にペリーの来航後の嘉永六年（一八五三）七月一七日に黒田が提出した、アメリカ合衆国大統領親書にたいする意見書(14)を要約しておく。これは同年七月一日の老中達の諮問に応えたもので、来航後の大名諮問への意見具申である。その構成はやはり三部であるが、内容的には四つに分けられ、第一に交易の許可を打払いよりも害はすくないとして、第二、交易許可の場合、第三、交易不許可の場合、第四、今後の対策に関して理路整然と述べている。

すなわち、黒田は、オランダと同様な方法による長崎での交易の許可を、アメリカとロシアのみに与えイギリス・

フランスには認めないとする。なぜならアメリカは禁制の国ではなく、ロシアもかねてから交易を要求しているのでアメリカに認めたことをロシアに認めないわけにはいかないと考える。そしてイギリス・フランスの侵略にはアメリカとロシアを背景に対抗せよと説く。国際交誼上の信義と国際同盟関係を念頭においている。交易不許可の場合は、戦争となり日本の武士の多数の戦死と江戸の大混乱が想定され、戦争などできるものではないと断じている。これなどは来航直前の建白書でも示された考えである。そして、①アメリカに害心がないのに交易を不可として戦端を開けばアメリカは有名の軍、わが国は無名の軍となる。②ロシアが松前・奥州へ進攻することの方が大害でありロシアとは和順すべきである。③蒸汽船による海軍の創設は海防上も通商上も有効で、日本の武威を世界に輝かすこととなる。④欧州でナポレオンがロシアに敗北したのは日本にとって武備中興の好機である。⑤海外から職工を招請して軍事産業を起こすべきである。それは恥じるべきことではなくロシアのピョートル大帝の例もある。⑥外国通商は幕初にもあり先例に反しない。⑦アメリカ・ロシアと和してイギリス・フランスと戦争することも可能。⑧しかし日本だけでは兵器の能力が著しく劣っていて戦いにならない。⑨昨年自分が建白してもペリーはこないとの評議であり、なんの準備もしなかったため、今度のような結果となり、わが国の失態も外国へ伝えられてしまい残念。将来のためにあえて建白する。

以上のように、海外の情勢や国際関係を踏まえた非常に整った開明的な建白書である。来航後もこうした建白ができたのは、やはり後述のように黒田の資質や藩の蘭学によるところが大きかったことと、来航直前にただ一人建白していたことが与って力があったと考える。つまり黒田は、来航以前に海外情報を十分に分析し活用していたために、来航後の建白書ではそれを活かし、よりすぐれた建白書を作成できたのだと考えられる。

三　来航直前の対外建白書の背景

先に述べたように、黒田長溥は、ペリー来航を迎えること六ヵ月前の嘉永五年（一八五二）一二月に、中浜万次郎招請および軍艦建造と御三家・有識の大名への海外情報の公開と御三家への対外政策諮問、さらには、幕府評議の速やかな決着を促す対外建白書を提出した。これは、オランダからの情報により多くの信をおいて、わが国の海防態勢の不備を痛感し、幕吏への痛烈な批判を含んだすぐれて積極的かつ政治的な建白書であった。黒田がなぜこのような建白を行うことができたのか。ここでは内的な事情として、個人的な資質—黒田の蘭癖と、長崎警衛を行う藩の蘭学との二つを、外的な事情としてこの時の阿部正弘の政局運営と黒田をバックアップした有識の大名の支援の二つ、都合四つの背景つまり環境を考察する。

(1) 個人的な資質—蘭癖—蘭人との直接交渉

まず第一に黒田の個人的な資質である蘭癖(オランダの文物への傾到)。これは彼が蘭癖大名島津重豪の第九子としてこの世に生をうけたことと[15]、養父の黒田斉清も本草学に造詣が深く、斉清の薫陶を受けたことがあげられる[16]。ただそれらの環境は、蘭癖になったことの必要条件ではあるが、建白書の背景としてもっと重要なのは出島でのオランダ人との直接交渉をもっていたことであろう。「従二位黒田長溥公傳」には次のとおり記されている[17]。

文政十一年戊子ハ長崎警備の当番年にして斉清君長崎へ巡視せらる。此時公は世子にして、〔時に公の年十有八なり〕之に随い、始めて長崎に赴かれをり、(中略)公も此時始めて「シーポルト」に面接して、種々の談話を交え、益す西洋学理の精密にして実用に適切なるを感じられたり。公も又爾後巡視毎にハ必ず之を訪ひて談話を交へらるをもって、無上の快楽となし、随て其交際殊親密なりし。公はシーポルトに因りて、重に西洋之事情を深知するの便を得られし。

シーボルトは、文政六年(一八二三)にオランダ商館付医員として来日し、翌年には長崎郊外の鳴滝塾で診察を行いながら、高野長英・伊藤圭介らに西洋医学を伝授し、帰国後、大著『日本』を著わしたドイツ人である[18]。黒田は養父斉清に随って長崎に赴き、シーボルトと面談して、シーボルトによって西洋科学の実用性を開眼させられ、また西洋事情を深く知るための方法を得るに至ったのである（シーボルトと直接面談できたのは福岡藩の固有の役として長崎警衛があったからにほかならない。これについても後述）。シーボルトは黒田にとって西洋文明の先導者であり、西洋事情・海外情報を提供してくれる友人だったのである（もちろん、シーボルトにとって黒田は日本研究の研究対象でもあったが）。

ところで嘉永五年六月に来日したオランダ商館長ドンケル・クルチウスが、九月に長崎奉行に提出した日蘭通商条約草案は、実に、シーボルトの起草になるものであった。オランダの植民大臣が東インド総督に与えた訓令には、「長崎奉行に送るに別冊に認めたるシーボルトの日本対外条約の私案を以て」[19]とシーボルトの名前が明記されており、当然ながら東インド総督が任命した商館長ドンケル・クルチウスも、日蘭通商条約草案がシーボルトの起草であることは承知していたと考えられる[20]。そしてなんらかのルートで黒田は、ドンケル・クルチウスからこのことを知らされたかあるいは入手したことは十分考えられる。というのも黒田はオランダ船長崎出港後の嘉永五年九月二二日まで在国しているので[21]、長崎から情報を入手しやすいポジションにいたからである。

黒田が、シーボルト起草の日蘭通商条約草案の件を知り得れば、草案に先立ってもたらされた「ペリー来航予告情報」第一弾・嘉永五年の「別段風説書」の内容に信頼をおくことは、容易に想像される。遠く海外にあっても一度親密な交流がある間柄であれば、その友人がもたらす情報に信をおくことは当然であろう。つまり黒田が、ペリー来航以前に建白書を提出するほどの危機認識に達し得たのは、海外の友人が関係している「ペリー来航予告情報」に信頼をおき、ペリーの来航はありうるとの確信を持っていたことに、もとめられるのである。

建白書の背景の一つは、黒田が出島でのオランダ人との直接交渉―直接的な情報チャンネルをかつて、もっていたことであると考えられる。

（2）藩の事情―長崎警衛と蘭学

つぎに前段の大前提である福岡藩の固有役としての長崎警衛、そして、それを遂行するための藩主の関与に関して述べる。黒田は長崎警衛を行う福岡藩主として常々海防問題に関心が深く、識見を持っており、その延長として対外建白書を提出するに至ったと考えられる。

文政五年（一八二二）に世子となってからたびたび長崎を訪れていた黒田にとって、オランダ国王の開国勧告のあった弘化期（一八四四―四八）の長崎警衛態勢はけっして満足のいくものではなかった。そこで黒田は、砲台設備の不完全を指摘し、伊王島・神島に完全な砲台を改築することを計画した[22]。しかし両島は佐賀鍋島家の受け持ち区域であったので、福岡黒田家からの出資にたいして黒田家中は反対であった。そこで佐賀・黒田両家で検討した結果、長崎警衛は幕府からの課役であるので幕府に出資を仰ごうとしたが、幕府の容れるところとはならず、鍋島家のみの小規模な改築にとどまったのである。だが小規模ながらも鍋島家を動かし改築に向かわせたことは黒田の見識の高さを物語っていよう。この事例での黒田と老中阿部正弘との交渉を見ると黒田の海防実務担当者としての見識が随所に見られることも指摘しておこう[23]。

こうした見識を黒田が形成していった背景に、福岡藩の蘭学が存在したと考えられるが、ペリー来航直前の時期の黒田の建白書そのものと福岡の蘭学との関連性に関しては具体的に詳らかにしえない。しかしながら藩主に関係のある蘭学者とその著作を、列記すると、以下のとおりである[24]。

青木興勝　斉清の蘭学侍従、「蠻人白状和解」（宗教・地理用語解説書、享和元年）・「答問十策」（対外政策論、文化元年）・「南海紀聞」（南洋・南支方面の地理書、文政六年頃）

安倍龍平　斉清の蘭学侍従、「二国会盟録」（ネルチンスク条約締結の事情書、文政九年）・「下問雑載」（動植物関係の問答書、同一一年）・「新字小識」（アメリカ志、嘉永二年）

黒田斉清　前藩主、「本草啓蒙補遺」（嘉永四年以前）・「海寇竊策」（近世対外交渉史）
武谷祐之　藩医、郡種痘医、精練方、「牛痘告諭」（嘉永二年刊）
永井青崖　斉清の蘭学侍従、「銅板万国輿地方図」（弘化三年刊）・「泰西三才正蒙」（西洋の天文・地理・歴史書、嘉永二年刊）
河野禎造　藩医、嘉永二年より一四年間長崎に滞在して蘭学修業、「舎密便覧」（安政三年著、同六年刊）

一瞥して明らかなように海外情勢を分析・研究するのに不可欠な世界地理・歴史関係の著作が多いのが特徴である。[25]こうした蘭学者や蘭学の傾向と、藩の長崎警衛、あるいは黒田の建白書とがどのように具体的に結び付くのかは今後の課題であるが、先に来航後の意見具申で見たようにこれらの世界地理・歴史の知識が意見具申の内容の背景にあったことは疑いのないところである。

また「従二位黒田長溥公傳」には黒田が、当代一流の蘭学者である、薩摩藩医戸塚静海、幕府天文方箕作阮甫、その子秋坪、宇田川興斎、川本幸民などに海外事情を諮問し談話したとの記事があるが、[26]詳細はわからない。

しかし、いずれにしても黒田の建白書の背景に、藩の長崎警衛と福岡の蘭学があることは明らかである。

（3）阿部正弘の政局運営

この時期の阿部正弘の政局運営に関しては、第一部第二章を参照されたいが、[27]叙述に必要なことをまとめておく。

①阿部正弘は嘉永五年一〇月末にいたっても、幕府海防掛が「ペリー来航予告情報」にたいして嫌疑をかけるばかりで、ペリー来航にたいする幕府評議が一向に進展を見なかったので、海防実務にたずさわり、海防問題に見識を持つ外様の三大名（島津斉彬、黒田長溥、鍋島直正）に情報の一部を漏らして意見を求めた。

②これにたいして島津は江戸屋敷の防衛対策を正式に講じ、黒田は建白書を認め、阿部に提出した。ただし、これらの行動はすでに長崎聞役などの別のルートによって長崎から入手していた情報分析に基づいていて情報を活用

した行動でもあった。

③黒田の建白書は、弘化期の阿部正弘の海防策と多くの点で一致を見るもので、阿部にとっては自説の補強に寄与するものであったが、幕府財政当局の有司は建白書の痛烈な批判に態度を硬化し拒絶反応を示していた。

④このため阿部は新たな対応策を打ち出せずにいたが、せめて有識の大名を江戸に引き付けておくべく、帰国の迫った有識の大名（例えば伊達宗城）にたいして滞府させる対策をとった。黒田も病気を理由に滞府した。

前二段や①〜④のように考えてくると黒田の建白書は黒田以外のものにはけっしてなしえない建白書であったことが導きだされる。それゆえに阿部も黒田にたいして建白書の提出を要請したといえる。すなわち「従二位黒田長溥公傳」[28]には、

昨年（嘉永五年—引用者註）幕府より和蘭風説書を示して、公の意見を問ひし時も、諸国より通商を請ふこと近きになるへけれハ、宜しく速に海防を厳にして、其期に臨み狼狽せさるやう、兼て覚悟あるべしとの意を建議せられたり（傍点岩下）

とはっきり記されている。そして阿部はペリー来航直前の黒田の建白書に気をよくしたのか、来航後の意見諮問ではとくに黒田に意見を求めたと「従二位黒田長溥公傳」[29]はいう。

此時公は、昨秋以来病痾に罹り、猶ほ滞府中の事なりけれハ、幕府は公の従来長崎の事を管掌して、海外諸国の事情に能く通覧ありしを以て、とくに其の意見を建白せられんことを促したりと

以上のことから阿部正弘による、「ペリー来航予告情報」の三大名への漏洩（内々の回達）もそれに伴う内々の意見諮問も、有識の大名の滞府策も、すべて阿部と有識大名とのあいだの暗黙の了解（相互に意志確認を行っていた可能性もあるが、現段階では史料がないのでこうした表現にとどめておく）のもとに進行したものと考えられる。

（4） 有識の大名の支援

前段までの検討では、黒田の建白書は、黒田以外のものにはけっしてなしえない建白書であったことが判明した。ここでは、他の有識大名はこの黒田の建白書にたいしてどのような対応をとったのかを考える。ひるがえってなぜ、尾張徳川慶勝旧蔵本（御手元本）の中に黒田の建白書の下書きが存在していたのかを考察する。

これまでの研究(30)によると黒田の建白書にはじめて言及したのは島津斉彬である。彼は、嘉永六年一月二四日付徳川斉昭宛書簡の中で「幕府勘定方では『ペリー来航予告情報』を疑問視し、黒田の建白書も信用せず、幕府評議にいささかの進展も見られない」と報じている。これから島津や斉昭の間では黒田の建白書の行方を心配していた様子がうかがえる。

さらに、ここで徳川慶勝日記「日録用要(31)」の嘉永五年一二月二八日条に記された記事を検討してみよう。

廿八日

登城之上にて、礫川公江申上置候者、来春御貴殿江参趨之義御約定申上置候、此方江も御出くれ度との御事にて是は、来春は間も無御座候に付、追て申上被置候事。逢御人別。伊達遠江守、薩摩守、和泉守、美濃守、肥後守也。建白之下書、今日、遠江守より返。蒸気船の絵面見聞致被下置候積。薩州下城、美濃は阿閣より不申来由に申遣すに不及候事。来春和泉より書物とりに遣候事。在邑中にても太刀馬代献上之儀、隼人正より相願相済申候

この日、慶勝は、礫川公すなわち徳川斉昭と城中で逢い、来春の年頭挨拶は慶勝から参趨する約束をした。斉昭からも、来てほしいといわれたが暮れもおし迫っているので、このことは追い追い決定することとした。さらにこの日、城中では伊達遠江守宗城、島津薩摩守斉彬、藤堂和泉守高猷、黒田美濃守長溥、松平肥後守容保らと面談した。その際、宗城より「建白書之下書」が返却された。この時期の「建白書之下書」といえば黒田の対外政策に関する建白書以外に考えられない。それを裏づけるごとく後段では黒田が建白書を提出したが、阿部正弘（阿閣）はそれに関してなにも言ってこないので、慶勝から阿部へ問い合わせるにはおよばないと、島津斉彬が下城して伝えたと記

している。

以上の事実よりペリー来航直前の黒田の建白書には御三家や有識の雄藩大名が深く関与していたことが考えられる。そしてこの時の彼らの関心事はなにを措いても「ペリー来航予告情報」と来航時の対応策であり、来航を確実視して蒸気船の絵面を見せあったり、手持ちの書物、おそらくは海外事情や世界地理書の類を貸借して、黒田の建白書の行方をかたずを飲んで見守っていたことが理解される。前段で斉昭が慶勝と年頭早々に逢おうとしたのも、慶勝が、伊達宗城・島津斉彬・藤堂高猷・黒田長溥・松平容保らと面談したのも、以上の文脈からやはり黒田の建白書と関連があることと理解することができよう。

つまり黒田が建白書を提出したことは御三家や有識の雄藩大名のよく知ることであり、その内容は、彼らが共通に抱いていた危機認識を代弁したもので、もっと言えば黒田の建白書は、彼らの支援のもとにあったといえるのである。すなわち黒田の建白書は、御三家や有識の雄藩大名グループという幕府政治から疎外されてはいるが、幕府政治への参加に意をつなぐ「横断的政治連帯」の支援のもとに、ペリー来航直前に幕閣阿部正弘に提出された重大な建白書であった。

ただし翌年春になっても幕府評議の進展が見られなかったことは、最初に紹介した、島津斉彬の書簡の通りである。

おわりに

まず、本節冒頭の「はじめに」で述べた三つの論点の結論を述べる。

①黒田の入手した情報はどのような情報だったのか。幕閣から内々に回達された情報で、四つの「ペリー来航予告情報」のうちの最初の「別段風説書」。それも幕府によって管理・統制された情報のごく一部であった。②入手した情報をどのように分析し活用したのか。情報をこれまでの蓄積から分析して、来るべき日に備えよと建白書を提

出した。その内容は完全な実現には至らなかったが、結果として来航後の建白書の予行演習となった。③黒田はなぜそうした活用ができたのか。第一に、蘭癖でなおかつ「ペリー来航予告情報」の発信にかかわっている者の一人(シーボルト)と、かつて面識があった。第二に、長崎警備の担当藩主として海防に常々関心を持ち、前藩主以来の藩の洋学者の知識と情報、また分析のノウハウを利用することができた。第三に、阿部正弘の政局運営は黒田に建白書の提出を必要としていた。第四に、有識の雄藩大名らが黒田を支援していた。

つぎに、黒田の情報収集・分析とその活用、すなわち「ペリー来航予告情報」の入手と分析と、それをもとにした対外建白書の提出を「開国と情報」という文脈のなかでどのように理解すべきかを考えてみたい。

これまで述べてきたように、外交機密情報を管理・統制していたいわゆる情報エリートである幕閣が、部外者それも従来幕府政治に関わることのなかった外様大名へ、一部であるにせよ外交機密情報を漏らしたことは、幕藩関係上の重大事件であった。なぜならこの場合の外交機密情報の漏洩は、その情報に関わる幕府政治や幕府の対外政策にたいする意見具申を前提としており、意見具申とは幕府政治への参与にほかならないからである。これは幕府の吏僚が専管していた政治権力の一部を外様大名に与えることであり、これまでの幕府の政治姿勢の改変もしくは変質を意味し、当然にして幕府吏僚の反発を招く結果となってしまった。なぜ阿部正弘は、彼らの反発を招くがごとき雄藩接近策をとり、政治姿勢を改変したのか、現段階ではこれに答えるだけの史料は少ない。だが少なくとも次のように考えることはできよう。

阿部正弘自身は、弘化期のオランダ国王の開国勧告やペリー来航予告情報の入手経緯より鑑みて、このたびの情報はかなり精度、確度の高い情報だと考えていた。それゆえに外交の最高責任者としてペリーの来航に備えてなんらかの対策をうちたてる必要に迫られた。しかし対策をたてるにも自らが権力基盤とした吏僚層(行政機構を掌握し予算を握る勘定所の吏僚群)が、情報そのものを疑問視したためにこれにたいする対策をまず考えねばならなかったのである。そこで阿部がとった手法は外交情報を外様雄藩大名に漏らし、阿部の考えに近い意見を彼らに具申させることであった。そしてそれによって政策実務担当者である吏僚層の危機感をあおり、揺さぶりをかけて、雄藩大名と幕吏の双方を阿部の政策のなかに取り込もうとしたのだと考えられる。だがこの手法は吏僚層の猛烈な反発によって完全に破綻した。なおかつ動きだした歴史の歯車は彼らの思惑を超えて新しい状況をつくりだしていく。

予告情報のとおり現実にペリーが来航したことによって、情報を事前に知らされていた雄藩大名の言動は当然にしてそのボルテージをあげていった。だが幕府の吏僚も黙ってはいない。激烈な建白を行う急先峰の徳川慶勝にたいして、親類を介しながら自重を促し、圧力をかけたのであった[32]。

つまりペリーの来航を契機として、かえって外交機密情報の管理・統制は幕府の重要課題となったのである。なぜなら雄藩大名以上に情報を収集し分析し活用することによって、初めて幕府は中央権力としての権力保持が可能となることが明らかとなった。

そのため幕府は外交・海外情報の収集活動をより活性化させるための機関として、安政二年(一八五五)、洋学所を設置し、さらにそこで収集された情報を管理・統制し、政策立案にまでたかめる情報管理機関として、外国奉行を設置するに至った。これらはペリーの来航によって一時混乱した情報管理体制の立直しでもあった。そしてある程度の体制固めができると幕府による海外情報の供給が「官板バタヒヤ新聞」として行われるに至った。しかしながら和親条約や通商条約などの交渉過程では、幕府の情報管制により機密情報が雄藩に漏れることはほとんどなく、雄藩が外交に関与することはなかった[33]。そのため、その後の幕末史は、外交から疎外されていた西南雄藩の下級藩士層がいかにそれに関与するか、という権力闘争の過程になっていく。これに勝利するためには幕府を超える情報を入手することであったが、その最大の手段は外国との直接戦争・直接体験であった。すなわち、四国連合艦隊による下関攻撃や薩英戦争によって、はじめて、列強たるゆえんが認識されたのである。

以上のような理解にたったとき、黒田によるペリー来航予告情報の入手そのものは、限定された情報であったが、分析能力においては幕府のそれをはるかに超え、その活用たる建白書は時宜に叶ったものであった。ただし、それを吸収して政策にまで高めるシステムが近世日本には成熟していないことに気がつかなかったことが、建白書の限界だった。その限界は来航後の大名諮問でも完全に克服されなかったことはいうまでもない。しかしながらまさに九州長崎からオランダ商館によって提供された「ペリー来航予告情報」は、長崎に情報収集手段を持った九州の大名の間を駆けぬけ、彼らを近代的な情報収集と分析・活用に向かわせた。すなわち幕末史・近代史のはじまりは、嘉永六年六月三日の浦賀に来航したペリー艦隊の衝撃というネガティヴな事件にはじまるのではなく、嘉永五年六月一〇日の「ペリー来航予告情報」の日本への伝達があって(もちろんこれもネガティヴな事件)、その情報を主体的に分析・活用した黒田長溥の一二月の対外建白書上程というポジティヴな一件とまさに、その上書の中にはじまったことを提言する。それまで禁じられていた外様大名の政治的発言は、海外情報の収集と分析と活用という過程—情報活動—の中で、上書という形で保障され、国政参加への道を開いた。情報活動が近代化、とくに個々人の心の近代化を促したのである。

もちろんこれらは、それまでの近世日本における九州の特別な位置を無視しては考えられない。開国前夜の長崎は、「異国」から発信された海外情報が最も早く到達する場所であり、海外情報の集積地であり、そして海外情報が重要な外交機密情報となって発信されるキーステイションであり、いわば「異国」との情報交換の最前線、高密度の情報が錯綜する特別な場所であった。その長崎に聞役を常駐させて情報収集活動を制度化していた九州諸藩の情報にたいする感度は、そうした活動を行っていなかった地域より際立っていたと考えられる。つまり高密度な情報が錯綜する地長崎の後背地として九州を捉えるとき、またその九州福岡の藩主として黒田をとらえるとき、黒田の来航直前・直後の建白書も容易に理解されるのである。

註

（1）片桐一男『阿蘭陀通詞の研究』吉川弘文館、一九八五年、永積洋子「一七世紀後半の情報と通詞」『史学』第六〇巻第四号、片桐一男「ケンペルと阿蘭陀通詞今村源右衛門」『洋学史研究』第八号、一九九一年など参照。

（2）芳即正「島津斉彬の海外情報源」『斉彬公史料月報』2、一九八二年、石田千尋「島原藩の長崎警備・監務と聞役について」『洋学史研究』第二号、一九八四年、藤田彰一「阿蘭陀別段風説書の漏洩」『洋学史研究』第四号、一九八七年、梶輝行「長崎聞役と情報」『月刊歴史手帖』第二〇巻四号、一九九二年、沼倉延幸「開国前後長崎における海外情報の収集伝達活動について」『書陵部紀要』第四七号、一九九五年、梶輝行「長崎聞役と情報」岩下哲典・真栄平房昭『近世日本の海外情報』岩田書院、一九九七年、山本博文『長崎聞役日記』筑摩書房、一九九九年、松本英治「寛政期の長崎警備とロシア船来航問題」『青山学院大学文学部紀要』第四一号、一九九九年、同「レザノフ来航予告情報と長崎」片桐一男『日蘭交流史その人・物・情報』思文閣出版、二〇〇二年など参照。

（3）岩下哲典①「尾張藩主徳川慶勝自筆写本『阿蘭陀機密風説書』の研究」『金鯱叢書』第一四輯、一九八七年（本書第二部第一章第一節）、②「ペリー来航直前における黒田長溥の対外建白書『阿風説』の基礎的研究」『洋学史研究』第五号、一九八八年（本書第二部第二章第一節）、③「ペリー来航予告情報の伝達と幕府の対応」『史友』第二一号、一九八九年（本書第一部第二章第一節）、④「開国前夜の政局とペリー来航予告情報」『日蘭学会会誌』第三〇号、一九九一年（本書第一部第二章第二節）。また岩下哲典『予告されていたペリー来航と幕末情報戦争』洋泉社、二〇〇六年参照。

（4）①田保橋潔『増訂近代日本外国関係史』刀江書院、一九四三年、②註（2）の芳論文、③山口宗之「ペリー来航予告をめぐる若干の考察」『九州文化史研究所紀要』第三〇号、のち『ペリー来航前後』ぺりかん社、一九八八年に収録、④加藤祐三『黒船異変』岩波書店、一九八八年、⑤金井圓「嘉永五（一八五二）年の和蘭別段風説書について」『日蘭学会会誌』第二六号、一九八九年、⑥向井晃「海外情報と幕末の九州」杉本勲編『近代西洋文明との出会い』思文閣出版、一九八九年、⑦青木美智男「ペリー来航予告をめぐる幕府の対応について」『日本福祉大学経済論集』二、一九九一年、⑧同「幕府はペリーの来航になぜ無策だったか」青木美智男・保坂智編『争点 日本の歴史』近世編、新人物往来社、一九九一年、⑨沼倉延延「関白鷹司政通とペリー来航予告情報」『青山史学』第一三号、一九九二年、⑩嶋村元宏「阿部家旧蔵『別段風説書』について」『神奈川県立博物館研究報告―人文科学』第二一号、一九九五年。

（5）本書第一部第二章第三節参照。また来航後の大名諮問にたいする黒田の意見具申には「一商売御許容、長崎江出島築立商館取立、総而心得方和蘭同様被仰付可然」とあって日蘭通商条約草案を想起する建策がある。東京帝国大学編集発行『大日本古文書』幕末外国関係文書之一、一九一〇年、五六六～五七七頁参照。

(6) 註（2）の芳論文五頁。

(7)『水戸藩史料』別記下、吉川弘文館、六七三～六七四頁。

(8)（9）註本書第一部第二章参照。

(10) 沼倉延幸「蘭学者の長崎遊学と海外情報」『日蘭学会会誌』第三一号、一九九一年参照。

(11) 日本史籍協会編『鈴木大雑集』四（日本史籍協会叢書）、東京大学出版会、一九七二年、三四七頁。

(12) 註（3）④参照。

(13) 註（3）②④参照。

(14) 註（5）参照。

(15) 芳即正『島津重豪』吉川弘文館、一九八八年、二五五～二五六頁。

(16) 川添昭二・福岡古文書を読む会校訂『新訂黒田家譜』第六巻（上）従二位黒田長博公傳上、文献出版、一九八三年、一五頁。

(17) 註（16）の一六～一八頁。

(18) 板沢武雄『シーボルト』吉川弘文館、一九八八年参照。

(19) 同右二〇七頁。

(20) 註（5）参照。

(21) 前掲『新訂黒田家譜』第七巻（上）附録上綱領、二〇七頁。

(22) 註（16）の一五七、一五八頁参照。以下の記述も主として同書による。なお本件に関しては、梶原良則「弘化期の長崎警備について」『福岡大学人文論叢』二六―四、一九九五年、同「長崎警備と弘化・嘉永期の政局」中村質編『開国と近代化』吉川弘文館、一九九七年参照。

(23) 同右一六一～一六四頁。

(24) 井上忠「福岡藩における洋学の性格」『九州と思想・文化』九州近世史研究叢書一四、国書刊行会、一九八五年参照。なお、最近の福岡藩の洋学に関しては、松本英治「福岡藩の蘭学者青木興勝の長崎遊学と対外認識」『国立歴史民俗博物館研究報告』第一二六集、二〇〇四年を参照されたい。

(25) 天保改革を行った老中水野忠邦のもとで蘭書の翻訳などをしていた牧穆中の証言によれば、黒田の蔵書中には全五巻のナポレオン一世の伝記があり「海内第一ノ詳カナル者」であったという（鹿児島大学付属図書館玉里文庫所蔵「那卜列翁伝」）。黒田のペリー来航後の上書にナポレオンが登場するのもこのような背景があったればこそである。

（26）註（16）の一九頁参照。箕作に関しては、前節参照。

（27）註（4）の⑦⑧も参照。

（28）註（16）の一八八頁。

（29）註（16）の一七六頁。

（30）吉田昌彦「西南雄藩と中央政局」『九州と明治維新Ⅱ』九州近世史研究叢書一三、国書刊行会、一九八五年、二九七頁参照。

（31）徳川林政史研究所所蔵。未刊。一冊。徳川慶勝自筆写本。

（32）『昨夢紀事』第一、日本史籍協会刊、侯爵松平家蔵版、一九二〇年、二〇五～二〇六頁。慶勝は遠藤但馬守胤緒より「御正論とハ乍申余り御烈敷御激論被為在候而ハ不宜候間、何分御平穏ニ御逢対被為在度儀と乍憚奉存候」と注意された。

（33）嶋村元宏氏のご教示による。

第三章　ペリー来航直前における伊達宗城の「情報活動」

はじめに

幕末の宇和島藩主であった伊達宗城は、弘化から安政期にかけて水戸老公徳川斉昭との間で頻繁に書簡を交換していた。(1) そして、斉昭の子徳川慶喜を将軍継嗣につけようと内密に、しかし積極的に活動していたのである。わたしのみるところでは、宗城は彼が心を寄せる、いわゆる「一橋グループ」の雄藩大名の中でも抜きん出て内外の情報に通じていたいわゆる情報通であったといえる。(2) そして、その能力が最大限に発揮されたのは「ペリー来航予告情報」をめぐる一連の動きの中であった。(3) 嘉永五年（一八五二）秋に「ペリー来航予告情報」を島津斉彬から報知された宗城は、書簡を越前福井藩主松平慶永に寄せて、慶永から水戸斉昭に幕府に対して建白するように勧めてほしいと依頼した。(4) 慶永は、宗城の依頼通り斉昭に書簡を出したが、同年十一月十八日付の慶永宛斉昭書簡で、斉昭は「幕府役人の物笑いの種」になるのはごめんだとして幕府に対して建白するのはお断りだと述べている。(5) この件に関して本書第一部、第二章第三節では『水戸藩史料』別記下に収録されている同年十月二十二日付の斉昭宛慶永書簡および十一月十八日付の慶永宛斉昭書簡のみを用いて考察した。その結果、斉彬が長崎で島津家中の大迫源七（長崎聞役）が入手した口伝えの不確実な情報を宗城に伝え、宗城がそれを慶永に書簡で知らせ、斉昭に伝わったと述べるにいたった。(6)

ところで、かつて宇和島の伊達文化保存会に史料調査で訪れたことがあった。嘉永五年九月二十一日付のノートを点検してみたところ、同会が所蔵する「宗城公発翰書類」に嘉永五年の九月二十一日付の慶永宛の宗城書簡が筆写されていた。これを読むと本書の先の記述の一部を変更せざるを得ないことに気がついた。以下に慶永宛の宗城書簡を全文紹介、解説を施し、本書の前段の、第一部第二章の不備を補足したい。

一 「ペリー来航予告情報」を報知した伊達宗城の書簡

まずは書簡の全文を翻刻する。

仲秋前一日発之華翰相達忙手奉謹読候、追々寒涼相催候処、先々明公愈御勝常被成御起居奉大賀候、不相替為民社御心労孜々御憤励被為在、誠以感徹奉遥羨候、然ハ兼而奉希上候、田の頭燧石沢山御恵投被成下、千々万々忝仕合奉存候、以庇蔭訓練も可為致、大慶仕、此麁布甚如何敷候得共聊表寸志候験迄に貢献仕候、侍史恩贈之御用とも相成候ハヽ、幸甚奉存候、弊藩産故、別而麁悪奉恐縮候、華国も其後ハ順季豊稔御静謐之由無上奉賀候、不遠御封内御巡撫之旨弓炮両技も御一閲被為済候旨、定而百発百中練熟之者多々可有御座義と奉存候、彼是御配慮御引立御座候故、士気憤振仕候義と感服仕候、将又先頃ハ委曲再貴答被投、緌々御教示之赴感銘仕候、尚又奉復労心緒左ニ申上候御清暇も被為在御答も被下候ハヽ、本懐喜躍仕候義ニ御座候

○当地光景近日相替義無之新発令等更ニ無御座候、弥乍憚万機頽靡長大息憂奉存候儀計ニ御座候、就中当秋蘭商入港仕候処、本国ゟレグトル官之者渡来、不容易儀有之

神洲御為筋ニ而申上候事と竊ニ心配仕故、種々枢要之筋見聞も相尽候得共血誓ニ而御取扱故一切漏泄不仕候処一人僕か心痛不便ニ存候者有之大意申聞呉申候、尤極機之義ハ申上候迄も無之僕一人へ密示仕候義ニ付、他言抔ハ不致訳ニ而彼ニ相対信義不相立とハ存候得共、愚僕ハ聞込居候迚異日御為ニモ相成不申、実ニ　明公為皇国日夜御心痛被為在候義ニ付、申上置候ハヽ、異日之御為不可尽申上候故、只　明公計へハ聞込候丈申上候、別

段風説書ニも申上候由、亜墨利加より軍艦四艘取仕立渡来仕可申趣［愚案「バチトン」子ウヨルグ「［両品之内歟と奉存候］右ハ交易願立候含有之様相聞其義蘭国主承候処、此度ハ存念も深く御取扱振に依而ハ不測之大患も可差起模様ニ付、甚懸念心痛気の毒ニ乍憚奉存候故、右御取扱之為に此節レグトル官之者差登せ申候、国王へ為御任御座候ハヽ、(ママ)神洲御為にも宜敷、亜墨利加人も不服不相含様取扱可申と奉存候大趣意如右御座候、仍愚考仕候処、双方為ニ相成事故なく相済候取計只以口舌申鮮候義中々亜墨利加人の存意に依而ハ可相整筈ハ無之何等蘭商物之内へ亜墨人商物内々相加持渡当方よりハ是迄之交易品額数相増被下、其内割合蘭人人ゟ亜墨人へ相渡候杯と申含にも可有之哉、左候ハヽ表向ハ亜墨利加国ハ交易被相始と申にハ無御座候故、魯西亜其他是迄之御断相成居候国々へ御不信にも不相成筋と申考かとも奉存候、左程之取扱位ハ不仕候而者交易可相開と存切渡来致候亜メリカ人承引仕可申筋にハ有之問敷と奉存候、御賢考如何哉、(ママ)又此度之アメリカ舶ハ実ニ「レクトル」ゟ申出候通りニ候ハヽ趣ニより異却之事可相起と奉存候、軍艦四艘と申候得ハ「リニー」プレガット」コルヘット之類、可也戦争出来候位手配仕候而一組之戦艦渡来仕候事かと存候［甲比丹ヨリ通じ迄密話仕候趣ハ右舶ハ必江戸へ向渡来可仕含ニ相聞候旨申候由、昨年土州人「アメリカ」ゟ帰り候者申候にも是非〳〵此度ハ手強交易相開候様可致含ニ而最中評議之由、内々「アメリカ」学校ニ而伝承仕候趣極密土佐へ帰国後申出候儀御座候処符合仕候様存候］且此度渡来之レクトル官人も甚疑敷存候内ニハアメリカ人ゟ深く被相頼程能申取交易之口開き遣し莫大之謝礼杯貰候含にも難計一体蘭国主之懸念も深切らしく聞候得共畢竟ハ自国商路利益相減候事を深相憂中人に可相立杯と申考かと存候［右訳ハ万一「アメリカ」と対戦相始候ハヽ中々蘭通商杯ハ其間ハ出来不申、本邦得勝利、アメリカ人閉口候得ハ宜しく万々一アメリカ人勝利ト相成押付如唐国浦賀杯へ新交易場取立候得ハ蘭通商ハ衰微致候筋ニ付旁御為を表にし而自国之為を専ニ相含候事と存候、尤是も此度之レグトルを実ニ蘭主ゟ之扱人と致候へハかよふの意にも可有之哉と存候］全体此度「アメリカ人」渡来ニ限右様之懸念致候義ハ万一彼か望の通交易御免許無之候得ハ必定戦争可発と見取候事候哉又ハ「アメリカ」人ゟ深厚頼込候故中に立取扱可申と申起候儀に可有之、左も無御座候ハヽ、先年魯西亜英奴杯交易願立渡来之節も御為を存じ何等とか可申出筈と存候、此儀如何御処置可被為在、「レクトル」取扱人に御頼御座候ハヽ、実に本邦は無人境と相成、彼奴等軽蔑可仕義ハ顕然之義と奉存候、取扱無御頼弥渡来の依時宜戦争にも及候御覚悟ニ候ハヽ、迅速（マヽ） 幕府ハ勿論諸藩へも被命其手当被仰付度又穏ニ当座為御済、往年深憂無御構、苟且之御処置にて不得止手細に交易後免御座候ハヽ、魯西亜英奴を始諸外狄蜂起難顕可申懸、其時ハ如何御取扱可被成哉、甚出位之猥議多罪々々奉恐縮候へ共如何御処置ニ可相成哉、 廟堂之細策承知不仕身分にてハ只々禍胎乳楷にも可相至と痛苦切歯仕外無御座候、何れに仕候而も報国之期近にありと奉存候、何卒（ママ） 神洲無瑕之御神策相伺度伏而御教戒可被下候［在朝諸閣老始兎角是迄之通にてハ何分〳〵在職中無事安穏ニ済候様苟安姑息之処置禍を嫁後人候策計故前述之嘆息も相発候儀ニ御座候］○楽翁明公秀詠御揮毫希候処、御承知被下千々万々忝本懐之至奉存候、寸尺抔ハ望も無御座候、紙ハ御封産之鳥の子紙江相願度、額ニいたし候含ニ御座候、弊邑書院ニ九思と申□額水老公へ願相懸候ニ付御恵投被下候ハヽ、同様可懸心得ニ御座候、用方御尋ニ付打明し申上候、必御一揮所希御座候○三斤□熕試験表御示投被下忝熟閲仕候処、実詳悉之試放かよふに委敷被 仰付候ハヽ、進歩之程如何計哉難計、紅毛人も不日低頭可仕と奉存候、尚大皷為御打相相成候ハヽ、相伺度候時々御検閲之御様子扨々御浦山敷奉遥羨候、御秀詠両首御密示被下再三拝吟仕候処、当今之嘆痛之御至情感徹の極、乍不案内拝吟之度不思涙襟仕候無骨之愚昧一向も不仕慚愧の至奉存候、何卒両首共短尺へ御認可被下伏而希上候○金三郎著閲の熕炮射擲表間違も有之由、貴家ニ而ハンホールが著書ハ御蔵弄（ママ）ニ付御正訂可被成、ベウセル之著述ハ不被為在候故、吟味可仕旨恐承仕候、此ニ為見合可申相分候ハヽ、可申上候、ハンホールと御引合相分候分ハ後便相伺度候
○琉国へ英奴ストームホートニ二百人計乗組参候由御伝承御座候処、実否可申上旨、右当三月の事ニ而実事ニ

御座候、滞留英医ニ而帰候義、最前琉国ゟ段々懸合ニ相成候処、難聞届旨返答申候為ニ参候由、弥軽蔑之致方最早属国同様之心得ニ而粗唐国ゟ之冊封使之取扱ニ擬度存念ニ而中山王城中迄参申聞候由、色々琉人も骨折妨き候得共不聞入、右様の次第に相成候由ニ御座候、其後ハ渡来も不仕種々難題申懸置出帆仕候由、可悪可懼之至、不遠は薩州も参会面話詳悉可仕候、薩摩守も至而卓志憤励ニ候得共、御知己の隠居惣□代中諸政如麻相乱愧事百端中ニ急ニ改正更張に可相至とは不存乍然当主非常之人故、僕輩存候より昨年初政こし而ハ余程相改申候候（ママ）奉存候、中山之義ハ扨々関心之至乍傍心痛仕候、其内此方ハ当主痛心処置有之故まだよろしく候得共可憂ハ松前蝦夷地に而御座候、極密承候処「シコタン」島迄ハ近来異国人呑併居住も致居候趣畢竟松前不埒故ニ御座候、北門之手薄き事難申尽儀ニ御座候、然るに主人ハ宴安無事文具類相楽詩歌杯楽候位の様子、尤薄氷之形勢ニ御座候、此義も一昨秋辰の口へも密奏いたし随分杞憂の顔色ニ御座候処、其侭ニ相成居申候、其後ハ沈黙仕只々長大息仕候計ニ御座候、尤此節も北地へ人遣置候間、委曲事情可相分当分之程心痛相増候計ニ御座候得共、傍見仕候にもせよ事情分居候ハヽ、異日之御用にも可相成と存候計ニ御座候

○鐵家必読追々御写も可相済と奉遥察候間、此便三冊差出申候、当年も蘭書ハ必用書物余程参居申候、いまだ此秋之分も其侭相成居候位ニ而更ニ模様不相知遺憾之至御座候、此義ハ追而辰へ可申談心得ニ御座候

○同席皆々精励藤堂へも御伝声相伝置申候、同人も不相替勤励之様子、乍去日月に進徳之様子ハ無御座候、先頃一夕彼方へ参候処、当度粗御噂之書斎も一覧仕候、余り感心にハ不被存、勤倹相弛候方と存候、実ニ昔ゟ（ママ）賢君令主も始終如一と申ハ稀の義、況愚僕輩反省可慎之義存候、久留米も不遠参府の由、色々藩士進退ニ付不服之義有之混雑御座候処、過日書通之趣ニ而ハ無何事相済候間、不日出府の含之由、乍然他ゟ申越候処ニて忠良の臣ハ杜口黙退之由申来竊ニ気の毒至御座候

○乍末精先頃ハ（ママ）西城御昇進之義、従（ママ）京都被　仰進候処、当今御多擾之御中ニ付被遊御遜退候旨御尤、右ハ

諸大名猥に心願杯仕候事杯も被遊御含候御主意之由、誠ニ恐入難有（ママ）尊慮と奉敬服候、何卒右如被（ママ）仰示弥御遜譲被為在候ハヽ、一統如是迄心願杯仕候向も自然と相止可申、兎角御誠（ママ）意ゟ被仰出候義にて無御座候而恐入候儀候得共（ママ）、御教戒にも相成兼候義、直ニ明年杯御昇進被為在候様ニ而ハ、却而彼是恐入訝可申上哉と竊ニ奉存候

西城御普請も御内々ニハ殊の外御急ニ相成候由、右杯ハ御内々さぞ〳〵不被得止御次第も可被為在候所、左様御都合不存者ハ明春御昇進御座候故なりと只今ゟ恐入候義申上候事にて御座候

○去月廿二日ハ京摂西国方も余程の風雨弊邑杯も殊の外破損ニ而諸作杯も可也出来立居候処、一日之風雨ニて意外凶作と相成加之井川破壊多々之義扨々心痛当惑之至御座候、華国之辺も如何哉と奉存候、近日之御様子相伺度段々冗雑不文ニ相成其上誤字書損杯の忩呈覧恐縮之至奉存候、何分御海恕奉仰候、恐々頓首謹言

暮秋念一　宗城拝

二伸御端啓忝奉存候、尚又追々寒冷相成候間、為天下御保練被為在度奉存候、不存寄野父豚児も御加筆被成下申聞候へハ重々忝仕合、尚又宜敷申上度申出候、僕事も碌ニ瓦全罷在候間、乍憚御放念可被下候、恐々不備

春嶽英明公閣下

日付には、「暮秋念一」と記されてあり、文面の内容から類推して嘉永五年九月二十一日と考えられる。はじめは通常の時候のあいさつである。特に慶永が燧石を大量に贈与した事に対するお礼の言葉があり、宗城が宇和島産の布を送ったことを述べている。大名同士の私的な交際に藩の特産品が利用された様相が見て取れる。慶永の送る燧石とは、火打石を鋼鉄片に打ちつけ、火薬に発火させる、鉄砲の撃発機構を指し、鉄砲の必需品である。ことによると宗城の送るところの布も軍需品として用いられる代物かもしれない。というのもすぐ後に、慶永が弓や鉄砲の

調練を閲兵したこと、「百発百中練熟之者」がたくさんいることでしょうと賛辞を送る部分もある。彼らの関心事がどこにあったのかをこの書簡は的確に物語っていよう。

次は、問題の「ペリー来航予告情報」に関する部分であるので後に詳述する。三つ目には宗城の書院に掲げる額の揮毫を慶永に依頼する件、四つ目は、またまた砲術の話題である。三ポンド砲の試験表を慶永が示した事に対しての謝辞である。それと共にこれによれば、いずれオランダ人も頭を下げるだろうとしている。又、慶永がたびたび調練閲兵に出掛けていることをうらやましく思うとし、その際、慶永が詠んだ二首の歌を再三吟詠して感涙にむせんだこと、二首を短冊に墨書してほしいことを頼んでいる。その後には西洋砲術家下曽根金三郎の著作「熕炮射擲表」には間違いがあるので、慶永が所蔵する「ハンホール」の著書で訂正されたらどうか、「ベウセル」の著述は宗城の所蔵するところなので依頼されたが今回は見合わせた[7]。「ハンホール」との比較は後便でお伺いしたいとしている。両者の間には砲術の研究と実射に関して研究成果と技術情報の交流があったことが知られる。

そのつぎに琉球情報である。琉球にイギリス蒸気船が来航し、医者をおいていったこと、イギリスは琉球を属国同様に心得ていること、琉球人も骨を折っているがイギリスは聞き入れないこと、いずれ島津斉彬も参府して詳しいことが分かること、琉球は島津が注意しているからよいが、松前蝦夷地では、極密に聞くところでは色丹島辺りは異国人が併呑し居住しているらしい。これは松前が不埒なためだ。北の守りが手薄なのは申し尽くしがたい。にもかかわらず松前藩主は文具を集め歌を楽しむような様子で「薄氷」の形勢である。昨年の秋には北方警衛に関して老中阿部正弘に「密奏」した。同人も「随分杞憂の顔色」であったが、そのままになってしまったと嘆く。そして宗城は、「北地へ人遣置」たので詳しいことは段々わかるだろうが、しばらくは心配だとしている。宗城が北方に探索者を派遣した様子が理解される。宗城は、日本を取り巻く国際環境のすべてに関心を有していたと言えよう。

そしてまた、砲術の話になる。すなわち「鍛家必読」の写本もお済みでしょうから今回は三冊差し出したとしている。

この「鍜家必読」は、宗城が字和島に潜伏中の高野長英に依頼して翻訳させたもので、原書はG.J.Stieltjes:Handleiding tot de kennis der verschillende Soorten van Batterijen,1832[8]。付図を含めて六冊で構成されているという。ただし高野長英記念館のものは十一冊とされる[9]。長英が原書を注意深く完訳したもので、各種砲台の構築法を総合的に解説し、長英自身でも「砲術家一日モ欠ク可ベカラサル書物ナリ」[10]とした、この分野では高い評価が与えられている書物である[11]。幕府にとっては犯罪者であっても、長英の訳述した書物は有益であったことがこうした写本による流布から理解できる。さらに、それも雄藩大名自身による写本は、長英を支援する背景が広範囲に存在したことを物語ってもいよう。さて、宗城がいうには、今年も蘭書は必要な書物なので、長崎にたくさん来たはずだが、この秋の分もそのままになってしまい詳しくはわからない。遺憾なので阿部に問い合わせるつもりだともしている。雄藩大名の蘭書入手に関して、老中阿部が便宜を図っていたことが知られる。

そのあとには、「同席」つまり江戸城殿中席で「同席」（この場合は大広間[12]）の津藩主藤堂高猷の情報を伝える[13]。まず慶永に頼まれた高猷によろしくとの事を伝えたこと、高猷も相変わらず勤めていること、ある夕に高猷の屋敷を訪問し、「御噂」の書斎を一覧したが、倹約も緩む感心しないものと評している。また、やはり大広間の久留米藩主有馬頼成の情報として、本人の書簡からは藩内の動揺も収まったことが報知されたが、宗城の別の情報ルートからすると「忠良の臣」はいなくなってしまい、「気の毒」の至りと報じている。これは宗城も「余程有志」と評した頼永がおしくも弘化三年（一八四六）に死去して、継嗣問題が生じたことに端を発した藩内抗争を宗城も関心をもって見守っていたことが理解される。久留米藩では頼永のあとを弟の頼成が襲って藩主となったが、頼永の目指した改革そのものは頓挫し、頼成の時代は抗争が一層激化し藩論が右に左に揺れ動いた。特に嘉永五年には真木保臣らのクーデタが失敗したことにより、真木ら「忠良の臣」が処罰されたことを報じたものである[14]。

このあと話は、江戸城西丸、すなわち将軍継嗣の家祥（のちの家定）の昇進に関する話に移る。多難の折により昇進を見合わせるとのことでこれは含みのあることでどうかとしている。来年は昇進があった方がよいとする。西丸の普請も殊の外急いでいる様子が報じられている。なにかそうせざるを得ない事情があらんと報じ、昇進問題との関連を示唆するものもいるとしている。

最後に畿内西国筋の風雨で宇和島も凶作と報じ、慶永の福井もどうかと心配して本文を終えている、追伸は、相手の健康とわが家の無事を報じたものである。

かなりの長文である。これは手紙というよりは、今日でいう発信者の情報やコメントが掲載されたニューズレターであるといえる。[15] その中心課題は、対外問題と砲術の研究であり、また、江戸城の内部情報や有志大名の動向もふくんでいた。さらに個人的な趣味の記事も含まれていた。そしてこの書簡の中での最大の関心事は、「ペリー来航予告情報」であることは、それに費やされた文字数からして明瞭である。そこで次に項を改めてこの問題に言及したい。

二　伊達宗城の「ペリー来航予告情報」

書簡から宗城の入手した、この件に関する情報をまとめてみよう。

まず、江戸の様子は相変わらず、新しい法令などはなしと伝え、憚りながらすべてが衰退していて宗城としては「長大息」と評すべきものだという。中でも当秋長崎入港したオランダ船には本国「レクトル官」が乗船しており「不容易儀」があるという。「レクトル」とはオランダ語の richter で裁判官、判事を意味する。このとき来航した新商館長ヤン・ヘンドリック・ドンケル＝クルチウス（以下、ドンケル＝クルチウス）は、ライデン大学法学部を卒業して東インド総督府一等文官、陸軍法務院判事、東インド高等法院判事を経て、長崎のオランダ商館長として赴任した。[16] 東インド総督の長崎奉行宛信書にははっきりとドンケル＝クルチウスは「今日までオランダ東インド高等法院判事の重任をつとめてきた、信望の厚い、有能な政治家である」[17] と記されている。このことから当時の日本でこの事情を知るものはドンケル＝クルチウスのことを「レクトル官」と呼んでいたと思われるが、適当な訳語がなかったために原語をそのまま用いたのであろうと思われる。

さて、ドンケル＝クルチウスが日本のために情報を提供するというふれこみから、宗城も心配してさまざまに手を尽くしたが、「血誓ニ而御取扱故」つまり関係者が血判誓紙によって機密漏洩を防いでいるために、情報を取ることができなかったと述べている。これは、本書第一部第二章中で述べたが、島津家中の大迫もなかなか情報を入手できず、通詞らの翻訳草稿も残らず没収されたこと、翻訳場所は奉行所内部を締め切り、奉行と目付以外は立ち入り禁止としたことを報じているので、(18) 確かなことであろう。宗城がいう「血誓」を取られたのは翻訳の阿蘭陀通詞たちであろうと考えられる。

さて、宗城は「僕か心痛不便ニ存候者有之大意申聞呉申候」として、宗城の心痛を不憫に思ったある人が大意を聞かせてくれたとしている。これがだれなのか文面からははっきりわからない。しかし、後述するように、長崎奉行所関係者であろうと思われる。あるいは、関係者以外にこの情報にアクセスできたのは、島津斉彬のほかには知られていないので、島津を念頭において書いたのかもしれない（ニュースソースを知られないため）。宗城は、この情報を慶永に漏らすにあたって「極機之義ハ申上候迄も無之僕一人へ密示仕候義ニ付、他言杯ハ不致訳ニ而彼ニ相対信義不相立」として他言無用を頼んでいる。そして自分が知っていても「異日」のためにはならないが、慶永が知ってくれれば「異日」のためになるとして、慶永には聞いただけのことは話すとして情報を入れたのである。

その内容は、まず「別段風説書ニも申上候由」として「亜墨利加より軍艦四艘取仕立渡来」することが記される。そして「右ハ交易願立候含有之様相聞其義蘭国主承候処、此度ハ存念も深く御取扱振に依而ハ不測之大患も可差起模様ニ付、甚懸念心痛気の毒ニ乍憚奉存候」と今回の来航目的や士気が高いこと、不測の事態を惹起しかねないことを報じている。そして「右御取扱之為に此節レグトル官之者差登せ申候、国王へ為御任御座候ハ、（ママ）神洲御為にも宜敷、亜墨利加人も不服不相含様取扱可申と奉存候」とドンケル＝クルチウスの江戸出府と彼にアメリカへの対応を委任すればアメリカも不服は言わないだろうというものである。

以上が宗城が得た情報の概略である。これは、嘉永五年の別段風説書のみならず、東インド総督の公文書の内容も含んだものであった。これまでわたしは、宗城の入手した情報は別段風説書の内容の口伝えだろうと考えていたが[19]、そうではなく、総督の公文書までも含んだかなり高度で的確な内容であったことが判明した。

さて、以上の情報に対して宗城は、以下のように考察している。

すなわち、通商の件に関しては、アメリカ人だけの希望通りには行かないだろうとの見通しを示し、オランダ貿易の中にアメリカの貿易品を内々に持ち込み、日本からの貿易品は増額して、そのうちをオランダとアメリカで分割するという含みもあるかもしれない。そうであれば、表向きはアメリカと交易を開始したと公言しなくていいため、ロシアを始めこれまで通商を断って来た国々から不信を受けないという考えもあろう。しかしその程度では渡来してくるアメリカが承知するという筋ではないと考えるが、いかがであろうか。また、今度のアメリカ船は「レクトル」がいっているように変事が生ずるかもしれない。軍艦四艘とはリニー、フレガット、コルベットの類いであろう。戦争の準備くらいはして来るだろう。ここに割註が施され、

甲比丹ヨリ通じ迄密話仕候趣ハ右船ハ必江戸へ向渡来可仕含ニ相聞候旨申候由、昨年土州人「アメリカ」人ゟ帰り候者申候にも是非〳〵此度ハ手強交易相開候様可致含ニ而最中評議之由、内々「アメリカ」学校ニ而伝承仕候趣極密土佐へ帰国後申出候儀御座候処符合仕候様存候

として、すなわちオランダ商館長が通詞に語ったところによれば、軍艦は江戸に向かうということで、昨年、土佐の中浜万次郎がアメリカから帰国し、アメリカで聞いた日本開国の話を帰国後したことと符合すると挿入している。本書でも述べたところであるが[20]、万次郎はアメリカに関する当時の最新知識を体得して帰国したので雄藩大名に注

目される存在であったことがよくわかる。

さらに宗城は、情報の提供者である「レクトル官人」ドンケル＝クルチウスにたいして疑問視する。彼は「アメリカ人ゟ深く被相頼程能申取交易之口開き遣し莫大之謝礼杯貰候含にも難計」とアメリカから依頼されて、莫大な謝礼をもらうのではないかと疑われているのである。そしてオランダ国王に対してもその親切は「自国商路利益相減候事を深相憂」いてのものかもしれないとする。その理由として、日本とアメリカが戦争となればオランダ貿易はできなくなり、我が国が勝利すればよいが、我が国が敗北すると「如唐国浦賀杯へ新交易場取立候得ハ蘭通商ハ衰微致候筋ニ付」「御為を表に」するのである。「レグトル」をオランダ国王の「扱人」とするのもそのためであろうというのである。

今度のアメリカ軍艦渡来はもし交易不許可であれば「必定戦争可発と見取」られ、また許可すれば、「魯西亜英奴杯交易願立渡来之節も御為を存じ何等とか可申出筈」で、これに対処を誤れば、これらとも戦争の覚悟をしなくてはならなくなる。いずれにしても幕府評議の外にある身分なので切歯拒腕するしかない。そしてまた割註にて、

在朝諸閣老始兎角是迄之通にてハ何分〳〵在職中無事安穏ニ済候様苟安姑息之処置禍を嫁後人候策計故前述之嘆息も相発候儀ニ御座候

と記し、老中以下幕府役人は在職中の安穏のみを考え、姑息の措置をし、責任を後の人間に押し付けるのみだと批判している。

以上のように宗城は、それほど具体的な提案をしている訳ではないが、海外情報を入手して分析し幕府政治への批判を行っているのである。そこにおいてはオランダに対する疑念をぬぐいきれなかったためにおそらく慶永も重大事案であることは認識できたと思われるが、それにどのように対処するかという点で判断する材料はあまりにもわずかだったというほかないであろう。しかしそれは情報をオランダという一つのチャネルにたよっていた幕府も

同じであった。

三　宗城に「ペリー来航予告情報」をもたらしたのは誰か

さて、この書簡に記された当時の重要機密情報である「ペリー来航予告情報」がどのような経路で宗城の元にもたらされたのかを推察させる史料を紹介しておこう。やはり伊達文化保存会が所蔵する「維新前後の重要事件」という編纂資料に収録されている大野昌三郎（宇和島藩士、高野長英の弟子）の「口上覚」である[21]。これも全文引用する。

私儀為蘭学修行長崎表ニ而和蘭通詞森山栄之助ト申者へ随身仕居候処、右栄之助蘭学者当時抜群之者ニ在之、右之指南ニ而得益候儀も在之仕之儀ニ奉存候、其内私蘭学被仰付候御主意者西洋兵学相開候処肝要と奉存候処、兵書相心掛候処、兵書之義者語意甚六ケ敷、且蘭人之著書者余り無之多分者フランス、イギリス人等之著書ヲ蘭人之翻訳致候物ニ付フランス、イギリス等之語ヲ其侭相用ヒ候処在之品ニ因り候テ者蘭学而已ニテ者難通義も在之儀ニ御座候、勿論右栄之助儀モ、フランス、イギリス等之語一通り通弁者致候得共読書之儀者此迄余り心掛不申、且平生多用ニ而熟考之上教授致呉候様ニモ参り兼差当乍疑惑ニ相過候事在之候、依而私相考候ニ者元来学業者師家ニ而已相続居候而茂進達難仕儀故、只今ヨリ独学ニ而イギリス、フランス等之字書類書等ヲ相集数年ノ間精々勉強仕候ハ、少シ者道付候様ニモ可相成歟、尤左候ハ、其上ニ而蘭人之翻訳書ヲ不相待、直ニフランス、イギリス等之原書ヲ読候様相成候ハ、有益之儀モ可在之ト奉存罷在候処、幸土州民間之者四五人十余年以前漂流致アメリカ洲之内イギリス之領地へ罷越、去秋右之内三人罷帰、当六月長崎ヨリ土州へ御返ニ相成候処、右之内一人漂流之節者十余歳ニ而其節ヨリ彼方学校ニ入リ、フランス、イギリス等ノ学を修行致居候由ニテ、言語者勿論学事も余程彼地之風ニ相熟シ候由ニ御座候、左候得者彼方兵書等モ自在ニ相分候と奉存候、

依之何卒此者へ一先面会仕実ニ有益之儀モ有之候ハヽ、随身仕講究之上、万一之御用ニ相立候様仕度念願ニ御座候、何卒此旨土州方へ御懸合被成下置度ト願敷奉存候、此段不苦儀ニ御座候ハヽ、何分可然様御支配方迄被仰達可被下候、以上

八月五日　　大野昌三郎

ここでいう、大野が師事した森山栄之助は長崎の阿蘭陀通詞で嘉永元年（一八四八）から翌年にかけてアメリカ人漂流民ラナルド・マクドナルドから英語を学び、同三年幕府の命により「エゲレス語辞書和解」の編集に着手していた。[22]またちょうど嘉永五年には年番小通詞の職にあり、ドンケル＝クルチウスが伝えた「ペリー来航予告情報」を翻訳する立場にあった。[23]のちに安政元年（一八五四）、ペリー使節との日米和親条約締結交渉では通訳を務め、またハリスとの応接交渉にも当たった。公務の傍ら江戸小石川で英学塾も開いたという。文久元年（一八六一）の開港延期交渉の遣欧使節でも、その語学力が期待された。いってみれば、ペリー来航以前の日本で英語の学力が最も高い人間の一人と考えてよいであろう。その森山に宇和島の大野は師事していた。おそらく「ペリー来航予告情報」を含めて、宗城の長崎から入手した情報の源のひとつが森山であり大野経由でもたらされたと考えて差し支えなかろう。そしてこの書簡において重要なのは、西洋軍事科学の摂取においては語彙の理解が困難であり、かつこの分野ではオランダ人の著作は少なく、フランス人、イギリス人の著作をオランダ人が翻訳しているという学術研究上の限界を認識している点である。その場合フランス語や英語の原語をそのままオランダ語の文献においても使っているために意味をとるのが非常に困難であるとしている。至極もっともな意見である。天保期の蘭学者の間ではヨーロッパの学界においては学術的にはドイツ、フランスの優位が、そして工業的にはイギリスの優位が知られていた[24]からこのこと自体はそれほど先見性があるわけではない。問題は、だからどうしたいのか、ということである。大

野は英語やフランス語を独学でやろうと思いつき、幸にも土佐に帰国した中浜万次郎がフランス語や英語を勉強したことを聞いたので、彼について勉強したいというのである。やはり万次郎は注目されるべき人間であった。大野のこの言がもとで宗城は、慶永の書簡の中に万次郎のことを記したとも考えられる。

さて、この願書が提出されたのは、嘉永五年の八月五日で、「ペリー来航予告情報」が長崎奉行に提出されてからちょうど二ヵ月後である。[25] 大野はこのとき長崎にいたと考えられるので、先の慶永宛宗城書簡の「ペリー来航予告情報」の一部は、まさに「ペリー来航予告情報」の翻訳担当者森山から大野、そして宗城に到達したものもあったのではないかと考えられる。先に宗城が書簡の中で「血誓」を取られたと具体的な事情を述べていたのは、森山から情報提供を受けたことを裏付けていよう。これは非常に重要なことである。これまでのわたしの研究では、「ペリー来航予告情報」は翻訳担当者からは漏れなかったと考えていたからである。しかしこうしてみてくると宗城のつかんだ情報は、たとえ口伝えであったとしても、翻訳担当者、すなわち情報の一番間近にいた人間からのものと考えられ、ニュースソースとしては非常に確度の高いものであったことが理解されるのである。ところが、その後の宗城から慶永、さらに慶永から斉昭への展開をみてみると情報の重要性、信頼性がその都度薄められてしまっているようにも考えられる。さらに述べてみたい。

四　宗城から慶永、さらに慶永から斉昭へ

宗城が得た情報そのものは正確で信頼のおける情報だった。宗城から情報を提供された慶永が、その情報をどのように理解したのかを、慶永が斉昭に送った十月二十二日付書簡[26]より見てみたい。そこで慶永は、今回の件は「不容易義」であり「実に宗社存亡にも関係する」ことで「一大事」だと認識はしている。そして自分だけが聞いても仕方がなく、また在国中なのでらちがあかない。また、宗城から斉昭に情報を提供し相談するのでそのようにご

承知願いたいと述べる。このことから考えると先に紹介した宗城の九月二十一日付書簡を受け取った慶永は、さっそく宗城に返事を出し、またその後、宗城から書簡を受け取ったことがわかる。おそらく慶永は、九月二十一日付書簡の内容がすこぶる重大であったことを認識したため宗城に斉昭にも知らせたらどうかと提案したと考えられる。それで宗城は、自分からも斉昭に情報を提供し相談すると述べたのであろう。両書簡が今のところ未確認なので詳細は不明であるが、九月二十一日付の慶永宛宗城書簡と十月二十二日付の斉昭宛慶永書簡との間に宗城・慶永間で書簡の行き来が一度はあったことをうかがわせる。

慶永は斉昭に、宗城が阿部に申し入れても聞き入れないので「最早尊君より外に閣老衆聞入候事は」ないと述べている。そして六項目にわたって情報とそれに対する考察を提供する。

まず第一。「夷船八艘可参」として異国船は八艘来るとしている。

九月書簡で宗城が伝えた情報では「亜墨利加より軍艦四艘取仕立渡来」となっていたのに斉昭には「八艘」となっている。ドンケル＝クルチウスが最初に提出した別段風説書では、アメリカ海軍の軍艦名が掲載されており、シユスクカンナ、サウトガ、フイモウト、シントマイレス、ファンタリア、ミスシスシッピー、フリンセウトン、ヘルレイ、シコフレイと九艘があがっていたことが知られている。[27]おそらく宗城と慶永の間で「四艘」から倍の「八艘」として、斉昭に危機感を抱かせようとしたのではあるまいか。さらに慶永は「大島杯ヲ掠奪」するに相違ないとさらに危機感をあおっている。そして浦賀から内海に侵入するかもしれず、「甚以未恐ろし」い。江戸湾に異国船が居座ると江戸への物資供給が滞り「どの道にもせよ江戸は誠に困難之義」となる。どうしたらよいか考えたがいい考えも浮かばない。阿部や牧野備前守にいい考えがあるか聞いてもらいたいとしている。

第二。浦賀防衛は四、五の大名では難しいので、領分に海岸のない大名に命じたらどうか。また、日本でも軍艦を製造し海軍を編成すべきである。第三に八丈島などの離島は防衛するのは難しい。第四、いまこそ武威を示すときである。第五に今日では数千の大砲が必要であるし、軍艦製造も来年までは間に合わない。しかし武威を示さないと異国に軽蔑されるので何らかの工夫が必要である。第六。長崎あたりで少々の戦争があった方が「世上心酔ヲ覚醒」するのではないだろうか、しかしいずれにしても「危殆の事」である。そして中国の宋代末の歴史に鑑みて「気之毒」であり、宋のようにならないように祈念すると述べ、「ともあれ報国の期相近き事と」思うとする。慶永が、このようにかなりの危機感をもちながら、多少おおげさに、しかし具体的な事例を列挙して、最後は中国の歴史を持ち出してまで幕府老中への申し入れを迫ったのに対して、斉昭はどのような返事をしたのか。十一月十八日付の斉昭書簡(28)を点検してみよう。

斉昭は慶永にたいして次のように述べる。すなわち慶永が、当年のオランダ人の風説を伊達宗城より提供され、「蝦夷之姦謀不容易事」と思われ、私から阿部に建白するようにとの依頼は「御尤」ではあるが、たびたび建白しても取り上げられず、また「厳重譴責」を被った身では自制するしかない。そして、やむにやまれず建白しても的をはずすことがあり、幕府「有司之一笑」を取るだけで益がないばかりか却って害ともなる。時を得た人間が建白すればもっともに聞こえるが、時を失った人間が建白しても人の用いるところでない。したがって「愚老より建白之義は御断り申候」とした。そして話は慶永の心持ちが頼しいとして、「持論之大眼目」を披露する。それは世界の宗教と政治のありかたの説明であって、優劣をつけるとすると第一は「本朝神皇之道」、次は「漢土聖人之道」で、そのほか仏教、キリスト教、イスラム教はよろしくないとするものであった。そして最終的には交易許可となれば当座は楽だがいずれ大変となる。打ち払いとなればいったんは海岸諸国が災いを受けようが「天下之人心必死」となって、外国も容易に手を出すことをしないだろうと述べ、交易、和議は無用、「無二念打払」に戻すべきと主張するのである。この書簡を読んだ慶永は、重ねて斉昭に依頼することをせず、斉昭書簡中の「神皇之道」とはどのようなものか教えていただきたいと返事をした(29)。すると斉昭は一二月二十八日の書簡でとうとうとそのなかみを説明したのである(30)。

結局、斉昭は事の重大性に少しは気づいていたが、自分から積極的に動くということは出来ないし、出来にくい状況にあったのである。そこで宗城や慶永、また、尾張藩主徳川慶勝、島津斉彬らは、福岡藩主黒田斉溥による建白[31]に希望をつないだが、その詳細は既に本書第一部第二章に詳しく記した。

おわりに

以上のように考えてくると本書第一部第二章第三節では、単線的に考えていた宗城経由の「ペリー来航予告情報」のひそかな伝達も、実際にはもっと複雑な様相を呈するのではないかと思われる。もちろん全体の大枠にはそれほど違いはないと思われるが、さらに詳細に検討していくと再考すべき部分もあることはいうまでもない。

註

（1）河内八郎編『徳川斉昭・伊達宗城往復書翰集』校倉書房、一九九三年。なお同書などを利用した最近の研究に星山京子「徳川斉昭と『有志』大名の情報ネットワーク」『アジア学研究』二五、国際基督教大学、一九九九年、のち同『徳川後期の攘夷思想と「西洋」』風間書房、二〇〇三年がある。ただし星山論文においては「ペリー来航予告情報」をめぐる有志大名（本論文では以下雄藩大名と呼ぶ）の一連の動きは言及されていない。

（2）たとえば阿部正弘がペリー来航に備えて、参勤交代で帰国する雄藩大名の一部を江戸に留め置く措置をとろうとしたとき、その内実を正確に把握していたのは宗城であった。本書第一部第二章第二節四、七九～八〇頁。

（3）本書、第一部第二章。

（4）本書第一部第二章第三節二、九八頁。山口宗之『ペリー来航前後』ぺりかん社、一九八八年、一九～二一頁。

（5）同右。

（6）本書第一部第二章第三節二、九八頁。

（7）「ハンホール」は、Van Hoey の“Verhandeling over het Buskruid”（ハーグ、一八三六年、和名「火薬製造論」）、「ベウセル」は、W.F.Beuscher の“Handleiding voor onder officieren der Artillerie”（一八三四―一八三六、和名「下士官のための砲術入門」）と推察される。以上は梶輝行氏の御教示による。
（8）佐藤昌介『洋学史の研究』中央公論社、一九八〇年、四七五頁。また所荘吉「砲家必読」日蘭学会編『洋学史事典』雄松堂出版、一九八四年、六五〇頁も参照。、なお当時の通名は「砲家必読」。
（9）前掲佐藤『洋学史の研究』四七五頁。
（10）同右、四七三頁。
（11）同右、四七八〜四八二頁参照。また佐藤昌介『高野長英』岩波書店、一九九七年、二〇一〜二〇四頁も参照。
（12）小川恭一編著『江戸幕藩大名家事典』中巻、原書房、一九九二年、四四〇頁。なお伊達宗城も大広間である。同書、六八二頁。また松平慶永家は大廊下下之部屋であるが、将軍拝謁は大広間の列に加わっていたという。同書、四一四頁。
（13）前掲河内『徳川斉昭・伊達宗城往復書翰集』一六頁。
（14）山口宗之『真木和泉』吉川弘文館、一九七三年、四〇〜七〇頁、および、市瀬洋子「真木保臣」『三百藩家臣人名事典』第七巻、新人物往来社、一九八九年、一一四〜一一五頁参照。
（15）この傾向は、吉田松陰の書簡にも濃厚に見られ（本書序五頁以下参照）、また、江戸時代の蘭学者の書簡もニューズレターの性格を有することが知られている（宮地正人『幕末維新風雲通信―蘭医坪井信良兄宛書翰集』東京大学出版会、一九七八年）。
（16）フォス美弥子『幕末出島未公開文書―ドンケル＝クルチウス覚え書』新人物往来社、一九九二年、二〇八〜二〇九頁。
（17）同右、二〇九頁。
（18）本書、二八九頁。なお芳即正「島津斉彬の海外情報源」『斉彬公史料月報』二、鹿児島県、一九八二年参照。
（19）註（6）参照。
（20）本書、二七二〜二七四頁。なお、岩下哲典「アメリカより帰国した漂流民中浜万次郎への期待と待遇の変化について」『Journal of Hospitality and Tourism』通巻一号、二〇〇五年も参照。
（21）なお、「口上覚」の最初には「宇和島藩ノ洋学」とタイトルがつけられ、「嘉永五年八月五日、宇和島ニ於テハ大野昌三郎ヨリ口上書ヲ以御用番老職へ願出［伝牒］」と記されている。これよりこの口上書は長崎の大野から宇和島の月番家老に提出されたことが理解できる。また「口上覚」の最後尾には「（藍山公記巻三七、六二枚ヨリ六三枚マテ）」とあって、はたして伊達文化保存会所蔵の「稿本藍山公記」巻三七、六二枚を確認すると同一の「口上覚」が収録されている。ただし「稿本藍山公記」の「口上覚」には宛所として「小頭宛」と書かれていて、綱文のほうも「御用番老職へ願出」の箇所が最初は「御用番老職へ達ス」とされていたものが、見せけちで「願出」に訂正されている。ここからすると最初は大野が所属長に提出したものが、家老にまで提出することになったものと考えられ、この背景には藩主宗城の意向があったように思えてならない。なお「稿本藍山公記」の「口上覚」は、愛媛県史編さん委員会編『愛媛県史』資料編幕末維新、愛媛県、一九八七年、八一六～八一七頁にも翻刻されている。

(22) 茂住實男「森山栄之助」前掲『洋学史事典』七〇八頁参照。森山に関する最新の研究ならびに研究史は、河元由美子「マクドナルドと日本との出会い(1)(2)」『洋学史研究』第一二、一三号、一九九五、一九九六年、および岩下哲典「日米和親条約の終結前後における領事駐在権をめぐって」『応用言語学研究』第七号、二〇〇五年、西澤美穂子「ペリー来航をめぐる日蘭関係」青木美智男編『日本近世社会の形成と変容の諸相』ゆまに書房、二〇〇七年を参照されたい。

(23) 本書、五七、九六頁。

(24) 渡辺崋山「鴃舌或問」(佐藤昌介・植手通有・山口宗之校注『渡辺崋山　高野長英　佐久間象山　横井小楠　橋本左内』岩波書店、一九七一年、八二頁)。

(25) 本書、九五頁、表1。

(26)『水戸藩史料』別記下、吉川弘文館、六七三～六七七頁。

(27) 徳川林政史研究所所蔵、徳川慶勝「阿蘭陀機密風説書」。本書史料編に全文翻刻。三六〇～三七三頁。

(28) 前掲『水戸藩史料』別記下、六七七～六八三頁。

(29) 同右、六八三～六八五頁。

(30) 同、六八五～六八八頁。

(31) 徳川林政史研究所所蔵、黒田斉溥「阿風説」。本書資料編に全文翻刻。三七三～三七六頁。

補論　アヘン戦争からペリー来航へ

—老中内用役鷹見泉石の資料から—

はじめに

幕末という変革の時代に情報はどのような役割を果したしたのか。

これまで、幕末の政治過程において、情報の果たした役割を明らかにするために、まず、御三家筆頭尾張徳川家の十四代当主慶勝が行った海外情報研究を取り上げてきた。慶勝は、長崎出島からもたらされた様々な文物によって西洋事情の研究を自ら行い、さらには外交上の機密情報を政治的に利用するグループ（従来幕府政治から遠ざけられていた外様大名—西南雄藩と親藩・家門大名の一部の連繋で、幕政改革に情熱を持っていたグループ。以下「有志大名」という）の一端につらなって、海外情報の収集と分析を行っていたことがわかった。

そして、①慶勝直筆の『阿蘭陀機密風説書』が、近世から近代への変革期における、国家史・対外交渉史上の最大の外交機密情報の一つであるところの、嘉永五年（一八五三）の「ペリー来航予告情報」（正確には、ペリー率いる合衆国艦隊の江戸湾渡来予告情報、以下略して「ペリー来航予告情報」という）であったことを報告し、②『阿蘭陀機密風説書』に写し取られた情報は、長崎のオランダ商館長から幕府にもたらされた「別段風説書」の情報で、当時の老中阿部正弘が非公式に薩摩藩主島津斉彬にたいして回達し、斉彬を経由して徳川慶勝にもたらされ、さらに慶勝から徳川斉昭に伝達されたことを証明した。[1] これにより、阿部正弘が、「有志大名」にたいして、ペリー艦隊来航直前になって、その来航予告情報を流すという情報操作的施策を行っていたとする視点を提示しえたと考えている。

さらに、ペリー艦隊来航直前における阿部正弘と「有志大名」の政治的な動向を、「ペリー来航予告情報」が漏洩する過程の推移とその情報の影響に焦点をあてて考察した。[2] すなわち当時の阿部はオランダからできるかぎりの情報を収集して、海防掛に諮問したが、その答申は満足のいくものではなく、阿部は、従来幕府政治から遠ざけられていた「有志大名」に情報を告知し、情報にたいする意見を求めた、とする阿部政権への評価を行った。そして、阿部の諮問に唯一応えたのが福岡藩主黒田長溥で、その対外政策に関する意見書の内容およびその背景と意義を明らかにした。[3] それらは、阿部には、ほかの幕府吏僚とは異なる情報分析があったことを示したものといえる。その結果、従来学界で通説となっていた、この時期の阿部政権の無為無策な政局運営説に疑問を呈し、阿部は来るべき日に備えていたことを明らかにしたと考える。

さて、私は、平成二年（一九九〇）四月より同五年三月まで、鷹見家資料調査団に参加した。すなわち、徳川譜代大名にして、下総古河藩主、しかも老中も勤めた土井利厚・利位の二代に仕え、その幕政・藩治を支えた家臣であった泉石鷹見十郎左衛門忠常の残した資料を親しく調査する機会を与えられた。泉石も、長崎出島や長崎屋、唐人屋敷からもたらされた洋の東西にかかる、当時としては珍奇な物品の収集と、種々の文献（蘭書、漢籍、地図その他）によって海外情報を研究していたのである。泉石の残した資料群の中には、対外関係が緊迫した時期の資料が少なからずみられ、そのいくつかは、すでに紹介がなされている。[4]

ここでは、徳川慶勝や黒田長溥の海外情報の収集・分析とその利用（情報活動）に関する歴史学的研究の過程で関心を持つに至った、幕府における海外情報の収集・分析とその利用を、泉石資料のなかからいくつか選んで紹介しながら、述べてみたい。とくにここでは、ペリーの黒船艦隊来航に先立つこと一三年、閣老水野忠邦をはじめとして当時の「幕府首脳部」[5]を「狼狽」[5]させ、天保改革の対外政策立案のファクターと位置づけられているアヘン戦争情報[6]に関して、情報が幕府内部でどのように伝達されたのか、また情報がどのように収集・分析されたのかを考察してみたいと考えている。

一　勘定奉行宛長崎奉行書簡—アヘン戦争情報発信の形態—

『鷹見家歴史資料目録』[7]の三二三頁の、通番一二七三は、明楽飛騨守・田口加賀守宛戸川播磨守書状の写し（古河歴史博物館保管）である。日付は、目録では一二月七日となっている。現物は、竪一九センチメートル、横一七五センチメートルで、若干長いが、比較的よみやすい文字で書かれている。端裏には、「十二月七日出／正月二日着／書状写」と記されている。全文は後掲史料編の通り。

一読して、アヘン戦争情報を伝えた書状であることが理解される。

周知のごとく、アヘン戦争情報のニュースソースは、阿蘭陀風説書と唐風説書および琉球人風説[8]である。この書状にいうところのニュースは、西暦一八四〇年秋までの情報で、イギリス海軍の定海占領と寧波府の徐姚県での交戦でノーブル夫人らが捉えられた一件を「エケレス国第三之王女」生捕り一件として伝えた情報である。すなわち天保一一年（一八四〇）一二月提出の唐船風説書である。森睦彦が整理した「唐風説書一覧[9]」の二、天保一一子年冬の一であり、加藤祐三『黒船前後の世界』に収録されている表[10]によれば、唐③である。

ところで、戸川播磨守安清[11]は、この年九月に田口加賀守喜行[12]と交代して長崎に在勤していた長崎奉行。したがって田口は、江戸在勤の長崎奉行である。明楽飛騨守茂村[13]は、天保三年より同一二年正月に死去するまで、勘定奉行勝手掛を勤めていた。

ここで指摘しておきたいことは、まず第一に、私は、これまで長崎奉行が、江戸の相役と勘定奉行に宛てた、外交機密情報を含んだこのような書状の事例を寡聞にして知らない。ましてやアヘン戦争情報が長崎奉行から江戸在勤の同奉行とその上司勘定奉行に伝達された書状などというのは、学界においてこれまで報告されていない。そのうえ、この書状は次に述べる通りの文言からして、通説で考えられているような、長崎奉行から老中に宛てて発信された阿蘭陀風説書[14]一般と同一には考えられない書状である。

第二に、前項をうけていえば、「越前守殿江、一ト通り御耳打ニ而も被成置候方可然思召候ハ、宜被仰上置可被下候」として、老中水野越前守忠邦にたいして秘密裡に情報を伝達してほしいと依頼していることである。したがって、ここに記されたアヘン戦争情報がまず、水野に「一ト通り御耳打」されたことが推測される。ただし勘定奉行明楽らがこの書状の情報をどの程度正確に、水野に伝達したのかは、もちろん不明である。しかし、後述するごとく、この書状が正月二日に田口・明楽に届けられた五日後の同月七日に、水野は、佐渡奉行川路聖謨に宛てた書状の中で、戸川の書状に載せられた情報を正確に要約して川路に伝達しているので、田口・明楽は、戸川の書状を水野に見せていると考えられる（当然、水野は、奥右筆組頭あたりに命じて書き写させたと考えられる）。

第三に、この書状に記された情報が、漢文ではなく「真ノ物和解」（まのものわげ）すなわち、漢文の和訳であることである[15]。これまでアヘン戦争情報を水野がどのように捉えていたのかという命題にたいして、素材とされていたのは、「鴉片始末」などに所収されている唐船風説書の漢文文言であって、「士人の基礎教養に漢文読解があり原文も読めるということから（唐船風説書が―岩下註）親しみやすかった[16]」とか「唐風説書を読んだ幕閣は、和解を必要としなかったはずであり、漢文のもつ簡潔で強烈な表現をそのまま受けとったにちがいない[17]」とされてきた。しかしこの書状に収録されたアヘン戦争情報に関していえば、幕閣水野がはじめにつかんだ情報は、漢文の和訳の口伝えだった可能性が高い。もちろん「御耳打」ののちに本書状そのものや唐船風説書和解・原文がもたらされた可能性は十分ある。しかし、この書状に限っていえば、水野が最初の情報を入手した段階では、漢文和解の口コミだったことが初めて明らかとなった。

私は、このことから、幕閣は、すべてのアヘン戦争情報に関して、漢文の原文を読んでいなかったことを主張するつもりは全くない。ただ月番老中として、ルーティンの職務を果たさねばならないうえに、不測の事態・事件への対応や自藩の藩政にもある程度目を配らねばならないなど、多くの職務をこなさなくてはならない老中に、いくら素養があったとはいえ漢文の原文を読むだけの時間があったのだろうかということである。問題は、後世に編纂された史料に収録されたアヘン戦争情報を分析対象とするのではなく、当時伝達され、用いられたと考えられる情報が収録された史料によって、その情報が、どのような形態で、誰から誰にどのように伝達されたのかというディテールを追及する必要があるということである。そうした観点から、この書状は、重要な問題を提示していると考える。つまり、水野が漢文情報によって衝撃を受けたとする従来の通説は、再検討されねばならないのである。そして、「真ノ物和解」を老中が必要としたということは、和解すなわち翻訳に携わる人間や情報経由者からの情報の漏洩という事態を予測しなければならないということである。

さらに、第三から発展して第四に、この書状からは、天保一二年正月までの、アヘン戦争情報の伝達経路と長崎奉行、老中の情報への反応が、的確にわかることである。すなわち、書状によれば最初の情報は通説通り、天保一一年七月の阿蘭陀別段風説書であった。この情報は、「かひたん封書を以、内密申立候」もの、すなわち、阿蘭陀商館長の封印した、機密情報であったことが理解される。アヘン戦争情報が、幕府内部、とくに長崎奉行の段階で機密情報扱いされたのは、その内容もさることながら、「かひたん封書を以、内密申立候次第も有之」という、オランダ側の外形的なデモンストレイション効果にあったことが、はじめて理解される。こうした手法は、弘化元年（一八四四）、オランダ国王ウイレム二世の開国勧告親書をもたらした軍艦パレンバン号[18]や、嘉永五年（一八五二）のペリー来航予告情報[19]の伝達においても踏襲され、親書や予告情報が重大であることを、長崎奉行にたいして印象づけることに成功している[20]。

ところで、幕府、とくに長崎奉行の、オランダがもたらしたアヘン戦争情報にたいする分析結果は、「唐方商売船之差障等も難計ニ付」として、唐商船来航の支障となることを恐れていた。すなわち、来航唐船が減少することによって、長崎貿易遂行上の障害としてアヘン戦争は、問題であるということで、通常考えられていたような、「幕府首脳部」を「狼狽」させるほどのものではなかったと思われる。佐藤昌介は「極東におけるイギリス側の動静に、少なからぬ注意を払っていた幕府としては、もちろんこの報道を無視することができず、長崎在留の唐人に命じて、これ（アヘン戦争―岩下註）に関する情報の提供をなさしめた」[21]としているが、アヘン戦争情報に幕府が注目した理由にたいする説明としては、十分ではない。もちろん天保八年のモリソン号事件をきっかけに、幕府は対外政策の見直しを行っていたから、イギリスのアジアにおけるプレゼンスには注意を払っていたと考えられるが、長崎にとって最も大事な貿易収益の減少を懸念しての情報収集活動だったことも指摘できるのである。

したがって、天保一〇年六月に初めて通常の阿蘭陀風説書でアヘン戦争情報が伝えられたが、「日本官憲において特にこれに注意した様子は窺えない」[22]という観察は当を得ていると考えられる。つまり、今日通説となった感のある「幕府首脳部」を「狼狽」させたアヘン戦争情報というのは、水野忠邦が、外交機密情報を政治的に利用しようとした結果（後述）として形成されたもので、アヘン戦争情報が伝達された初期には、それほど危機感を持たれなかった。もっといえば、アヘン戦争情報が収集・集積され、分析されて、写本として流布していったのは、戦争終結後情報が出揃ってからであって、おそらくは、のちにペリーの率いた黒船艦隊の来航に危機感を抱いた攘夷論者によって一層、喧伝・増幅されたのではないかと考えられるのである。[23]

さらに、長崎奉行のアヘン戦争情報にたいする反応をみると、先の阿蘭陀別段風説書の情報を確認するため、天保一一年七月中、田口加賀守は在留唐船主に情報を提出させ、和解して、九月四日、水野にたいし、明楽経由で上申した。一ヵ月の時間的余裕は、危機感をもった人間のものではない。やはりあくまでも、長崎貿易への懸念から、阿蘭陀別段風説書の情報にたいする分析を行うための唐風説書の提出であったことを物語っている。それは、明楽経由の上申という経路そのものにも窺うことができる。なぜならば、当時勘定奉行の職にあったのは、明楽のほかに、深谷遠江守盛房、佐橋長門守佳富、梶野土佐守良材の四人であったが、七月も今回も明楽を経由して水野に上申されている。

明楽茂村は、将軍吉宗が創設した御庭番家筋の出身で[24]、知られているだけでも天明八年（一七八八）の京都を派遣地とした遠国御用（江戸周辺以外の地域・場所に派遣されて、内密の情報収集活動に従事すること）および寛政八年（一七九六）の上方筋遠国御用を勤めている。さらにその子茂正も、文政元年（一八一八）正月の上方筋遠国御用、同年五月の浦賀御用、同九年の上方筋遠国御用を勤めている[25]。父茂村は、茂正の遠国御用のとき勘定吟味役上座にあったが、御庭番家筋の役目としてその風聞書作成に関わったと考えられる。それのみならず、茂村存命中に、自身・息子のものも含めて、御庭番の遠国御用は、現在確認されているだけでも三二回あった（深井雅海作成の表による）。茂村は、御庭番家筋の役目として、それら風聞書作成になんらかの形で関わっていたと考えられる。つまり、明楽茂村は、職務上長崎奉行を指揮・監督する勘定奉行の役職にはあったが、それ以上に御庭番家筋としての情報収集・分析能力を有しており、水野によってむしろ情報分析の方面での能力を期待されていたのではないかとも考えられる。ここには、職務上の上下関係以外に、水野が幕府内部に張り巡らした情報網が読みとれるのである（ただし勘定奉行梶野良材も御庭番家筋ではある）。それゆえに、アヘン戦争情報は水野にのみ「耳打」され、同じ老中でも土井利位には、土井家家老で内用役の鷹見泉石から上げられたのではないかと考えられる。次節では、鷹見泉石に視点をおいて、この書状の情報が、どのように幕府内部に伝播したのか考察していきたい。

二　老中内用役鷹見泉石と水野忠邦の入手した情報

鷹見泉石が阿蘭陀風説書を入手した早い例は、文政一〇年（一八二七、当時泉石四三歳）で、江戸の長崎屋に到着した阿蘭陀通詞から入手したものであるとされていた。(26) 近年、鷹見家資料調査団の調査のなかで、同八年の風説書が紹介され、また、それより二〇年以上も前の文化二年（一八〇五、当時泉石二一歳）に、当時泉石が、小納戸格取次として仕えていた古河藩主で老中の土井利厚より、長崎奉行から老中に上呈された「正図」を示され、それから鷹見家資料中に現存する「ロシア人正装図」を写しとったことが判明した。(27) したがって泉石の海外情報収集のキャリアは相当なものであったことが考えられる。アヘン戦争情報収集当時、古河藩主土井利位は老中、泉石は家老で、内用役を勤めていた。(28) 泉石の海外情報収集活動に、利位が期待するところ大であったことは想像に難くない。

天保一一年（一八四〇）八月二三日には、早くも泉石は、広東にイギリス海軍艦隊が到来したことをつかんでいる。(29) ついで同九月、長崎奉行の田口より直書とともに最初のアヘン戦争情報である「かひたん封書」すなわち阿蘭陀別段風説書を入手している。この情報は泉石から利位に進達されている。泉石は、これ以降、アヘン戦争情報に注意を払い、一〇月には新井白石の「采覧異言」を利位に見せる手筈を整え、一一月一七日には江戸に戻った田口にアヘン戦争情報を詳しく聴きたいと依頼し、同二二日には、その結果を利位に報告している。さらに同二六日には、おそらく今回の情報との比較を行うために去年の唐風説書の入手を田口に依頼したのである。

以上のように、泉石が、老中である利位のためにアヘン戦争情報の収集を積極的に行っていたところに、一二月七日付で長崎奉行戸川から発信された先の書状が、江戸の田口、勘定奉行明楽のもとに、翌天保一二年の正月二日到来したのである。田口と明楽は、ただちに水野忠邦に戸川の書状の情報を「御耳打」したと考えられる。水野は正月七日付で当時佐渡奉行だった川路聖謨にその内容をつぎのように伝えている。

（前略）清国、阿片通商厳禁之不取計より、イギリス人抱不平、軍艦四拾艘計寧波府に仕寄戦争、定海県一部被奪取候由、此度来船人より申出候。違国之儀に候得共、則自国之戒に可相成事と存候。浦賀防御之建議未定、不束之事ともに候[30]。

右者心得にも可相成と、内々申入候（後略）

この書状の評価としては、藤田覚『天保の改革』が次のようにまとめている。

水野は、唐風説書の中の、清国が通商上の不手際から戦争となり、イギリスによって清国の領土の一部が占領されたという情報に注目し、この隣国の出来事を日本の教訓としたいと言っている。これが意味しているのは、対外関係の不手際による対外紛争を回避し、清国の二の舞を踏まないようにする、ということであろう。さらにモリソン号事件を契機に江戸湾防備計画の立案を目付の鳥居耀蔵と代官の江川英龍に命じ、各々計画案を提出させたが店晒しにされている現状にたいし、強い焦燥感を抱いていることを表明している。この水野の書状から、天保改革における打払例の撤回、薪水給与令の施行などの対外政策の変更と、江戸湾防備の実施を始めとする海防政策の展開が展望されることはいうまでもない[31]。

この評価につけ加えるとすれば、水野にこうした「焦燥感」を与えた情報は、長崎奉行戸川・田口から勘定奉行明楽を通じて「御耳打」された、漢文和解の口コミ情報であったということである。

さて、泉石は、この書状の情報を田口から、同月一一日に入手している。すなわち翌日の一二日の日記には、

○田口様之吉沢隼人より昨日手紙差越、寧波へエケレス舟四拾艘参、定海県被取候由之由、女王之舟破船、女王初二十一余人召捕候付、和熟掛合相成候由、申来、返書遣[32]

と記されている。

この日記の文面は「昨日、田口加賀守様の家来吉沢隼人から手紙が来たが、その内容では、寧波にイギリス艦隊

が四〇艘来航して、（戦闘となり）清国は、定海県を占領された模様である。また、イギリス女王の船が難破して二一人あまりが清国側の捕虜となったので、両国間で、女王の保釈と定海県の交換に関して交渉中であるということだ。このことを伝えてきたもので、自分は返書を差し上げた」と解釈できる。したがって、泉石がこのとき入手した情報は、まさに一二月七日付長崎奉行戸川発信の、田口・明楽宛書状の情報であることが明らかである。戸川の書状の写しが鷹見家資料に現存していることから、おそらく、正月一一日に吉沢を通じて泉石にもたらされた田口の書状の中に戸川の書状の写しがあり、それが、鷹見家資料現存本で、先に翻刻・紹介したものである。

これまでに明らかとなった、泉石と利位の海外情報をめぐる関係からこの長崎奉行の書状に載せられた、水野だけに「御耳打」されたアヘン戦争情報も、長崎奉行田口と内用役泉石を通じて利位にもたらされたと思われる。同じ老中であるが、情報の流れが異なることが注目される。

ところで、この年の四月、田口は勝手掛勘定奉行の重職に就任するが、在職わずか一ヵ月、徳丸が原の演練の直後に罷免され、小普請入、差控えを命じられている。田口の罷免は、田口が庇護した高島秋帆の逮捕につながるとされているが[33]、田口の罷免は案外、このような水野にとっては、好ましからざる、情報の漏洩に田口がコミットしていたことへの報復だったのかもしれない。

当時の老中は勝手掛や特定事件に際しての臨時に専管となることがあったが[34]、原則としては月番制で、公式文書は、すべて月番老中に提出されたと考えられる[35]。したがって、たとえ老中であっても恒常的に海外情報を入手したければ、泉石のような情報ネットワークを持った家臣の存在が必要だったと考えられるのである。もちろんそれは水野にもいえることであるが、水野の場合、先の明楽や田口、戸川といった実務吏僚層への押さえが効いていたと考えられる（もっとも田口の場合に関しては、情報が漏洩したので、押さえが効かなかったといえなくもない）。

こののち、泉石は、この書状そのものを、「真之物和解」（古河歴史博物館保管[36]）に収録している。「真之物和解」は、以下のような構成となっている。

（一）天保十一年七月提出　亥五番船主周藹亭　唐船風説書　唐大通事西村後三郎・同小通事神代徳次郎和訳
（二）天保十一年七月提出　在館唐人　風説書　潁川源三郎和訳
（三）天保十一年十二月七日付書状　長崎奉行戸川播磨守発信　江戸在勤長崎奉行田口加賀守・勘定奉行明楽飛騨守宛
（四）天保十二年六月提出　丑二番船財副沈萍香　唐船風説書
（五）天保十二年十二月提出　丑五・六番船主　唐船風説書　潁川四郎八和訳
（六）天保十三年正月提出　丑五・六、寅一・二番船主　唐船風説書　風説役代年番平野繁一郎・商売掛大通事神代徳次郎和訳
（七）天保十三年正月提出　丑六、寅一・二番船主　唐船風説書　風説役代年番平野繁一郎・商売掛大通事神代徳次郎和訳
（八）寅年（天保十三年）十月琉球人風説
（九）天保十三年十二月提出　寅三〜六番船主　唐船風説書
（一〇）天保十四年七月提出　卯一・二番船主　唐船風説書　風説役代年番・唐通事目付・唐通事
（一一）天保十四年七月提出　イギリス一件ニ付別段申上　風説役代年番・唐通事目付・唐通事
（一二）卯（天保十四年）五月琉球人申上風説書　豊用親雲上発信、表御取次衆宛
（一三）清商手牘中より抜粋・注記

このうちの（三）が、戸川の書状である。一覧して、幕府役人の書状は、（三）のみであること、琉球人の風説書が二点収録されていること、天保一一年のアヘン戦争勃発経緯から同一四年の講和成立までの情報を網羅している

こと、（一三）の「清商手順中より抜粋」には、情報に関する注記があることが特徴である。ところで、「真之物和解」は、表紙外題に泉石の直筆で「真之物和解　二」と記されていることから、少なくとも「真之物和解　一」が存在したと考えられる。「真之物」が「真名の書き物」つまり漢文の楷書体の文書を指すことから、多少拡大解釈との批判を恐れずに言えば、「真之物和解　一」には、阿蘭陀別段風説書の和訳が収録されていたのかも知れない。

さて「清商手牘中より抜粋」は、清国とイギリスとの間で結ばれた南京条約の結果であるところの広東・福州・寧波・厦門・上海の五港開港と居留地の設定とその後を報じている。そのなかで、広東・福州・寧波では、官吏が秘密裏に北京へ上表し、諸国から軍隊を集結させ、五ヵ所で一斉に蜂起させたこと、イギリス人は油断から「悉く打殺、壱人も生残者無之」「清人大ニ勝利を得」という状況となったこと、清国は、イギリスの復讐に備えて海岸防備を厳重にしていることという誤った情報を伝えている。これにたいして、「但し、儒捺に、此一通者、辰年（弘化元年―岩下註）之ことなるべし、真偽不審可疑」との註記がある。この註記が泉石のものとは、にわかには断定できない。しかしながら、全文の筆跡は泉石のものと考えられているので、「真之物和解」は、弘化元年以降にアヘン戦争情報を、泉石がまとめた際に作られたものと考えられる。

ところで、この註記は（一）から（一二）の情報を筆写する過程で得られた分析能力によって、最終的に総合して判断した結果であると思われるが、それにしてもその分析能力はそれほど高いとはいえないのではないだろうか。確かに「真偽不審可疑」というのは慎重な態度であるが「辰年之ことなるべし」と、事実としてもあったかも知れないという観測である。やはり長崎から江戸という単線的な情報ルートおよび情報内容の不足と、情報と情報の中間に様々な人間が存在し、様々な憶測が混入する間接情報にたよる情報分析には限界があるといわざるをえない。

これらのアヘン戦争情報が、幕府の政策決定権を持つ人々の間でどのように分析されたのかを直接示す史料は、先に紹介した水野忠邦の川路聖謨宛書状があるくらいで意外と少ない。水戸藩主徳川斉昭や松代藩主真田幸貫の家臣佐久間象山、天文方渋川六蔵[37]、長崎町年寄高島秋帆[38]などといった人々の危機感が語られているが、幕府内部の情報分析に迫る史料はほとんどない。次節では天保一三年一〇月に水野忠邦に提出された下曽根金三郎[39]の建白書を紹介し、この問題に迫ってみたい。

三　アヘン戦争情報と幕府―下曽根金三郎の上書より―

泉石によって「浦賀上書写」(古河歴史博物館保管)と名づけられた、天保一三年の下曽根金三郎の上書は、これまで紹介されたことがないので、やはり後掲史料編に全文を翻刻した。

この上書では、浦賀を喉元にたとえ、江戸を腹部、諸国を手足として、咽喉から食物が摂取できなければ、体が疲弊するように、浦賀に二、三艘の異国船が渡来しても、江戸の生活物資が滞り、江戸で騒動が起こっても、大名・旗本も兵糧が欠乏し、「甚御府内危く御座候」としている。そして、(一)近年高島秋帆から西洋砲術学を学び、西洋砲術を研究した結果、西洋砲術の方が、日本の旧来の砲術より便利であること、(二)砲術書の中に海防の事を論じているものがあり、海岸において敵艦船を砲撃するためには、二四ポンド以上の大砲が必要であること、(三)敵軍が上陸したら艦隊との通路を断つことが肝要であること、(四)従来の砲術では、西洋軍艦には効果がないばかりか、侮られることとなり不都合である、以上から西洋砲術の採用を願いたい、としたものである。その認識の根底には「彼国数年戦争之中にて発明仕候砲術」という考えが存在していた。すなわちナポレオン戦争で西洋諸国の軍事技術が向上したという同時代の西洋にたいする認識が、下曽根には存在したのであると考えられる。つまり、このことは、下曽根がナポレオンの事蹟に関する文献を読んでいたことを示すものと考えられよう[40]。

この上書が提出された経緯は、今のところ明らかではない。しかし、上書提出の前月に起こった事件が伏線となっている様に思われる。すなわち九月五日に長崎に到着した長崎奉行伊沢美作守政義によって、一〇月二日、下曽根の師匠である高島秋帆が揚屋入りを命ぜられたことと関連があると思われる。秋帆逮捕の情報は、蛮社の獄の再現と考えられ、弟子たちは大いに動揺したという。下曽根もそのひとりで、高島秋帆の揚屋入りによって、表面的には、それまで高まっていた西洋砲術学習の機運が衰微することを恐れてというポーズを取りながら、実は保身のために、水野忠邦にこの上書を提出したとも考えられる。

また、同九月、幕府は、江川英龍にたいして高島流砲術の諸家への指南を許可し、一〇月には大砲の鋳造を許したので、下曽根もそれらを願うために、この上書を認めたとも考えられる。正確なところは、不明である。[41]

ところで、前節までのアヘン戦争情報との関連でこの上書の意味を考えるとき、重要なのは、上書中にたびたび見られる「兎角日本の情として、古を尚とひ、今を軽し移事を重し候」とか、「多く先例古法なと之申事に心を労し候故、可活命も捨申候、是日本人の通情に御座候」という表現である。これは、アヘン戦争情報に接しても、予断をもって西洋砲術を蔑視し、その積極的導入を拒絶し、なおかつ、我彼の比較を通じて、世界情勢のなかで日本の置かれている現状を認識し得ない幕府内部の保守的勢力を暗に批判していると考えられる。

つまり、かつて水野が川路にたいして嘆きの書状を送った状況、すなわち現状を認識しない幕府内部の保守的勢力が強大であったことは、どのようなアヘン戦争情報がもたらされようと変わらなかったことを意味している。とくに、師である秋帆を陥れた町奉行鳥居耀蔵や唐船風説書の漢文原文にも接しえた林家、旧来の砲術に固執する幕府鉄砲方井上左大夫・田付四郎兵衛にたいする反感を下曽根の上書の中に見て取ることができよう。

おわりに　―アヘン戦争情報と幕府の対応、そしてその後の展望―

一八四〇年二月、イギリス国会は清への派兵を決議した。ここにイギリスは清と交戦状態にはいった。これ以前の両国軍隊の小ぜりあいもふくめてイギリス海軍派兵の経緯に関する情報、すなわち「アヘン戦争勃発か」の情報は、早くも天保一一年六月（一八四〇年七月）に長崎オランダ商館から長崎奉行に伝えられた。長崎奉行田口喜行は、この戦争が長崎貿易の障害となることをおそれ、七月在留唐人に事情聴取を行った。この時点での、田口ら長崎奉行所関係者の認識は、イギリスの軍事的脅威もさることながら、戦争による貿易収益減の方をより心配していたと考えられる。

しかしこれらの情報に最も危機感を感じ、矢も盾もたまらず上書を認めた男がいた。長崎町年寄で、長崎砲術指南役であった秋帆高島四郎大夫である（「危機感を感じ、矢も盾もたまらず」と書いたが、長崎貿易の隆盛を願う高島としては、西洋砲術を売り込むための方策だったとも考えられることは第一部第一章で述べた）。秋帆の上書（いわゆる「天保上書」）は、九月に、長崎での勤務があけて江戸に向かう田口に託され、老中水野忠邦にもたらされた。

水野は、天保八年のモリソン号事件をきっかけに江戸湾防備に心を砕き、同年末、伊豆韮山の代官江川英龍と、その当時は目付であった鳥居耀蔵に相模、安房、上総、伊豆四国の御備場検分を行わせ、両者に復命書を提出させていた。しかし、鳥居が引き起こした蛮社の獄（天保一〇年）によって、江川ら西洋事情に明るい開明的な吏僚らは、出端を挫かれ、勘定所における江戸湾防備計画の審議も店晒し状態であった。

ここに、水野は、秋帆の上書をきっかけにして、洋式砲術の採用と江戸湾防備の実施を強力に推進することを考えたのである。つまり、頑迷な連中への一大デモンストレイション―結果的には徳丸が原演練―を行うべくその環境整備に配慮する。そうした環境整備を行う水野にとって、儒学者林家出身の鳥居らが範と仰ぐ清国に関する情報、つまり西洋諸国との戦争による清国の敗北という、いわゆる「危機的な情報」は、水野にとってももちろん国家的脅威ではあるが、政治的には好都合な情報であったはずである。すなわち、水野が、田口や戸川ら長崎奉行に期待していた情報は、清国が敗北するであろうアヘン戦争情報の続報で、それは水野にのみまっ先に「御耳打」されるべきものであった。

それこそが、鷹見家資料に存在する勘定奉行明楽飛騨守・江戸在勤長崎奉行田口加賀守宛の、長崎在勤長崎奉行戸川播磨守の書状であったのである。ただし秋帆の出府は、戸川書状の到着以前にすでに決まっていたし、長崎町役人の通例の出府ではあったので、秋帆の大砲携行の出府許可に対する直接の要因ではないが、水野をして「やはり」と、自らの方向の正当性を強化することになったものと考えられる。

こうして、アヘン戦争情報という海外機密情報は、政治の道具、駆引きの材料となっていた。そうなれば、海外機密情報を持つものこそ、政治権力を持つという図式ができる。

本来、幕府政治の基調は、月番制と合議制であるとされている。月番制のもとでは、その月の用番老中にすべての情報・文書が集中すると考えられる。こうした状況下で良質の海外機密情報をいかに入手するか。水野のように、情報の経路上にある実務吏僚を把握して、直接に、そしていち早く情報を「御耳打」させるか、土井利位のように、情報の経路上にある実務吏僚に特別のコネクションを持つ鷹見泉石のような家臣を内用役として側に置くかである。

そうして苦心して収集・集積した情報も、情報そのものが、情報作成者の予断、誤伝を多く含み、また多くの経由者を経てきた場合、情報はさまざまに変質・変化しており、有効な情報分析を行うことは困難な場合もある（「真之物和解」）。ましてやオランダからの情報を一切信用しない保守派勢力の場合、保守派からみていわゆる「新奇な」情報に信を置き、様々な新規事業（財政措置を必要とする事業）を興そうという革新的な吏僚にたいして、保守派は本能的に危機感さえ覚えるものである（下曽根「浦賀上書」）。

こうしたなかで、「天保上書」の提出以来、徳丸が原演練、西洋砲術の採用などにより、保守派が考える通常の政治状況をそれこそ一変させてしまった高島秋帆その人の逮捕が鳥居耀蔵によって計画され、実行された。保守派の巻き返しである。秋帆の弟子たちは動揺したが、鳥居の権力の前に為す術もなかった。

しかし、上知令をめぐる混乱で、水野の天保改革は頓座し、鳥居も失脚した。しばらくは、土井利位、水野忠邦、阿部正弘と一年半の間に老中首座が三人も替わるという状況で、政治的には停滞が続いていたが、最終的に幕政を主導したのは、老中阿部正弘であった。しかし、彼もまた、勘定所吏僚を中心とした保守的勢力にはばまれ、海防強化による「鎖国」政策の堅持、すなわち打払令の復活を実現することは難しく、またペリーが上陸軍を擁した蒸気船艦隊を率いて浦賀に来航するという予告情報を入手しても、それを表立って政策に反映することはできなかったのである。

それでも、阿部は、前任者水野忠邦の政治手法すなわち特定の実務吏僚を掌握し、情報を提供させるといったいわば党派的政治の失敗に鑑みて、強固な幕府吏僚制のなかにあっても、国防と外交を専管する部局を正式に発足させていた。すなわち、海防掛の設置である。本来、幕府の諸役人を監視する目付と勘定奉行や勘定吟味役といった財務吏僚らのメンバーに、国防と外交に関する情報を集中させ、彼らによって対外政策を集中的に審議させる担当部局を構想したのであろう。ところが海防掛はあくまでも加役であったので、阿部にとって充分に機能し得たとはいい難かったので、阿部は、「有志大名」との連繋を深め、それによって吏僚層への揺さぶりをかけたのである。つまり、阿部は、「ペリーの来航」まで、できるかぎりの手立てを講じていたのであった。

しかし、ついにペリーが、西洋軍事技術の粋を集めた黒船艦隊を率いて浦賀に来航し、その威容を江戸湾の内海にまで姿を示したことで、情報を全く信用せず、「その時はその時で征夷大将軍の御威光で異人も退散するサ」などとうそぶいていた吏僚層も「泰平の眠り」からやっと目を「覚ま」させられ、国防関係の新規事業―品川台場の建設、オランダへの軍艦発注、長崎海軍伝習事業など―へのある程度の財政支出を認めるのやむなきに至ったのである。幕府の海外情報にたいする収集、分析、活用も新段階を迎えることとなるのであるが、そのことは、第一部第四章や同部補論で述べたことのくり返しとなるのでやめておく。ただ鷹見泉石の場合に限っていえば、泉石も、「ペリー来航」後、「愚意摘要」(42)なる上書を作成した。この上書に関しては山口美男『古河市史読本』(43)がある。内容に関しては、同書を見ていただきたいが、私が考えるに、蛮社の獄の探索書に渡辺崋山とともにリストアップされながら、難をまぬかれた、慎重な泉石をして、幕府にたいして上書を書かせるほど「ペリー来航」は、多くの識者に政治意識の高揚をもたらしたものと考えられるのである。武士層級のペリーの黒船に対する危機感は、アヘン戦争情報によってさらに増幅されたといえよう。

註

(1)岩下哲典「尾張藩主徳川慶勝自筆写本『阿蘭陀機密風説書』の研究」『金鯱叢書』第一四輯、一九八七年。本書第二部第一章第一節。
(2)岩下哲典「開国前夜の政局とペリー来航予告情報」『日蘭学会会誌』第三〇号、一九九一年。本書第一部第二章第二節。
(3)岩下哲典「開国前夜・情報・九州—福岡藩主黒田長溥の情報収集・分析とその活用」『異国と九州—歴史における国際交流と地域形成—』地方史研究協議会編集、雄山閣出版、一九九二年。本書第二部第二章第二節。
(4)片桐一男「鷹見泉石の洋学」古河歴史博物館紀要『泉石』第一号、一九九〇年、針谷武志「鷹見泉石と海防問題—天保期を中心に—」『同右』第一号、片桐一男「鷹見泉石と海外情報—文化・文政年間—」『同右』第二号、一九九二年など。
(5)佐藤昌介『洋学史研究序説』岩波書店、一九六四年、三〇五頁。
(6)藤田覚『天保の改革』吉川弘文館、一九八九年、一九〇頁
(7)古河歴史博物館編『鷹見家歴史資料目録』古河市教育委員会、一九九三年。
(8)本書第一部第一章および真栄平房昭「近世日本における海外情報と琉球の位置」『思想』第七九六号、一九九〇年参照。
(9)森睦彦「阿片戦争情報としての唐風説書—書誌的考察を主として—」『法政史学』第二〇号、一九六七年、一二九〜一三二頁。
(10)加藤祐三「黒船前後の世界(七)—〈経験と風説〉モリソン号事件とアヘン戦争情報—」『思想』第七一九号、一九八四年、四九頁。同論文は、のち『黒船前後の世界』岩波書店、一九八五年に収録。同書では二六六〜二六七頁。
(11)大日本近世史料『柳営補任』五、東京大学出版会、一九六五年、一一七頁。
(12)同右。一一二頁。

(13)『柳営補任』二、四八頁。
(14)片桐一男「和蘭風説書集成解題」日蘭学会・法政蘭学研究会編『和蘭風説書集成』上巻、吉川弘文館、一九七七年参照。
(15)永用俊彦氏の御教示による。なお、本稿を作成するにあたっては、同氏より多くの御教示を得た。
(16)前掲森「阿片戦争情報としての唐風説書」一二八頁。
(17)前掲加藤「黒船前後の世界(七)」五三頁。『黒船前後の世界』では二七三頁。
(18)森岡美子「弘化年間における日蘭国書往復について」『日本歴史』一二〇号、一九七三年、永積洋子「通商の国から通信の国へ」『日本歴史』四五八号、一九八六年、岩下哲典「再検討、オランダ軍艦の長崎入津と国王親書受理一件」片桐一男編『日蘭交流史その人・物・情報』思文閣出版、二〇〇二年、松方冬子『オランダ風説書と近世日本』東京大学出版会、二〇〇七年参照。
(19)ペリー来航予告情報の研究に関しては、本書第一部第二章の各節および岩下哲典「ペリー来航予告情報と長崎」『歴史手帖』第二〇巻四号、名著出版、一九九二年の参考文献一覧、また同『予告されていたペリー来航と幕末情報戦争』洋泉社、二〇〇六年を参照されたい。
(20)岩下哲典「ペリー来航予告情報の伝達と幕府の対応」『史友』第二一号、一九八九年、本書第一部第二章第一節。
(21)前掲佐藤『洋学史研究序説』三〇四頁。
(22)前掲片桐「和蘭風説書解題」三六頁。
(23)小野正雄「大名のアヘン戦争認識」『岩波講座日本通史』第一五巻近世5、岩波書店、一九九五年では分析の対象史料としてペリー来航後の大名の対外政策建議書を用いている。
(24)深井雅海『江戸城御庭番—将軍の耳と目—』中央公論社、一九九二年参照。以下の御庭番に関する記述も同書を参照。
(25)深井雅海『徳川将軍政治権力の研究』吉川弘文館、一九九一年、三七二〜三九九頁。以下の遠国御用に関する記述も同書。
(26)片桐一男「鷹見泉石の蘭学攻究」『大倉山論集』第一一輯、大倉精神文化研究所、一九七四年。
(27)前掲片桐「鷹見泉石と海外情報」。
(28)片桐一男「鷹見泉石年譜」古河歴史博物館紀要『泉石』第一号、一九九〇年、参照。
(29)「鷹見泉石日記」天保一一年、古河歴史博物館保管。以下の記述も同じ。但、二〇〇一年から二〇〇四年にかけて、吉川弘文館より『鷹見泉名日記』一〜八が刊行された。
(30)川路寛堂編述『川路聖謨之生涯』世界文庫版、一九七〇年、六〇頁。
(31)註(6)に同じ。

(32)「鷹見泉石日記」天保一二年、古河歴史博物館保管。

(33)三谷博「天保～嘉永期の対外問題」『日本歴史大系』3、近世、山川出版社、一九八八年、一一三五頁の註(10)参照。

(34)松平太郎『江戸時代制度の研究』新人物往来社、一九九三年、七二二頁。

(35)岩下哲典「改革指導者の思想的背景―徳川慶勝の書斎、直筆『目録』の分析―」『季刊日本思想史』第四三号、ぺりかん社、一九九四年、八九頁では、松平春嶽の書状を引いて、建白書が月番老中に提出されることを明らかにした。本書第二部第一章第三節二五四頁参照。

(36)前掲『鷹見家歴史資料目録』二三二頁。

(37)前掲藤田『天保の改革』、一九一～一九六頁。

(38)梶輝行「天保十二年高島秋帆の出府と徳丸原演練」小西雅徳編『高島秋帆　西洋砲術家の生涯と徳丸原』板橋区郷土資料館、一九九四年参照。

(39)下曽根に関しては、梶輝行「下曽根信敦と高島流砲術」洋学史学会研究年報『洋学』1、八坂書房、一九九三年を参照。

(40)江戸時代におけるナポレオンの受容史的研究は、岩下哲典「開国前後における西洋英雄伝とその受容―西洋社会研究者小関三英のナポレオン伝を中心に―」『洋学史研究』第一〇号、一九九三年、および同『江戸のナポレオン伝説』中央公論社、一九九九年を参照。なおまた本書第一部第四章註(23)参照。

(41)前掲三谷「天保～嘉永期の対外問題」、一一三七頁。

(42)古河歴史博物館保管。

(43)山口美男『古河市史読本』(私家版)一九八九年。

結び 「ペリー来航」と「情報活動」

それぞれの章、節では詳細にその結論を述べているので、ここではそれらを踏まえて、序論で取り上げた吉田松陰の書簡と関連させながら、本書の結論として日本史の大枠の中でどんなことが言えるのかを述べてみたい。

これまでの日本史の研究やそれを踏まえた歴史叙述では、幕末日本の政治と社会に大きな影響を与えた事件としてアヘン戦争情報の漠然とした伝達とペリー来航事件そのものが特筆されてきたといえる。しかし、本書において、アヘン戦争情報の長崎から江戸幕閣への伝達のされ方と幕府や知識人たちの受容の過程を詳細に検討してみると、はたしてそのような扱いでよいのか疑問な点が大いに浮かび上がってきた。すなわち伝達の初期においては老中水野忠邦の情報管理によって戦争情報の漏洩と拡散がそれほど見られず、また、佐久間象山ら一部の知識人たちは、危機感をともなった意見書を提出したが、あくまでもごく限られた人々であり、彼らの危機認識が幕政の基調となったかどうかは、さらに検討を要する事項であると思われる。むしろペリーの来航後に多くの識者たちや大名らに現実感をもってアヘン戦争が想起され、語られた事実を重視すべきであると指摘した。

さらにペリー来航の直前が日本史の上で重要で、幕府は、一年前の嘉永五年に、来年春、アメリカ合衆国の蒸気軍艦がペリーに率いられて江戸湾にやってくること、上陸して城（江戸城が想起される）を攻める軍隊を連れていることなどを把握していたことを確認した。この情報は、長崎オランダ商館長ドンケル・クルチウスによって長崎奉行を経由して老中阿部正弘へもたらされ、阿部は海防掛に情報の扱いや対応策を諮問し、評議を命じた。ところが海防掛の情報分析は旧態依然としたものでせっかくの情報も活かすことができなかった。しかし、阿部は来航を確信していたので、情報の一部を口頭や文書で漏らしたり、伊達宗城ら有識の大名を江戸に留め置くなどの独自の対策を立てていた。また島津斉彬などは自藩の長崎聞役からの情報などをもとにして避難場所の確保を密かに行っていた。かくして嘉永五年（一八五三）の年末には従来こうした情報を入手し得なかった外様大名（薩摩島津斉彬、福岡黒田長溥、佐賀鍋島直正）に老中阿部正弘によって別段風説書の一部が、半ば公式に回達され、さらに徳川御三家にも阿部から回達された。そのうえ黒田は幕府吏僚への激烈な批判を含んだ対外政策の意見書提出まで行った。その意見書は少なくとも島津斉彬、伊達宗城、徳川斉昭、徳川慶勝らの支援を受けたものであるが、それだけに外様や御三家の幕政容喙を嫌った幕府有司によって無視されたのである。

また入手経路の正確な解明は不明ではあるが、吉田松陰のような外様大名（長州毛利敬親）の家臣につながる人間も半年前には知っていたことが明らかとなった。松陰の場合はおそらく師の佐久間象山から聞かされたものと考えられ、象山は、当時浦賀奉行所与力だった小笠原甫三郎から、同奉行所内でうわさとなっていた予告情報を聞いた可能性が高いと考えられる。浦賀奉行に情報を伝達したのは、やはり老中阿部正弘であった。

以上のような事実からすると、これまでの歴史叙述でいうようにアヘン戦争の情報が幕府（水野忠邦の天保改革）に及ぼした影響が大きかっただとか、ペリーの来航が日本社会にもたらしたインパクトが強烈だったと単純に指摘するよりも、これらの新しい事実をこれまで知られている歴史に照らしてどのように考えるかが、重要になってくる。

もっと細かいことをいえば、アヘン戦争情報は、これまで言われてきたように、その伝えられた最初から漢文によって中国の悲劇を目の前に現実化したものでは決してなく、和文によって老中に伝えられていた。また長崎の経済的衰退を心配する声が強く、国土喪失の危機感をもっていたとは考えにくい状況であった。つまりアヘン戦争情報でさえも、あくまでも現実の政治状況、経済状況のなかで自らの地位や欲望を満たすためにごく限られた権力者にとって利用されるべきものだったのである。おそらくそういう点で価値のあるのがこの種の海外情報なのであった。たしかに情報を知って危機感をもった象山のような人間もごく一部にいたであろうが、それはまったく一般的ではなく、幕政の基調たりえなかったのである。結局、アヘン戦争情報が現実味を帯びるのが、ペリー来航という事件を迎えてからであることがそれを如実に証明していよう。

そして現実の状況のもとで価値があったのか、なかったのか、それによって情報が重要であったのか、なかったのかが決定されるということは、ペリー来航の直前においても同様であった。すなわち、ペリー来航直前にオランダから事前予告の情報を得ていたとしても政策に反映することがほとんどなかったわけではなく、阿部としては、なんとしても来航前に有効な対策を立てておきたかったのだが、予算措置を伴うような大規模な海防政策は、勘定所の財政吏僚の反対の前にできなかった。財政吏僚は阿部ほど異国船にたいする危機感がなく、情報が現実のものとなりえていなかった。また、オランダ人を漁夫の利を得ようとするものととらえ、オランダ人のもたらした情報に全く価値と信用を置いていなかった。ここでも現実の状況における情報の価値と重要性の論理は肯定され得る。つまり、「ペリー来航予告情報」は、大多数の為政者やその補佐を行う者たちにとってそれほど政治的にも経済的にも利用価値のある情報とは思われなかったのである。しかし、その情報の中身そのものはもし外部に漏れたら、とくに庶民にたいして漏れたとしたら彼らに大変な動揺不安をもたらし、それによって幕府政治に支障をきたす、あるいはゆゆしき事態が生じるものと考えられた。したがって為政者はひた隠しに隠そうとする。ところが隠せば隠すほど、その隠すという行動そのものによって何かあるということを他にたいして雄弁に語ってしまうものなのである。長崎における聞役や長崎に派遣した蘭学者という別ルートから情報を得ていた島津斉彬や伊達宗城は、別段風説書の内容を阿部老中に確認しようと行動していたようにも思われる。幕府に「つて」のある人間は、その情報をなんとか入手しようと努めたのである。しかし、情報を入手し得ても彼らの焦燥感は現実の幕政に生かされることはなかった。もちろん黒田のような人物は一人シミュレーションを頭の中で繰り返し、「犬死」は避けるべきだと必死になって主張するが、「異人などは将軍のご威光でいかようにもなる」と虚構の「征夷大将軍」を信じていた大多数の幕府吏僚の前にその意見書も圧殺されたのであった。

なお悪いことに「北亜墨利加国蒸気船仕懸之軍船」は予告された三月や四月には姿を見せなかった。現実に現われなければ情報としての重要さ、つまり情報の価値が、日に日に薄れていく。為政者が、「北亜墨利加国蒸気船仕懸之軍船」のことをほとんど忘れかけた六月三日、浦賀沖に四艘の軍船がその威容を誇示したのである。為政者たちは「なぜ今頃」とあわてふためく。それが実態だったと思われる。

しかし、「浦賀に異国船渡来!」の情報を佐久間象山から入手した松陰は「もしや、昨年からの風聞の……」と浦賀へ急ぐ。天候に悩まされながら到着してみると、はたしてうわさの「北アメリカ国」の蒸気軍船四艘だった。オランダからの書簡も開封せずに返却せよと厳命していたはずの幕府が自らその禁を破り「北アメリカ国」の書簡を受領し、受領の儀式においても異国に対して我が国の武威を示すことさえできない幕府の対応を見るにつけ、後手後手に回る幕府の対応を聞くにつけ、事前に知っていながら何たるお粗末な対応、と松陰らの目には映った。松陰や象山の悲憤慷慨は頂点に達していた。もはや幕府には任せておけぬ。まず眼前の敵を知らねば戦うことはできぬ。かくして、彼らは情報収集のために、自らの目で世界を見ようとする。それが、密航でもいっこうにかまわない。そんなことにかかわっている時ではない。それが共通の思いであった。松陰のように密航して情報をとろうとした人間もいた。その一方で、おそらく大多数は「ペリー来航」やさらに「プチャーチン来航」を契機に海外情報を求めて、諸書を捜しもとめたり他人にたずね聞いたりして情報をとった。そしてそれらを必死に書き綴ったのである。「魯西亜船一件」などの筆者太田元茂などのように。

いずれにしても現実にペリーやプチャーチンが複数の軍艦からなる艦隊を率いてわが国に来航し、その異様を日本人に示して初めて、実に多くの日本人が海外情報を真剣に収集し、分析し、活用しはじめるようになったのである。

要するに幕末日本の「情報活動」の起点といえば、やはり「ペリーの来航」ということにはなる。

しかし、それ以前に、つまり「ペリー来航」直前に黒田長溥のように洞察力と想像力を働かせて、実際の来航以前に状況をシミュレーションし頭に思い描き、現実にどのような対策を立てるべきかを考察した人間も存在した。黒田は、来る前の、姿が見えない手段での情報をもとに、さらに情報を収集し分析し活用してその結果を意見書として提出したのである。もちろん黒田のこの「情報活動」を可能にしたのは黒田の特別な位置、環境があったことは繰り返すまでもない。黒田は、海外情報にアプローチしやすい環境（封地が長崎に近く、長崎警備を担当し、蘭癖であった）にあり、分析するに十分な蓄積とブレーン（蘭学者）を擁し、意見書を提出することに理解を示す大名仲間や老中が黒田を支援していた。

そして、「ペリーの来航」後、幕府はこれまで隠しに隠していた海外情報をもはや秘匿することができなくなった。だれもが望めば海外情報にアプローチできる可能性が拡がった。目の前に巨大な軍艦が現われ、自在に走り回る。異国の蒸気船は、わが国とは異質の社会や文化や制度をもった国々があることを多くの人々に認識させたのである。それを示すのが、再びとなるが、太田の「魯西亜船渡来一件」でもある。分析するためのブレーンになり得る蘭学者などもすでにその存在を知られている（例えば、相撲の番付に見立てた蘭学者の番付も作成されていた）。彼らから情報を入手することもできる。あとは情報の活用の結果、すなわち意見書が為政者に採用されるかどうかという問題が焦点となってくる。それには、人脈が重要である。

幕末から明治国家の成立過程、すなわち近代日本の成立期において実に多くの意見書が、時の権力者に提出されていくのは、それまで、一部の人間にしか許されていなかった「情報活動」を多くの人間が行うようになり（できるようになり）、その結果として、政治への要望要求の結晶である意見書が多く提出され、自らの政策が実現への有効性をもちはじめたためである。まさに「近代」という時代の幕開けである。為政者もそのことを認識せざるを得なくなった。しかし、意見書の採否はあくまでも為政者が握っていたから、採用されない場合は大いに不満が残ることになる。そうした不満は一度言路が開かれ、たとえわずかでも政策に参与する権限、あるいは喜び、といったものを得た人間には堪えられない。その次にくるのは自分の意見書をもっともっと採用させること、どのように意見書の内容を政治的に実現させるかである。「ペリー来航」以後の幕末の政治史はある意味で政策意見書をめぐる政治過程であるととらえられる。庶民も誰が、どの藩がどんなことを考えて、それを実行しようとしているのか見極めなければやっていけない時代が到来したのである。このような社会を幕末情報社会あるいは、幕末の「公論的世界」ということができる。そしてその行き着く先は自分たちの正当な意見(公論)を採用しない為政者、すなわち幕府は倒すべきもの、倒されるべきものとの論理である。大風呂敷を広げれば、倒幕への歴史というのは、また、明治の諸政変の過程は「情報活動」といったアプローチからもなされる必要があるのではないのかということである。そうして、かかる事件や場面場面で政治的に正当性をもつ、あるいは主張してやまなかったのは情報の収集と分析と活用、つまり「情報活動」をまともに行っている意見書だろうと考えられる。黒田があれだけ激烈に主張してやまなかったのは、彼自身が「ペリー来航」以前において相当に「情報活動」を活発に行っていたからであり、そこに近代日本の出発点があった。かくして、近代日本の成立に情報の収集と分析と活用という「情報活動」は実に大きな意味をもっていたのではないか、以上のおおざっぱな見通しを述べて、ひとまず筆をおくこととしたい。

史料編

凡例

一、本史料編には、本書の論述上もちいた未刊史料のうちの一部を全文翻刻し、収録した。なお全文翻刻した史料のうち一部は、かつて翻刻したことがあるが、今回、現物あるいは写真版によって対校し、正確を期した。

一、史料の配列は、おおむね年代順とした。

一、史料の翻刻にあたっては、なるべく史料に忠実に復元することを心懸けたが、異体字、難字などは一部通用の字体に改めたものもある。

一、「阿蘭陀機密風説書」に関しては、各段落ごとに頭に朱の丸印（恐らく竹筆の柄の先端に朱肉をつけて押したもの）が捺印されている。本史料編では、「○」として、かたわらに「(朱)」とした。さらに便宜上「○」のなかに通し番号を施した。この番号は、第一部第二章第一節の表一の通し番号と一致する。

一、収録を許可された各所蔵機関にお礼申し上げる。なお古河歴史博物館保管の史料に関しては同館の永用俊彦氏の御教示にあずかった。記して御礼申し上げたい。

【史料一】鷹見家資料・古河歴史博物館保管

天保十一年十二月七日付「明楽飛騨守・田口加賀守宛戸川播磨守書状写」（戸川安清の書状）

（端裏）「十二月七日出
正月二日着
書状写」

以別紙申入之候

唐国江エケレス国ゟ阿片ニ而制し候たはこを
持渡交易いたし候処、右阿片持渡之儀者
人命をも害し候儀ニ付、近年制禁相成
エケレス船持渡方停止之儀、稠敷申渡候
処、種々苦情願出候得共、許容無之候処、
右エケレス人を始、広東之居住之外国人共
追々本国江引払候由、其後当六月寧波
府之内、定海県与申所江四拾余艘之
エケレス船渡来、同八日、鉄砲を打合双方
死傷有之、別而、定海県知県並同所
惣兵官討死いたし、終ニ定海之一県
エケレス人江被奪取候由、然ル処、六月廿四日

エケレス船壱艘乍蒲表江渡来、双方より
鉄砲を以、打合、死傷等有之候得共、引汐ニ
乗し行方不知相成候処、九月廿日頃エケレス
国第三之王女精兵七八拾人を卒し、端船ニ
乗組、寧波府之内、除姫〔姚〕県之海岸近く
漕寄大筒数挺打掛候処、其所浅沼故
大筒之餘勢ニ而、終ニ、エケレス船裂ケ自然与
乗沈め候故、地方之士民共駈集り右女王並
兵卒弐拾人計り生捕、其余ハ、エケレス人共
小船を以、救ひ迯去候由、右生捕之者ハ寧波
にて禁獄いたし置候処、エケレス人共書簡
を以申越候ハ、王女を差戻候ハヽ、責取候県裡
之周山速ニ差戻し元之通、広東江罷越
制禁相守神妙ニ商売相願可申段
申来候得共、未タ沙汰ニ不及、当時寧波江之
上使ニ者満州之武官伊布里与申者差越
定海之海辺寧波鎮之出口招宝山与
申所江官軍弐万千余人ニ而防御いたし候故
エケレス人共打入候儀、不相叶、昼者周山ニ

屯し、夜者船中ニ引取、日々同様之由候旨
此節渡来之唐人共申聞候趣、通事共申聞候
右者、当年入津之阿蘭陀船ゟ風説之趣
かひたん封書を以、内密申立候次第も有之
候ニ付、唐方商売船之差障等も難計ニ付
唐方在留船主江当七月中、加賀守殿
御在勤中御尋之上、差出候真ノ物和解去
九月四日、水越前守殿江飛騨守殿ゟ御上ケ
被置候儀ニ付、猶右始末之儀者、船々入津
相揃候上得与為相尋、真ノ物等為差出
候上、差上可申与存候得共、先ツ此段右様
心得迄ニ申進候間、越前守殿江、一ト通り
御耳打ニ而も被成置候方可然思召候ハ、
宜被仰上置可被下候、以上

十二月七日　　戸川播磨守印

明楽飛騨守様
田口加賀守様

【史料二】酒川玲子氏所蔵・横浜開港資料館小笠原家文書

天保十二年十一月「上書写」（小笠原貢蔵の上書）

（表紙）

> 天保十二丑年十一月上ル
> 上書写
> 鳥居ぬしを以て上ル

唐土広東の異変耿かになり愚意左ニ申上候

兵は天下に廃すべからずして天下の費、兵より甚しきなし、火災これに次、今時火災を防くの術に至りて唐土ハしらす、我国において府内の如く、練熟せしハなし、故に路傍の小児も学て、戯遊となすか如く、その任に当れる司数十人、数千人の歩卒、数万の民、日夜火災を待て、北方に一火発れハ、衆皆北方に走る、また西方に火起れハ、西方に走る、風烈敷暫時東南に火ひろこる（ママ）に及て、士卒民ともに奔走に疲労し防くに術なく、手を撫して在あり、家路に帰るあり、食を求るあり、前年佐久間町以下の大火の如く風やみ大路を隔てし処に鎮火せしハ、多く士卒民とも死力を尽し消防せし名（処カ）も聞へす、是弊は、四方に奔走して疲労せしと狼狽と飲食送らさると、消防の地定らさると任司の指揮、揺きとにあり、今にも忽然と蛮賊来り乱妨するに至て火災を待の備なり、大銃に即死せるを見仕、稀に火中に投死を見て火掛りするものと同しく論しかたく、今時応仁以後元和に至るまでの気概の人も稀なれハ、砲声に恐怖して走るもあらんなれと我国ハ大海の※心にあり、天の塹してこれを四周し、猶遠斥浅沙の険あり、故に外寇も敢て窺す、然れとも、其険を峙て、不慮の備なくれハ、険なきとおなし、近年唐土の広東港に英吉利斯人来て乱妨し、定海県の知県その外の官軍敗走して定海一県蛮賊に奪れ、徐姚県（マヽ）とか中海辺にて、僥倖に賊将の女を擒にし、また、賊の姦計にかゝり、女を返し、賊また来て諸県を侵す、唐土の君臣相議して数万の軍兵を卒へ賊を征伐せんとして、又敗走せしなとの説も聞へぬ、されハ、文化の度、松前東蝦夷に諸侯の兵を不慮に備ありしかど魯西亜船た丶一艘の乱妨に敗走し、長崎も同し、皆南北の辺土にして、我国中の騒動甚し、況や蛮賊度々来て、海底の浅深地理もしりぬれハ、必浦賀辺に来て、侵すましとも云かたく若乱妨あらは、在府の諸侯御旗本に命令ありて、浦賀その外の要地に数千の軍兵武具馬具兵粮玉薬等の運送手当もなく、当時の人気、我先駈て、府内を出陣するを専一とし、要地に至り粮米なく、戎器なくれハ賊を防かたく、その家々より運送する米穀塩噌大小砲弓矢玉薬何れより運送する道も不弁事もあらんかと、今将蛮賊を見すして府内咽喉の要地相総に諸侯の兵を備へすとも平常命令を下し、異船渡来乱妨の注進あらハ何侯にてハ相州何れの地何々侯ハ総州何れの地、何侯ハ精兵何百人、武器持人、小荷駄とも合て何百人、兵粮塩噌其外陣中入用の品、何れより何れへ運送と定置、その任侯帰国せハ又他諸侯へ命し非常出陣海陸入費着陣三日の間、其筋の官人をして為賄、その費は公の御金蔵よりし、その餘ハ各江戸并土着の商工と相対さすべし、出陣ノ海陸とも定めおかれ、陣中へ持越す武器幕等の員数将卒の姓名に至るまて書載させ、官に是を取置れ、異船渡来の注進、賊の仕向に応し臨機応変兵の増減ハいかやうにもなるべし、またその任の侯の藩士をして、持場の要地海陸出陣の行路（兵粮運送の地まで―貢蔵による挿入記号のあるにより、この文章を挿入した―岩下註）巡視さすへし、異船相州に乱妨する事三十余日に及ハ丶、府内の米穀ハ勿論諸物価一時に高直なるのみならす、諸国の士卒倍して出府せハ米穀実に乏しくなるへし、その期になりて粮米の運送何れの所よりと御賢慮あらせられ、扨御目付御使番も相当之方を任撰ありて命し給ひ、御徒目付以下のものも御目付より撰て置る丶命令あらハ各その心構ありて、非常に狼狽と費少く、今事なきに諸侯以下に不慮の命ある事を請願ふものハ目前火災に平常練熟しても狼狽し消防も思ふ儘にならす、況や不用意の賊船大銃を放発し相総の海辺を乱妨するに至て、豈東西南北一時に火災の起るを日を同ふして論すへからす、故に事なきに安からしめの備あれハ無用の士民を労せす国家の財粮を費す事少し、もし心構もなきに異変あらは、府内の上下騒乱すのみならす、その大費挙て数ふへからす、其上異賊に対し万国に勝れし勇敢英名の御国体を万に一も失ふ事のあらむかと深く愚考の餘り申上奉り候

丑十一月　　小笠原貢蔵

※頭注に「見合ものなり」とあり。

【史料三】鷹見家資料・古河歴史博物館保管

天保十三年十月「浦賀上書写」（下曽根金三郎の上書）

（表紙）

浦賀上書写　（朱筆）下曽根氏

浦賀表を人にたとへ候得ハ、浦賀ハ咽喉ニ而、江戸は体に御座候、人咽に病ある時は、腹中饑渇仕候得共、食する事叶ひ不申、ついには体疲、命危く相成申候、夫と同じ事にて、浦賀表江異国船の弐三艘も参り候ハヽ、江戸中之米穀薪塩等に差支、御府内幾万人の難儀と相成候ハ、目前の儀に御座候而、大名衆江防方被仰付候共、江戸表騒乱仕候ハヽ、兵粮に差支、自から手当も行届申間敷、左候而ハ甚御府内危く御座候、国を安シ候事ハ平生無事之備に有之可申か、たとへ江戸表数万の米穀に富候共、俄の事に者手支勝なる者に御座候間、甚度々に費如何計相掛可申、左候而ハ未戦内に疲可申候、平生御備御厳重ニ相立居申候ハヽ、異国船来犯仕候共、御府内中の騒動ニハ相成申間敷候、能々思召被遊、浦賀御台場者如何にも御厳重相成有之候すは、相成申間敷、且、与力同心も御増人有之候様可被遊候、近頃高島四郎太夫ゟ西洋砲術学得候て徒分（ママ）の異国の砲術を探索仕候処、実に古来の製度とは事替り、甚弁利に御座候、彼国砲術書の中ニ海防之儀を論候、其文に海岸ニ而敵船を打ち

破候ニ者、二十四ポンド〔我六貫目ニ当ル〕以下の筒ニ而者用たゝさる者也、若敵軍上陸致し候ハヽ、第一船江の通路を断候様心を用ひ戦事肝要なり、次ニハ食物を近道にあらしめざる様致し候ハヽ、敵軍ついには饑渇に廻り敗走すへしと申事御座候、是らハ同元の儀ニ候得共不心付妙倫に御座候、且人の病も其きさし有之候ハヽ、速に医療を用ひ申されハ、甚手たもき病と相成飲食も不通と相成候ハヽ、弥命も危く相成可申候間、前以腹薬を相用ひ、咽喉に手当不仕とてハ、不叶儀に御座候、人ハ口ゟ食し腹を肥し而後支体に及ひ申候、腹饑疲候へ者自から支体も疲れ身体自由に働き不申、浦賀を咽喉、江（戸―岩下註）を腹と仕候へハ、其外之国者手足にて皆江戸の御法を以随順仕候間、如何にも御厳重に無之候てハ、相成申間敷、又外冦を防候良医者、則、砲術に御座候、其砲術も往古異国より伝候火縄打鉄砲ゟ追々日本ニ而組立候大筒ハ広大の目方相付候故、運送不便ニて御座候間、急との間には合不申、其上大平に至り、漸くひらけ候業故、謂曰畠水練にて実地に遠、遊戦に遠く、たとへ数千の火矢砲礫玉等を打掛候共、角木を以組立、鋼鉄にて張詰候船江一度に中り候共、石瓦を投候同様ニ而、無益の玉薬をついやすのみならす、かへつて敵ゟ突侮れ可申候間、恐れ多事ニ者候へ共、彼国数年戦争之中にて発明仕候砲術を御用ひ有度事に御座候、乍去兎角日本の情として、古を尚とひ、今を軽し移事を重し候、たとへハ父母病有時、必驚き医療相加候処、多くハ、医の善悪ハ不論、先代ゟ出入とか申、或ハ、祈祷ましないなとに侭せ申候間、其病益重り候ても未覚、ほとんど危く死なん〳〵として、漸く心付俄にあわてて良医良薬を求候ても最早間合不申候、誰も〳〵親を殺度者無御座候得共、多く先例古法なと之申事に心を労し候故、可活命も捨申候、是日本人の通情に御座候て、可嘆儀ニ御座候、能々御賢慮被為在度候事御座候、以上

下曽根

十月

天保十三年水越州江上書、浦賀の条別紙

【史料四】 徳川林政史研究所所蔵

嘉永五年十二月頃「阿蘭陀機密風説書」（徳川慶勝直筆写本）

（内表紙）

○ 阿蘭陀機密風説書

別段風説書

（朱印）①嘉永三（補註1）年戌四月廿四日当国王次男クヒルレム、フレテリキ・マウリッツ・アレキサシ（ママ）トルヘンテリツキカーレル〔人名〕死去仕候、右次男纔六歳にてノ死去ヲ国王一族殊ノ外悲歎仕候義ニ御座候

（朱印）②右同月スウェーテン兼ノールウエーケレ国王ノ太子和蘭先国王の弟ノ娘と縁組仕候

（朱印）③去戌十月廿一日当国王ウイルレムテデルテノ弟都督職相勤居候、フクレンス〔爵名〕ヘンテリツキラル子ーテルランテン〔人名〕リエクセンヒユル〔和蘭屈（ママ）之名〕ノ支配ヲ取申候

（朱印）④欧罷（ママ）巴州中兎角ニ騒動有之候得共、阿蘭陀ニ限リ至静謐之安全ニ候御座候

（朱印）⑤エケレス国船乗掟ノ儀ニ付、以前ノ通、相改候義、昨年来ノ風説ニ有之有（ママ）之候

（朱印）⑥阿蘭陀国及其他欧羅包（ママ）ノ国船乗掟ノ儀、是亦スケレス国ノ振合ニ准シ、猶商売ニ参居候先にても其国々自国（ママ）同様ノ心得ノ趣ニ候

右之振合ニ相成以来商売方大ニ繁昌致諸荷物ノ直段一躰ニ引下ケ、国中折合宜、欧羅巴州中以前ニ競候得共、安寧ニ相成申候

（朱印）⑦阿蘭陀国にて海水ヲ製法シ飲水ニ致様ノ試仕、此儀夫等之学術ニ功者ノ人物立合にて良法ト相聞申候

（朱印）⑧当年四月十二日政事ヲ預、都督職イロキユスセン〔人名〕王命にて其職ヲアイトイマールファントウイ

スト〔人名〕ニ譲申候
⑨(朱印)既、去ル嘉永二酉年政事ヲ預候イイロキヱスセン〔人名〕都督職ヲ退勤致、本国ニ罷帰候儀御座候
⑩(朱印)右代リ新督都(マヽ)アイトイマールファントウイス(人名)以前和蘭陀(ママ)国人民守護ノ為、オーフルヱイスル〔地名〕
罷勤致居候
⑪(朱印)右役ヲ一両年相勤候後国王ヨリ其地在勤ノ頭役被任候
⑫(朱印)右新都督天当(マヽ)亥年二月初旬本国発足致、同四月十日咬𠺕吧着致候
⑬(朱印)右新都督者即チ、エールステラントフラークト(官名)ニ有之、同人咬𠺕吧被罷趣候節天陸役(ママ)ニテ所々巡見致、
右之節トイツ国ノ都府江モ立寄、道中日数五十四リ経テ爪哇地ニ着致候
⑭(朱印)和蘭所領東印度ノソイセフシンデンラート(官名)被任候イエファシ子ス(人名)者右新都督ト同道にて風哇(ママ)着致候
⑮(朱印)フイセフレシデント(官名)イエルレインスト(人名)退勤相勤相願候ニ付、其跡明有之候
⑯(朱印)右イエフハフアレ子ス(人名)ハ以前久鋪爪生(ママ)地役掛ノ者ニテ、和蘭所領東印度、リットイシデンラート(官名)、先
都督イイロツキエスセン(人名)当時(ハタヒヤ正南一部ホイテレフルグ)(地名)罷在候処、近々和蘭国江向発足ノ積御座候
⑰(朱印)ツイセアトミニール(官名)エヘファンデンボク(人名)其都督ノ旗下トシテ東印度海軍ノ指揮役ニ有之候処、当亥年
正月八日咬𠺕吧ニヲイテ死去致候
⑱(朱印)同人願ニ因テ其死骸ハ、ホイテレソルグ〔地名〕ニ有之候寺ノ墓所ニ葬リ候
⑲(朱印)昨午別段風説ニ申上候通、爪哇ノ万丹《ハンタム》申出張所ニテ騒動乍(本書之侭)起候得共、些細ノ儀ニ有之候
⑳(朱印)一揆ノ党首、土地ノ首長并其配下ノ者共捕ハレ、土地静鑑(ママ)ニ相成申候、元ニ復シ申候、将又右之者共ヲ
遠方ニ退ケ、容易ニ立帰難ク致候
㉑(朱印)彭加《ハンカ》島ニヲイテ、アミル(官名)〔不詳〕住民ヲ討入レ、徒党ヲ企テ、騒動ニ及候得共、政家権威ニヨリ候

テ、徒党ノ者離散致、去年十二月六日右アミル降参致、遠方ニ退ラレ候
ホル子オノ西渚サレバス住居致候唐人共、土地淀ニ背キ候、右発端ハ唐人共密買致度所存ニ有之候、然
共其地江軍勢差向、厳鋪戒、密買ヲ禁申候
㉒(朱印)右騒動ニ付、唐人共要害ヲ奪レ勇壮之者共討死夥鋪有之、大敗北致、海上ノ通路ヲ絶レ候ヨリ使者ヲ遣シ、
土地ノ総督ニ罪ヲ謝シ頻ニ赦免ヲ願候処、以後政家之命ニ伏シ、其令ヲ守ル事共取極差免、就テハ唐人
共居約定ヲ守リ度事、尤軍勢ハ兼テ備置キ、唐人共ノ所行ヲ心付候
㉓(朱印)印度海賊追討之為、阿蘭陀国海軍其所江趣キ候
㉔(朱印)去年之末海賊船数艘、ホウエアン島ニ戦争ヲ発、右島ハ爪哇ノ地ニ有之候
右海賊共上陸致、乱暴ニ及、焼伐致、土地ノ男女ヲ連去候
㉕(朱印)援兵船到着ノ節ハ海賊共、最早立去候得に有之候得共、其後シユマナツロフレ海上ニ於テ出逢数艘ノ海賊
船破壊致、此時海賊ニ奪レシ数多之者共災害ヲ免し申候、尤右ノ内ニハ、ホウエアン島居住ノ者モ有之候
㉖(朱印)唐国海ニテエケレス国ノ海軍賊伐ニ付、色々計策致評決ノ上、右名タル海賊シエアボー人名召捕申候
㉗(朱印)サマルレス地名フカチエウトレユーレノ海賊共当月ノ始イスパニヤ国ノ海軍ゟ召捕申候風聞ニテ海賊共ノ
住家七百軒其餘数多之船々焼払申候
㉘(朱印)其後イスハニヤ国之海軍皮川非那《フィリペイン》嶋奉行ノ下知ニテ蘇洛ソーロー〔地名〕シユルタン討伐トシテ発向ノ
催シ有之候
㉙(朱印)此事之起リハ、ソーロー〔地名〕罷在候イスハニヤ国ノ兵士取相(ママ)之方悪鋪有之処ヨリ相起リ、右ニ

付シユルタン〔官名〕ノ長各承（本ノママ）知ヲ述候

㉚（朱印）風説ニテハ、ソーローノ人共全取抽砦七ヶ所鉄砲百三十挺失ひシユルタン〔官名〕者漸逃去申候

㉛（朱印）此事ニ依テ彼「ソーロー人共第一海賊ニ出候事モ相成間鋪候、元来前年エケレス国ト海賊ノ義ニ付、取極モ有之候得更ニなし、此義頃に後悔致居申候

㉜（朱印）先頃之風説にてハ、エケレス国之海軍、東印度并唐国ニ左ノ船々を相備申候

㉝（朱印）アルクカトル〔船号〕　首長テュルアバンキール（人名）

但病人養生船

アマロシ（仝上）　船将セハルクル仝上

病人養生船石火矢二十六挺備

ケレオバタラー（仝上）　エフエルマスシー仝上

右同断石火矢二十六挺

マステイト　イウエユスススヘ子ール

但ブリッキ船石火矢十二挺

ハステインクス　スコウトヘイナクト官名

セヤウステン仝上

リーニー（仝上）　船将ベケベトフォールト（仝上）（ママ）

リー二船石火矢七十二挺

但フリツキ船石火矢十二挺

シンテン（仝上）　マストルイミスセル（仝上）

兵粮船

ヒロット上仝　フリッキ船石火矢十六挺

フシイナルト　船将ヘカラセロフート

スクルーフストームホート石火矢十一挺

ロヨリアト上仝　ウハーテ

ユルフェット船石火矢十一挺

セルヘシト上仝　リアルト

フリッキ船石火矢十二挺

スヘイシ上仝　セヱファシカットウエル

ストームシキッフ石火矢六挺

イスハニア海軍、此地備立之義、巨細ニ書戴《ママ》致難候、当時此地江相備候和蘭海軍左之通

フリシヘシテレツキテル子ートルランテル〔船号〕

但フレカッハ軍船ノ一種　船将カルヒラインテルセイ官名　ヨシクヘイルハアファンカル子ベーキ人名 同ロイテナントテルセー官名

ホレアス　同国軍船十九艘

(朱印)㉞是府名一島名ホノリエリユーサントウースハ嶋ノ内ヨリ申越候ニハ嘉永三年戌三月十一日同ヘンレイケ子ーテレト〔船号〕船主ケレルキ北偉《マヽ》四十五度、東径百五十五度ノ所ニテ十三人乗日本船見請候、右船ハ江戸ヨリキユイ〔補注2〕何方ノ事迠さし候也不分明ニ向出船致候処、吹流サレ六十六日ノ間、檣并梶共風波ニテ吹取ラレ洋中ニ漂、四十日以来水凋ニ相成、唯雪ヲ水代リニ致、勿論魚食等致候義無之候、右船主ケレルキハ日本船乗組ノ

者共ヲ己カ舟ニ乗、右有之内船頭外二人ハ己ケ船ニテホノリユー〔地名〕ニ送行、外二人ハルリンゴト申船ニ移シ、又五六人ハヘトローウララウスキー〔地名〕連行、ロシヤ領内ニ相渡置、又二人ハニムロット申船ヲ以テ旅客ノ取扱ニテホノリユー〔地名〕ニ着致候

㉟（朱印）唐国ニテ於（ママ）テ騒動相越候処、先達而使には未不相渡よしニ候

㊱（朱印）広西〔唐国郡の名〕に於而騒動相起り申候、オツアルコミサーリス〔官名〕シンキイシ〔人名〕取鎮、右の為、其場江相越道中にて死去

右跡職ニ、リシンクキリーン〔人名〕相成申候

㊲（朱印）同人穏ニ相渡候而出精致候得とも其功無之ケイスルシイキコミサース〔官名〕甚以奇怪ニ存申候

㊳（朱印）一揆とも広東街市より六十里程近く参り、広東之勢を数度追散し申候

㊴（朱印）先頃之風説にてハ此騒動未相止不申候、此騒動と一時ニ昨年之末盗賊一万人同海南即瓊クーナン島ニ州集り申候

㊵（朱印）此賊ともを追討之為出勢致候得とも、其儀難出来、乍併其内少ハフマレラノ名疾病死亡致候

㊶（朱印）外国人の為広東之港を開かん儀未出来不申、右ハ去年別段風説ニ記戴（ママ）有之エケレス国之執政并ホンコン島の奉行ホンハム〔人名〕の存立事も右同様ニ有之噂ニ候

㊷（朱印）スターツニストル〔官名〕ケイイシク〔人名〕并エケレステンカヒ子ツツミニストル〔官名〕ミユーカレクシアー〔人名〕ノ不幸は如此手段不整前表同人杯の廉直り取計を諸人殊の外頼致居候、ミユーカレクシアー〔人名〕ハ国帝ニ對シ悪計を企候義露顕致候

㊸（朱印）此以前三ヶ国之支配取扱中ニ勤功有之候事ニ免シ唯其官任（ママ）を取放し、其国に仕へ候義、不佳なりとの義始末ニ相成候

㊹（朱印）ケイインク〔人名〕も以前ケイスルレイキヨミサーリス〔官名〕相勤候節取扱候事之内、六鋪相成、右

ニ付唐国掟にて手軽ニ戒られ候

㊺(朱印)同人義、序五等を引下られ、六コレーチー〔會館之名〕一ヶ所エイ子ンワイロンク〔地名〕ニアシステ
レトセキレタリース相勤申候

㊻(朱印)スウエーテル国ノ使者テテユシヤレキュタスト申者非道ニ殺され申候、其地在住ノエケレスシユルシナ
ライルノ執成(ママ)にて罪を赦さる

㊼(朱印)唐国摂政殺害致候者共之内、五人召捕、直様死罪ニ行、右ニ携リ候者之住家を焼払申候
近頃之噂ニハ右一条ニ付二十八人死罪ニ行連候由御座候

㊽(朱印)去年五月頃ホルトカル国の奉行へトローアレキサンテイリノータキユンハー〔人名〕マカラ〔地名〕蘇
律洋考ソーロー蘇緑治ノ為、マカラニ至着致候
右奉行直様土地之政事セナート官名引請ル間もなくコレラ疾病之名を煩、去年五月廿七日死亡致候

㊾(朱印)殺害之一条ニ付、唐国政家との駈引嘉永二酉年之奉行ヨアマリヤートロリユウートアマラル〔人名〕ノ
取扱ニ有之候處、右奉行ニ交代之者病死ニ付、跡役センノルフラレ子イススコーアントニオコンラルニ
スウルトサー〔人名〕着迠其侭ニ相成候、
右跡役ハ先頃陸路にて唐国ホンコン島ニ着、其地ニフレカット船トンヨオス〔船号〕乗マカオニ趣候

㊿(朱印)シルヤーメスブローク、暹羅ノ国ヲ訪、右者エケレス国政家ノ意ニ依テ、暹羅国と通商ノ約ヲ結候為ニ
有之候得とも、其儀整不申候
アメリカ州使節ハーレステイ右同様ノ所存にて暹羅国ニ致候へとも事不遂引取申候

(51)(朱印)右ハーレステイール、当時オーストルセアルシツフル島ニ趣(赴)、是も同様北アメリカ合衆国国政事家ノ意
ニ依、通商ノ望有之候

右合衆国ノ司、死去ニ付ハトレステイル其取極ヲ暫延申候

52（朱印）ヒルマンセレイ子〔地名〕都府ハコーン、厳鋪火災にて全焼失致、右損毛莫大に候

右一条ハ全等閑故ニ候

53（朱印）エケレス国所領印度地都静鑑（ママ）有之候、尤ヘンシヤフーンヤハ一端エケレス国所領ト相成候、且噂ハ其も静鑑ニ候

54（朱印）エケレス国所領東印度ノ軍司シルカルレスナヒール其職ヲ廃、当年之始エケレス国ニ罷帰申候

55（朱印）右政職ニシルウイルヤムマイナルトコーメンン（ママ）被任候

56（朱印）セイロン島ノ奉行トシテ、シルケオルケアンテルソン〔人名〕其地着致候、同前ハ以（ママ）前外之島の奉行ニ有之候

57（朱印）マウリテーユス島の住民シルケオルケアンデルソン〔人名〕太尊重致、同人之別を甚惜候

58（朱印）フランス国所領印度奉行ラランテカランス〔人名〕政職としてフィルレッヘアスミルレヘテレヘティール〔人名〕ホンテイセイレ笑支社里〔地名〕着いたし申候

59（朱印）フランス国ノ先王ローイスフイリッベファンオレアンス、去年七月十九日アレス国中◎図作（ママ）（ママ）アフリカ州ノ南方ニ有之エケレス所領ノ喜望峰ニ於テカツフル〔居民ノ名〕一揆ヲ起し候付、エケレス国ノ軍勢追退け候へ共、兎角ニ敵対ニ存念を生、就てハ右カツフル〔前ニ出〕を全く取鎮候為、エケレス国軍勢到着致を相待居候

60（朱印）嘉永元申年フランス国騒動ノ時居（ママ）、先生（ママ）并其一族クラレモントニ罷在候

61（朱印）フランス国ノ司フリレス官名ローウエイキナホレオン〔人名〕、右先王ヲ散シイス（本ノママ、）フランス国都府并国中所々ニ於テ弔之礼式ヲ取行申候

62（朱印）当時フランス国も先静鑑（ママ）ニ有之候得とも近々治り候様相成候得とも、国民多分ハ分配之事を不佳と思居申候

(63)(朱印)当時エケレス国都府ニ世界諸邦出産之諸物を見物致の場所を設け有之

(64)(朱印)此場所ニ建有之候家ハ全硝子并鉄拵にて長サ千八百四十八フート一フートハ曲尺一尺二歩程幅四百フート高サ六十六フート有之、其家の中央ニ高百八十「フートの旧フルスシキッフレ〔船ノ一〕を候へ、其トワルスシキッコフレ其家ノ一方九百四十八フート又一方に者九百フート出張

(65)(朱印)床并貨物出し入れ用の道具ハ木拵ニ候へとも屋根其数二千二百四十四有之候

(66)(朱印)硝子の総外面を算当致候得者九十万フート、西角にて其重四百「トン〔一トン千六百斤程〕有之候、樋之長ハ「エケレス」三十里エケレスの一里ハ八百十三間半程有之候

(67)(朱印)家の総外面者十八「アーレス不詳有之候

(68)(朱印)カレ、イエン幅二十四「フート、長「エケレス」ノ一里、表入口幅七十二「フート」有之候

(69)(朱印)此大仕掛の家の内ニ世界国々之場所、逸々設有之、又其場〱ニ国産の諸物を送、諸人見物之為傍付有之候

(70)(朱印)唐国商人両三輩、右国々之産物を見分の為、且自国ノ産物を見せ物に致し候為、エケレス国ニ参リ、其船をも二三艘見物致候

(71)(朱印)去年別段風説にて申上候通、エケレス国之領印度并ヒルミンクハムノ商人共より

(72)(朱印)エケレス役所差出候書面ノ儀ニ付てハ、其後何たる儀も無之候

(73)(朱印)(ママ)イツ国ニおいてハ兎角不穏義ニ候

(74)(朱印)右トイツ国の諸郡を唯一手の支配致度趣ニ候得とも　鋪(ママ)事ニ成行候

此国々の支配の事は、不軽事ニして度々騒動可相成様有之候

(75)(朱印)フロイス国ヲオーステンレイキ国と接戦ノ催し有之候

(76)(朱印)西国とも次(マヽ)第相募り一大事の場ニ相成、昨年之末両国互大軍を発し接戦ニ及へき趣ニ候

77（朱印）聊之事ハ有之候得とも、合戦と申儀無之、昨戌年十月廿六日至オースケレイキ国とフロイス国和熟ニ、相成申候、右取計都合相整候ハ、全トイツ国政令ニ依テの儀ニ有之候、トイロ《（マヽ）》国の領地支配の事ニ付、「テレステン〔地名〕使者を遣しオーステンレーキ国ナコイス国の目代の者と相談為致、依之トイロ《（マヽ）》国領一般ニ相治候様相談最中有之候

其模様ハいまだ相別不申候

78（朱印）フロイス国ノ都府ヘルレイン〔地名〕於て一箇ノ狂人有之、短筒を以国王ニ打掛候処、唯腕中ニ中リ申候、依之国中諸方より上居致、国王之活命を祝し申候

79（朱印）テ子マルカ国とフロイス国との一件ハ平和ニ相成候

80（朱印）昨年別段風説ニ申上候、右西国諸侯領之「スレースウエイキ　ホルステインノ儀ニ付、血戦ニ相成申候、右争の儀ハフテレステンニ於和陸可致候

81（朱印）サルテイテ〔地名〕オーステンレイキ国との戦争、嘉永二酉年正月十四日和談の儀、弥穏有之候

82（朱印）右ニ付、フォーステレイキ国権勢イタリヤ国の北方にても不相衰、前ニ復し申候

83（朱印）サルテイテ〔地名〕ローマ国ノ「ハウテ《僧官》」との取合有之候処、いまた相治不申候

トスカー子〔地名〕ヘルトフ《官名》一応居民ニ政令を下し候事有之候得とも、昨戌年右政令を差止申候

84（朱印）イタリヤ国居民打続騒動発候ニ付、右「ヘルトグ」〔官名〕其地の政事を全司り候様相成候

85（朱印）去年別段風説ニ記載有之エケレス国と「キリシア国とノ引合穏ニ相成申候

「ロシア国帝、国中東境ニ有之候カラカシース山之住民ニ対し軍を発し、所々を攻取所領ニ致、且噂に者ロシア国帝右住民ニ政令を守らせ度所存有之候由候

86（朱印）トルコ国シユルタン《官名》所領アシア州大地ノ所々并近隣の島ニ騒動起候得とも静り候

エケレスニテ国之噂に者オントルエーニンク《官名》アツハスハアー〔人名〕自己の意を立、漸々「トルコ国の権威を背候様相成申候

右「アツハスバカ〔人名〕数多の軍勢をフランス国の兵士ニ附、欧羅巴之流儀を教申候、

(87)(朱印)右ニ付アツバスバカ〔人名〕シユルタン《官名》トノ所不和相起申候

(88)(朱印)右シユルタンヨリアツハスハカ、其軍勢を二万人ニ減、海軍を「トルコ国の爲ニ備置候様命候処、「アツハスハカー返答ニハ陸軍四万人海軍一万五千人備置、トルコ国より軍を発候節、防禦之手当行届候様国中兼而命令を下し置候との儀ニ有之候

(89)(朱印)右一条より急度騒動相越るへきとの由有之候

(90)(朱印)右国中騒動にて住民大ニ困窮致候

「カルフヲルニー〔地名〕ノ黄愈《(ママ)》を求候為、諸住民数千人打続其地ニ起申候

(91)(朱印)当時此地ニ追々諸方より人集、人民夥相成、諸方之集り者共、何方より可渡世と相成事を相求めす様ては不相叶様相成候

(92)(朱印)昨年の未カリフヲルテ〔地〕《(ママ)》アメリカ合衆国一派《(ママ)》ニ加へられ合衆国第三十一番之地ニ相成候

其節、カリフヲルテ於広大ノ田畑ヲ開、国民渡世不相叶者の弁用と致候

(93)(朱印)唐国帝、臣下ニ禁制致候に者、カリフヲルテ住居不相成事ニ候

(94)(朱印)此以前之風説ニハハナマンノ峡ニ輸路漕路を設度所存ニ候

(95)(朱印)其以来北アメリカ合衆国と「メキシニー〔地名〕取極致候ニハアトランツセ海と南太平海との通路便利之為、テヒエアインパイレ《ハナマノ一名カ》峡輸路ヲ設候由、又同様之趣意にて合衆国とエケレス国と談判致候

(96)(朱印)右之序ニ無住之土地、人民を植付ヶ条も申極候

（朱印）97此以前風説には北アメリカ人、日本通商之義有之候処、其後右之義ハ何たる沙汰も無之候〔補注3〕
（朱印）98北アメリカ合衆国ノ「フレシテント合衆国タイロ〔人名〕死去致候、去跡職フイセフシデント「メルラ
レトヒルモルニ有之候
（朱印）99跡職の名合衆国開祖フスヒンクトシ〔人名〕第三十一世之「フレシゲント（合衆国ノ司）ニ有之候
（朱印）100右「ワスヒングト〔人名〕ノ像にて国中ノ入用ヲ以テ建立有之候
右之通御座候　亥七月
右之書物宇和島より借用、直ニ本、書取返却ニ及
嘉永四（ママ）年壬子秋　　　盛斎写

当子年阿蘭風説

阿蘭陀所領印度之都督千八百五十二年第四月七日（嘉永五子年閏二月十八日）評決之上、日本商館ノカヒタン職ヲトンクルキュルシェス〔人名〕ニ命、フレデレッキコル子ヘリスロフセ〔人名〕ト交代致サセ申候、尤ロウセ儀ハ当人ノ願ニヨリ首尾能カヒタン職ヲ免申候
新カヒタン儀ハ阿蘭陀所領印度ニ有之候大裁判所ノ評義役ニ有之候
爰ニ又一説有之候、北亜墨利加供（ママ）和政治ノ政府（ママ）日本国ニ使節ヲ送リ日本国ト通商遂度由ニ有之候
右一件左ノ通ニ有之候
右使節ハ共和政治ノフレシデント〔共和政治司〕ヨリ日本ケイスル〔帝ノ義〕ニ書簡并日本ノ漂民送越候由ニ有之候
右使節ハ日本湊ノ内二三所北亜墨利加人交易ノ為、開度、且日本湊ノ内、都合宜敷所ニ石炭ヲ貯置、カリ

フヲルニー〔地名〕ト唐国ト蒸気船ノ通路ニ用度願立候由有之候

北亜墨利加蒸気船仕懸之軍船シユスクカンナ〔船号〕右船将アウリッキ〔人名〕コウルエット船四艘サウトカ〔船名〕フイモウト〔同上〕、シントマレイス〔同上〕、ファンタリア〔同上〕、当時唐国海罷在候

一説ニハ右船之使節ヲ江戸ニ差越候命ヲ請申候由ニ有之候

当時ノ説ニテハ船将アウリッキ〔人名〕使節之任を船将ヘルレイ〔人名〕ニ譲リ、且唐国海ニ有之候アメリカ海軍数艘之蒸気船左之通

ミスシスシッピー　船司キリン子イ〔人名〕

但此船ニ船将ペルレイ〔人名〕罷在候

フリンセトウン〔船号〕船司シット子イシット人名

フリッキ船ヘルレイ船司ファイルファクス〔人名〕

兵粮運送船シコフレイ〔船号〕

船司アルトヒユルシントカライル〔人名〕

風聞書ニハ上陸圍軍之用意致シ、諸道具積入有之由候、併右船第四月下旬〔当三月初旬ニ当ル〕前ニハ出帆難成、若ハ今少シ延引可致由ニ有之候

右之通風説書ニ有之候、取留候儀与者不相聞候得とも、兼而風説書之儀ニ付而者、被申聞候趣も有之候間、為心得相違候、尤此義ニ付而者彼是雑説等も可有之候得とも、此外之義者更ニ可相違廉も無之候間、先右之趣、密ニ為心得被達候事故、世上江流布致候而者、人気ニのミ相拘、不可然筋ニ付、其段厚相含、御備向之義ハ随分無油断可被申付置候、乍然事ヶ間敷用意等致し候義者、無之様可被取計候事

右之書面者極密にて、薩州江阿部伊勢守より相渡よしにて、極機密のよしにて中務大輔様之御手より

相廻り申候書付之写

嘉永五年子十二月四日来

梅柳園写補

補注

〔1〕『鈴木大雑集』四の別段風説書テキストでは嘉永二年となっているが、慶勝自筆写本の嘉永三年が正しい。嘉永二年は己酉年で嘉永三年が庚戌年である。

〔2〕欄外上部に「紀伊ノヿカ」の註がある。

〔3〕欄外頭註には慶勝の自筆で次の通り記されている。

其後沙汰無之、却而油断すへからす、来らん時ハ沙汰なし別の戦争止めん後ハ安心ならす

（付箋）「阿風説」
㊟赤

【史料五】徳川林政史研究所所蔵

嘉永五年十二月頃「阿風説」（黒田長溥の上書）

一印

一、当子年阿蘭陀別段風説書之内、心得ニ可相成儀御書付御内密拝見被仰付、難有仕合奉存候、右御書付之内一、北アメリカヨリ日本国に使節を送り日本国と通商遂度由

一、日本湊之内、二三所北アメリカ人交易の為開度、且日本湊の内、都合宜所に石炭を貯置、カリフヲルニー（地名）と唐国と蒸気船の通路に用度願立候由

一、一説にハ右船之使節を江戸に差越之命を請候由

一、風聞書にハ上陸圍軍の内《(用カ)》定《意(同筆)》も致、諸道具積入有之由、併右船々第四月下旬《当三月始旬ニ当ル》前にハ出帆難成、若は今少し延引可致由

一、取留候儀とハ不相聞候得共、兼而風説書之儀ニ付而者申上候次第も御座候ニ付、密々為心得御達被仰付候旨、世上江流布致し候而者、只々人気に而已相拘、不可然筋ニ付、其段厚相含御備向之儀者、随分無油断可申付、乍併事ケ間敷用意等致し候儀者無之様可取計与、段々御委細被仰付難有仕合奉存候、長崎表御備向之儀者、尚又肥前守江重畳申合弥御厳重相勤候心得ニ御座候、然処御内達之内、前段之ケ条和蘭国王ゟ使節差上候節、御返翰之趣、私江も拝見被仰付置候ニ付、愚考仕候得者、此節アメリカ通商相願候共、御許容可被仰付御次第共不奉存候、然時ハ軍船引連居候ニ付、必戦争にも可及、近年海防之儀、段々御懇達も有之候に付、相応ニ者何方も相整居可申候得共、万一者伊豆諸島、殊大島等夷人手に入レ、、大炮等備付候ハ、、如何様之御取計可有之哉、容易ニ島々御取返し六ケ敷御儀歟と奉存候、且又右之通ニ相成候得者、江戸江上方ゟ船路絶可申、江戸中之騒動如何可有之哉、又戦争に及候得者、焼国等打掛何方迄焼失可致哉、右等之事情定而宜敷御評議も可被為在候得共、右御内達拝承仕候而ハ日夜心痛無限、長崎御用無之候得共、海防之儀者何方も同様ニ付、奉恐入候得共、此段奉申上候、尤交易御免被仰付候得者、一時ハ子細も無之、然時ハ諸州ゟ通商相願候節如何可被仰付哉、至而御面倒之御事可至、且又御返翰之趣も御座候ニ付、今更御免被仰付候御事とハ不奉存候、然者如何様被仰付候共、異船ニ対用致候軍船無之而ハ必勝之道別ニ無之、只今通り之日本船ニ而ハ異船に勝候事無覚束不残夷人の為ニ死亡可仕、右何れも討死仕候事厭可申次第ハ無之候得共、犬死同様ニ相成候而ハ残念至極ニ御座候、右等之事、得与、只今之内御評議可被為在御事奉存候、御繁用ニ而御評議御延引相成、至其節、御後悔有之候而も、右之外良策有之間敷、仮令孫呉楠等出候而も無詮御事奉存候、尚又海防功者之人江得与御尋被為在候様奉存候、私事先程以来奉蒙御高恩候儀ニ付、心底不残奉申上候、不敬之段者重畳奉恐入候得共、万一日本御恥辱ニ相成候事致出来候而ハ、尚更奉恐

入候ニ付、前以此段奉申上候、恐惶謹言

十二月

二印

本文奉申上候儀ニ付、尚又奉申上候、土州漂流人久々アメリカにも住居致候事、幸之事ニ付、早々爰元江御呼寄相成、異国之事情委敷御尋相成候ハヽ、夷情も得与分明可仕、且又軍船仕立候事も委細御尋相成、御都合次第ニハ同人江仕立被仰付候得ハ、速ニ製作出来可仕奉存候

一、太平日々久敷万事之御評議事ニ被入御念候御儀ニ付、忽、埒不仕様乍恐奉存候、右者御平日之御事、風説なからも当年か来年数十艘之軍船浦賀江可参儀相分居候事ニ付、右黒白御決断一日も早く御治定無之候而者、片時も難相済御事、近頃申上兼候得共、御役ニより候而者、又例之風説ニ而迚も船者参間敷、無用に騒立候様相唱候向も有之哉ニ承候事も御座候得共、何れも左様存居候者ハ有之間敷奉存候、全虚説奉存候、其訳合ハ右之通相心得、異船ゟ参節ハ幸、万一数十之軍船致入津候節、如何様騒立候共手に及不申、品川辺迄乱入致迅速ニ引払、異船一艘も日本ニ而打挫不申節、如何御取計可有御座哉之事

一、異船入津、及騒動、焼国打と諸方江打掛候ハヽ、芝浦辺迄も玉ハ届き可申、諸方一同ニ焼上リ候ハヽ、万一ハ乍恐遠方江御成抔と申儀至候而者、以之外之御事奉存候、申上候も奉恐入候得共、東照宮以来格別之御武威ニ被為在候所、至此節、万一夷人打勝候而者　皇国之御恥辱、重畳奉恐入候、諸大名何も武功之家柄ニ付、至其節捨身命、防禦可仕候得共、必勝之良策兼而御定無之候而ハ如何様之名将江被仰付共、皆討死之外無之仕合奉存候、乍恐当御代　征夷大将軍之御武威世界江輝候様奉存候ニ付、不顧不敬此段奉申上候

一、如此節、風説之趣者実ニ不容易御事ニ付、速ニ御三家方御初、可然大名江ハ御内達可有之御儀奉存候、尤日

本一大事之御事ニ付、別而御三家江者是非共、御内達御相談可被為在御事奉存候、右等之事ハ御政事筋にも拘、容易ニ可申上次第ニ者無御座候得共、いまた御達無之哉奉存候ニ付、奉申上候

一、御内達にも事々敷人気騒動致候事無之様、被仰付御尤奉存候得共、何れ軍船抔御仕立ニ相成候ハヽ、定而人気も立可申候ニ付、万一異船浦賀ニ来候共、色々御手当御十分被仰付候間、江戸中之者致安心候様、表向御達被仰付候ハヽ、却而人気も宜敷可相成奉存候、今日の人気立候事を御厭相成、万一之節御不手際と只今御厳重之御備被仰付候而、当時人気立候と軽重可有之哉、此節之御儀御決断速ニ被仰付度奉存候、右等之儀ハ色々御評議も可被為在御事ニ付申上候にも不及儀共奉存候得共、何分心中不安奉恐入候ニ付、存付候儀ハ不残奉申上候、恐惶謹言

十二月

三印

本書申上候浦賀表之儀者、私共不願筋ニ候得共、元来長崎之儀者、肥前守・私両家ニ而御警衛之儀、代々蒙仰罷在候得者、万一異変有之候共、両人兼々申合、人力身命之限、防禦打払御国威之御瑕瑾ニ不相成候様心掛候儀ニ御座候所、先達御沙汰有之候蘭人風説書之趣ニ而者、来春夏之内アメリカ船渡来可致哉之由ニ付、猶更いたく警衛筋心掛候事御座候、然処長崎江者不罷越、直ニ浦賀表江可罷越趣も難計奉存候、尤同所之儀者、四家江御警衛被仰付置候得共、疎漏有之間敷候得共、長崎と違、海路濶く、地勢不宜候間、両岸之炮力相届候申間敷、万一蒸気船抔浦賀を越、内海江乗入候様之儀有之候ハヽ、以之外之事ニ至可申哉と、乍不及甚以掛念仕候事ニ付、私不顧儀を申上候者、恐入候得共、痛心致候儀を不申上者不忠ニ付、本文之趣申上候儀に御座候、依而此段尚又書添奉申上候、以上

十二月

初出一覧

各章各節の初出は次の通り。なお、第二部第三章は改訂増補版で新たに収録したものである。本書収録にあたっては改稿をした部分も少なからずある。版元各位には、収録を許可していただき感謝を申し上げる。

序　問題の所在（初版にて新稿）

第一部　開国前夜における幕府・諸藩・庶民の「情報活動」

第一章　アヘン戦争情報の伝達と幕府・諸藩の「情報活動」
原題「アヘン戦争情報の伝達と受容―天保一〇年から一三年まで」明治維新史学会編『明治維新と西洋国際社会』吉川弘文館、一九九九年。

第二章「ペリー来航予告情報」と幕府の「情報活動」
第一節「ペリー来航予告情報」の伝達と幕府の対応
原題「ペリー来航予告情報の伝達と幕府の対応」『史友』第二一号、青山学院大学史学会、一九八九年。
第二節「ペリー来航予告情報」と中央政局の動向
原題「開国前夜の政局とペリー来航予告情報」『日蘭学会会誌』第一五巻第二号（通巻第三〇号）、一九九一年。
第三節　幕末日本における「ペリー来航予告情報」
原題「嘉永五年・長崎発、『ペリー来航予告情報』をめぐって」岩下哲典・真栄平房昭編『近世日本の海外情報』岩田書院、一九九七年。

第三章　開国前夜における庶民の「情報活動」
原題「幕末風刺画における政治情報と民衆―歌川国芳「きたいな名医難病療治」にみる庶民の為政

者像―」大石慎三郎編『近世日本の文化と社会』雄山閣出版、一九九五年。

第四章　海外情報と幕府・諸藩・庶民の「情報活動」

原題「近世後期の海外情報とその環境―幕府による情報管理と知識人および庶民の『情報活動』をめぐって」岩下哲典・真栄平房昭編『近世日本の海外情報』岩田書院、一九九七年。

補　論　ペリー来航直後の「情報活動」の一事例

原題「明海大学図書館所蔵『魯西亜船渡来一件』について」『明海大学教養論集』第一〇号、一九九八年（松本英治氏と共著）

第二部　幕末の海外情報と個別領主等の「情報活動」

第一章　御三家筆頭徳川慶勝の海外情報研究

第一節　慶勝直筆写本「阿蘭陀機密風説書」

原題「尾張藩主徳川慶勝自筆写本『阿蘭陀機密風説書』の研究」大石慎三郎・徳川義宣編『金鯱叢書』第一四輯、徳川黎明会、一九八七年。

第二節　幕末尾張藩の海防と藩主慶勝の役割

原題「幕末名古屋藩の海防と藩主慶勝―藩主の主導による海防整備の実態」『青山学院大学文学部紀要』第三三号、一九九一年。

第三節　改革指導者慶勝の思想的背景

原題「改革指導者の思想的背景―徳川慶勝の書斎、直筆「目録」の分析」日本思想史懇談会編『季刊日本思想史』第四三号、ぺりかん社、一九九四年。

第二章　九州外様大名黒田長溥と海外情報

第一節　ペリー来航直前における黒田長溥の対外建白書

原題「ペリー来航直前における黒田斉溥の対外建白書『阿風説』の基礎的研究」『洋学史研究』第五号、洋学史研究会、一九八八年。

第二節　黒田長溥による海外情報の収集・分析・活用
原題「開国前夜・情報・九州―福岡藩主黒田長溥の情報収集・分析とその活用」地方史研究協議会編『異国と九州―歴史における国際交流と地域形成』雄山閣出版、一九九二年。

第三章　ペリー来航直前における伊達宗城の「情報活動」（改訂増補版で新たに収録）
原題「ペリー来航直前における伊達宗城の情報活動―幕末日本の情報活動』補遺」『明治維新史学会報』第三六号、二〇〇〇年。

補　論　アヘン戦争からペリー来航へ
原題「阿片戦争情報の新・考察―幕府における情報の収集・分析、鷹見家資料から」古河歴史博物館紀要『泉石』第三号、一九九五年。

結　び　「ペリー来航」と「情報活動」（初版にて新稿）

あとがき

近年、情報をキィワードに歴史を読み解くことが盛んである。一九九一年一一月号の『歴史学研究』(六二五号)では「情報と歴史学」という特集が組まれた。以来、一九九三年の歴史学研究会大会は、「歴史の中の情報」が全体テーマであったし、最近でも一九九九年八月号の『歴史評論』(五九二号)で「中世東アジアの地域・交流・情報」の特集が組まれている。また、一九九九年一〇月の『歴史学研究』七二九号は、一九九九年度の大会報告の増刊号であるが、中世史部会は「中世における権力と情報」をテーマに活発な議論を展開している様子が伺える。さらに、私も志を同じくする研究者の方々と一九九七年に『近世日本の海外情報』(岩田書院)を刊行したことがあった。

この歴史学界における動きの源流は、かつての東欧共産圏が、一九八〇年代末から民主化のうねりのなかで、崩壊していったことに求められる。共産圏の民主化に情報の果たした役割が大きかったことが、歴史家にも認識されたためであろうと思われる。いかに政府が情報統制や情報管理をしようとも衛星通信による西側の情報は防ぎようがなかった。その漏れ来る情報を収集し、分析し、活用することが社会の変革につながったのである。歴史家も生きている現代社会と無縁ではいられないことを大いに実感した。

ただ、今振り返ってみると私自身の情報史研究は、こうした世間や世界の動きと直接連動したのではなかったとも思う。どちらかというと世界の動きは、後からついてきたように思うのだが、それはけっしててらいではない。

本書のもととなる研究を始めた個人的動機は次の通りだと記憶する。かつて私は徳川黎明会の総務部に在職していた（一九八六—八年ごろ）。勤務時間外の余技として同会の史料保存研究部門である徳川林政史研究所に所蔵されていた徳川慶勝の史料群に関心を持ち、そのなかでも彼が筆写した「阿蘭陀機密風説書」と彼が入手した黒田長溥の「阿風説」をたまたま読んで、「これはおもしろい史料かもしれない」と直感し、解読して内容を分析してみた。当時、青山学院大学の大学院にも在籍しており、指導教授の片桐一男先生の演習では、受講者によって、近世における蘭学や海外情報・知識に関する研究発表が活発に行われていたので、自分も何かやらねばならなかった。そのために多分野にわたる徳川慶勝の史料群のなかでも海外情報に関する史料を取り上げたのだと思う。

そして、発表前には当時、林政史研究所の研究員でいらっしゃった松尾美恵子先生（現学習院女子大学教授）や深井雅海先生（現国学院栃木短期大学教授、徳川林政史研究所副所長）、飯島千秋先生（現横浜商科大学教授）に、こんな史料があるんですが、とか、こういうことはどう調べたらよいのでしょうか、とか、これに関する本はどこにありますか、とか、今思うと、大学院に入ったばかりの若造が、なんと不躾な質問をしたものだろうかと冷や汗が出るのだが、先生方は本当に親切に教えてくださった。

かくして、私は、大学院の演習テーマと同時進行で同会の史学・美術史論集『金鯱叢書』に慶勝史料の研究を掲載すべく、草稿を準備した。準備段階では、名誉所長の所三男先生（故人）、所長の大石慎三郎先生（故人）に釈文を見ていただくなど大変お世話になった。この草稿は当時専務理事でいらっしゃった徳川義宣先生（前徳川黎明会会長・故人）のご懇切なご指導によりなんとか論文の体裁にまとめることができた。

片桐先生の前で出来上がった論文草稿を口頭発表し、草稿をリポートとして提出したところ、「ずいぶん前向きの文章でよろしい」との片桐先生の講評をいただくことができた。こうして初めての活字論文「尾張藩主徳川慶勝自筆写本『阿蘭陀機密風説書』の研究」（第二部第一章第一節）が出来上がった。ここでは、極秘裡に伊達宗城、島津斉彬、徳川斉昭、徳川慶勝の間で機密であるべき海外情報が伝達されていた事実を解明し、大名間の極秘情報の伝達と情報の政治的利用ということにすこぶる興味を覚えた。そこで、修士論文では、黒田の意見書である「阿風説」を使って、大名間のネットワークの解明や、幕府の対外政策への反映の度合いを彼の情報収集・分析・活用という活動を通じて考えてみようと構想した。幸いにも大学院合同発表会という組織がまだ存在しており、駒澤大学や立正大学の若手研究者と意見を交換しあう機会に恵まれた。このときの仲間とはいまだに交流があって研究生活の励みになっている。

その後、無事に修士論文を提出しおえて、その内容を口頭発表したり活字にしたりしてほんとうに多くの研究者の方々に温かいご指導やご助言をいただいた。とくに洋学史研究会、日蘭学会、洋学史学会、幕藩研究会、地方史研究協議会、明治維新史学会、一九世紀神奈川研究会などの会員の方々にはたいへんお世話になった（現在ももちろん御世話になっている。本来ならば御一人御一人御名前を記したいところであるが、割愛させていただくことをおゆるしいただきたい）。これが大いに励みとなっていまだにこの世界にいる。また、元東京大学史料編纂所所長の宮地正人先生には、私の最初の活字論文を先生が書かれたご論文等に引用していただいたり、またトヨタ財団の助成金を交付された研究グループにも参加させていただき大いに学ばせていただいた。本書第一部第三章は、宮地先生に教えていただいたことが出発点となっていることを書き添えておかなければならないだろう。

要するに、第一部第三章のもとになったのは、前掲の初出一覧の通り、大石先生の古希記念論文集であるが、その元になったのは『地方史研究』第二三四号に特集された「私史料の世界」に掲載された「江戸より到来した歌川国芳の風刺画」である。この論文は元徳川林政史研究所研究員の須田肇氏に依頼されて書かせていただいたものである。ご依頼があったときちょうど抱えていたのが風刺画の問題であった。そのほんのすこし前のこと、宮地先生が編集された『幕末維新風雲通信』の坪井信良の書簡をなにげなく読んでいたとき、その中に政治風刺画の解説が書かれていた。残念ながら画像そのものは、書簡を受け取った佐渡三良の手から離れて回し見されたとみえ、現存せず収録されていなかった。しかし、風刺画の画像そのものが、どうしても気になってしようがなかったので、国立国会図書館の宮地哉恵子さんのご紹介で宮地先生に直接お会いしてお聞きすることにした。編纂所の先生のお部屋で、坪井の手紙の中の風刺画はどんなものでしょうか、とたずねると、先生は即座に書棚からその風刺画について大槻如電が書いた論文を取り出して風刺画の名称をお教えくださった。正式名称がわかるとすぐに国立国会図書館の古典籍室まで移動して職員の方に相談すると、しばらくして件の風刺画を手に取ることができた。それからはもう「きたいな名医難病療治」に取りつかれたように、調べを重ねた。ちょうどそのころ須田さんから先のお話をいただき、早速書かせていただいたというわけである。タイミングがよかった。

さらに、本書の各論文の成立には実に多くの先生方のご指導をいただいた。元専修大学教授青木美智男先生には第一部第四章を考える機会を与えていただいたし、思い出すままにあげさせていただくなら、第一部第二章第二節は、『日蘭学会会誌』に掲載する段階で東京大学名誉教授金井圓先生（故人）にお目を通していただいた。また、第二部第一章第三節は、当時九州大学教授でいらっしゃった山口宗之先生のご紹介で『季刊日本思想史』に掲載させていただくことができた。

そして、なんといってもこうした海外情報に関する史料に目を向けることをお勧めくださり、学部や大学院、非常勤講師時代、そして現在に至るまで公私ともにご指導いただいている片桐先生にお礼を申し上げたい。大学入学直後、先生が顧問をされていた近世文書研究会にはいり、三年からはゼミにも入れていただき、卒論、修論、博論をご指導いただき、また、鈴渓学術財団助成金や日本学術振興会特別研究員にご推薦いただいた。そして、片桐ゼミや近世文書研究会で出会った佐藤隆一、高島哲彦、石井孝、石田千尋、沼倉延幸、上杉剛、吉田厚子、藤田彰一、細山田雄一、岡宏三、小川裕久、松本英治の各氏にも文字通り公私にわたりお世話になった。

そのほか考えるとほんとうに多くの史料所蔵機関やその職員の方々、また資料や情報をご提供いただいた皆様のご協力を得たことは言うまでもない。記して御礼申し上げたい（敬称略、五〇音順）。

青山学院大学史学研究室、伊藤俊之、井上勝弘、岩壁義光、梅木幸吉（故人）、小川亜弥子、鹿児島大学付属図書館、梶輝行、神奈川県立歴史博物館、紙屋敦之、木村直也、桐原千文、小池慶子、古河歴史博物館、国立国会図書館、酒川玲子、静嘉堂文庫、嶋村元宏、下村信博、下山純正、鷹見本雄、立石尚之、津山洋学資料館、東京大学史料編纂所、東京都立中央図書館、徳川林政史研究所、徳永和喜、永用俊彦、中西淳朗、名古屋市蓬左文庫、浪川健治、長谷川邦男、早川邦武、針谷武志、真栄平房昭、明海大学図書館、矢川京子、横浜開港資料館、鷲尾政市。

さて、最後になってしまったが、本書の面倒な原稿整理は、川勝麻里さん、野口修子さんにお願いした。また校正は、藤田英昭、松本英治各氏の御助力を得た。さらに、掲載写真をご許可いただいた所蔵機関にもお礼を申し上げる。全体の編集作業は雄山閣出版の垂水裕子さん、與那覇富昭さんに担当していただき、おふたりには大変献身的にやっていただいた。そして雄山閣出版には出版事情の厳しいなかをお引き受けいただきありがたかった。

なお、本書は勤務先である明海大学の学術図書出版助成金を交付していただいたことにより刊行の運びとなった。関係各位にお礼申し上げる。

家族を含めて本当に多くの方々に支えられて出来上がったことに感謝して、あとがきにかえたい。

〔改訂増補版あとがき〕

二〇〇〇年の一月に本書の初版を出版させていただいて八年がたった。その間、初版を青山学院大学に博士学位請求論文として提出し、二〇〇一年三月に博士（歴史学）を授与された。審査にあたっていただいた、片桐一男、沼田哲（故人）、藤原良章、安岡昭男の諸先生に篤くお礼申し上げたい。

さて、その後、単行本として二〇〇〇年には『江戸情報論』（北樹出版）、二〇〇六年には『江戸の海外情報ネットワーク』（吉川弘文館）、『予告されていたペリー来航と幕末情報戦争』（洋泉社）を出させていただいた。三冊ともに本書の姉妹編のようなものなのであわせてご覧いただけたら幸いである。

また、二〇〇二年には片桐先生の編集にかかる『日蘭交流史　その人・物・情報』（思文閣出版）に「再検討、オランダ軍艦の長崎入津と国王親書受領一件－新出史料「異国船一件」より」を書かせていただいた。本書では扱えなかった、天保一五年のパレンバン号事件の国内的影響を考察したもので、これもあわせて参照されたい。

ところで、本書のテーマの発展型として、二〇〇一年には勤務先の明海大学『教養論文集』一三号に「ペリーの白旗書簡は偽文書であるが『此旗弐本差出』は事実である」を発表して、ペリーの白旗書簡論争に参戦した。この問題の経緯に関しては、岸俊光『ペリーの白旗―150年目の真実』(毎日新聞社、二〇〇二)に詳しい。さらに二〇〇三年に『青山史学』二一号に「江戸時代における白旗認識と『ペリーの白旗』」、同年『開国史研究』三号には「ペリー来航、その予兆と現実―吉田松陰の情報収集と白旗書簡への評価」を掲載した。加えて、二〇〇五年の『神奈川県立歴史博物館総合研究報告』には「ペリーの白旗書簡と浦賀奉行所における白旗認識をめぐる史料について―ペリーの白旗論争のさらなる発展を期して」、同年の『開国史研究』五号には「ペリー来航以前における白旗認識と異国船対策―ペリーの白旗書簡論争へのひとつの回答」も発表して、この問題に一応の結論を導いた。そして最近、長崎歴史文化博物館の「浦賀実録」を読んで、さらに白旗に関する新出史料を発見したので、駄目押しとして、いずれまとめてみたいと思う。

なお、そのほか対外関係では、二〇〇四年には「ペリー来日の初期五日間の交渉における浦賀奉行所の応接と能力について」『自然と文化』(明海大学教養論文集)一六号、二〇〇五年には「日米和親条約締結前後における領事駐在権をめぐって―オランダ通詞森山栄之助の関与とハリス駐在問題の発生」『応用言語学研究』七号、「アメリカより帰国した漂流民中浜万次郎への期待と待遇の変化について―近世日本社会の異文化受容者への眼差しとホスピタリティ」『Journal of Hospitality and Tourism』一号、「明治初期御雇外国人の基礎的研究―オランダ人治水技術者リンドを中心に」(中澤聡氏と共同執筆)『自然と文化』(明海大学教養論文集)一七号、二〇〇六年には「幕末における蘭学者の公務出張旅行と酒―箕作阮甫『西征紀行』を素材として」『Journal of Hospitality and Tourism』二号、二〇〇七年には、「幕末の海外情報と幕府―アヘン戦争からハリス来日まで」

をたばこと塩の博物館編『幕末ニッポン』（角川春樹事務所）に発表した。さらに二〇〇七年には、「明治初期における日本人のホスピタリティ」（小暮実徳氏と共同執筆）『Journal of Hospitality and Tourism』第三号、「香港墳場の日本人墓地研究の資料について」（村田和美、李香蘭氏と共同執筆）『自然と文化』（明海大学教養論文集）第一九号、「山田長政関係書籍解題稿」『応用言語学研究科紀要』第一〇号を発表した。二〇〇八年も、「小栗忠順の情報力」『小栗上野介のすべて』新人物往来社など、いくつか発表する予定である。

二〇〇一年から書き始めたペリーの白旗や浦賀奉行所の対応能力、森山栄之助、中浜万次郎などの幕末対外問題の論文を一書にまとめて、本書からのさらなる発展として世に問うてみたいと思っている。

一方、本書のテーマからは離れるが、二〇〇〇年から二〇〇二年まで、徳川林政史研究所『研究紀要』三四―三六号に「尾張藩『御医師』の基礎的研究―寛永期より宝暦期まで、二〇三人の履歴から―（上）（中）（下）」を、二〇〇三年から二〇〇五年にかけて「尾張藩『御医師』の幕末維新―藩医の変動期対応形態の研究―（上）（中）（下）」を同書三七―三九号に書かせていただいた。これもどうにかしてまとめられればと思っている。

これまで、私に関わってくださった多くの皆様のご指導ご鞭撻によりここまで来ることができた。今後ともなにとぞご支援賜り度、お願い申し上げる。今回は御一人御一人の御名前を記すことがかなわず誠に残念である。

今回、株式会社雄山閣のご好意で改訂増補版としての本書をふたたび世に出すことが出来た。何しろ初版から八年たっているので、その間の研究の蓄積を反映させたり、字句の訂正のみならず、

第二部第三章を新たに追加したりした。手前味噌になるが、手を入れるのに相当の時間と労力をかけた。それにしても出版事情の厳しい中を、本当に有難いことと思っている。社長の宮田哲男さん、編集部次長の久保敏明さん、新たに文字組みをし直していただいた柿崎美由紀さんに篤くお礼申し上げたい。

また、校正は、初版でもお手をわずらわせた川勝麻里さんにお願いした。さらに英文のタイトルとサマリーは明海大学の中井延美先生の多大な御支援を受けることができた。今回も本当に多くの方々のご協力で形にすることができた。記して深く感謝申し上げたい。

全く意を尽くせぬあとがきであるが、どうかご寛恕願いたい。

ろ

わ

む

め

も

や

ゆ

よ

ら

り

れ

ひ

ふ

へ

ほ

ま

み

な

に

の

は

す

せ

そ

た

く

け

こ

さ

し

え

お

か

き

人名索引

凡例

1. 本索引は、本文、註における歴史的人名を採録した。
2. 各部・章・節のタイトル、サブタイトルに採られている人名は、その部・章・節に限り採録していない。但しペリーは、いずれにも頻出するので採録していない。
3. 書名、史料名中の人名も採録した。
4. おおむね姓と通称あるいは姓と本名としたが、官職名、本名、号、など補った場合もある。その方法は一様ではない。
5. 外国人名に関してはラストネームにより配列した。

あ

い

う

Intelligence Activities in the Last Days of the Tokugawa Shogunate in Japan: The History of Intelligence at the Time of "the Opening of Japan to the World" Revised and Expanded

TETSUNORI IWASHITA

This book aims to investigate the actual conditions of political trends in the early years when Japan established a modern nation in terms of "intelligence activities," namely, collection, analyses, and practical use of intelligence. The studies deal with the period of the Tempo's Reformation (i.e. the period when news stories of the Opium War were transmitted to Japan) until the time of " the opening of Japan to the world" in the Kaei Period (i.e. the times when Holland notified Japan beforehand that Perry would come to Japan and when he actually came to Japan).

The foreign policy, specifically the one called "sakoku," or national seclusion from the outside world, during the early modern period in Japan entailed the prohibition against Christianity, trade control by the shogunate, restrictions on foreign relations/management of foreign issues, and the establishment of the coastal defense system. The national policy also involved issues such as sending foreign people adrift on Japanese seas back to their home countries while allowing foreign countries to return Japanese people adrift on foreign seas to Japan. Moreover, it controlled Nagasaki, which was the only open city to the outside world. Under these circumstances, it is believed to have been difficult even for the shogunate to obtain enough overseas intelligence during the period of sakoku.

The studies explore how the shogunate, feudal lords (daimyo), feudal-domain government officials, intellectuals outside the government, and general common people were involved in "intelligence activities," respectively, and what roles they played over the political development in the last days of the Togugawa shogunate in Japan. The research primarily examines unpublished historical manuscripts.

The first part of this book mostly deals with the shogunate's control of foreign intelligence, including both how the shogunate itself collected, analyzed, and utilized foreign intelligence as its intelligence activities and how feudal lords and ordinary people were involved in their own respective intelligence activities under the shogunate's control.

The second part takes up three feudal lords and one feudal vassal separately: Tokugawa Yoshikatsu, who was the Gosanke-hitto (i.e. the feudal lord closest to the Tokugawa shogun) and the feudal lord of Owari as well (Chapter 1); Kuroda Nagahiro, who was a Tozama-daimyo (i.e. a feudal lord who was considerably more distant from the Tokugawa shogun) in Chikuzen, Kyushu (Chapter 2); Date Munenari, who was another Tozama-daimyo in Uwajima, Shikoku (Chapter 3); and Takami Senseki, who was a feudal vassal of Koga and roju-naiyoyaku (i.e. a private secretary to one of the cabinet members) (Supplementary Chapter).

著者略歴

1962年　長野県塩尻市北小野生まれ。
1994年　青山学院大学大学院文学研究科史学専攻博士後期課程満期退学。
2001年　青山学院大学博士（歴史学）
現在、明海大学ホスピタリティ・ツーリズム学部教授（大学院応用言語学研究科教授兼担）、東京女子大学文理学部非常勤講師。徳川林政史研究所非常勤研究員。浦安市文化財審議会副委員長。
編著書　『近世日本の海外情報』（岩田書院、1997年、真栄平房昭氏と共編）
著　書　『権力者と江戸のくすり』（北樹出版、1998年）
『江戸のナポレオン伝説』（中央公論新社、1999年）
『徳川慶喜　その人と時代』（岩田書院、1999年）
『幕末日本の情報活動』（雄山閣出版、2000年）
『江戸情報論』（北樹出版、2000年）
『江戸の海外情報ネットワーク』（吉川弘文館、2006年）
『予告されていたペリー来航と幕末情報戦争』（洋泉社、2006年）

幕末日本《ばくまつにほん》の情報活動《じょうほうかつどう》

改訂増補版

―「開国」の情報史―

平成12年（2000年）1月20日初版1刷発行
平成20年（2008年）4月15日改訂増補版印刷
平成20年（2008年）4月25日改訂増補版発行

著　者　岩下哲典《いわしたてつのり》
発行者　宮田哲男
発行所　株式会社 雄山閣
〒102-0071
東京都千代田区富士見2-6-9
ＴＥＬ　03-3262-3231
ＦＡＸ　03-3262-6938
振　替　00130-5-1685

印　刷　藤原印刷
製　本　協栄製本
乱丁・落丁はお取替えいたします。

ISBN 978-4-639-02015-8 C3021
Printed in japan